COMO CHEGAMOS A PARIS

E OUTRAS NARRATIVAS

Do mesmo autor:

Adeus às armas
A quinta-coluna
As ilhas da corrente
Contos (obra completa)
Contos — Vol. 1
Contos — Vol. 2
Contos — Vol. 3
Do outro lado do rio, entre as árvores
Morte ao entardecer
O jardim do Éden
O sol também se levanta
O velho e o mar
O verão perigoso
Paris é uma festa
Por quem os sinos dobram
Ter e não ter
Verdade ao amanhecer

ERNEST HEMINGWAY

COMO CHEGAMOS A PARIS

E OUTRAS NARRATIVAS

OS 77 MELHORES ARTIGOS
DO MESTRE DA ESCRITA
NORTE-AMERICANA (1920-1956)

Organização
William White

Tradução
Roberto Muggiati

1ª edição

BERTRAND BRASIL

Rio de Janeiro | 2023

CIP-BRASIL. CATALOGAÇÃO NA PUBLICAÇÃO
SINDICATO NACIONAL DOS EDITORES DE LIVROS, RJ

H429c Hemingway, Ernest, 1899-1961
     Como chegamos a paris e outras narrativas / Ernest Hemingway ; tradução Roberto Muggiati. - 1. ed. - Rio de Janeiro : Bertrand Brasil, 2023.

     Tradução de: By-line Ernest Hemingway
     ISBN 978-65-5838-194-5

     1. Ensaios americanos. I. Muggiati, Roberto. II. Título.

23-84819
     CDD: 814
     CDU: 82-4(73)

Meri Gleice Rodrigues de Souza - Bibliotecária - CRB-7/6439

Copyright © 1967 By-Line Ernest Hemingway, Inc.
Copyright © Hemingway Foreign Rights Trust

Título original: By-Line: Ernest Hemingway

Capa: Leonardo Iaccarino
Imagens: [Granada] Getty Images | [Máquina de escrever] EyeEm / Paul Croswell

Texto revisado segundo o Acordo Ortográfico da Língua Portuguesa de 1990.

Todos os direitos reservados.
Não é permitida a reprodução total ou parcial desta obra, por quaisquer meios, sem a prévia autorização por escrito da Editora.

Direitos exclusivos de publicação em língua portuguesa somente para o Brasil adquiridos pela:
EDITORA BERTRAND BRASIL LTDA.
Rua Argentina, 171 — 3º andar — São Cristóvão
20921-380 — Rio de Janeiro — RJ
Tel.: (21) 2585-2000,
que se reserva a propriedade literária desta tradução.

Seja um leitor preferencial.
Cadastre-se no site www.record.com.br e
receba informações sobre nossos lançamentos
e nossas promoções.

Atendimento e venda direta ao leitor:
sac@record.com.br

SUMÁRIO

Hemingway dispensa apresentações...   09

I REPORTAGENS, 1920-1924

Quadros em circulação   17

Fazendo a barba de graça   19

A melhor pesca de truta-arco-íris   23

Assassinatos simples e sofisticados, a partir de 400 dólares   27

Pescando atuns na Espanha   30

Os hotéis da Suíça   32

O luge Suíço   34

Boêmios americanos em Paris   37

A conferência de Gênova   40

Garotas russas em Gênova   44

Pescando no canal do Ródano   47

Os estalajadeiros alemães   50

Um voo de Paris a Estrasburgo   55

A inflação na Alemanha   59

Hamid Bey   63

Uma procissão lúgubre e silenciosa   65

A "Velha Constan"   67

Refugiados da Trácia   70

Mussolini: a maior farsa da Europa   75

Um soldadinho de chumbo russo   80

Entrando na Alemanha   84

Negócios reais na Europa   90

Terremoto no Japão   97

Touradas: uma tragédia   104

Pamplona em julho 112

A pesca de trutas na Europa 122

A inflação e o marco alemão 128

Medalhas de guerra à venda 133

Natal no topo do mundo 137

Um Natal no norte da Itália 142

Natal em Paris 144

Conrad, otimista e moralista 146

II ESQUIRE, 1933-1936

Marlim ao Largo e El Morro: uma carta cubana 151

O amigo da Espanha: uma carta espanhola 157

Uma carta de Paris 165

D.A. na África: uma carta de Tanganica 171

Fuzilamento versus Esporte: segunda carta de Tanganica 174

Notas sobre a caça perigosa: terceira carta de Tanganica 179

Ao largo na corrente do Golfo: uma carta cubana 184

O velho jornalista escreve: uma carta de Cuba 191

Lembrando do tiro ao voo: uma carta de Key West 198

As atrações de Whitehead Street: uma carta de Key West 204

A respeito de ser baleado de novo: uma carta da corrente
do Golfo 210

Notas sobre a próxima guerra: uma carta séria sobre um
tópico atual 217

Monólogo ao maestro: uma carta em alto-mar 225

A doença do poder: uma segunda carta séria 233

Asas sempre abertas sobre a África: uma carta ornitológica 241

Na água azul: uma carta da corrente do Golfo 248

Lá vai ela! Ou Moby Dick na Costa do Morro 257

III GUERRA CIVIL ESPANHOLA, 1937-1939

Os primeiros lampejos de guerra 269

Bombardeio de Madri 272

Uma nova espécie de guerra 275

Os motoristas de Madri 281

A morte de raspão 288

A queda de Teruel 291

A debandada dos refugiados 296

O bombardeio de Tortosa 299

Tortosa aguarda calmamente o assalto 303

Um programa para o realismo estadunidense 306

Uma lufada revigorante numa história de colegas 310

Clark's Fork Valley, Wyoming 314

IV A SEGUNDA GUERRA MUNDIAL

Hemingway entrevistado por Ralph Ingersoll 319

O pacto russo-nipônico 331

Fornecimento de borracha das Índias Orientais Holandesas 336

O Japão deve conquistar a China 339

Ajuda norte-americana à China 341

A posição do Japão na China 345

As necessidades aeronáuticas da China 348

Os chineses constroem um Aeródromo 351

Viagem para a vitória 356

Londres combate os robôs 374

A batalha de Paris 382

Como chegamos a Paris 393

O Pracinha e o General 403

A guerra na Linha Siegfried 412

V DEPOIS DAS GUERRAS, 1949-1956

O grande Rio Azul 425

O tiro 440

O presente de Natal 448

Um relato da situação 495

HEMINGWAY DISPENSA APRESENTAÇÕES...

Ernest Hemingway, o escritor mais conhecido de sua geração, dispensa apresentações para os leitores de hoje. Mas este volume, formado por menos de um terço da prosa conhecida que ele escreveu para jornais e revistas entre 1920 e 1956, requer algumas palavras de explicação. No início de sua carreira, um pouco antes de 1931, Hemingway escreveu a seu bibliógrafo, Louis Henry Cohn, que "as coisas que escrevi para os jornais... não tem qualquer relação com os outros textos, que são algo à parte... O primeiro direito de um homem que escreve é escolher o que vai publicar. Se você ganhava a vida como jornalista, aprendendo o ofício, escrevendo em obediência a prazos, escrevendo para aprontar as matérias a tempo, e não de modo permanente, ninguém tem o direito de escavar esse material e compará-lo ao que você escreveu da melhor maneira possível".

Essa é uma postura perfeitamente compreensível que um romancista ou escritor criativo pode assumir, distinguindo sua ficção das reportagens jornalísticas. Contudo, em seus mais de quarenta anos de escrita, Hemingway não só utilizou o mesmo material igualmente para notícias como para contos: ele pegou textos que primeiro ocuparam revistas e jornais e os publicou, praticamente sem qualquer mudança, em seus livros. Por exemplo, dois textos — "Uma procissão lúgubre e silenciosa" e "Refugiados da Trácia" — são reportagens (para *The Toronto Daily Star*) baseadas em experiências que ele viria a usar em *In Our Time* (1930), em que escreveu:

> "Os gregos também são bons sujeitos. Quando evacuaram, tinham todos aqueles animais de carga que não podiam levar consigo e então simplesmente quebraram suas patas da frente e os despejaram em águas rasas. Todas aquelas mulas com as patas quebradas e jogadas na água rasa. Foi tudo um belo espetáculo. Dou minha palavra, sim, um belíssimo espetáculo."

O mesmo material reaparece em "No cais de Esmirna", em *The Fifth Column and the First Forty-Nine Stories* (1938) e em outros lugares. Outra reportagem para o *Toronto Star*, "Natal no topo do mundo", incluída nesta coleção, foi publicada privadamente (não por Hemingway) como "Dois contos de Natal" (1959). Mas a ausência de distinção entre seu material jornalístico e sua produção literária fica mais evidente nestes três exemplos: "Itália, 1927", relato factual de uma viagem de carro por La Spezia, Gênova e a Itália fascista, publicado pela primeira vez em *The New Republic* (18 de maio de 1927) como jornalismo, utilizado posteriormente na forma de conto em *Homens sem mulheres* (1927) com um novo título, "Che ti dice la patria", e em *The Fifth Column and the First Forty-Nine Stories* (1938); "O velho na ponte", telegrafado de Barcelona como texto jornalístico e publicado pela *Ken* (19 de maio de 1938), também incluído em *The Fifth Column and the First Forty-Nine Stories* sem sequer um novo título; e "Os motoristas de Madri", enviado originalmente em 22 de maio de 1937, pela North American Newspaper Alliance (NANA) aos assinantes de seus serviços estrangeiros como parte da cobertura de Hemingway da Guerra Civil Espanhola, e que foi incluído por Hemingway em *Homens em guerra* (1942), editado por ele com o subtítulo "As melhores estórias de guerra de todos os tempos". (O que ele quis dizer por "estórias"?) Na mesma coleção, Hemingway também utilizou as passagens de Caporetto tiradas de *Adeus às armas* e a sequência de El Sordo de *Por quem os sinos dobram*. Como dizia Chaucer, "Precisam-se mais palavras?".

Como repórter e correspondente internacional em Kansas City (antes da Primeira Guerra Mundial), Chicago, Toronto, Paris entre os expatriados, o Oriente Próximo, na Europa com diplomatas e estadistas, na Alemanha e na Espanha, Hemingway absorveu como uma esponja pessoas, lugares e a própria vida: aquilo tudo se transformaria em material para seus contos e romances. O modo como usou estes recursos, no entanto, o diferencia de outros autores de ficção que, como ele mesmo disse, ganharam a vida como jornalistas, aprendendo o ofício, escrevendo em obediência a prazos, escrevendo para aprontar as matérias a tempo, e não de modo permanente. Hemingway, independentemente do que escrevia, ou por que motivo escrevia, ou para quem, era sempre o escritor de ficção: usava seu material para servir seus propósitos criativos. Isso não quer dizer que não fosse um

HEMINGWAY DISPENSA APRESENTAÇÕES...

bom repórter, pois demonstrava domínio sobre a política e a economia, era um grande observador e sabia como cavar a informação. Mas seu ofício era a ficção, e não a reportagem factual. E, embora escrevesse sobre o que via, seus textos demonstram de maneira mais vívida o que ele *sentia* em relação ao que via. Se os detalhes nem sempre eram respeitados, o quadro como um todo — carregado dos impactos emocionais que os eventos provocavam sobre as pessoas — era claro, lúcido e completo. Pois era com o quadro como um todo que Hemingway, o artista, se importava.

Ao selecionar os setenta e sete artigos contidos neste volume, não me limitei ao material "não compilado", uma vez que muitos dos textos do *Toronto Star* apareceram em *Hemingway: The Wild Years* (1962), editado por Gene Z. Hanrahan; "O marlim do Morro" (*Esquire*) em *American Big Game Fishing* (1935), editado por Eugene V. Connett; "A.D. na África" (*Esquire*) em *Fun in Bed: Just What the Doctor Ordered* (1938), editado por Frank Scully, "Recordando da artilharia aérea" (*Esquire*) em *Esquire's First Sports Reader* (1945), editado por Herbert Graffis; "Sobre a água azul" (*Esquire*) em *Blow the Man Down* (1937), editado por Eric Devine; "Notas sobre a próxima guerra" e "A enfermidade do poder" (*Esquire*) na forma de ensaios brilhantes em revistas americanas em *American Points of View 1934-1935* (1936) e *American Points of View 1936* (1937), editados por William H. e Kathryn Coe Cordell; "O vale do rio Clark Fork, Wyoming" (*Vogue*) em *Vogue's First Reader* (1942), com introdução de Frank Crowninshield; "Um novo topo de guerra" (NANA) em *A Treasury of Great Reporting* (1949), editado por Louis L. Snyder e Richard B. Morris; e "Londres combate os robôs" (*Collier's*) em *Masterpieces of War Reporting: The Great Moments of World War II* (1962), editado por Louis L. Snyder.

As vinte e nove seleções (na Parte I) dentre as 154 que Hemingway escreveu para o *Toronto Daily Star* e para o *Star Weekly* representam suas primeiras contribuições e seu melhor trabalho para estes jornais. O último texto desta seção foi escrito em Paris, depois de abandonar o jornalismo e lançar sua carreira como escritor de contos. Na época em que escrevia suas "cartas" quase todo mês, nos anos 1930, para a *Esquire* — que constituem a segunda parte do livro — esta carreira estava em seu auge. Das trinta e uma contribuições de Hemingway para a *Esquire*, selecionei dezessete; no entanto, das quatorze restantes, seis são ficções e assim fogem do escopo de minha compilação.

Os despachos para a NANA, dos quais escolhi nove entre os vinte e oito despachados por telégrafo da Europa, representam o retorno de Hemingway à reportagem jornalística profissional durante a guerra espanhola. Nesta terceira seção, incluí também dois (dos quatorze) artigos que ele escreveu para a *Ken*, uma revista antifascista editada por Arnold Gingrich; ambos não se encontram no mesmo nível de "O velho na ponte", mas constituem exemplos do tipo de texto que ele escreveu para quase todos os números deste periódico. Embora "Clark's Fork Valley, Wyoming", da *Vogue*, nada tenha a ver com a guerra espanhola, foi incluído nesta seção por datar de 1939. Trata-se claramente de uma mudança de ritmo e representa o interesse contínuo de Hemingway por caça, pesca e atividades a céu aberto. Toda seção deste livro — exceto a que se dedica à Segunda Guerra Mundial — contém um artigo similar de Hemingway, o naturalista, o caçador, o pescador.

A quarta seção é composta por oito artigos do jornal nova-iorquino *PM* — que durou pouco e não dispunha de anúncios —, escritos em 1941, e seis reportagens que escreveu para a *Collier's* em 1944 como chefe do Escritório Europeu da revista: "apenas o bastante para evitar ser mandado para casa". Estes artigos, trabalho de um observador maduro em sua primeira viagem oriental, seis meses antes do bombardeamento de Pearl Harbor, mostram a capacidade de Hemingway de compreender o que estava por vir; ele previu que o ataque japonês às bases britânicas e americanas no Pacífico e no sudeste asiático nos forçaria a entrar na guerra. Apesar de o crédito da matéria situá-los em Hong Kong, Rangum e Manila, todos foram escritos baseados em anotações após seu retorno a Nova York. Suas sete reportagens assinadas e a entrevista feita por Ralph Ingersoll, e editada por Hemingway, constituem uma excelente análise da situação militar, mas de certa forma contrastam com sua outra correspondência de guerra, para o *Toronto Star*, a NANA e a *Collier's*, que dão destaque a pessoas e lugares em detrimento da política. Quando Hemingway finalmente voltou à Europa para a *Collier's*, suas escapadas fizeram com que fosse investigado e inocentado pelas autoridades militares — por violar a Convenção de Genebra. Do ponto de vista jornalístico, tem mais importância o fato de que seu segundo artigo para a *Collier's*, "Londres combate os robôs", foi escolhido em 1962 como uma das "obras-primas do jornalismo de guerra" pelo professor de História Louis L. Snyder.

Para a última seção, selecionei um artigo conclusivo da *Holiday* e um artigo de caça tirado de uma revista para homens chamada *True*; o relato de próprio punho de Hemingway para a *Look* sobre o que aconteceu em seus acidentes aéreos quase fatais na África em 1954; e mais sobre o próprio autor e sua escrita num outro artigo para a *Look* datado de 1956.

Os textos desta coleção seguem as versões impressas das publicações originais em revistas e jornais. Mantive quase sempre os títulos originais, exceto por algumas manchetes de jornais, que eram longas demais para uma antologia como esta, e que de qualquer forma certamente não pertencem a Hemingway. Em cada instância onde foi feita uma mudança, incluí no índice a manchete original. (Fazê-lo de maneira diversa provocaria uma confusão bibliográfica e dificuldades para historiadores literários.) No entanto, excluí entretítulos escritos por editores por motivos puramente tipográficos para quebrar longas colunas de texto e discretamente (sem recorrer ao acadêmico "sic") corrigi erros óbvios de digitação, regularizei o uso das letras maiúsculas e parte da pontuação. Estas são práticas aceitas para um texto de leitura. No que diz respeito aos artigos de Toronto, grande crédito deve ser dedicado a W. L. McGeary, bibliotecário do *Toronto Star*.

O aprendizado literário de Hemingway foi embasado no jornalismo e seus trabalhos posteriores em campo lhe renderam fundos e o enviaram aos lugares aonde queria ir. Ainda assim, seu entusiasmo, sua compaixão e sua imaginação fizeram desses textos muito mais do que algo perecível. Alguns leitores certamente verão o material como um complemento à obra de Hemingway; outros, esperamos, irão simplesmente considerá-lo algumas das melhores reportagens de jornais e revistas disponíveis em nossos conturbados dias.

William White
Franklin Village, Michigan
16 de fevereiro de 1967

I

REPORTAGENS, 1920-1924

QUADROS EM CIRCULAÇÃO

The Toronto Star Weekly, 14 de fevereiro de 1920

Você tem um futuro Corot, um Millet moderno, um Paul Potter em potencial ou um Ticiano de Toronto temporariamente acrescentando o que quer que a nova arte acrescente à sua casa? Se a resposta for não, é possível obter algumas das melhores obras dos artistas modernos por um tempo limitado a uma reles fração de seu valor.

O movimento Quadros em Circulação teve sua gênese em Toronto com a Sra. W. Gordon Mills, residente no número 63 da Farnham Avenue, que, na primavera passada, abordou um dos principais artistas canadenses com a proposta de tomar emprestado um ou dois quadros para os meses de verão. O artista, um daqueles que introduziram a raiva na arte, consentiu prontamente e juntos os dois discutiram a possibilidade de dar início a uma galeria de quadros ambulante. Um grupo de jovens mulheres casadas de Toronto abraçou a ideia com entusiasmo e agora uma galeria de quadros circulantes está em movimento, ou melhor, em circulação.

Segundo a Sra. Kenneth T. Young, residente em Bloor Street West, 152, a galeria circulante é hoje uma corporação bastante fechada. Diante do pedido de um repórter do *The Star Weekly* para um artigo sobre a nova aplicação do princípio da circulação de Harvey, ela discutiu o assunto com outras integrantes do grupo e elas decidiram que a publicação de seus nomes ou dos nomes dos artistas daria um matiz de comercialismo à empreitada, o que poderia arruiná-la. Não seria tão prazeroso contar com um ou dois quadros coloridos e cheios de vida em sua casa se você soubesse que qualquer pessoa de respeito também pudesse tê-los. Imagine a graça que uma biblioteca pública exalaria se apenas uma dúzia de pessoas tivesse a possibilidade de fazer uso dela!

O repórter descobriu, no entanto, que o princípio regente da galeria circulante é o seguinte: as jovens matronas escolhem os quadros que desejam de artistas ricos, semifamélicos ou inadimplentes, dependendo do grau de modernidade do artista e do seu potencial de publicidade, e pagam dez por cento do valor estimado da obra. Com isso, conseguem ficar com o quadro por seis meses. O plano atual é que cada moça fique com dois quadros e depois de estes perderem — usando aqui uma gíria — o seu pique, ou depois de ganharem tamanho destaque a ponto de uma troca ser recomendável, são negociados com a integrante mais próxima na galeria.

Por exemplo, o quadro de um dos artistas, que, nas palavras da Sra. Mills, "introduziu a raiva na arte", pode trazer um efeito tão potente quando pendurado na sala de estar de modo a ser negociado em poucos dias, talvez a pedido do marido.

Outro quadro pode esbanjar em seu tema tamanha influência pastoral a ponto de tornar o marido tão facilmente controlável por ele quanto uma naja o é pela flauta do faquir. Tal quadro pode permanecer por tempo indefinido numa casa, fazendo papel de soldado de cavalaria diante de situações domésticas como o nascer dos dentes, a compra de chapéus para a primavera ou a descoberta de uma conta no vermelho.

Há também o lado do pintor. Com este acordo, pelo menos ele recebe algo. Seus quadros são vistos por muito mais pessoas e, no fim de seis meses, ele os recebe de volta, prontos para serem vendidos. Mas o comercialismo deve ficar de fora.

FAZENDO A BARBA DE GRAÇA

The Toronto Star Weekly, 6 de março de 1920

Terra dos livres e lar dos valentes é a modesta expressão usada por certos cidadãos da república ao nosso sul para designar o país onde vivem. Podem até ser valentes — mas não há liberdade alguma onde nada é de graça. O sopão dos pobres já ficou para trás há algum tempo e, ao tentar se filiar à Franco-Maçonaria, lhe cobram setenta e cinco dólares.

O verdadeiro lar dos livres e valentes é a escola de barbearia. Tudo lá é de graça. E é preciso valentia. Se quiser economizar cinco dólares e sessenta por mês para cortar o cabelo e fazer a barba, vá à escola de barbearia, mas leve sua coragem consigo.

Pois uma visita à escola de barbearia requer a bravura nua e crua de um homem que caminha consciente rumo à morte. Se não acredita, vá ao departamento de aprendizes da escola de barbearia e se ofereça para que lhe façam a barba de graça. Eu me ofereci.

Ao entrar no prédio, você se depara com uma barbearia bem equipada no piso térreo. É ali que trabalham os alunos prestes a receber o diploma. A barba custa cinco centavos, e o cabelo, quinze.

— Próximo — chamou um dos alunos. Os outros pareciam ansiosos.

— Me desculpe — disse eu. — Estou indo lá em cima.

Lá em cima é onde o trabalho é feito de graça pelos aprendizes.

O silêncio tomou a barbearia. Os jovens barbeiros olhavam uns para os outros, intensamente. Um deles fez um gesto expressivo passando o indicador pelo pescoço.

— Ele está indo lá em cima — disse um barbeiro em voz baixa.

— Está indo lá em cima — ecoou um outro e os dois trocaram olhares.

Fui lá para cima.

Lá em cima havia um grupo de jovens vestidos com guarda-pós brancos e uma fila de poltronas se estendia pela parede. Quando entrei no salão, dois ou três deles se prontificaram e tomaram seus lugares ao lado de suas poltronas. Os outros permaneceram onde estavam.

— Vamos lá, rapazes, aqui está mais um — gritou um dos que vestiam guarda-pó ao lado da poltrona.

— Deixe trabalhar quem quiser — respondeu um do grupo.

— Não falaria assim se estivesse pagando pelo curso — rebateu o mais aplicado.

— Cala a boca. O governo me mandou aqui — respondeu o que não trabalhava e o grupo continuou a conversa.

Sentei na poltrona, assistido por um jovem de cabelos ruivos.

— Faz tempo que você está aqui? — perguntei, de modo a não pensar na provação.

— Não muito — disse ele, escancarando um sorriso.

— Quanto tempo até ir lá para baixo? — perguntei.

— Ah, eu já trabalhei lá embaixo — respondeu, cobrindo meu rosto de espuma.

— Por que voltou aqui para cima? — disse eu.

— Tive um acidente — disse ele, continuando com a espuma.

Só então um daqueles que não trabalhavam se aproximou e olhou para mim.

— Diga lá, você quer acabar com a garganta cortada? — indagou com simpatia.

— Não — respondi.

— Ha! Ha! — disse aquele que não trabalhava.

Foi então que percebi que meu barbeiro tinha a mão esquerda enfaixada.

— Como fez isso? — perguntei.

— Quase arranquei o dedão com a navalha hoje de manhã — respondeu num tom amigável.

A experiência não foi tão ruim. Os cientistas dizem que o enforcamento é na verdade uma morte bem agradável. A pressão da corda sobre os nervos e artérias do pescoço produz uma espécie de anestesia. É a espera que incomoda o sujeito.

Segundo o barbeiro ruivo, tem dias em que até cem homens aparecem para fazer a barba de graça.

— Nem todos são "vagabundos". Muitos deles correm o risco só para receber algo em troca de nada.

Fazer a barba não é o único serviço que pode ser obtido gratuitamente em Toronto. A Universidade Real de Cirurgiões Dentistas presta serviços odontológicos para todos que vão à universidade nas ruas Huron e College. Apenas cobram o material usado.

Aproximadamente mil pacientes recebem tratamento, de acordo com o Dr. F. S. Jarman, especialista em Cirurgia Dental, chefe do departamento de exame da clínica. Todo o trabalho é feito por alunos seniores sob a direção de especialistas odontológicos.

A extração de dentes é gratuita quando só é utilizada anestesia local, mas uma taxa de dois dólares é cobrada pelo uso de gás. Segundo o Dr. Jarman, os dentistas em geral cobram três dólares pela extração de um único dente. Na Universidade de Odontologia você pode arrancar vinte e cinco dentes por dois dólares! Isto chama a atenção dos caçadores de pechinchas.

A profilaxia, ou limpeza completa dos dentes, é feita na universidade por um preço que vai de cinquenta centavos a um dólar. Em clínicas privadas, o serviço sairia entre um e dez dólares.

O preenchimento de cáries pode ser feito caso o paciente arque com o custo do ouro. Geralmente entre um e dois dólares. O mesmo sistema é aplicado para as pontes.

Ninguém é recusado na Universidade de Odontologia. Caso não consigam arcar com os custos dos materiais usados, recebem tratamento mesmo assim. Uma pessoa disposta a correr tais riscos certamente precisa economizar o dinheiro do dentista.

No Grace Hospital, do outro lado da rua Huron em relação à Universidade de Odontologia, funciona um dispensário gratuito para pessoas indigentes que fornece serviço médico de graça para uma média de 1.241 pacientes por mês.

Tal serviço é direcionado apenas aos "indigentes". Aqueles entre nós que são pobres, mas não considerados indigentes pelo enfermeiro responsável do serviço social, têm de pagar pelo atendimento médico. Segundo os números do Grace Hospital, mais da metade dos casos tratados no último mês era de nacionalidade judaica. Os outros eram um aglomerado de ingleses, escoceses, italianos, macedônios e pessoas de origem desconhecida.

Antigamente, a Missão Fred Victor, na esquina das ruas Queen e Jarvis, servia refeições grátis. Mas os diretores da missão declararam que não há quase demanda hoje em dia. A lei seca e a guerra resolveram o problema da "vadiagem" e atualmente, no lugar onde se formava uma longa fila de "vagabundos" para receber vales de refeições gratuitas, existe apenas um ou outro suplicante ocasional.

Caso você queira receber hospedagem, alimentação e atendimento médico gratuitos, há uma maneira infalível de consegui-los. Vá até o maior policial que encontrar e lhe dê um soco na cara.

A duração do seu período de hospedagem e alimentação gratuitas vai depender de como o Coronel [George Taylor] Denison [magistrado de polícia] estiver se sentindo. E a frequência dos cuidados médicos dependerá do tamanho do policial.

A MELHOR PESCA DE TRUTA-ARCO-ÍRIS

The Toronto Star Weekly, 28 de agosto de 1920

A pesca da truta-arco-íris é tão diferente da pesca da truta de riacho quanto o pugilismo do boxe. A arco-íris é chamada de *Salmo irideus* por aquelas pessoas misteriosas que dão nome aos peixes que pescamos e foi introduzida recentemente em águas canadenses. Atualmente, o melhor lugar para pescar a truta-arco-íris são as cascatas das comportas de Saulte Ste. Marie.

Trutas de até seis quilos e meio foram levadas até lá em canoas guiadas pelas cascatas e levadas aos tanques por barqueiros ojibueis e chipeuas. É um esporte selvagem e desgastante e as probabilidades são a favor do enorme peixe, que arrasta de 30 a 40 metros de linha de uma só vez e depois se enfia debaixo de uma grande rocha e se recusa a entrar no jogo diante dos puxões de uma robusta vara de mosca, acompanhados por um monólogo fluente de xingamentos em língua ojibuei. Às vezes, leva duas horas para pescar uma truta grande de verdade em tais circunstâncias.

As comportas são um ótimo lugar para pescar. Mas é uma pesca que se equipara a um louco pesadelo, perdendo no cansaço que provoca apenas para a pesca de atum nas imediações da Ilha Catalina. Além disso, a maioria das trutas é atraída por iscas de anzol giratório, mas rejeita iscas de mosca. Para o pescador que usa iscas de mosca em noventa e nove por cento dos casos — não existe cem por cento — isso representa uma grande desvantagem.

Obviamente as trutas das comportas mordem as iscas de mosca, mas é difícil administrá-las em meio àquele volume tremendo de água utilizando o equipamento leve que o pescador de isca de mosca adora. É perigoso caminhar nos locais onde isso é possível, pois um passo em falso pode levar o pescador direto de cabeça para as cascatas. Usar uma canoa é uma necessidade para pescar nas melhores águas.

De um modo geral, trata-se de um jogo duro, árduo e maçante, desprovido das características meditativas da escola de pesca à linha de Izaak Walton. Um Valhala apropriado para um bom pescador depois de morto seria um rio normal cheio de trutas-arco-íris saltando, loucas para morder a isca.

Existe um lugar desses a sessenta e cinco quilômetros das comportas, chamado... Bem, chamado de rio. Tem mais ou menos a largura que um rio deve ter e é um pouco mais profundo do que deveria. Para ter uma ideia exata, você deve imaginar uma rápida sucessão a seguinte sequência:

Uma escarpa coberta de pinheiros que se inclina para fora das sombras. Uma pequena enseada de areia que desce rumo ao rio e uma curva súbita a noventa graus com alguns troncos flutuantes obstruindo a curva e em seguida uma pequena laguna.

Uma laguna onde as águas cor de vinho se movem num redemoinho escuro em uma expansão azul-amarronzada profunda com quinze metros de diâmetro.

É este o cenário.

A ação é protagonizada por duas figuras que despontam no quadro subindo a trilha ao longo da margem do rio trazendo nas costas carga o bastante para extenuar um cavalo. A carga é arremessada por sobre a cabeça no trecho tomado por samambaias à margem da laguna profunda. Isso é incorreto. Na verdade, os sujeitos dão um pequeno solavanco para a frente, a corda se afrouxa e a mochila desaba no chão. Nenhum homem arremessa sua carga depois de uma caminhada de doze quilômetros.

Um dos sujeitos olha para cima e percebe que o topo da ribanceira é plano e que aquele é um bom lugar para armar a barraca. O outro está deitado de barriga para cima e olha direto para o céu. O primeiro estende o braço e pega um gafanhoto, enrijecido pelo cair do sereno noturno, e o lança na laguna.

O gafanhoto flutua na água da laguna com as patas abertas por um instante, um redemoinho o prende e então se vê o lampejo de uma chama de um metro de altura e uma truta do tamanho do seu antebraço salta no ar e o gafanhoto desaparece.

— Você viu isso? — arfa o homem que lançara o gafanhoto.

Era uma pergunta inútil, pois o outro, que alguns instantes atrás poderia servir como modelo para um estudo intitulado "Fadiga Total", estava tirando a vara do anzol de isca de mosca do estojo e prendia uma guia com a boca.

Optamos por uma McGinty e uma Royal Coachman como iscas e no segundo lançamento vimos um turbilhão, como a explosão de uma bomba submersa, a linha se retesou e a truta saltou meio metro fora da água. Ela zarpou como um torpedo até o outro lado da laguna e a linha se desenrolou até não restar nada no molinete. Saltava e cada vez que se lançava no ar nós abaixávamos a ponta da vara e rezávamos. Finalmente ela saltou e a linha afrouxou e Jacques começou a puxar. Pensamos que tinha desaparecido, mas então ela saltou bem diante de nós. Nadou em nossa direção contra a corrente com tanta velocidade que parecia ter ido embora.

Quando finalmente a peguei com a rede e a puxei para a margem, sentindo sua grande força diante dos tremendos espasmos musculares que fazia enquanto eu a pressionava contra a margem, já estava quase escuro. O peixe media sessenta e seis centímetros e pesava quatro quilos e trezentos gramas.

A pesca da truta-arco-íris é isso aí.

A truta morde a mosca mais facilmente do que a isca natural. A McGinty, uma isca artificial que parece uma vespa, é a melhor. A mosca deve ser amarrada num anzol número oito ou dez.

As iscas artificiais menores têm mais sucesso, mas são pequenas demais para pegar um peixe grande de verdade. A truta-arco-íris vive nos mesmos cursos da água que a truta de riacho, mas as duas são encontradas em locais diferentes. A truta de riacho costuma ficar nos buracos sob a sombra debaixo da margem e onde os amieiros recaem sobre a água, enquanto a truta-arco-íris prevalece em lagoas claras e águas rápidas e rasas.

Contrariando jornalistas e capas de revista, a truta de riacho ou truta pintada não salta para fora da água quando fisgada. Diante de grande quantidade de linha, ela se engajará numa luta nas profundezas. Obviamente, se você segurar o peixe com muita força, ele será forçado pela corrente a se debater na superfície da água.

Mas a truta-arco-íris sempre salta, seja com a linha retesada ou frouxa. E não se trata de se debater na superfície, mas estamos falando de verdadeiros pulos paralelos à água, alcançando de trinta centímetros a um metro e meio. Um peixe que pula um metro e meio soa improvável, mas é verdade.

Se não acredita, fisgue um desses peixes em águas rápidas e tente puxá-lo. Talvez, se for um grandão de dois quilos e meio, salte apenas um metro e quarenta só para me desdizer.

ASSASSINATOS SIMPLES E SOFISTICADOS, A PARTIR DE 400 DÓLARES

The Toronto Star Weekly, 11 de dezembro de 1920

Chicago — Pistoleiros dos Estados Unidos estão sendo importados para cometer assassinatos na Irlanda. Este é um fato comprovado por despachos da Associated Press.

De acordo com o mexerico do submundo de Nova York e Chicago, cada navio que parte para a Inglaterra carrega uma ou duas dessas raposas da morte rumo ao local onde a caça é boa. O submundo diz que os pistoleiros são levados primeiro para a Inglaterra, onde se misturam nos portos de cidades como Liverpool, e depois escapam para a Irlanda.

Na Ilha Vermelha, fazem o seu trabalho assassino, recolhem a paga pelo contrato e escapam de volta para a Inglaterra. Diz-se que o preço por um assassinato simples, como o de um policial marcado ou de um membro dos *Black and Tans*, é de quatrocentos dólares. Pode parecer algo exorbitante, quando se lembra que o antigo preço em Nova York antes da guerra era de cem dólares, mas o pistoleiro é um especialista, e seus preços, como aqueles exigidos pelos pugilistas, aumentaram.

Assassinar um magistrado bem protegido ou algum outro alto funcionário pode fazer o preço subir até mil dólares. Tal preço, mesmo para um assassinato sofisticado, é algo ridículo, segundo um ex-pistoleiro com quem conversei em Chicago.

— Alguns desses indivíduos estão enchendo os bolsos na Irlanda, com certeza. É um disparate fazer um trabalho naquele país, mas saiba que os rapazes irão aproveitar. Um trabalho significa uma viagem a Paris.

É um fato que mais personagens do submundo americano estiveram em Paris nos últimos verão e outono do que nunca. Dizem que se você arremessar uma pedra numa multidão diante das arquibancadas do famoso hipódromo de Longchamps nos arredores de Paris, certamente acertará um pistoleiro, um batedor de carteiras ou um artista da violência americano.

A maior parte do dinheiro sujo é usada para apostar num ou noutro cavalo. Pois o pistoleiro acredita em assumir riscos. Ele acredita que se ganhar uma bolada, pode se estabelecer e sair desta vida. Mas para ele é difícil sair, uma vez que são poucas as outras profissões, além do pugilismo, que pagam tão bem.

O malfeitor aposentado, especializado em livrar o próximo do tumulto da existência, que me honra com sua presença tem cerca de trinta e oito anos. Talvez seja melhor não o descrever em detalhes, pois ele pode acabar se deparando com um jornal de Toronto. Mas ele tem a beleza de uma doninha, mãos pequenas e parece com um jóquei um pouco acima do peso.

Ele largou os assassinatos num momento bom — quando o país secou e a circulação de álcool passou a ser a ocupação nas ruas que pagava melhor.

Depois que seus principais clientes descobriram que era melhor e mais barato transportar o uísque de Kentucky do que arriscar fazê-lo atravessar a linha imaginária que separa os Estados Unidos do Canadá, ele se aposentou.

Hoje é um *bon vivant* e vendedores de ações o assediam. Durante nossa conversa, ele desviou o assunto dos assassinatos e do cenário irlandês para pedir minha opinião sincera sobre algumas ações do governo japonês que pagarão onze por cento de juros.

No percurso de uma tarde, aprendi uma série de coisas sobre o ofício. Sim, havia mestres norte-americanos em "apagar" pessoas na Irlanda. Sim, ele conhecia pessoalmente alguns dos que estavam lá. Bem, ele não conhecia ninguém que seguisse a lei na Irlanda. Não, ele não se importava. Ele sabia que tudo era organizado de Nova York. Em seguida, o trabalho era feito a partir de Liverpool. Não, ele não se importaria particularmente em matar algum inglês. Eles também têm de morrer alguma hora.

Ele ouviu dizer que a maioria dos assassinos eram *wops* — ou *dagos*, melhor dizendo, carcamanos. A maioria dos pistoleiros eram carcamanos, de qualquer forma. Um carcamano dava um bom assassino. Normalmente trabalhavam em duplas. Nos Estados Unidos, quase sempre usavam um carro, o que tornava a fuga muito mais fácil. Aquilo era a grande questão num trabalho. As fugas. Qualquer um pode fazer um trabalho. É a fuga que conta. Um carro facilitava tudo. Mas havia sempre o motorista.

Teria eu percebido, prosseguiu ele, que a maior parte dos trabalhos que fracassavam era por culpa do motorista? A polícia localizava o carro, chegava ao motorista e ele dava com a língua nos dentes. Aquela era a desvantagem do carro, disse ele.

— Não dá para confiar em nenhum deles.

É este o tipo de mercenário que está se ocupando dos assassinatos dos irlandeses no lugar deles. Não se trata de um sujeito heroico nem mesmo dramático. Ele apenas fica ali sentado, curvado sobre seu copo de uísque, preocupado em como investir seu dinheiro, deixando sua mente astuta trabalhar e desejando sorte aos rapazes. Parece que ela está do lado deles.

PESCANDO ATUNS NA ESPANHA

The Toronto Star Weekly, 18 de fevereiro de 1922

Vigo, Espanha — Vigo parece uma cidadezinha de cartolina, com suas ruas de paralelepípedo, paredes de gesso brancas e laranja, plantada ao longo de uma enorme enseada quase fechada, grande o bastante para ancorar toda a marinha britânica. Montanhas queimadas pelo sol descem na direção do mar como velhos dinossauros cansados e a cor da água é tão azul quanto uma cromolitografia da baía de Nápoles.

Uma igreja de cartolina cinza com duas torres gêmeas e uma fortaleza plana e sorumbática no topo do morro onde fica a cidade dão para a baía azul, aonde vão os bons pescadores quando a neve cai sobre as correntes setentrionais e as trutas nadam espremidas em lagoas profundas sob uma fina camada de gelo. Afinal, a baía de um azul intenso e brilhante abriga uma miríade de peixes.

Lá vivem cardumes de peixes estranhos, achatados e multicoloridos, grupos de longas e exíguas cavalas espanholas e robalos enormes e pesados com nomes esquisitos e suaves. Mas, principalmente, é a casa do rei de todos os peixes, o soberano do Valhala dos pescadores.

O pescador sai à baía num barco à vela marrom, que singra ébria e determinadamente e viaja deixando a espuma para trás. Ele usa uma espécie de tainha prateada como isca e deixa a linha desenrolar. À medida que o barco se move, próximo ao vento para manter a isca submersa, vê-se uma ondulação cor de prata, como se tivessem arremessado ali um balde cheio de moedas. Trata-se de um cardume de sardinhas saltando para fora da água, forçadas pela aproximação de um enorme atum, que rompe a água ruidosamente e joga toda sua massa a quase dois metros no ar. Nesse momento, o coração do pescador vai ao palato e desaba até o calcanhar quando o atum cai novamente na água, com o estrondo de um cavalo que se lança das docas.

Um atum grande tem coloração prata e azul-ardósia e quando se lança no ar, bem próximo ao barco, é como um lampejo ofuscante de mercúrio. Pode pesar cento e trinta quilos, mas salta com o afã e a ferocidade de uma imensa truta-arco-íris. De vez em quando é possível ver cinco ou seis atuns no ar ao mesmo tempo na baía de Vigo, saindo da água como golfinhos enquanto arrebanham as sardinhas, dando em seguida um pulo tão alto que se equipara à beleza e à precisão do primeiro salto de uma truta-arco-íris bem fisgada.

Os pescadores espanhóis levam você para pescá-los a um dólar por dia. Há uma abundância de atuns e eles mordem a isca. É um trabalho colossal, de massacrar as costas e retesar os tendões, mesmo com uma vara que parece um cabo de enxada. Mas quando consegue pescar um atum grande após uma luta de seis horas, de enfrentá-lo, homem contra peixe, mesmo quando seus músculos estão nauseados pela tensão incessante, e finalmente consegue trazê-lo junto ao barco, com suas cores prata e verde azulada em meio ao oceano indolente, você se sente purificado e consegue compartilhar de maneira impassível da presença dos antigos deuses e eles o acolhem com deleite.

Pois os deuses morenos e joviais que reinam sobre os alegres campos de caça vivem nas velhas e frágeis montanhas que cercam a baía azul e brilhante de Vigo. Vivem lá e se perguntam por que os bons pescadores mortos não descem a Vigo, onde os alegres campos de caça os esperam.

OS HOTÉIS DA SUÍÇA

The Toronto Star Weekly, 4 de março de 1922

Les Avants, Suíça — A Suíça é um país pequeno e íngreme, mais subidas e descidas que planícies, repleto de grandes hotéis marrons que seguem o estilo arquitetônico do relógio cuco. Em todo lugar onde a terra é plana o bastante, tem-se um hotel, e todos eles parecem ter sido cortados pela mesma serra tico-tico.

Você caminha por uma estrada de aparência selvagem em meio à floresta escura que se estende ao lado de uma montanha. Há pegadas de cervos na neve e um grande corvo oscila para a frente e para trás num galho alto de um pinheiro, observando enquanto você examina o caminho. Lá embaixo fica um vale coberto de neve que sobe a picos brancos e denteados, com alguns grupos de pinheiros com seus flancos salpicados. É um lugar tão deserto quanto as Montanhas Rochosas canadenses. Depois você faz uma curva na estrada e vê quatro hotéis monstruosos, que parecem gigantescas casas de bonecas do período em que a arquitetura canadense insistia em colocar cachorros de ferro no gramado da frente, atarracados à lateral da montanha. É uma imagem e tanto.

Os hotéis elegantes da Suíça se espalham por todo o país, como cartazes às margens da linha férrea, e no inverno ficam cheios de jovens charmosos, com seus suéteres brancos de gola alta e cabelos bem penteados, que ganham a vida jogando bridge. Estes jovens não jogam entre si, pelo menos não durante o horário de trabalho. Normalmente, jogam contra mulheres com idade para serem suas mães, que dão as cartas cintilando os anéis de platina em seus dedos gorduchos. Não sei como aquilo tudo funciona, mas os rapazes parecem bem satisfeitos e as mulheres evidentemente podem arcar com as perdas.

Depois vem a aristocracia francesa. Não aquela aristocracia esplêndida, de velhinhas desdentadas e velhotes de bigode branco, que resistem no Faubourg Saint-Honoré, em Paris, contra os preços sempre em ascensão. A aristocracia francesa que visita a Suíça consiste em rapazes bem jovens, que portam com a mesma graça nomes arcaicos e calças de jóqueis bem apertadas nos joelhos. Fazem parte dos poucos que ostentam os grandes nomes da França, os quais, por meio de holdings ou algo assim no ramo de ferro e carvão, enriqueceram com a guerra e hoje podem se hospedar nos mesmos hotéis daqueles que venderam mantas e vinho para o exército. Ver estes jovens de nomes arcaicos adentrarem uma sala cheia de aproveitadores, com suas esposas pré-opulência e suas filhas pós-opulência, é como assistir a um lobo esguio entrar num curral cheio de ovelhas corpulentas. É algo que parece depreciar o valor dos títulos dos aproveitadores. Independentemente da sua nacionalidade, todos deixam transparecer um ar pesado, tenso.

Além dos rapazes que jogam bridge e que eram os dançarinos e tornarão a sê-lo, e da velha e a nova aristocracia, os grandes hotéis hospedam famílias de rostos rosados, que passam o dia todo nas pistas de esqui e nos percursos de *bobsled*; caras-pálidas que vivem no hotel, pois sabem que, ao deixá-lo, passarão um bom tempo num sanatório; mulheres idosas que preenchem a solidão com o movimento da vida no hotel; e um grande número de norte-americanos e canadenses viajando a lazer.

Os suíços não fazem distinção entre canadenses e cidadãos dos Estados Unidos. Fiquei intrigado com isto e perguntei a um dono de hotel se ele não percebia diferença alguma entre os hóspedes destes dois países.

— Monsieur — disse ele —, os canadenses falam inglês e sempre ficam dois dias a mais que os americanos.

Então aí está.

Os donos de hotel, dizem, são bastante sábios. Mas todos os norte-americanos que vi até agora estavam bem ocupados aprendendo a falar inglês. Harvard foi fundada com este propósito, segundo rumores, então, se os estadunidenses um dia ficarem para trás, os donos de hotel terão de procurar novas formas de fazer o teste.

O LUGE SUÍÇO

The Toronto Star Weekly, 18 de março de 1922

Chamby Sur Montreux, Suíça — O luge é o carro suíço. É também a canoa suíça, a carroça suíça, o carrinho de bebê suíço e a combinação suíça entre cavalo e táxi. O luge, pronunciado *lu-je*, é um trenó curto e robusto de madeira de nogueira, parecido com os trenós para meninas do Canadá.

É possível perceber a onipotência do luge num domingo de sol, quando você se depara com a Suíça inteira, das vovós velhuscas às crianças na rua, descendo solenemente pelas montanhas íngremes, sentadas nestas pequeninas placas elevadas, todas com a mesma tensão estampada no rosto. Vão guiando com os pés estendidos para a frente e descem por um percurso de vinte quilômetros a uma velocidade entre vinte e cinquenta quilômetros por hora.

As ferrovias suíças disponibilizam trens especiais para os *lugeurs* entre Montreux, à beira do lago Léman, e o topo do Col du Sonloup, uma montanha a mais de mil e duzentos metros de altura do nível do mar. Doze trens partem todo domingo, lotados de famílias com seus trenós. Elas almoçam, compram um bilhete válido para o dia todo, que pode ser usado ilimitadamente na íngreme e sinuosa ferrovia do Oberland Bernês, e passam o dia deslizando tranquilamente pelo longo caminho coberto de neve congelada.

O tempo que se leva para aprender a guiar um luge é mais ou menos o mesmo de uma bicicleta. Você monta no luge, inclina o corpo bem para trás e o trenó começa a deslizar pelo gelo. Se o luge começa a ir para a direita, basta abaixar a perna esquerda e, se for para a esquerda, você arrasta o pé direito. Os pés ficam esticados bem à sua frente. Isso é tudo que você precisa saber para guiar, mas manter a calma requer muito mais.

Você desce por um trecho longo e íngreme da estrada, tendo à esquerda um penhasco de duzentos metros, e à direita, uma fileira de árvores. O trenó ganha velocidade já na saída e logo você está mais rápido do que qualquer outra coisa que já tenha sentido. Você desce sentado sem qualquer proteção, a vinte e cinco centímetros do gelo, e a estrada passa por você rápida como um filme. O trenó só tem espaço para você sentar e vai à velocidade de um carro na direção de uma curva fechada. Se você inclinar o corpo para fora da curva e arrastar o pé direito, o trenó acompanha a estrada numa descida de gelo e continua a toda na ladeira seguinte. Se errar a curva, você é arremessado num monte de neve ou continua descendo rapidamente, deslizando também apoiado nas várias superfícies planas de sua anatomia.

Os *lugeurs* ainda enfrentam perigos adicionais, como os trenós de madeira e feno. Estes possuem lâminas longas e curvas e são usados para carregar montanha abaixo o feno dos campos onde foi cortado e preservado durante o verão, ou então para transportar grandes cargas de lenha para fogueira e galhos cortados nas florestas. São trenós grandes e lentos, puxados por seus condutores, que os rebocam sobre as lâminas longas e curvas e se colocam na frente da carga para descer pelos trechos mais íngremes.

Devido à grande quantidade de *lugeurs*, os homens que transportam o feno e a madeira ficam cansados de jogar seus trenós para o lado toda vez que ouvem um *lugeur* descendo a toda velocidade, gritando pelo direito de passagem. Um *lugeur* a cinquenta quilômetros por hora, tendo os pés como único freio, pode escolher entre se chocar com o trenó à sua frente ou sair da estrada. Chocar-se contra um trenó de madeira é considerado mau agouro.

Existe uma colônia britânica em Bellaria, próximo a Vevey, no cantão de Vaud, no lago Léman. Os dois prédios de apartamentos onde vivem ficam ao pé das montanhas e os britânicos são quase todos *lugeurs* bem velozes. Podem partir de Bellaria, onde não há neve e sopra uma brisa suave e primaveril e, depois de meia hora de viagem de trem, chegam ao alto da montanha, onde encontram estradas rápidas e congeladas e setenta e cinco centímetros de neve nos locais planos. Mas o ar é tão seco e frio e o sol brilha tanto que, enquanto esperam pelo trem em Chamby, na metade do caminho rumo a Sonloup, os bellarianos tomam chá a céu aberto durante a tarde em total conforto, vestindo apenas suas roupas esportivas.

A estrada de Chamby a Montreux é bem íngreme e um tanto perigosa para descer com um luge. No entanto, este é um dos percursos preferidos dos britânicos de Bellaria, que o fazem à noite a caminho de seus confortáveis apartamentos logo acima do lago. Isto propicia cenas bem interessantes, uma vez que a estrada só é usada pelos *lugeurs* mais corajosos.

Uma coisa maravilhosa de ver é o ex-dirigente militar de Cartum, sentado num trenó do tamanho de um selo postal, com os pés esticados para os lados e as mãos às suas costas, levantando uma nuvem de gelo enquanto desce a estrada íngreme, de muros altos, com o cachecol ao vento e um sorriso de querubim no rosto, enquanto todos os meninos das ruas de Montreux se espremem contra as paredes e o saúdam alegremente quando passa.

É fácil entender como os britânicos conquistaram um império tão grande ao vê-los sobre um luge.

BOÊMIOS AMERICANOS EM PARIS

The Toronto Star Weekly, 25 de março de 1922

Paris, França — A escória do Greenwich Village de Nova York foi escumada e depositada em grandes conchadas naquela área de Paris adjacente ao Café de la Rotonde. Nova escória, obviamente, chegou para tomar o lugar da antiga, mas a escória mais velha, o grosso da escória, a escória das escórias, deu um jeito de atravessar o oceano como faz a espuma e, com suas levas vespertinas e noturnas, fez do Rotonde o principal palco do *Quartier Latin* para turistas em busca de uma ambientação.

O grupo que povoa as mesas do Café de la Rotonde é um grupo com comportamentos e aparências estranhas. Todos se esforçaram tanto em busca de uma individualidade despojada na forma de vestir que acabaram alcançando uma espécie de excentricidade uniforme. À primeira vista, o interior enfumaçado, de pés-direitos altos e abarrotado de mesas do Rotonde provoca uma sensação semelhante à de entrar no viveiro das aves no zoológico. Você tem a impressão de ouvir grasnidos terríveis, roufenhos e em diversos tons, interrompidos pelos inúmeros garçons que circulam em meio à fumaça feito um bando de pegas-rabilongas. As mesas ficam cheias — elas estão sempre cheias —, alguém é deslocado e se junta à multidão, algo é derrubado, mais pessoas entram pela porta de vaivém, outro garçom de preto e branco transita entre as mesas na direção da porta e, depois de gritar seu pedido enquanto ele dá as costas, você olha ao redor para cada indivíduo.

Você só consegue ver determinado número de pessoas por noite no Rotonde. Quando chega à sua cota, você tem plena consciência de que deve ir embora. Há um momento bem preciso em que você sabe que viu o bastante dos frequentadores do Rotonde e está na hora de partir. Se quiser saber o quão preciso é este momento, tente comer uma jarra inteira de melaço avinagrado. Para alguns, a sensação de não poder continuar virá na primeira bocada. Outros têm mais resistência. Mas há um limite para todas as pessoas triviais. Pois as pessoas que se amontoam em torno das mesas do Café de la Rotonde causam algo bem preciso àquele centro primordial das emoções, o estômago.

Em sua primeira dose de indivíduos, você poderá observar uma mulher baixa e atarracada, com os cabelos recém-pintados de louro, à moda da mulher do rótulo do desinfetante Old Dutch, o rosto igual a um presunto reluzente e dedos gordos que surgem das mangas compridas de seda azul de uma bata que parece chinesa. Ela está sentada, inclinada sobre a mesa, fumando com uma piteira de meio metro, e seu rosto achatado é totalmente desprovido de qualquer emoção.

Ela olha entediada para sua obra-prima, que está pendurada na parede branca de gesso do café, ao lado de outras três mil, como decoração do salão exclusivo para clientes do Rotonde. A obra-prima parece uma torta de carne moída espatifada nos degraus de uma escada e a sua pintora e adoradora, ainda que sem demonstrar qualquer expressão, passa todas as tardes e noites sentada à mesa diante da obra, num estado de total devoção.

Depois de olhar para a pintora e sua obra, você pode virar a cabeça um pouco e ver uma mulher grande, de cabelos claros, sentada à mesa com três rapazes. A mulher usa um enorme chapéu da época da Viúva Alegre e está contando piadas e gargalhando histericamente. Os três rapazes riem em uníssono com ela. O garçom traz a conta, a mulher paga, ajeita o chapéu na cabeça com as mãos levemente trêmulas, e sai com os jovens. Ela ri de novo ao atravessar a porta. Ela chegou a Paris três anos antes, com o marido, vindos de uma cidadezinha em Connecticut, onde viveram e ele pintou com sucesso crescente por dez anos. No ano que passou, ele voltou aos Estados Unidos sozinho.

Estas são duas dentre as mil e duzentas pessoas que lotam o Rotonde. É possível encontrar o que você quiser no café — exceto artistas sérios. O problema é que as pessoas que passam pelo *Quartier Latin* olham para o Rotonde e pensam que estão vendo uma reunião dos verdadeiros artistas de

Paris. Eu gostaria de corrigir isso de forma bastante pública, pois os artistas de Paris que estão produzindo trabalhos plausíveis se ressentem e detestam o povo do Rotonde.

O fato de comprar doze francos com um dólar agrupou a turma do Rotonde, bem como muitas outras pessoas, e se um dia o câmbio voltar ao normal, eles terão que retornar à América. Quase todos são indivíduos indolentes, que desperdiçam a energia que um artista aplicaria em sua criatividade para falar sobre o que vão fazer e condenar o trabalho de todos aqueles que receberam qualquer tipo de reconhecimento. Ao conversar sobre arte, obtêm a mesma satisfação que o verdadeiro artista executa em sua obra. O que é muito agradável, não há dúvida, mas eles insistem em se passar por artistas.

Desde os bons e velhos tempos em que Charles Baudelaire levava uma lagosta roxa pela coleira no mesmo *Quartier Latin*, os cafés não têm sido berço de muitas poesias de qualidade. Suspeito que mesmo naquela época Baudelaire deixava a lagosta com o porteiro no andar térreo, colocava a garrafa de clorofórmio arrolhada sobre o lavatório e suava para escrever *Les Fleurs du Mal*, sozinho com suas ideias e suas folhas de papel, como fizeram todos os artistas antes e depois dele. Mas o grupelho que se congrega na esquina da Boulevard Montparnasse com a Boulevard Raspail não tem tempo para trabalhar em mais nada: passa o dia inteiro no Rotonde.

A CONFERÊNCIA DE GÊNOVA

The Toronto Daily Star, 13 de abril de 1922

Gênova, Itália — A Itália tem consciência do perigo de convidar a delegação soviética para a conferência de Gênova e arregimentou mil e quinhentos militares de outras partes do país para subjugar qualquer tumulto pró ou anticomunista.

Esta é uma medida prudente, uma vez que o governo italiano traz na memória as centenas de confrontos fatais entre fascistas e comunistas nos últimos dois anos e se mostra angustiado para garantir que os efeitos de uma guerra civil sejam mantidos a níveis mínimos durante a conferência.

Os perigos que enfrentam são bem reais. Áreas da Itália, principalmente a Toscana e o norte, testemunharam lutas sangrentas, assassinatos, represálias e batalhas severas em torno do comunismo nos últimos meses. Por isso, as autoridades italianas temem o efeito sobre os comunistas de Gênova quando estes virem a delegação formada por oitenta representantes da União Soviética, recebidos cordialmente e tratados com respeito.

Não há dúvida de que os comunistas de Gênova — e eles representam cerca de um terço da população —, ao avistarem os comunistas russos, reagirão com lágrimas, aplausos, gestos, ofertas de vinho, licores, cigarros ruins, desfiles, vivas, trocas de proclamações e outros sintomas similares do entusiasmo italiano e mundial. Haverá também trocas de beijos nas duas bochechas, reuniões nos cafés, brindes dedicados a Lênin, gritos para Trotsky, tentativas por parte de três ou quatro comunistas altamente iluminados para organizar uma parada em intervalos de dois a três minutos, enormes quantidades de Chianti consumidas e brados generalizados de "Morte aos fascistas!".

É dessa maneira que começam todas as manifestações comunistas italianas. Fechar os cafés geralmente as evita. Sem a inspiração dos produtos vinícolas de suas terras nativas, o comunista italiano não consegue manter seu entusiasmo a ponto de ser demonstrado por um longo período. Os cafés fecham suas portas, os "vivas" se tornam mais brandos e menos empolgados, os manifestantes deixam tudo para outro dia e até os comunistas que chegaram ao nível mais elevado de patriotismo no fim rolam para baixo das mesas dos cafés e dormem até o funcionário do bar abrir na manhã seguinte.

No caminho de casa, alguns dos comunistas com uma reserva de entusiasmo escrevem nos muros, em letras esparsas, "VIVA LÊNIN! VIVA TRÓTSKI!", e a crise política está encerrada. A não ser, é claro, que se deparem com alguns fascistas. Caso isso aconteça, as coisas voltam a ser bem diferentes.

Os fascistas foram gerados por dentes de dragões semeados em 1920, quando parecia que a Itália viraria bolchevique. O nome significa organização, uma unidade de fascistas é um *fascio* e eles são compostos por jovens ex-veteranos, treinados para proteger o governo da Itália contra qualquer tipo de conspiração ou ataque bolchevique. Resumindo, são contrarrevolucionários. Em 1920, eles dizimaram a ascensão comunista com bombas, metralhadoras, facas e o uso indiscriminado de latas de querosene para incendiar os locais de reunião dos comunistas, além do uso de porretes de ferro para acertar a cabeça dos comunistas quando eles saíssem.

Os fascistas serviram a um propósito bem definido e subjugaram o que parecia ser o início de uma revolução. Eles tinham a proteção velada do governo, se não um apoio ativo, e não há dúvida de que massacraram os comunistas. Mas deixaram no ar uma sensação de ilegalidade não penalizada, assassinatos impunes e o direito de fazer levantes onde e quando lhes conviesse. Com isso, acabaram se transformando num risco quase tão grande à paz italiana quanto os comunistas um dia foram.

Quando os fascistas descobrem que há uma manifestação comunista em andamento, e eu tentei transmitir a natureza casual e infantil de noventa e sete por cento das manifestações comunistas na Itália, sentem-se no dever de honra, como ex-protetores do país em tempos de perigo, de sair e passar os comunistas a fio de espada. Agora, o comunista no norte da Itália é um pai de família e um bom trabalhador em seis dos sete dias da semana, sendo que no sétimo ele conversa sobre política. Seus líderes rejeitaram formalmente o comunismo russo e ele é tão comunista quanto alguns canadenses são liberais. Ele não quer lutar pela causa nem converter o mundo a ela. Tudo o que quer é falar sobre ela, como sempre fez.

Os fascistas não fazem distinção entre socialistas, comunistas, republicanos ou membros de sociedades cooperativas. Todos são vermelhos e perigosos. Assim, ao saberem de uma reunião dos vermelhos, vestem seus barretes longos e pretos com borlas, amarram suas facas, se enchem de bombas e munição no *fascio* e marcham rumo à reunião dos comunistas cantando o hino fascista, "Juventude" (*Giovinezza*). Os fascistas são jovens, robustos, impetuosos, altamente patrióticos, em sua maioria, rapazes bonitos, com a beleza juvenil das raças meridionais, e extremamente convictos de que estão certos. Têm em abundância o valor e a intolerância da mocidade.

Marchando rua abaixo, os fascistas, marchando como um pelotão, se deparam com três comunistas rabiscando um manifesto num dos muros altos de uma rua estreita. Quatro dos jovens de barrete preto capturam os comunistas e, durante a briga, um dos fascistas é esfaqueado. Eles matam os três prisioneiros e se espalham em grupos de três ou quatro à caça de comunistas.

Um comunista sóbrio grita contra um fascista do alto de uma janela. Os fascistas ateiam fogo à casa.

Os relatos são publicados nos jornais a cada duas ou três semanas. As baixas costumam girar em torno de dez a quinze comunistas mortos e de vinte a cinquenta feridos. Geralmente há dois ou três fascistas mortos e feridos. É uma espécie de estado de guerra errático que vem ocorrendo na Itália por mais de um ano. A última grande batalha foi em Florença há alguns meses, mas conflitos menores aconteceram desde então.

Para impedir que qualquer enfrentamento entre comunistas e fascistas aconteça em Gênova, os mil e quinhentos policiais militares foram convocados. Nenhum deles é nativo de Gênova, então podem atirar contra qualquer um dos lados, totalmente imparcial. A Itália está determinada a manter a ordem durante a conferência e os *carabinieri*, como são chamados os policiais militares, vestidos com seus chapéus de três pontas *à la* Napoleão, carabinas penduradas às costas, bigodes imponentes voltados para o alto e o reconhecimento como as tropas mais destemidas e os melhores atiradores do exército italiano, vigiam as ruas em duplas, decididos a manter a ordem. E, assim como os fascistas temem os *carabinieri*, quando estes têm ordens para atirar, tanto quanto os comunistas temem os fascistas, há uma grande possibilidade de que tal ordem seja mantida.

GAROTAS RUSSAS EM GÊNOVA

The Toronto Daily Star, 24 de abril de 1922

Gênova, Itália — O grande salão do Palazzo San Giorgio, onde acontecem as sessões da conferência de Gênova, tem aproximadamente a metade do tamanho do Massey Hall (Toronto) e no alto fica uma estátua de Colombo, sentado num trono de mármore branco fixado numa parede.

Colombo, e a galeria da imprensa do outro lado do salão, dão para um retângulo tomado por mesas com toalhas verdes, dispostas na maneira habitual dos banquetes, recepções, jantares do albergue da juventude e reuniões universitárias. Há um bloco branco de papel em cada mesa que, da galeria da imprensa, parece uma toalha de mesa, e, durante duas horas antes da abertura da conferência, uma mulher de chapéu salmão arrumava e rearrumava os tinteiros no longo retângulo de mesas.

À esquerda da estátua de Colombo, uma placa de mármore de três metros e meio de altura na parede traz uma citação da história de Maquiavel, contando sobre a fundação do Banco San Giorgio, onde atualmente era o palácio, o banco mais antigo do mundo. Em sua época, Maquiavel escreveu um livro que poderia ser usado como um compêndio em todas as conferências e, segundo resulta, é estudado diligentemente.

À esquerda do pomposo Colombo de mármore fica outra placa de tamanho similar à da citação de Maquiavel, na qual estão entalhadas duas cartas de Colombo à rainha da Espanha e à Comuna de Gênova. O tom de ambas as cartas é bem otimista.

Os representantes começam a chegar ao salão em grupos. Não conseguem encontrar seus lugares à mesa e ficam de pé, conversando. As fileiras de cadeiras dobráveis destinadas a convidados começam a ser tomadas

REPORTAGENS, 1920-1924

pelos senadores de cartola e bigode branco e por mulheres com chapéus parisienses e casacos de pele fantásticos, exalando riqueza. Os casacos de pele são o que há de mais belo no salão.

Pendurado sobre as mesas, vê-se um candelabro enorme, com globos do tamanho de bolas de futebol. É composto por um emaranhado de grifos e outras feras indiscerníveis e, quando o acendem, a visão de todos na galeria da imprensa fica temporariamente ofuscada. Por todas as paredes do salão podem-se ver as efígies em mármore branco dos grandes e fanfarrões piratas e comerciantes que fizeram de Gênova uma potência nos tempos de outrora, quando todas as cidades da Itália estavam em conflitos entre si.

A galeria da imprensa começa a ficar cheia, e os correspondentes britânicos e americanos acendem cigarros e identificam para os outros os diversos representantes que entram pelo outro lado do salão. Os poloneses e sérvios são os primeiros; depois, chegam em bandos, carregando suas cartolas baixas de seda. Marcel Cachin, editor do *Humanité*, com circulação de 250 mil exemplares, e líder do Partido Comunista Francês, chega e senta atrás de mim. Tem um rosto caído, bigode ruivo esfiapado e seus óculos de armação de casco de tartaruga preto estão sempre a ponto de escorrer da ponta do nariz. Sua mulher é muito rica e ele pode se dar ao luxo de ser comunista.

A seu lado, senta Max Eastman, editor do *The Masses*, que escreve uma série de artigos especiais para um jornal de Nova York e tem a aparência de um grande e jovial professor universitário do Meio-Oeste. Ele e Cachin conversam com dificuldade.

Os homens do cinema instalam uma câmera debaixo do nariz de um dos heróis genoveses, que olha para eles de cima a baixo, com um ar de desaprovação fria como mármore. O arcebispo de Gênova, de túnica cor de vinho e solidéu vermelho, está de pé, conversando com um velho general italiano, com cara de maçã murcha e coberto de condecorações. O velho general é o general Gonzaga, comandante da cavalaria; ele lembra um Átila de rosto chupado, olhos bondosos e bigode farto.

O salão fica tão barulhento quanto num chá. Os jornalistas tomaram a galeria: o espaço só acomoda duzentas pessoas, mas há cerca de setecentos e cinquenta pretendentes e muitos dos retardatários sentam no chão.

Quando o salão está quase cheio, entra a delegação britânica. Chegaram em carros, entre as fileiras de soldados que ocupavam as ruas, e adentram com ímpeto. São a delegação mais bem-vestida. Sir Charles Blair Gordon, chefe da delegação canadense, é loiro, tem as bochechas rosadas e parece pouco à vontade. Está sentado a quatro cadeiras à esquerda de Lloyd George na longa mesa.

Walter Rathenau, com a cabeça mais careca da conferência e um rosto de cientista, aparece acompanhado pelo Dr. Wirth, chanceler alemão, que parece um tocador de tuba de uma banda alemã. Estão no meio de uma das longas mesas. Rathenau é outro socialista abastado e o consideram o homem mais competente da Alemanha.

O primeiro-ministro Facta, da Itália, assume seu lugar. Até ganhar os holofotes como um premier comprometido, numa época em que a Itália parecia incapaz de formar um gabinete, sua carreira política foi tão obscura que sua biografia teve de ser distribuída aos jornalistas pelo governo italiano.

Todos já chegaram, exceto os russos. O salão está cheio e muito abafado e as quatro poltronas vazias da delegação soviética são as quatro poltronas mais vazias que já vi. Todos se perguntam se irão comparecer. Finalmente, atravessam a porta e começam a passar em meio à multidão. Lloyd George lança um olhar intenso na direção deles, com as mãos nos óculos.

Litvinoff, com seu rosto rechonchudo que lembra um presunto, vem à frente. Usa a insígnia retangular vermelha. Logo atrás dele vem Tchitcherin, com seu rosto difícil de ler, sua barba desleixada e suas mãos agitadas. Os dois piscam diante da luz do candelabro. Krassin é o próximo. Tem um rosto cruel e uma barba bem cortada à Van Dyke, e tem a aparência de um dentista bem-sucedido. Joffe é o último. Tem uma barba comprida, estreita, à espanhola, e usa óculos de armação dourada.

Um grupo de secretários segue os representantes russos, incluindo duas garotas com rostos bem-dispostos, cabelos encaracolados no estilo lançado por Irene Castle e ternos da moda. São, de longe, as garotas mais bonitas no salão de conferência.

Os russos estão sentados. Alguém assovia pedindo silêncio e o Signor Facta dá início à tediosa série de discursos que coloca a conferência em andamento.

PESCANDO NO CANAL DO RÓDANO

The Toronto Daily Star, 10 de junho de 1922

Genebra, Suíça — De tardinha, uma brisa sopra do lago Léman e sobe pelo vale do Ródano. Você está pescando contra a corrente, com a brisa às suas costas, o sol na nuca, as grandes montanhas brancas em ambos os lados do vale e a isca de mosca cai perfeitamente, à distância, na superfície e sob a margem do pequeno riacho, chamado de canal do Ródano, que quase não tem um metro de largura e flui rápida e calmamente.

Uma vez peguei uma truta desse jeito. Ela deve ter ficado surpresa com a estranha isca e provavelmente a mordeu de farra, mas o gancho prendeu e ela saltou no ar duas vezes e ziguezagueou suntuosamente para a frente e para trás na direção das algas no fundo da corrente até que consegui puxá-la pela lateral da margem.

Era uma truta tão fabulosa que eu a desembrulhava a toda hora para dar uma olhada, mas o dia ficou quente demais e sentei debaixo de um pinheiro perto do riacho e desembrulhei a truta inteira e comi as cerejas que trouxera numa sacola de papel e li o *Daily Mail* umedecido pela truta. O dia estava quente, mas eu conseguia enxergar do outro lado do vale moroso e verdejante, além da fileira de árvores que marcava o curso do Ródano e observar uma queda-d'água que descia pela face marrom da montanha. A cachoeira partia de uma geleira, que descia até uma cidadezinha com quatro casas cinzentas e três igrejas cinzentas, plantada na lateral da montanha, e ela parecia sólida, a cachoeira, quero dizer, até você perceber que ela se movia. Parecia fresca e vibrante e me perguntei quem moraria naquelas quatro casas e quem frequentava as três igrejas com os pináculos pontudos de pedra.

Se você esperar o sol descer por trás dos Alpes da Saboia, onde a França encontra a Suíça, o vento muda no vale do Ródano e uma brisa fresca desce das montanhas e sopra no sentido da corrente rumo ao lago Léman. Quando esta brisa surge e o sol está se pondo, grandes sombras são projetadas das montanhas, as vacas com seus sinos em vários tons começam a ser levadas pela estrada, e você pesca no sentido da corrente.

Algumas moscas pousam na água e, de vez em quando, uma grande truta salta e faz "ploc" perto de uma árvore que se inclina sobre a corrente. Você ouve o "ploc" e olha para cima do riacho e vê os círculos na água no lugar onde o peixe saltou. Depois é hora de reembrulhar a truta com a reprodução das palavras exatas do último discurso de lorde Northcliffe, a notícia do fim iminente da coalizão, a excitante história do conde brincalhão e da viúva séria e, poupando a parte sobre o caso [de fraude] de [Horatio] Bottomley para ler no trem a caminho de casa, guardar o jornal com recheio de truta no bolso do casaco. O canal do Ródano tem muitas trutas, e é quando o sol se põe atrás das montanhas e você consegue pescar a favor da corrente com a brisa noturna que elas são apanhadas.

Pescando morosamente à margem da corrente, evitando os salgueiros próximos à água e os pinheiros que seguem pela margem superior do que certa vez foi a borda do canal, com seu arremesso para trás você lança a mosca na água em cada ponto que pareça provável. Se tiver sorte, cedo ou tarde verá um turbilhão ou dois onde a truta tenta morder a isca, erra e tenta de novo, seguido pela velha e imortal emoção de puxar a vara e os puxões irregulares, circulando, cortando a corrente e saltando no ar em meio à luta com a grande truta, não importa em que lugar ela esteja. Trata-se de uma corrente de águas claras e não há desculpa para deixá-la escapar depois de fisgá-la, então você faz com que o peixe se canse nadando contra a corrente e então, quando a truta deixa aparecer um vislumbre de sua barriga branca, você a faz deslizar contra a margem e a agarra com uma das mãos na guia.

É uma boa caminhada até Aigle. O caminho é tomado por castanheiros-da-índia, com suas flores que parecem velas de cera, e o ar se aquece com o calor do sol que a terra absorveu. A estrada é branca e poeirenta, e penso no grande exército de Napoleão, marchando por ela em meio à poeira branca a caminho do passo do São Bernardo e da Itália. O assistente pessoal de Napoleão deve ter se levantado com o sol, antes dos outros soldados, e fisgado, escondido, uma ou outra truta do canal do Ródano para o café da manhã do *Petit Caporal*. E, antes de Napoleão, os romanos chegaram ao vale e construíram esta estrada. Provavelmente um dos helvécios que trabalhava na construção conseguiu escapar do acampamento no meio da noite para tentar apanhar um peixão num dos tanques debaixo dos salgueiros. Talvez no tempo dos romanos as trutas não fossem tão tímidas.

Então eu segui a estrada reta e branca até Aigle durante a noite e pensei no grande exército e nos romanos e nos hunos, que viajavam velozes e com pouca carga, mas, ainda assim, devem ter tido tempo para se aventurar na corrente à luz do dia, e logo então cheguei a Aigle, que é um lugar maravilhoso. Nunca estivera na cidade de Aigle, dispersa pela montanha, mas do outro lado da estação vejo um café, que tem um cavalo galopante de ouro no alto, uma grande videira de glicínias, grossa como uma árvore jovem, que se estende e cobre a varanda com seus ramos de flores roxas, onde as abelhas entram e saem o dia inteiro, e que reluzem depois da chuva; mesas verdes com cadeiras verdes e cerveja escura com dezessete por cento de álcool. A cerveja vem espumando em enormes canecas de vidro de um litro, que custam quarenta cêntimos, e a atendente sorri e pergunta se você teve sorte.

O intervalo dos trens em Aigle é sempre de duas horas, e aqueles que esperam no bar da estação, este café com o cavalo dourado e a varanda coberta de glicínias é o bar da estação, vejam só, queriam que os trens nunca chegassem.

OS ESTALAJADEIROS ALEMÃES

The Toronto Daily Star, 5 de setembro de 1922

Oberprechtal, Floresta Negra — Escorregando e tropeçando pela trilha íngreme e rochosa sob as sombras dos pinheiros, chegamos a uma clareira cintilante, onde uma serralheria e uma *gasthaus* com paredes de gesso branco torravam ao sol.

Um cachorro da polícia alemã latiu para nós, um homem colocou a cabeça para fora da porta da *gasthaus* e nos olhou. Não sabíamos ao certo se aquele era o lugar para onde nos haviam mandado, então descemos mais um pouco pela rua que atravessava a clareira para saber se havia outra estalagem à vista. Nada achamos além do vale, da estrada branca, do rio e dos morros íngremes e arborizados. Vínhamos caminhando desde manhã cedo e estávamos famintos.

Dentro da estalagem, Bill Bird e eu nos deparamos com o proprietário e sua mulher sentados à mesa, tomando sopa.

— Por favor, gostaríamos de dois quartos de casal — solicitou Bill.

A mulher do proprietário começou a responder e o proprietário a fitou enquanto a sopa de cebola escorria pelo bigode.

— Não temos quartos para vocês aqui nem hoje, nem amanhã e nem nunca, *ausländers* — disse ele, com rispidez.

— Herr Trinckler, de Triberg, nos recomendou este lugar para pescar — disse Bill, tentando sensibilizá-lo.

— Trinckler? — Esticou o lábio inferior e sugou a sopa de cebola do bigode. — Trinckler, hein? Trinckler não administra esse lugar.

Voltou à sopa.

Bill e eu deixamos nossas mulheres na clareira. As ditas mulheres começaram a sentir fome cerca de seis quilômetros antes, enquanto percorríamos a trilha pela montanha. Eu mesmo estava tão faminto que meu estômago estava começando a roncar e a se embrulhar. Bill carrega a silhueta mais esbelta e graciosa de um antigo italiano primitivo. Qualquer alimento por ele ingerido logo se faz aparente, como uma ostra que engole uma bola de beisebol. Ele estava mais magro que nunca. Assim, nos comportamos com muita educação.

— Estamos com muita fome — disse Bill, e posso dizer que sua aparência não deixava dúvidas. — A próxima *gasthaus* é muito longe?

O proprietário esmurrou a mesa.

— Terão que descobrir vocês mesmos.

Encontramos outra estalagem depois de seis quilômetros na estrada branca e quente. Não era nada bonita. Como a maior parte das pousadas da *Schwarzwald*, A Floresta Negra, tinha o nome de Gasthaus zum Roessle, ou Pousada do Pônei. O pônei é o símbolo preferido dos estalajadeiros da Floresta Negra, mas não faltam também Adlers (águias) e Sonnes (sóis).

Todas estas estalagens têm paredes de gesso branco e parecem limpas do lado de fora, ao mesmo tempo que são uniformemente organizadas e sujas por dentro. Os lençóis são pequenos, as camas de penas são desniveladas, e os colchões, de um vermelho intenso. A cerveja é boa, o vinho é ruim, o jantar é servido ao meio-dia, o pedaço de pão de centeio tem de ser escolhido de modo a evitar os azedos, o proprietário nunca entende o que você diz, a esposa torce as alças do avental e balança a cabeça, você vê trabalhadores com seus suspensórios sobre as camisetas comendo fatias de pão que eles cortam com uma faca de bolso e botam para dentro com vinho azedo, as vigas do teto são escuras e fuliginosas, as galinhas ciscam no quintal da frente e a pilha de esterco fumega sob a janela dos quartos.

Esta pousada do pônei em particular tinha todos estes atributos e outros mais. Tinha um bom prato de vitela frita, batatas, salada de alface e torta de maçã, servido pelo proprietário, que parecia impassível como um boi e às vezes parava com um prato fundo de sopa nas mãos, fitando com o olhar vago pela janela. O rosto de sua mulher lembrava o de um camelo.

Aquela cabeça erguida e olhar de total estupidez que pertence somente aos bactrianos e às camponesas do sul da Alemanha.

Do lado de fora fazia calor, mas a pousada era fresca e pouco iluminada, e comemos um belo jantar com nossas mochilas empilhadas num canto. Uma mesa de alemães no canto volta e meia olhava para nós. Quando estávamos na segunda garrafa de cerveja e na última tigela de salada, uma mulher alta, de cabelos escuros, veio à nossa mesa e perguntou se não estávamos falando inglês.

Não era uma resposta difícil e descobrimos que ela era uma cantora americana que estudava ópera em Berlim. Parecia ter quarenta e cinco anos, aproximadamente, mas, como todas as boas cantoras, finalmente descobrira o quanto percorrera o caminho errado por toda a vida, fora vítima de maus professores, mas agora pelo menos estava no caminho certo. Elsa Sembry estava lhe ensinando e estava de fato ensinando. Era o grande segredo de Sembry. Algo sobre a glote ou a epiglote. Eu não consegui identificar qual. Mas faz toda a diferença do mundo. Você abaixa uma e sobe a outra e isso é tudo.

A Sra. Hemingway e a Sra. Bird subiram a um dos quartinhos brancos para dormir nas camas barulhentas depois de sua caminhada de vinte e quatro quilômetros, a caminhada da Sra. Hemingway e da Sra. Bird, isto é, não das camas; já Bill e eu descemos a estrada até a cidade de Oberprechtal para tentarmos obter nossas licenças de pesca. Estávamos sentados em frente à Gasthaus zur Sonne, envolvidos numa conversa intensa com o proprietário, que procedia muito bem, contanto que eu não usasse meu alemão, quando a cantora apareceu. Carregava um caderno debaixo do braço. Estava com vontade de se abrir.

Ao que parece, sua voz — vocês têm de entender que ela nos contava isto tudo na maneira mais impessoal possível, como fazem todas as cantoras ao falarem sobre suas vozes — era um soprano coloratura que fora comparada de maneira positiva à de Melba e Patti.

— Gatti-Casazza disse que só preciso de um pouco mais de maturação — explicou ela. — É por isso que estou aqui. Mas vocês têm de me ouvir trilar. — E trilou bem baixinho pelo nariz. — Nunca tive Galli-Curci com grande estima. Não é uma cantora de verdade, sabe? Ouçam só isso.

Ela trilou novamente, um pouco mais alto e anasalado. Fiquei impressionado. Nunca ouvira alguém trilar tão suave através do nariz ou tão alto e de maneira tão clara através do nariz. Foi uma experiência e tanto.

Ela nos disse depois que Mary Garden não sabia cantar, que Yvone Gall era uma vagabunda, que Tetrazzini era um fracasso, que Mabel Garrison era enfadonha. Depois de descascar aquelas impostoras, ela voltou a falar num tom impessoal sobre sua própria indistinção em relação a Patti e Melba. Logo depois, tomamos o caminho de volta para nossa estalagem.

Naquela noite, durante o jantar, nos deparamos com nosso segundo exemplo da torpeza germânica — e só tivemos dois exemplos nas duas semanas que passamos na Floresta Negra. A viagem ainda não terminou, mas estes dois já foram o bastante.

Nossa mesa foi posta para cinco pessoas, pois a cantora tinha se juntado a nós. Quando descemos à sala de jantar da pousada, deparamos com dois alemães louros sentados na ponta da mesa perto da nossa. Para não incomodá-los, minha esposa deu a volta na mesa. Eles então trocaram de lugar e a Sra. Bird teve de dar a volta para o outro lado da mesa. Enquanto comíamos, eles bombardearam comentários em alemão sobre nós, *ausländers*. Eles então se levantaram para ir embora. Vieram na direção da nossa mesa e me levantei e empurrei a cadeira para que passassem. O espaço era muito estreito. Havia uma passagem muito mais ampla do outro lado da mesa. Em vez disso, pegaram minha cadeira e a empurraram. Permaneci de pé e deixei que passassem, e, desde então, me arrependo disso. Descobri logo no início de minha vida de casado que o segredo para a felicidade conjugal não envolvia discussões em locais públicos.

— Somos alemães — anunciou um dos dois, com escárnio.

— *Du bist ein schweinhund.* — Que certamente não obedecia à gramática, mas soava compreensível. Bill pegou uma garrafa pelo gargalo. Parecia o início de um incidente internacional.

Eles pararam diante da porta por um instante, mas a disputa parecia empatada e os trabalhadores na mesa ao lado pareciam estar do nosso lado.

— *Schieber!* — disse um deles, olhando para os dois indivíduos de cabeça redonda, vestidos em trajes esportivos, parados na porta. *"Schieber"* quer dizer aproveitador.

A porta se fechou. Eles foram embora.

— Se ao menos eu falasse alemão — lamentei. — É péssimo possuir um vocabulário amplo e ter a sensação de ser burro quando alguém xinga você.

— Sabe o que deveria ter dito a eles? — disse a cantora, num tom instrutivo. — Deveria ter perguntado: quem venceu a guerra? Ou então dizer: Sim, dá para ver que vocês são alemães. Queria ter pensado em dizer essas coisas que pensei.

O assunto prosseguiu por um tempo. Depois ela começou a trilar. Trilou uma série de óperas no período em que ficamos naquela pousada enfumaçada. Naquela noite, entretanto, todos saímos para caminhar pela estrada entre os morros de pinheiros pretos com uma lua fina como uma unha no céu e a cantora pisou numa poça. Na manhã seguinte, sua voz estava rouca e ela não conseguia cantar muito bem. Mas fez o melhor que conseguia para demonstrar o uso da glote à Sra. Bird e o restante de nós saiu para pescar.

UM VOO DE PARIS A ESTRASBURGO

The Toronto Daily Star, 9 de setembro de 1922

Estrasburgo, França — Estávamos no mais barato de todos os restaurantes baratos que barateiam aquela rua barulhenta e muito barata, a Rue des Petits Champs, em Paris.

Éramos a Sra. Hemingway, William E. Nash, o irmão mais novo do Sr. Nash e eu. O Sr. Nash anunciou, em algum momento entre a lagosta e o linguado frito, que iria para Munique no dia seguinte e planejava voar de Paris a Estrasburgo. A Sra. Hemingway refletiu sobre aquilo até a chegada dos *rognons sautés aux champignons,* quando perguntou:

— Por que nunca voamos para lugar algum? Por que todo mundo hoje em dia viaja e nós ficamos sempre em casa?

Como aquela era uma pergunta que não podia ser respondida com palavras, fui com o Sr. Nash ao escritório da Companhia Aérea Franco-Romena e comprei duas passagens, a metade do preço para jornalistas, por cento e vinte francos, válidas para um voo de Paris a Estrasburgo. A viagem leva dez horas e meia com o melhor trem expresso e duas horas e meia de avião.

Meu pessimismo natural diante da perspectiva de voar, tendo já passado pela experiência, cresceu ainda mais quando descobri que sobrevoaríamos os Vosges e teríamos de estar no escritório da empresa, logo ao fim da Avenue de l'Opera, às cinco da manhã. A palavra Romena no nome da companhia não inspirava confiança, mas a atendente do outro lado do balcão me garantiu que nenhum piloto era romeno.

Às cinco da manhã do dia seguinte estávamos na agência. Para conseguirmos isso, tivemos de acordar às quatro, fazer as malas, nos vestir e acordar o dono do único táxi da vizinhança batendo à sua porta no escuro.

O taxista incrementa seu ordenado trabalhando à noite como acordeonista num bal-musette e foi necessária uma pancada forte para acordá-lo.

Enquanto ele trocava um pneu, esperamos na calçada e brincamos com o garoto que cuida da *charcuterie* da esquina e que se levantara para encontrar o leiteiro. O rapaz da mercearia nos preparou alguns sanduíches, disse que fora piloto durante a guerra e me perguntou sobre a primeira corrida em Enghien. O motorista do táxi nos convidou à sua casa para uma xícara de café, tendo o cuidado de perguntar se preferíamos vinho branco, e, com o café a nos aquecer e os sanduíches de patê em nossa boca, descemos pelas ruas desertas e cinzentas da manhã parisiense.

Os Nash estavam à nossa espera na agência, depois de arrastarem duas malas pesadas por três quilômetros de caminhada, uma vez que não conheciam pessoalmente um motorista de táxi. Nós quatro nos dirigimos então ao Le Bourget, pelo percurso mais feio de Paris, numa grande limusine, e tomamos mais café num barracão do lado de fora do campo de voo. Um francês com o casaco cheio de óleo pegou nossas passagens, as rasgou ao meio e nos disse que viajaríamos em dois aviões diferentes. Conseguíamos vê-los pela janela do barracão: eram pequenos, prateados, em ordem e brilhavam ao sol do início da manhã em frente ao aeródromo. Éramos os únicos passageiros.

Nossa bagagem foi acondicionada sob a poltrona ao lado da do piloto. Subimos alguns degraus e entramos na cabinezinha apertada. O mecânico nos deu chumaços de algodão para os ouvidos e trancou a porta. O piloto se acomodou em seu assento na parte de trás da cabine onde estávamos sentados, um mecânico girou a hélice e o motor começou a roncar. Olhei para o piloto. Era um homem baixo, com o quepe voltado para trás. Vestia um casaco sujo de couro de ovelha e luvas grandes. O avião começou a avançar no solo, quicando como uma motocicleta, e lentamente ganhou o céu.

Tomamos a direção a leste de Paris, ganhando altitude como se estivéssemos sentados num barco, erguido aos poucos por um gigante, e o solo abaixo de nós ficava cada vez mais plano. Parecia retalhado, com quadrados marrons, quadrados amarelos, quadrados verdes e manchas verdes, enormes e achatadas onde ficava uma floresta. Comecei a compreender a pintura cubista.

Às vezes o avião voava bem baixo, e podíamos enxergar os ciclistas na estrada, parecendo moedas rolando por uma longa faixa branca. Outras vezes, subíamos e toda a paisagem se contraía. Adiante, víamos sempre o horizonte púrpura e enevoado que fazia a terra parecer plana e desinteressante. E havia sempre o ruído alto e pipocado do motor, as vigias por onde observar e atrás de nós a cabine aberta, onde eram visíveis a ponta do nariz comprido do piloto e seu casaco de couro de ovelha, com sua luva imunda a mover o manche de um lado para o outro ou de cima a baixo.

Passamos por grandes florestas, que pareciam macias como veludo, atravessamos Bar le Duc e Nancy, cidades de construções cinzentas e telhados vermelhos, sobrevoamos St. Mihiel e o front e, num campo aberto, pude ver as velhas trincheiras ziguezagueando por um campo cheio de buracos de bala. Gritei à Sra. Hemingway para que olhasse, mas ela não me escutou, parece. Tinha o queixo aninhado no colarinho do novo casaco de pele que ela quis batizar com a viagem de avião. Dormia um sono profundo. Cinco da manhã foi demais para ela.

Depois do velho front de 1918, nos deparamos com uma tempestade que fez com que o piloto voasse próximo ao solo e seguimos um canal que conseguíamos enxergar abaixo de nós, em meio à chuva. Depois, tendo passado por uma grande área plana e monótona, sobrevoamos o sopé dos Vosges, que parecia crescer em nossa direção, e passamos pelas montanhas cobertas de florestas, que pareciam ter subido e descido sob a aeronave em meio à chuva e à névoa.

O avião subiu até se distanciar da tempestade e encontrar o brilho do sol. Vimos o curso lamacento, plano e delineado por árvores do Reno à nossa direita. Subimos ainda mais, fizemos uma longa curva à esquerda e então enfrentamos uma longa e súbita descida, que levou nossos corações à boca, como um elevador em queda livre, e então, quando estávamos a poucos metros do chão, subimos outra vez, para logo em seguida voltarmos a descer até as rodas tocarem o solo e quicarem. Então atravessamos o campo de pouso tranquilamente até chegarmos ao hangar, como se estivéssemos numa motocicleta qualquer.

Uma limusine aguardava para nos levar a Estrasburgo e fomos ao barracão dos passageiros para esperar pela outra aeronave. O homem do bar perguntou se iríamos a Varsóvia. Foi tudo muito casual e agradável. Um odor irritante de óleo que saía do motor era o único desconforto. Como o avião era pequeno e rápido e voamos cedo pela manhã, não sentimos qualquer enjoo.

— Quando sofreu seu último acidente? — perguntei ao homem nos fundos do bar.

— No meio de julho passado — respondeu. — Três pessoas morreram.

Mas, naquela mesma manhã, ao sul da França, um trem parador de peregrinos deslizou do alto de um talude íngreme e sanfonou sobre outro trem que subia o talude, estraçalhando dois vagões e matando mais de trinta pessoas. O movimento da rota Paris–Estrasburgo decaiu bastante depois do acidente de julho. Mas uma quantidade semelhante de passageiros parecia viajar de trem.

A INFLAÇÃO NA ALEMANHA

The Toronto Daily Star, 19 de setembro de 1922

Kehl, Alemanha — O garoto numa agência de viagens de Estrasburgo, aonde fomos em busca de informações para cruzar a fronteira, nos disse:

— Ah, sim. É muito simples entrar na Alemanha. Tudo o que precisam fazer é atravessar a ponte.

— Não precisamos de um visto? — perguntei.

— Não. Só de um carimbo por parte dos franceses.

Ele sacou o passaporte do bolso e mostrou o verso coberto de carimbos.

— Estão vendo? Eu agora moro lá, é muito mais barato. É assim que se ganha dinheiro.

É mesmo.

O percurso de bonde do centro de Estrasburgo ao Reno tem cinco quilômetros e, ao chegar ao fim da linha, o veículo para e todos se amontoam como um rebanho para atravessar uma baia ladeada por cercas de piquete que leva à ponte. Um soldado francês com sua baioneta fixa anda de um lado para o outro na ponte e observa as garotas na baia dos passaportes por baixo de seu capacete azul de aço. Um horroroso prédio de tijolos da alfândega se situa à esquerda da ponte e à direita fica uma barraca de madeira, onde o oficial francês, sentado atrás do balcão, carimba os passaportes.

O Reno é veloz, amarelo e lamacento, corre entre margens baixas e verdejantes e rodopia e é sugado sob os suportes de concreto da longa ponte de ferro. Do outro lado da ponte, vê-se a horrenda cidadezinha de Kehl, semelhante a uma área lúgubre de Dundas (Toronto).

Se você é um cidadão francês e carrega consigo um passaporte francês, o homem atrás do balcão simplesmente carimba em seu passaporte "sortie

Pont de Kehl" e você atravessa a ponte rumo à Alemanha ocupada. Caso seja cidadão de algum outro país aliado, o oficial olha para você de modo suspeito, pergunta de onde vem, por que está indo a Kehl, qual o tempo de sua permanência e depois carimba seu passaporte com a mesma saída. Se por acaso você for um cidadão de Kehl, que estava em Estrasburgo a negócios e retornava a casa para o jantar — e, como os interesses de Kehl giram em torno àqueles de Estrasburgo, como acontece a todos os subúrbios em relação à cidade à qual são ligados, você seria obrigado a ir a Estrasburgo a negócios caso tivesse qualquer tipo de negócio —, eles o fazem esperar na fila por quinze ou vinte minutos, verificam seu nome num índice de cartões para saber se você já se manifestou contra o regime francês, verificam a sua genealogia, o interrogam, até que finalmente lhe dão o mesmo passe. Todos podem atravessar a ponte, mas os franceses dificultam bastante a vida dos alemães.

Uma vez do outro lado do lamacento Reno, você está na Alemanha e a extremidade alemã da ponte é vigiada por dois dos soldados alemães mais modorrentos e desanimados que já viu em sua vida. Dois soldados franceses com baionetas fixas andam de um lado para o outro e os dois soldados alemães, desarmados, ficam apoiados num muro, observando. Os soldados franceses estão completamente equipados e usam capacetes de aço, mas os alemães vestem velhas túnicas largas e quepes altos de períodos de paz.

Perguntei a um francês quais eram as funções e os deveres da guarda alemã.

— Ficam ali parados — respondeu ele.

Não conseguimos comprar marcos em Estrasburgo, uma vez que o câmbio em alta limpara os banqueiros dias antes, então trocamos um pouco de dinheiro francês na estação de trem de Kehl. Por dez francos, recebi 670 marcos. Dez francos correspondiam a noventa centavos na moeda canadense. Aqueles noventa centavos permitiram que eu e a Sra. Hemingway passássemos um dia de altos gastos e, no fim, ainda nos tinham sobrado cento e vinte marcos!

Nossa primeira aquisição foi numa banca de frutas ao lado da rua principal de Kehl, onde uma senhora de idade vendia maçãs, pêssegos e ameixas. Selecionamos cinco maçãs mais bonitas e demos à mulher uma nota de cinquenta marcos. Ela nos deu trinta e oito marcos de troco. Um senhor muito bem-vestido, de barba branca, nos viu comprar as maçãs e levantou seu chapéu.

— Com licença, senhor — disse ele, com bastante timidez, em alemão.
— Quanto custaram as maçãs?

Contei o troco e disse a ele que custaram doze marcos.

Ele sorriu e balançou a cabeça.

— Não posso pagar isso. É muito.

Subiu a rua, caminhando como fazem os senhores de barba branca do velho regime em todos os países, mas ele tinha encarado as maçãs com um ar desejoso. Deveria ter-lhe oferecido uma ou duas. Doze marcos, naquele exato dia, equivalia a pouco menos de dois centavos. O velho, cujas economias, assim como a da maioria daqueles pertencentes à classe de não especuladores, provavelmente foram investidas em títulos alemães dos períodos pré-guerra e de guerra, não podia se permitir uma despesa de doze marcos. Ele era um exemplo daqueles cuja renda não aumenta com o decrescente valor de compra do marco e da coroa.

Com o câmbio de 800 marcos por dólar, ou oito por centavo, estimamos o preço dos produtos em diversas lojas de Kehl. As ervilhas custavam dezoito marcos por libra, e os feijões, dezesseis; uma libra de café Kaiser, e ainda existem muitos artigos com a marca "Kaiser" na república alemã, era vendida a trinta e quatro marcos. Já o café *gersten*, que nem café é, e sim grão torrado, custa quatorze marcos por libra. Um pacote de papel mata-moscas custava cento e cinquenta marcos. Já uma lâmina para foice também custava cento e cinquenta marcos, ou dezoito centavos e três quartos! A cerveja saía por dez marcos a caneca.

O melhor hotel de Kehl, um local muito elegante, servia um menu *table d'hote* com cinco pratos por cento e vinte marcos, o mesmo que quinze centavos na nossa moeda. Em Estrasburgo, a menos de cinco quilômetros dali, a mesma refeição não sairia por menos de um dólar.

Devido às regras da alfândega, que são bem rígidas para aqueles que retornam da Alemanha, os franceses não podem vir a Kehl e comprar todos os produtos baratos que gostariam. Mas podem vir comer aqui. É uma visão e tanto quando uma multidão invade as confeitarias e casas de chá alemãs às tardes. Os alemães fazem doces bons, doces maravilhosos, tanto que, na verdade, diante do marco em queda, os franceses de Estrasburgo podem comprar uma unidade por menos que a menor das moedas francesas, a de um *sou*. Este milagre cambial provoca um espetáculo sórdido, pelo qual os jovens da cidade de Estrasburgo se aglomeram nas confeitarias alemãs para comerem até passar mal e chafurdarem em fatias fofas e recheadas de creme de bolos alemães, vendidas a cinco marcos. Todos os doces de uma confeitaria desaparecem em meia hora.

Numa confeitaria onde estivemos, um homem de avental e óculos azuis parecia ser o proprietário. Seu assistente era um típico "chucrute", com cabelos bem curtos. O lugar estava abarrotado de franceses de todos os tipos e idades, todos devorando bolos, enquanto uma moça de rosto frágil e belo, com um vestido rosa, meias-calças e brincos de pérola nas orelhas, anotava todos os pedidos por sorvetes de fruta e baunilha que conseguia.

Ela não parecia se importar muito se tinha anotado todos os pedidos ou não. Havia soldados pela cidade e ela continuava a olhar pela janela.

O proprietário e seu ajudante estavam de mau humor e não pareceram muito felizes quando todas as tortas foram vendidas. O marco caía mais rápido do que eles conseguiam assar os bolos.

Enquanto isso, pela rua, passava aos solavancos um trenzinho esquisito, carregando os trabalhadores e suas marmitas a caminho de casa, no subúrbio. Os carros dos especuladores levantavam nuvens de poeira, que se assentava nas árvores e na frente dos prédios, e, dentro da confeitaria, jovens vagabundos franceses engoliam seus doces e mães francesas limpavam as bocas grudentas de seus filhos. Aquilo dava a você uma nova perspectiva em relação ao câmbio.

Quando os últimos bebedores de chá e comedores de doces partiam na direção de Estrasburgo, do outro lado da ponte, os primeiros piratas cambiais começavam a chegar para tomar Kehl de assalto em busca de jantares baratos. Os dois grupos se cruzaram na ponte e os dois soldados alemães desconsolados continuavam a observar. Como disse o garoto na agência:

— É assim que se ganha dinheiro.

HAMID BEY

The Toronto Daily Star, 9 de outubro de 1922

Constantinopla — Bismarck disse que todos os homens dos Bálcãs que colocam a camisa para dentro da calça são trapaceiros. As camisas dos camponeses, obviamente, ficam para fora. De qualquer jeito, quando encontrei Hamid Bey — ao lado de Kemal, talvez o homem mais poderoso do governo de Ancara — em seu escritório em Istambul, de onde dirige o governo kemalista na Europa, ao mesmo tempo que recebe um alto salário como administrador do Banco Imperial Otomano, uma iniciativa financiada pelos franceses, sua camisa estava para dentro da calça, já que ele estava com um terno cinza.

O escritório de Hamid Bey fica no alto de uma ladeira íngreme, atrás de um velho serralho, e abriga a Crescente Vermelha — equivalente à nossa Cruz Vermelha —, da qual Hamid Bey é um dos líderes, e onde serventes em uniformes da Crescente Vermelha seguem as ordens do governo de Ancara.

— O Canadá está preocupado com a possibilidade de um massacre de cristãos quando Kemal entrar em Constantinopla — disse eu.

Hamid Bey, grande e corpulento, com bigode grisalho, colarinho em forma de asas e cabelo de porco-espinho, olhou por sobre os óculos e disse, em francês:

— O que os cristãos têm a temer? — perguntou. — Eles têm armas, enquanto os turcos foram desarmados. Não haverá massacre algum. São os cristãos gregos que hoje massacram os turcos na Trácia. É por isso que devemos ocupar a Trácia agora. Para proteger nosso povo.

Esta é a única garantia de proteção que os cristãos de Constantinopla têm, exceto pela força de polícia aliada, enquanto os rufiões da Crimeia ao Cairo se aglomeram em Constantinopla, na esperança de que a orgia patriótica da entrada triunfal de Kemal lhes dê a oportunidade de atear fogo às casas altamente inflamáveis de madeira e começarem a matar e saquear. A força de polícia aliada é compacta e eficiente, mas Constantinopla é uma cidade grande e extensa, de um milhão e meio de habitantes, tomada por um clima de desespero.

O homem que tiver sede ao leste de Suez não conseguirá saciá-la em Constantinopla depois que Kemal adentrar a cidade. Um membro do governo da Anatólia me disse que Constantinopla ficará tão seca quanto a Turquia Asiática, onde o álcool não pode ser importado, fabricado nem vendido. Kemal também proibiu jogos de cartas e gamão e os cafés de Brusa ficam às escuras às oito da noite.

A devoção às leis do profeta não impede que o próprio Kemal e sua equipe apreciem seus licores, como descobriram os americanos, que estiveram em Esmirna para proteger o tabaco americano, quando suas oito garrafas de conhaque fizeram dele o homem mais popular na Ásia Menor no quartel-general kemalista.

O decreto de Kemal interromperá a grande importação de álcool bruto americano, enviado a Constantinopla em barris com rótulos onde se lê "medicinal". Este álcool é transformado numa bebida similar ao absinto, apreciada pelos turcos enquanto pitam seus narguilés nos cafés.

UMA PROCISSÃO LÚGUBRE E SILENCIOSA

The Toronto Daily Star, 20 de outubro de 1922

Adrianópolis — Numa marcha infinita e titubeante, a população cristã da Trácia Oriental preenche as estradas rumo à Macedônia. A coluna principal, que atravessa o Rio Maritsa em Adrianópolis, tem trinta e dois quilômetros de extensão. Trinta e dois quilômetros de carroças puxadas por vacas, bois e búfalos-asiáticos com os flancos cheios de lama, junto a homens, mulheres e crianças exaustos e cambaleantes, com cobertas sobre a cabeça, caminhando cegamente sob a chuva e levando seus bens terrenos.

O fluxo principal vai crescendo à medida que avança pelo campo. Não sabem aonde vão. Deixaram suas fazendas, aldeias e campos maduros e marrons e se juntaram ao fluxo principal de refugiados quando souberam que os turcos estavam chegando. Agora, tudo o que podem fazer é manter seus lugares nesta lúgubre procissão, enquanto a cavalaria grega, suja de lama, os guia como os caubóis tangem o gado.

É uma procissão silenciosa. Ninguém nem mesmo grunhe. É tudo o que podem fazer para seguir em frente. Seus trajes rústicos e brilhantes estão ensopados e imundos. Algumas galinhas vão penduradas pelos pés nas carroças. Os bezerros se aconchegam aos animais de carga sempre que um congestionamento interrompe o fluxo. Um velho marcha encurvado sob um porco jovem, com uma foice e uma arma, e uma galinha amarrada à foice. Um marido coloca uma coberta sobre a mulher em trabalho de parto numa das carroças para protegê-la da chuva. Ela é a única pessoa que emite algum tipo de som. Sua filhinha olha para ela horrorizada e começa a chorar. E a procissão segue em frente.

Em Adrianópolis, por onde passa o fluxo principal, não há qualquer sinal de alívio diante de um Oriente Próximo. Estão fazendo um ótimo trabalho em Rodosto, no litoral, mas só podem chegar à margem.

Há 250 mil refugiados cristãos a serem evacuados só na Trácia Oriental. A fronteira búlgara está fechada para eles. Só restaram a Macedônia e a Trácia Ocidental para receber o fruto do retorno dos turcos à Europa. Quase meio milhão de refugiados se encontra neste instante na Macedônia. Como vão se alimentar, ninguém sabe, mas no mês que vem todo o mundo cristão ouvirá o apelo:

— Venham à Macedônia e nos ajudem!

A "VELHA CONSTAN"

The Toronto Daily Star, 28 de outubro de 1922

Constantinopla — Quando você acorda de manhã e vê a névoa sobre o Corno de Ouro, com os minaretes despontando, esguios e perfeitos, na direção do sol, e o muezim convoca os fiéis para a oração com uma voz que ascende e descende como a ária de uma ópera russa, você presencia a magia do Oriente.

Quando você desvia o olhar da janela para o espelho e vê que seu rosto está coberto de minúsculas pintas vermelhas provocadas pelo último inseto a descobrir sua existência, você presencia o Oriente.

Deve haver um meio-termo feliz entre o Oriente das histórias de Pierre Loti e o Oriente da vida cotidiana, mas só um homem que vê as coisas com o olhar entreaberto, não se importa com o que come e é imune a picadas de insetos pode encontrá-lo.

Ninguém sabe quantas pessoas vivem em Constan. A velha guarda sempre a chama de Constan, da mesma forma que percebem que você é um novato ao chamar Gibraltar por qualquer outro nome que não Gib. Jamais fizeram um recenseamento. As estimativas falam em um milhão e meio de habitantes. Isso não inclui centenas de Fords caindo aos pedaços, quarenta mil refugiados russos, usando todos os tipos de uniformes do exército do Czar em diferentes níveis de conservação, e uma quantidade semelhante de tropas kemalistas, em roupas civis, que se infiltraram na cidade para assegurar que Constantinopla vá para as mãos de Kemal, independentemente do resultado das negociações de paz. Todos estes passaram a fazer parte depois da última estimativa.

Quando não chove em Constan, a poeira fica tão espessa que um cachorro trotando pela estrada paralela à encosta de Pera levanta uma nuvem de fumaça, como uma bala atingindo o alvo, cada vez que suas patas tocam o chão. Chega quase à altura do tornozelo de um homem e o vento a faz girar pelo ar.

Se chove, tudo vira lama. As calçadas são tão estreitas que as pessoas têm de andar no meio das ruas, que são como rios. Não há leis de trânsito, e carros, bondes, carroças e pessoas carregando cargas enormes nas costas se apertam no mesmo espaço. Só existem duas ruas principais, todas as outras são vielas. E as ruas principais não são melhores que as vielas.

O prato principal da Turquia é o peru. Estas aves levam uma vida extenuante em busca de gafanhotos nas colinas torradas pelo sol da Ásia Menor e são quase tão robustas quanto um cavalo de corrida.

A carne é ruim, pois os turcos praticamente não criam gado. Um contrafilé pode representar a última aparição de um dos búfalos negros, enlameados e de olhos tristes e chifres voltados para trás, que se movem timidamente pelas ruas, puxando carretas, ou a última carga da cavalaria de Kemal. Meus músculos mastigadores estão começando a inchar como os de um buldogue de tanto mastigar, ou mascar, carne turca.

O peixe é bom, mas é um alimento que estimula o cérebro e qualquer pessoa que coma três boas porções de um alimento que estimula o cérebro deixaria Constan de imediato — nem que fosse a nado.

Existem cento e sessenta e oito feriados legais em Constan. Toda sexta-feira é feriado muçulmano, todo sábado é feriado judeu, e todo domingo é feriado cristão. Há também feriados católicos, muçulmanos e gregos durante a semana, para não falar do Yom Kippur e de outros feriados judeus. Em consequência disso, a grande ambição de vida dos jovens de Constan é trabalhar num banco.

Ninguém que tenha a menor pretensão de se habituar aos costumes de Constantinopla janta antes das nove da noite. Os teatros abrem às dez. Os clubes noturnos abrem às duas. Os clubes respeitáveis, quero dizer. Aqueles menos respeitáveis abrem às quatro da manhã.

Durante a noite inteira, quiosques de linguiça, batatas fritas e castanhas assadas mantêm suas braseiras de carvão nas calçadas para atender às longas filas de taxistas que passam a madrugada toda ali à espera dos festeiros. Constantinopla está fazendo uma espécie de dança da morte antes da chegada de Kemal Paxá, que jurou acabar com bebida, jogos de azar, dança e clubes noturnos.

Em Gálata, na metade do morro para quem sai do porto, existe um bairro que é mais terrível do que o ápice da podridão da velha Berbéria. É uma úlcera putrefata, que reúne soldados e marinheiros de todos os aliados e todas as nações.

A qualquer hora do dia, os turcos se sentam na frente dos pequenos cafés em becos estreitos, pitando seus cachimbos e tomando deusico, bebida altamente tóxica, de má qualidade que corrói o estômago, mais potente que o absinto, tão forte que nunca é consumida a não ser com alguma espécie de *hors d'oeuvre*.

Pela manhã, antes do sol nascer, você pode caminhar pelas ruas pretas, lisas e desgastadas de Constan. Os ratos lhe dão passagem, alguns cães vadios farejam o lixo nas calhas e um raio de luz atravessa por uma persiana, deixando escapar um feixe de luz e o sons de risadas ébrias. Estas risadas ébrias são a antítese da chamada do muezim, bela, suave e oscilante, e as ruas escuras, escorregadias e fedendo a carne podre de Constantinopla no início da manhã são a realidade da Magia do Oriente.

REFUGIADOS DA TRÁCIA

The Toronto Daily Star, 14 de novembro de 1922

Sofia, Bulgária — No conforto de um trem, tendo deixado para trás o horror da evacuação trácia, ela já começava a me parecer irreal. Essa é a dádiva de nossa memória.

Descrevi a evacuação via telégrafo ao *The Star*, de Adrianópolis. Não há sentido em voltar ao assunto. A evacuação ainda está em curso. Independentemente de quanto tempo esta carta levará para chegar a Toronto, enquanto estiver lendo este texto no *The Star*, pode ter certeza de que a mesma procissão pavorosa e cambaleante de pessoas sendo expulsas de casa estará se deslocando, numa fileira organizada, pela estrada lamacenta rumo à Macedônia. Leva tempo para que duzentas e cinquenta mil pessoas avancem.

Adrianópolis, em si, não é um lugar agradável. Ao descer do trem às onze da noite, achei a estação um pardieiro, lotada de soldados, pacotes, camas de mola, colchões, máquinas de costura, bebês, carrinhos quebrados, tudo ali, na lama, sob a chuva. Lampiões a querosene iluminavam o cenário. O chefe de estação me disse que cinquenta e sete vagões de tropas em retirada haviam partido rumo à Trácia Ocidental naquele dia. Os fios dos telégrafos foram todos cortados. Novas tropas iam chegando e não havia como evacuar todas elas.

A casa de Madame Marie, disse-me o chefe de estação, era o único lugar na cidade onde era possível encontrar um lugar para dormir. Um soldado me conduziu até a casa de Madame Marie pelas vielas escuras. Caminhamos em meio a poças de lama e ladeamos os atoleiros que eram profundos demais para atravessarmos. A casa de Madame Marie estava escura.

Bati à porta e um francês de calças e sem sapatos abriu. Ele não tinha quarto algum, mas eu podia dormir no chão se tivesse minhas próprias cobertas. A situação não estava bonita.

Um carro então passou do lado de fora e dois operadores de câmera, com seu motorista, entraram. Tinham três camas de montar e me disseram para cobrir uma delas com minha manta. O motorista dormiu no carro. Todos nos ajeitamos nas camas e o mais alto dos operadores, a quem chamavam de Shorty [baixinho], me contou que eles passaram por maus bocados na viagem de Rodosto, no mar de Mármara, até ali.

— Fizemos umas imagens ótimas de uma aldeia em chamas hoje — disse o Shorty, tirando uma das botas. — Um belo espetáculo; uma aldeia em chamas. Era como um formigueiro caindo aos pedaços. — O Shorty tirou a outra bota. — Filme de dois ou três ângulos diferentes e parece uma cidade normal pegando fogo. Estou muito cansado! Esse negócio de refugiado é mesmo um inferno. Um sujeito vê coisas tenebrosas nesse país. — Dois minutos depois ele estava roncando.

Acordei por volta de uma da manhã com uma sensação horrorosa de frio — parte da malária que contraí em Constantinopla —, matei os mosquitos que beberam tanto do meu sangue que não conseguiam mais voar do meu rosto, esperei o frio passar, tomei uma bela dose de aspirina e quinina e voltei a dormir. Repeti o processo até amanhecer. Depois o Shorty me acordou.

— Ei, garoto, espia só essa caixa de filme. — Olhei. Estava infestada de piolhos. — Estão mesmo famintos. Querem comer meu filme. Nossos amiguinhos estão mesmo famintos.

As camas estavam tomadas por eles. Tenho sido piolhento durante a guerra, mas nunca vi algo como Trácia. Se você olhasse para qualquer móvel ou ponto na parede por alguns instantes, era possível vê-los rastejar, não literalmente, mas movendo-se em ciscos diminutos e sebentos.

— Não fazem mal ao homem — disse o Shorty. — São só animaizinhos.

— Esses aí não são nada. Você tinha de ver os grandes em Lule Burgas.

Madame Marie, uma croata grande e desalinhada, nos serviu um pouco de café e um pão de centeio azedo, no ambiente vazio que funcionava como sala de jantar, salão, escritório e sala de espera.

— Nosso quarto estava imundo, madame — disse eu com jovialidade, tentando puxar assunto.

Ela estendeu as mãos.

— É melhor que dormir na rua? Hein, *monsieur*? É melhor que isso?

Dei-lhe razão, e saímos, com a madame de pé a nos olhar.

Chuviscava do lado de fora. No fim da ruela enlameada, pude ver a eterna procissão de humanidade se deslocando lentamente pela grande estrada de pedra que corre de Adrianópolis pelo vale do Maritsa até chegar a Karagatch e então se divide em outras estradas que atravessam o campo ondulado até a Trácia Ocidental e a Macedônia.

O Shorty e Companhia percorreriam um trecho da estrada em seu carro a caminho de Rodosto e Constantinopla e me deram uma carona na estrada de pedra depois de passar a procissão de refugiados rumo a Adrianópolis. O fluxo de carroças lentas, de rodas grandes, puxadas por bois e búfalos, fileiras de camelos e camponeses encharcados em fuga seguia a direção do Ocidente na estrada, mas havia também uma contracorrente menor de carroças vazias guiadas por turcos em roupas rasgadas e ensopadas de chuva e chapéus fez imundos que ia no sentido contrário ao da corrente principal. Toda carroça turca carregava um soldado grego, sentado ao lado do condutor, com o rifle entre os joelhos e a capa até o pescoço para se proteger da chuva. Os gregos ordenaram que estas carroças voltassem à Trácia, fossem carregadas com os bens dos refugiados e ajudassem com a evacuação. Os turcos pareciam mal-humorados e muito assustados. E tinham razão para tal.

Na bifurcação da estrada de pedra em Adrianópolis todo o tráfego estava sendo desviado à esquerda por um único soldado da cavalaria grega, montado em seu cavalo com a carabina nas costas. Ele exercia sua função de redirecionar a rota açoitando com indiferença qualquer cavalo ou boi que virasse à direita. O soldado fez um gesto para que uma das carroças vazias, guiada por um turco, virasse à direita. O turco virou a carroça e aguilhoou seus bois num andar lento. Isso despertou o guarda grego que viajava com ele, que, ao ver o turco sair da estrada principal, levantou-se e deu-lhe uma pancada acima do cóccix com a coronha do rifle.

O turco, esse era um fazendeiro turco esfarrapado e de aparência famélica, caiu da carroça de cara no chão, se recompôs, horrorizado, e correu estrada abaixo como um coelho. Um soldado da cavalaria grega o viu correr, esporeou seu cavalo e derrubou-o. Dois soldados gregos e o homem da cavalaria o levantaram, golpearam seu rosto algumas vezes, com ele gritando a todo volume sem parar, até ser levado, com o rosto ensanguentado e os olhos vidrados, sem entender o que estava acontecendo. Ninguém na fileira que marchava deu atenção ao incidente.

Caminhei por oito quilômetros com a procissão de refugiados pela estrada, esquivando-me de camelos que oscilavam e grunhiam, passando por carroças puxadas por bois, carregadas com roupas de cama, colchões, espelhos, móveis, porcos amarrados, mães debaixo de lençóis com seus bebês, velhos e velhas apoiados na parte traseira das carroças de búfalos mexendo somente os pés, com os olhos na estrada e a cabeça baixa; mulas carregando munição, mulas com pilhas de rifles, amarrados como rolos de trigo, e um ou outro Ford caindo aos pedaços carregando oficiais gregos, com olhos vermelhos e desalinhados pela falta de sono, e sempre o campesinato lento, encharcado de chuva, oscilante e arrastado da Trácia, marchando penosamente sob a chuva, deixando sua casa para trás.

Depois de atravessar a ponte sobre o Maritsa, com sua corrente de quatrocentos metros de largura, vermelha como tijolo, onde ontem era um leito de rio coberto de carroças de refugiados, virei à direita e peguei um atalho por vielas para chegar à casa de Madame Marie e escrever um telegrama ao *The Star*. Todos os fios foram cortados e finalmente encontrei um coronel italiano, voltando a Constantinopla com uma comissão de Aliados, que prometeu enviá-lo para mim de uma agência de telégrafos por lá no dia seguinte.

A febre estava aumentando e Madame Marie me trouxe uma garrafa de vinho trácio doce até enjoar para que eu tomasse minha quinina.

— Não vou dar bola quando os turcos chegarem — disse Madame Marie, assentando sua corpulenta massa à mesa e coçando o queixo.

— Por que não?

— São todos iguais. Os gregos, os turcos e os búlgaros. São todos iguais. — Ela aceitou uma taça de vinho. — Já vi todos eles. Todos ocuparam Karagatch.

— Qual deles é melhor?

— Nenhum. São todos iguais. Os oficiais gregos dormem aqui e depois chegam os oficiais turcos. Algum dia os oficiais gregos voltarão. Todos me pagam. — Enchi sua taça.

— Mas aquelas pobres pessoas lá fora na estrada. — Eu não conseguia esquecer o horror daquela procissão de trinta quilômetros; vi coisas tenebrosas durante aquele dia.

— Bem. — Madame Marie deu de ombros. — É sempre assim com as pessoas. *Toujours la même chose*. Os turcos têm um provérbio, sabe? Eles têm muitos provérbios bons. "A culpa não é só do machado, mas também da árvore." É esse o provérbio deles. — É o provérbio deles mesmo. — Sinto muito pelos piolhos, Monsieur. — Sob o efeito da garrafa, Madame Marie me perdoou. — Mas o que você esperava? Não estamos em Paris. — Ela se levantou, corpulenta e desalinhada, com a sabedoria que têm as pessoas dos Bálcãs. — Adeus, Monsieur. Sim, eu sei que cem dracmas é uma conta cara. Mas sou a dona do único hotel por aqui. É melhor que a rua, não? Hein?

MUSSOLINI: A MAIOR FARSA DA EUROPA

The Toronto Daily Star, 27 de janeiro de 1923

Lausanne, Suíça — No Château de Ouchy, que é tão feio a ponto de fazer o Odd Fellow's Hall de Petoskey, em Michigan, parecer o Partenão, acontecem as sessões da Conferência de Lausanne.

Oushy pronuncia-se Uchi, não Oushy, e cerca de sessenta anos atrás era uma pequena aldeia de pescadores, com casas manchadas pela ação do tempo, uma pousada branca e confortável, com uma varanda frontal protegida do sol onde Byron costumava sentar e descansar sua perna ruim numa cadeira enquanto vislumbrava o azul do lago Léman e esperava a campainha do jantar soar, e uma velha torre em ruínas que despontava dos matagais de junco à beira do lago.

Os suíços derrubaram as cabanas de pescadores, pregaram uma placa na varanda da pousada, empurraram a cadeira de Byron para um museu, despejaram na margem cheia de junco a terra vinda das escavações para os hotéis enormes e vazios que ocupam a ladeira morro acima rumo a Lausanne e construíram o edifício mais feio da Europa ao redor da velha torre. Este prédio, de calcário prensado, lembra um dos ninhos de amor que os reis do chucrute costumavam construir às margens do Reno antes da guerra como casa dos sonhos para suas rainhas do chucrute e incorpora todas as piores fases da escola de arquitetura do cachorrinho-de-ferro-no-gramado. Uma ladeira íngreme sobe da lateral do lago até a cidade de Lausanne em si, no alto do morro.

Dá para saber quando a conferência está acontecendo pelas filas de limusines estacionadas ao redor do Château, de frente para o lago. Cada limusine carrega a bandeira de sua delegação. As bandeiras búlgara e russa não estão presentes. O premier Stambuliski, da Bulgária, sai pela porta vaivém do Chatêau, olha desconfiado para os dois policiais suíços de capacete, franze o cenho para a multidão e sobe a ladeira na direção do hotel. Stambuliski não pode se dar ao luxo de uma limusine, nem que tivesse dinheiro para pagá-la. Tal ato seria relatado a Sofia e seu governo camponês exigiria uma explicação. Há algumas semanas, ele protagonizou uma defesa apaixonada na assembleia búlgara diante da acusação de um grupo de seus eleitores, que vestem casacos de pergaminho, de que ele estaria usando meias de seda, não se levantava antes das nove, bebia vinho e estava sendo corrompido pela vida indolente da cidade.

A delegação russa nunca sabe quando será convidada para a conferência e quando será excluída. Assim, logo decidiram, numa de suas reuniões de família à meia-noite no Hotel Savoy, que manter uma limusine o tempo todo ficaria caro demais. Um táxi para na porta e Arrens, o homem do Tcheka e assessor de imprensa bolchevista, aparece, com seu rosto moreno pesado e zombeteiro e seu olho único vagueando descontroladamente; em seguida, surgem Rakovsky e Tchitcherin. Rakovsky, o ucraniano, tem o rosto pálido, os traços maravilhosamente modelados, o nariz aquilino e os lábios estreitos de um velho nobre florentino.

Tchitcherin não é o mesmo de Gênova, quando parecia piscar para o mundo como um homem que saíra da escuridão direto para a luz forte do sol. Agora está mais confiante, veste um sobretudo novo e tem um aspecto mais alinhado, tem vivido bem em Berlim, seu rosto está mais cheio, ainda que de perfil pareça o mesmo de sempre, com barba e bigode ralos, e um modo de andar molengo e furtivo, como o do velho do saco.

Todos querem ver Ismet Paxá. Depois que o veem, porém, não querem repetir a dose. É um homenzinho de pede escura, sem qualquer atrativo, com a aparência mais diminuta e desinteressante que alguém pode ter. Parece mais um vendedor de renda armênio do que um general turco. Há algo nele que lembra um rato. Ele parece ter um talento para não ser reconhecido. Mustafá Kemal tem um rosto que ninguém consegue esquecer e Ismet tem um rosto do qual ninguém se lembra.

Acho que a solução é que Ismet tem um rosto fotogênico. Eu o vi, em fotografias, com um ar sério, imponente, poderoso e, de certa forma, belo.

Qualquer um que tenha visto na vida real o rosto fraco e petulante de uma das estrelas de cinema que parecem lindas nas telas sabe do que estou falando. O rosto de Ismet não é fraco ou petulante, mas simplesmente ordinário e inexpressivo. Lembro de ver Ismet nos primeiros dias de conferência chegar ao Hotel Savoy enquanto uma multidão de correspondentes de jornais saía de uma das famosas "entrevistas coletivas" de Tchitcherin. Ismet, esperando o elevador, estava ali em meio àquele monte de gente que, por dias, vinha tentando falar com ele e ninguém o reconheceu. Sua discrição era algo fora do normal.

Aquilo era bom demais para ser arruinado, mas avancei em sua direção e o cumprimentei.

— Isso é bem engraçado, Excelência — disse eu, enquanto dois correspondentes o afastavam da porta do elevador.

Ele sorriu como uma colegial, deu de ombros e levou as mãos ao rosto fingindo vergonha. Soltou uma risadinha.

— Marque uma hora e venha falar comigo — disse ele. Depois, apertou minha mão, entrou no elevador e sorriu para mim. A entrevista tinha chegado ao fim.

Quando o entrevistei de verdade, nos demos muito bem, pois ambos falávamos um francês sofrível. Ismet tenta esconder seu conhecimento limitado da língua, o que é uma desgraça para um turco erudito, já que em seu país o conhecimento do francês representa uma necessidade social, assim como na Rússia, fingindo ser surdo. Ele aprecia uma piada bem contada e sorri, deleitado, para si mesmo, enquanto apoia as costas na poltrona e seu secretário grita, em turco, citações dos grandes em seu ouvido.

Quando voltei a encontrar Ismet, depois de entrevistá-lo, ele estava a uma mesa num palácio de danças de jazz em Montreux, sorrindo, encantado, para os dançarinos, com dois turcos grandes e grisalhos a seu lado, olhando morosamente enquanto ele comia uma fatia de bolo atrás da outra, bebia três xícaras de chá e contava inúmeras piadas em francês sofrível à garçonete que trazia o chá. A garçonete parecia encantada com Ismet e Ismet com ela; os dois estavam se divertindo para valer. Nem uma só alma viva o reconheceu ali.

Em contraste a Ismet, havia Mussolini. Mussolini é a maior farsa que existe na Europa. Mesmo se Mussolini fizesse com que me prendessem e executassem amanhã de manhã, eu ainda o veria como uma farsa. A execução seria uma farsa. Pegue uma foto do Signor Mussolini e a estude bem. Você verá a fraqueza em sua boca, que o faz lançar sua famosa carranca de Mussolini, imitada por praticamente todo fascista de dezenove anos na Itália. Estude seu passado. Estude a aliança que representa o fascismo entre capital e trabalho e considere a história de alianças anteriores. Estude seu talento para vestir ideias pequenas com palavras grandes. Estude sua inclinação ao duelo. Homens corajosos de verdade não duelam e muitos covardes duelam constantemente para fazer com que acreditem que são corajosos. Depois, repare em sua camisa preta e suas polainas brancas. Há algo de errado, mesmo no senso histriônico, com um homem que usa polainas brancas com camisa preta.

Não há muito espaço aqui para debatermos se Mussolini é uma farsa ou uma força imponente e duradoura. Mussolini pode durar quinze anos ou ser derrotado na próxima primavera por Gabriele D'Annunzio, que o odeia. Mas permitam que eu faça dois relatos verídicos de Mussolini em Lausanne.

O ditador fascista anunciou que receberia a imprensa. Todos apareceram. Ocupamos a sala. Mussolini ficou sentado a sua mesa, lendo um livro. Seu rosto se contorcia na conhecida carranca. Estava entrando no papel de Ditador. Tendo o próprio trabalhado como jornalista, ele sabia a quantidade de leitores que atingiram os relatos escritos pelos homens presentes naquela sala sobre a entrevista que estava prestes a conceder. E continuou concentrado no livro. Mentalmente, já estava lendo as manchetes dos dois mil jornais abastecidos pelos duzentos correspondentes. "Quando entramos na sala, de tão concentrado, o ditador da camisa negra nem levantou o olhar do livro que estava lendo etc."

Na ponta dos pés, fui atrás dele para ver que livro lia com tanto interesse. Tratava-se de um dicionário Francês-Inglês — de cabeça para baixo.

O outro episódio de Mussolini como ditador aconteceu no mesmo dia, quando um grupo de italianas que vivem em Lausanne foi a seu quarto no Hotel Beau-Rivage para presenteá-lo com um buquê de rosas. Ali estavam seis mulheres camponesas, esposas de operários que viviam em Lausanne, que aguardavam do lado de fora para homenagear o novo herói nacional da Itália, que era também o herói delas. Mussolini saiu do quarto, vestindo sua sobrecasaca, calças cinza e polainas brancas. Uma das mulheres deu um passo à frente e começou seu discurso. Mussolini franziu a testa para ela, abriu um sorriso de escárnio, examinou com seus grandes olhos esbranquiçados africanos as outras cinco mulheres e voltou para o quarto. As camponesas pouco atraentes, com suas melhores roupas, ficaram ali segurando suas rosas. Mussolini assumira o papel de Ditador.

Meia hora depois ele se encontrou com Clare Sheridan, que conseguira, com muitos sorrisos em entrevistas, uma conversa de meia hora.

Obviamente, os correspondentes de jornal dos tempos de Napoleão devem ter visto as mesmas características em Napoleão, e os homens que trabalhavam no Giornale d'Italia na época de César devem ter visto as mesmas discrepâncias em Júlio, mas após um estudo minucioso, a impressão é a de haver muito mais de Bottomley, um Horatio Bottomley italiano, enorme, belicoso, duelista e bem-sucedido, em Mussolini, que de Napoleão.

Não é bem Bottomley, no entanto. Bottomley era um palerma. Mussolini não é um palerma e é um grande organizador. Mas é muito perigoso organizar o patriotismo de uma nação quando não se é verdadeiro, especialmente quando você promove este patriotismo a um nível no qual as pessoas se oferecem para emprestar dinheiro ao governo sem juros. Quando um latino investe dinheiro num negócio, ele quer resultados, e mostrará ao Signor Mussolini que é muito mais fácil fazer oposição ao governo do que governar.

Uma nova oposição surgirá, e já está em formação, sob a liderança daquele velho e corajoso espadachim, careca e talvez um pouco insano, porém completamente verdadeiro, que é Gabriele D'Annunzio.

UM SOLDADINHO DE CHUMBO RUSSO

The Toronto Daily Star, 10 de fevereiro de 1923

Lausanne, Suíça — Georgi Tchitcherin provém de uma nobre família russa. Tem barba e bigodes ruivos e ralos, olhos grandes, uma testa proeminente e um modo de andar molengo, como o do velho trapeiro. Ele tem mãos roliças e frias, que repousam sobre as suas como as de um morto, enquanto fala em inglês e francês com o mesmo sotaque, num sussurro sibilante e dissonante.

Tchitcherin era um antigo diplomata czarista e, se Lênin foi o Napoleão que criou uma ditadura a partir da Revolução Russa, Tchitcherin é seu Talleyrand. Tanto Tchitcherin quanto Talleyrand foram diplomatas nas monarquias que precederam suas revoluções. Ambos foram enviados ao estrangeiro como embaixadores durante a revolução, ambos foram rejeitados pelos países aonde foram enviados, ambos viveram em exílio e ambos se tornaram diretores de relações internacionais das ditaduras que se seguiram às revoluções.

— Viemos a Lausanne com um programa — disse-me Tchitcherin uma tarde. — E vamos voltar para casa com o mesmo programa. Os estreitos, tanto o de Dardanelos quanto o de Bósforo, devem ser fechados aos navios de guerra.

Ele falava com a intensidade entediada de alguém que repete algo pela centésima vez, que acredita naquilo e mantém a paixão da primeira vez que falou, mas que se cansou de não ser compreendido.

Ele prosseguiu:

— Enquanto os estreitos estiverem abertos aos navios de guerra, a Rússia ficará à mercê de qualquer nação que envie uma frota ao mar Negro.

Não teremos segurança e liberdade para nos desenvolvermos nem proteção contra uma invasão enquanto encouraçados e navios de guerra, num geral, forem permitidos no mar Negro. A Rússia só pode tomar uma medida enquanto estes navios tiverem acesso, que é se armar. O país terá de construir encouraçados para formar uma grande frota no mar Negro. Isto significa uma diminuição de sua força produtiva, que terá de ser desviada para a construção de uma grande frota. Mas é algo que precisa ser feito.

— E o que o senhor diz do desarmamento naval? — perguntei.

— A Rússia não foi convidada para a conferência de Washington — deu de ombros. — E qual foi o resultado daquela conferência? Quão próximos estamos hoje de um desarmamento naval? Estamos lidando com fatos, com as condições existentes. A Rússia seria a primeira a aceitar um convite para uma conferência sobre o desarmamento naval, mas até alcançarmos um desarmamento naval completo, só existe um modo de manter os encouraçados fora do mar Negro: fechando os estreitos a todos os navios de guerra e fazer com que os turcos construam fortalezas para reforçar o fechamento.

Tchitcherin estava em sua área. Sendo um antigo diplomata russo, ele é mais contundente quando luta pelas metas nacionais da Rússia. Sabe que os problemas da Rússia Soviética, seus problemas territoriais e nacionais, são os mesmos daqueles dos tempos do Império Russo. A revolução mundial não aconteceu e a Rússia se vê diante dos mesmos problemas de sempre. Tchitcherin sabe destes problemas. Sabe da rivalidade entre a Rússia e a Grã-Bretanha no Ocidente e sabe que, enquanto a Rússia for uma nação, independente de quem a governe, e enquanto houver um Império Britânico, seus interesses sempre estarão em conflito. Agora ele vem tentando conquistar por meio de tratados vantagens e seguranças que futuramente teriam de ser conquistadas ou perdidas em guerras.

Tchitcherin sabe que uma invasão russa à Índia pelo Afeganistão seria impossível enquanto a Crimeia estiver aberta a uma retaliação por parte da frota britânica. Lorde Curzon também o sabe. Tchitcherin sabe que os mil e quinhentos quilômetros da costa do mar Negro são o tendão de aquiles da Rússia. Lorde Curzon também o sabe.

Foi este amargo conflito diário entre o Império Britânico e o futuro Império Russo, com Curzon, um homem alto, frio e imperturbável que segurava as rédeas da frota britânica, e Tchitcherin lutando, lutando, com argumentos, instâncias históricas, fatos, estatísticas e apelos emocionados até finalmente, tendo percebido que era tudo em vão, falar apenas pela História, registrando suas objeções para que as futuras gerações lessem, que tornou a conferência de Lausanne tão interessante. É essa mesma desavença inconciliável entre Rússia e Grã-Bretanha que fará romper qualquer tratado do Oriente Próximo estabelecido em Lausanne e impossibilitará sua continuidade.

Com suas mãos frias e seu cérebro racional e sua barba ruiva rala, sua capacidade sobre-humana de trabalhar, sua aversão e sua desconfiança em relação a mulheres, sua indiferença à notoriedade, à opinião pública, ao dinheiro e a qualquer coisa fora do âmbito de seu trabalho e da Rússia, Tchitcherin parece um homem sem fraquezas. Depois vieram as fotografias que ilustram este artigo.

Tchitcherin, como vocês devem saber, nunca foi soldado. Pessoalmente, é um sujeito tímido. Não tem medo de ser assassinado, mas ficaria pálido se você erguesse o punho diante de seu nariz. Sua mãe fez com que usasse vestidos até os doze anos de idade. É todo cérebro e só alimenta seu corpo porque este sustenta o cérebro.

Muitos de nós sabíamos estas informações sobre ele. Então, numa manhã de domingo, enquanto as igrejas de Lausanne esvaziavam e aqueles que iam às montanhas desciam as ruas com seus esquis e mochilas para pegar o trem rumo a Aigle ou Les Diablerets, um grupo de correspondentes parou em frente à vitrine de um fotógrafo. Ali estavam expostas as fotografias que você vê aqui.

— São forjadas — disse um homem. — Ele nunca vestiu um uniforme em toda a vida.

Examinamos as fotos com atenção.

— Nada disso. Não foram forjadas. — Alguém disse: — Posso garantir. Não foram forjadas. Vamos perguntar a Slocombe.

Encontramos George Slocombe, correspondente do *London Daily Herald* e bom amigo de Tchitcherin, atuando às vezes como seu porta-voz. George estava na sala de imprensa do Lausanne Pwalace, com seu grande *sombrero* preto na cabeça, a volumosa barba ruiva que se curvava e o cachimbo na boca.

— Sim — disse ele, olhando para a fotografia que lhe mostrei. — Não são terríveis? Mal acreditei quando as vi. Ele pediu que as fizessem e agora o fotógrafo as está vendendo.

— Mas de onde ele tirou aquele uniforme horrível, George? — perguntei. — Parece uma mistura de *carcereiro-chefe* de Sing Sing com o *concierge* do Crillon.

— Não é horroroso? — George pitou o cachimbo. — Todos os comissários são automaticamente generais do Exército Vermelho e Tchitcherin é o comissário de relações internacionais, você sabe. Ele mandou fazer o uniforme em Berlim. Ontem à noite, ele o tirou do cabide no armário do quarto e me mostrou. Tem um orgulho e tanto desse uniforme. Você deveria vê-lo vestido.

Aquela, então, é a fraqueza de Tchitcherin. O garoto que teve de usar vestidos até os doze anos sempre quis ser soldado. E soldados fazem impérios e impérios fazem guerras.

ENTRANDO NA ALEMANHA

The Toronto Daily Star, 2 de maio de 1923

Offenburg, Baden — Em Paris, disseram que era muito difícil entrar na Alemanha. Nada de turistas. Nada de jornalistas. O consulado alemão não concede visto a um passaporte sem uma carta em alemão de um consulado ou câmara do comércio dizendo, sob sigilo, que é necessário que o viajante entre na Alemanha para uma transação de negócios definida. No dia que liguei para o consulado, havia uma instrução para emendar as normas, de modo que pessoas inválidas pudessem entrar no país para se "curarem", caso apresentassem um certificado assinado pelo médico do estabelecimento de saúde que pretendiam visitar, descrevendo a natureza da enfermidade.

— Temos de manter o máximo de rigor — disse o cônsul alemão, que, relutante e desconfiado, me concedeu um visto válido por três semanas depois de uma longa consulta de arquivos.

— Como podemos ter certeza de que você não vai escrever mentiras sobre a Alemanha? — perguntou ele, antes de me devolver o passaporte.

— Ah, não seja tão pessimista — respondi.

Para conseguir o visto, dei a ele uma carta da nossa embaixada, impressa em papel encorpado e estalante, com um enorme carimbo vermelho que informava "a quem interessar possa" que o Sr. Hemingway, portador, era uma pessoa conhecida e endossada pela embaixada e que fora orientada pelo jornal onde trabalha, o *Toronto Daily Star*, a se dirigir para a Alemanha e relatar a situação no país. Estas cartas não demoram para ser emitidas, não comprometem a embaixada e têm validade igual à de um passaporte diplomático.

O sorumbático adido consular alemão estava dobrando a carta e arquivando-a.

— Você não pode ficar com a carta. Temos de conservá-la para mostrar o motivo pelo qual o visto foi concedido.

— Mas eu preciso da carta.

— Não posso lhe dar a carta.

Um pequeno presente foi oferecido e aceito.

O alemão, um pouco menos sorumbático, mas ainda descontente:

— Diga-me, por que você queria tanto a carta?

Eu, com a passagem no bolso, o passaporte no bolso, a mala feita, o trem que só partia à meia-noite, alguns artigos enviados pelo correio e, de maneira geral, exultante.

— É uma carta de apresentação de Sarah Bernhardt, cujo funeral você talvez tenha testemunhado hoje, ao papa. Eu a estimo muito.

O alemão, triste e levemente confuso, continua:

— Mas o papa não está na Alemanha.

Eu, com ar de mistério, saindo porta afora:

— Nunca se sabe.

No início da manhã fria e cinzenta, enquanto a rua era lavada, o leite era entregue e as grades das lojas eram abertas, o trem da meia-noite com origem em Paris chegou a Estrasburgo. Não havia trem algum de Estrasburgo rumo à Alemanha. O Expresso de Munique, o Expresso do Oriente e o Direto a Praga? Todos já haviam partido. Segundo o carregador de malas, eu poderia pegar um bonde de Estrasburgo ao Reno e entrar a pé na Alemanha. Em Kehl, poderia pegar um trem militar para Offenburg. Cedo ou tarde, partiria algum trem rumo a Kehl. Ninguém sabia ao certo quando, mas o bonde era uma opção melhor.

Na plataforma da frente do bonde, onde havia uma janelinha pela qual o condutor aceitou um franco por mim e pelas duas malas, percorremos tinindo as ruas sinuosas de Estrasburgo no nascer da manhã. Passamos por casas de gesso com telhados pontudos e vigas de madeira cruzadas, pelo rio, que serpenteava em meio à cidade e a cada vez que o atravessávamos víamos pescadores nas margens; havia a rua larga e moderna com lojas alemãs de vitrines enormes e novos nomes franceses em cima de suas portas, açougueiros abriam suas vendas e, com seus assistentes, penduravam as carcaças de bois e cavalos do lado de fora, uma enorme fila de carroças vindas dos campos chegava ao mercado, as ruas eram enxaguadas e lavadas. De relance, vi numa rua lateral a grande catedral de pedra vermelha. Havia uma placa em francês e outra em alemão proibindo falar com o motorneiro e o motorneiro batia papo em francês e alemão com seus amigos que subiam no bonde, enquanto girava suas manivelas e refreava ou acelerava nosso progresso pelas ruas estreitas para fora da cidade.

No campo que se alarga entre Estrasburgo e o Reno, a linha do bonde corre junto a um canal e uma grande barcaça de ponta chata com LUSITANIA pintado na popa era puxada suavemente por dois cavalos, montados pelos dois filhos do barqueiro, enquanto a fumaça do café da manhã saía pela chaminé da cozinha e o barqueiro se encostava na proa. Era uma bela manhã.

O bonde parou diante da horrorosa ponte de ferro que atravessa o Reno rumo à Alemanha. Todos descemos. Enquanto no último mês de julho os bondes formavam uma fila grande como a de uma arena de hóquei em dia de partida, agora só havia quatro de nós. Um *gendarme* examinou os passaportes. Nem chegou a abrir o meu. Cerca de uma dúzia de *gendarmes* franceses circulava sem fazer nada. Um deles se aproximou quando comecei a carregar minhas malas ao longo da ponte sobre o feio, cheio, amarelo e revolto Reno e perguntou:

— Quanto dinheiro você tem?

Respondi que tinha cento e vinte e cinco dólares *"americains"* e cerca de cem francos.

— Deixe-me ver sua carteira.

Ele a vasculhou, resmungou e a devolveu. As vinte e cinco notas de cinco dólares que adquiri em Paris para a compra de marcos formavam um bolo impressionante.

— Nada de ouro?

— *Mais non, monsieur.*

Ele resmungou outra vez e segui em frente, com as duas malas, pela longa ponte de ferro, passando pela cerca de arame farpado e suas duas sentinelas francesas, com suas longas baionetas, entrando na Alemanha.

A Alemanha não parecia um lugar muito alegre. Um rebanho de gado de corte estava sendo conduzido a um vagão na linha férrea que descia pela ponte. Os animais entravam relutantemente, com muitos encontrões de patas e rabos que balançavam agitadamente. Um longo barracão alfandegário com duas entradas, uma onde se lia *"Nach Frankreich"* e outra que dizia *"Nach Deutschland"*, ficava próximo aos trilhos. Um soldado alemão estava sentado num galão vazio de gasolina, fumando um cigarro. Uma mulher vestindo um enorme chapéu negro com plumas e uma quantidade admirável de caixas de chapéu, embrulhos e sacolas estava parada do lado oposto ao rebanho. Carreguei para ela três de seus pacotes até o barracão que dizia "Para a Alemanha".

— O senhor também está indo para Munique? — perguntou ela, retocando a maquiagem do nariz.

— Não. Vou a Offenburg.

— Que pena. Não existe outro lugar como Munique. Já esteve lá?

— Ainda não.

— Então me deixe dizer uma coisa. Não vá a nenhum outro lugar. Qualquer outro lugar na Alemanha é uma perda de tempo. Só Munique vale a pena.

Um agente alfandegário alemão de cabelos grisalhos me perguntou aonde eu estava indo, se tinha algo a declarar e fez um gesto com meu passaporte para que eu seguisse adiante.

— Desça a rua até a estação regular.

A estação regular fora a importante junção alfandegária na linha direta entre Paris e Munique. Estava abandonada. Todas as cabines estavam fechadas. Tudo estava coberto de poeira. Afastei-me indo em direção aos trilhos, onde encontrei quatro soldados franceses da 170ª Infantaria, com aparato completo e baionetas montadas.

Um deles me disse que um trem partiria às onze e quinze para Offenburg, um trem militar: a viagem durava cerca de meia hora, mas esse trenzinho engraçado chegaria lá às duas. Ele abriu um sorriso. Monsieur veio de Paris? O que Monsieur achou da luta entre Criqui e Zjawnny Kilbane? Ah. Ele também achou o mesmo. Ele sempre achou que aquele cara não era bobo, o tal de Kilbane. O serviço militar? Bem, era tudo o mesmo. Não fazia diferença o lugar onde você servia. Em dois meses ele seria dispensado. Era uma pena que não estivesse livre, talvez pudéssemos conversar. Monsieur viu a luta de Kilbane? O vinho novo no bufê não era nada mau. Mas também ele manteve a guarda. O bufê é do outro lado do corredor. Se Monsieur quiser deixar a bagagem aqui, não tem problema.

No bufê encontravam-se um garçom de aparência tristonha, com uma camisa suja e trajes de noite manchados de sopa e cerveja, um bar com um longo balcão e dois segundos-tenentes franceses de quarenta e dois anos sentados a uma mesa no canto. Inclinei-me ao entrar e os dois me cumprimentaram.

— Não — disse o garçom. — Não temos leite. Temos café preto, mas não é café de verdade. A cerveja é boa.

O garçom sentou-se à mesa.

— Não, não tem ninguém por aqui agora — disse ele. — Todas as pessoas que o senhor diz ter visto em julho não conseguem vir agora. Os franceses não lhes concedem passaportes para entrar na Alemanha.

— Aquelas pessoas todas que vinham aqui para comer não vêm mais? — perguntei.

— Ninguém. Os donos de lojas e restaurantes em Estrasburgo ficaram com raiva e foram se queixar à polícia, pois todo mundo vinha aqui para comer mais barato. Agora, ninguém em Estrasburgo consegue obter o passaporte para vir aqui.

— E quanto aos alemães que trabalhavam em Estrasburgo?

Kehl era um subúrbio de Estrasburgo antes do tratado de paz e todos seus interesses e indústrias eram os mesmos.

— Isso tudo acabou. Agora, nenhum alemão consegue obter um passaporte para atravessar o rio. Trabalhavam por salários menores que os franceses, então foi isso que aconteceu a eles. Todas as nossas fábricas aqui foram fechadas. Nada de carvão. Nada de trens. Esta era uma das maiores e mais movimentadas estações da Alemanha. Agora, nada. Nada de trens, exceto os militares, que passam quando lhes dá na telha.

Quatro *poilus** entraram e foram ao bar. O garçom os cumprimentou efusivamente em francês. Ele serviu o vinho novo, turvo e dourado, em suas taças, e voltou à mesa.

— Como o povo se dá com os franceses aqui na cidade?

— Não há problema algum. São boas pessoas. Iguais a nós. Alguns às vezes são grosseiros, mas são boas pessoas. Ninguém tem ódio, exceto os aproveitadores. Eles têm algo a perder. Não tivemos nenhum tipo de diversão desde 1914. Se você ganhou algum dinheiro, ele vai perdendo valor e só o que se pode fazer é gastá-lo. É o que fazemos. Um dia tudo isso irá acabar. Não sei como. No ano passado, eu tinha dinheiro o bastante para comprar uma *gasthaus* em Hernberg; hoje, o mesmo dinheiro não compraria quatro garrafas de champanhe.

Olhei para a tabela de preços na parede:

Cerveja	350 marcos a caneca.
Vinho tinto	500 marcos a taça.
Sanduíche	900 marcos.
Almoço	3.500 marcos.
Champanhe	38.000 marcos.

Lembrei que no último mês de julho me hospedei com a Sra. Hemingway num hotel de luxo onde a diária custava 600 marcos.

— É claro — prosseguiu o garçom. — Eu leio os jornais franceses. A Alemanha desvaloriza sua moeda para enganar os Aliados. Mas o que eu ganho com isto?

O ruído estridente de um apito soou do lado de fora. Paguei e apertei a mão do garçom, cumprimentei os dois segundos-tenentes de quarenta e dois anos, que agora jogavam damas, e saí para embarcar no trem militar rumo a Offenburg.

---

* "Peludos", apelido dos soldados de infantaria franceses, que geralmente vinham do campo e não tinham o hábito de se barbear. (*N. T.*)

NEGÓCIOS REAIS NA EUROPA

The Toronto Star Weekly, 15 de setembro de 1923

Outro dia, em Paris, me deparei com meu velho amigo Shorty. Shorty é um operador de câmera de serviços cinematográficos. Ele filma as imagens que vocês veem no cinema. Shorty acabara de voltar da Grécia.

— Vou dizer uma coisa — disse o Shorty. — Aquele Jorge é um bom rapaz.

— Que Jorge? — perguntei.

— Ora, o rei — disse o Shorty. — Você não esteve com ele? Sabe de quem estou falando. O novo.

— Nunca estive com ele — respondi.

— Ah, é um homem branco — disse Shorty, chamando o garçom. — É um príncipe, aquele garoto. Veja só isso.

Olhei para o que Shorty me mostrava. Era um bilhete de papel com o brasão real da Grécia em relevo, escrito em inglês.

> *O Rei ficaria muito contente se o Sr. Wornall pudesse telefonar pela manhã ou pela tarde. Sua presença será esperada durante o dia inteiro. Se o senhor puder fazer a gentileza de responder ao portador, um carro lhe será enviado para trazê-lo ao palácio real.*
>
> *(Assinado) JORGE.*

— Ah, ele é um menino fantástico — disse Shorty, dobrando a carta com cuidado antes de guardá-la na carteira.

— Você sabe, acabei indo lá à tarde com a minha câmera. Entramos no terreno do palácio e passamos por esses bebezões com saias de balé e rifles em posição de continência. Desci e ele apareceu no caminho, apertou minha mão e disse: "Olá. Como vai, Sr. Wornall?" Fomos dar uma volta pelo terreno e lá estava a rainha podando uma roseira. "Esta é a rainha", disse Jorge. "Como vai?", perguntou-me.

— Quanto tempo você ficou lá? — indaguei.

— Ah, umas duas horas — disse Shorty. — O rei ficou contente por ter alguém com quem conversar. Bebemos uísque com soda a uma mesa embaixo de uma árvore enorme. O rei disse que era chato ficar preso ali. Não lhe deram dinheiro algum depois da revolução e não deixam que a aristocracia grega o visite. Ele não pode deixar a área do palácio.

"É absurdamente tedioso, você sabe", disse ele. "Andrew foi quem teve mais sorte. Ele foi banido, você sabe, e agora pode viver em Londres, Paris ou onde quiser."

— Vocês conversaram em que língua?

— Em inglês, é claro — respondeu Shorty. — É a língua falada por toda a família real grega. A Sra. Leeds, você sabe. Rodei bastante filme dele e da rainha pelo palácio e pelos campos. Queria que o filmasse junto a uma velha enfardadeira mecânica que estava num dos grandes campos dentro das muralhas. "Isso vai causar uma boa impressão na América, não vai?", perguntou ele.

— Como a rainha é? — disse eu.

— Ah, eu não a conheci muito bem — respondeu Shorty. — Só fiquei por algumas horas. Não gosto de ficar com essas pessoas por muito tempo. Alguns americanos abusam delas. São convidadas para o palácio e depois o rei não consegue mais se livrar delas. Mas a rainha é simpática. Quando fui embora, o rei disse: "Bem, talvez a gente se encontre um dia nos Estados Unidos." Como todos os gregos, ele quer ir ao país norte-americano.

Jorge da Grécia é o mais novo rei da Europa e provavelmente o mais desconfortável. Como disse Shorty, é um bom rapaz e não está se divertindo nem um pouco. Um comitê revolucionário o colocou no cargo no outono passado e ali vai ficar até onde permitirem.

Jorge é casado com uma princesa romena, filha da rainha Maria e do rei Fernando da Romênia e neste exato momento sua sogra está fazendo uma excursão pelas capitais da Europa com o intuito de que Jorge seja reconhecido — e, consequentemente, que sua filha seja reconhecida como rainha.

O que nos traz à Romênia, onde a realeza também não anda muito bem.

O rei Fernando parece tão preocupado quanto possível para um homem que esconde sua verdadeira expressão por trás de suíças do alto Danúbio. A Romênia é o país que ninguém na Europa leva a sério. Quando os estadistas e seus amigos estavam morando nos melhores hotéis de Paris durante o ano de 1919 e elaborando o tratado que foi feito para europeizar os Bálcãs, e acabou balcanizando a Europa, os romenos convocaram um seleto grupo de hábeis oradores, que citavam fatos históricos, para agir.

Quando estes oradores terminaram de falar e os tratados foram assinados, descobriu-se que a Romênia recebera todas as terras de seus vizinhos em cada uma das direções mencionadas pelos romenos. Os responsáveis pelo tratado provavelmente consideraram este um preço baixo a ser pago para que se livrassem da presença dos ardentes patriotas romenos. De qualquer maneira, a Romênia agora precisa manter um dos maiores exércitos da Europa para suprimir as revoltas dos novos romenos, cujo único desejo é deixar de serem romenos.

Cedo ou tarde, grandes blocos da Romênia irão se partir e se afastar, como uma massa de gelo que é atingida pela corrente do Golfo. A rainha Maria, jogadora de bridge de primeira categoria, poetisa de segunda categoria, exímia manipuladora das cordas políticas europeias e alguém que usa mais maquiagem que todas as famílias reais da Europa juntas, está se empenhando em formar alianças europeias que impeçam essa desintegração futura. Por outro lado, o príncipe Carlos, um jovem encantador, ah, tão encantador, e presidente da Companhia Cinematográfica príncipe Carlos, que teve acesso exclusivo para filmar a coroação romena, especialmente encenada, não parece muito interessado.

Enquanto isso, os oficiais do exército romeno, que enfrentarão a violência dos ataques húngaros e romenos em algum ponto nos próximos dez anos, usam batom, maquilam o rosto e usam espartilhos. Não é exagero. Vi, com meus próprios olhos, oficiais romenos, soldados da infantaria, usando batom num café. Vi oficiais da cavalaria com tanto ruge no rosto quanto os cantores de um coral masculino. As aparências podem enganar.

Saindo da Romênia, entramos nos domínios do rei Bóris da Bulgária. Bóris é filho de Fernando, a Raposa. Quando a frente do Oriente Próximo cedeu em 1918 e as tropas búlgaras voltaram para casa com a ideia de comitês revolucionários em mente, elas liberaram da cadeia um ex-fazendeiro grande, violento e boca-suja chamado Stambuliski, que estivera preso desde que tentara fazer com que a Bulgária entrasse na guerra ao lado dos Aliados. Stambuliski saiu da prisão feito um touro que sai de seu curral escuro na direção do brilho intenso da arena. Sua primeira investida foi contra o rei Fernando. Fernando deixou o país. Bóris, seu filho, quis fazer o mesmo.

— Se tentar deixar o país, vou mandar matá-lo — ameaçou Stambuliski.

Bóris permaneceu. Stambuliski o mantinha numa antessala e o convocava quando precisava de um intérprete para conversar com pessoas com as quais desejava ser particularmente educado. Correspondentes de jornais, por exemplo.

Bóris é louro, agradável e falante. Ele odeia a Bulgária com todo o coração e quer viver em Paris. Stambuliski foi derrubado pelos velhos oficiais militares pró-Alemanha, marajás, políticos intrigantes e intelectuais búlgaros, o que, no país, equivale às pessoas que absorveram educação o bastante para deixarem de ser honestas, e foi morto, como condenado em fuga, pelas pessoas que arruinaram a Bulgária que ele tentava salvar. Bóris ainda é o rei, mas agora é controlado pela vontade do pai, Fernando, e de seus conselheiros.

Não o vejo faz mais de um ano, mas dizem que ainda é louro como antes, embora tenha deixado de ser simpático e falante. Não é casado, mas a rainha Maria, casamenteira, está preparando uma filha para casar com ele.

Em seguida, temos Alexandre da Iugoslávia, ou, como insistem os iugoslavos, o Reino dos Sérvios, Croatas e Eslovenos. Alexandre é filho do rei Pedro da Sérvia. Não tem qualquer relação com croatas e eslovenos. Certa vez, o vi num clube noturno em Montmartre, em Paris, onde apareceu incógnito para uma derradeira visita à capital antes de se casar. Havia alguns sérvios e diversos franceses com ele, todos em trajes de noite. Muitas garotas estavam na mesa. Foi uma grande noite para os viticultores. Alexandre estava muito bêbado e feliz.

Pouco após esta viagem o casamento foi adiado, mas acabou acontecendo.

Vítor Emanuel da Itália é um homenzinho baixo e sério, com uma barbicha de bode grisalha e mãos e pés diminutos. As pernas pareciam finas, porém robustas como as de um jóquei, quandó vestia grevas com seu uniforme. Ele bate na altura do ombro de sua rainha. A falta de estatura do rei da Itália é uma característica da antiga casa de Savoia, cujos mais altos numa longa sucessão de soberanos eram quase da mesma altura de boxeadores de peso galo.

Hoje em dia, o rei da Itália é provavelmente o mais popular da Europa. Ele entregou seu reino, seu exército e sua marinha aos cuidados de Mussolini. Mussolini, educadamente, os devolveu com solenes declarações de lealdade à casa de Savoia. Depois, decidiu que manteria o exército e a marinha. Quando irá pedir o reino de volta, ninguém sabe.

Conversei com muitos fascistas, o antigo núcleo original do partido, e todos juraram ser republicanos.

— Mas confiamos em Mussolini — disseram. — Ele saberá quando for a hora.

Existe a possibilidade, é claro, de que Mussolini renuncie ao seu velho republicanismo, assim como fez Garibaldi. Ele o fez de maneira temporária, mas tem certo talento para fazer com que algo temporário pareça ser permanente.

Mas, para que o partido fascista exista, deve haver ação. O que de certa forma vem ocorrendo em Corfu e no Adriático. Se fosse necessária uma república para mantê-lo unido, seria feita uma república.

Como homem e ser humano, ouso dizer que não há pai ou soberano mais democrático no continente que Vítor Emanuel.

O rei da Espanha é rei desde que ele se lembra. Ele nasceu rei e é possível traçar a evolução de sua mandíbula, tantas vezes fotografada, nas moedas de cinco pesetas desde 1886. Para ele, não é um prazer ser rei. É só o que ele conhece. Era muito mais belo quando bebê, se pudermos confiar nas pesetas, mas todos nós somos.

Alfonso é outro rei cujo trono fica sobre um vulcão. Mas isso não parece que o preocupa. É um exímio jogador de polo e o melhor piloto de automóveis amador da Espanha.

Recentemente, o rei viajou de carro de Santander, um balneário de verão no norte da Espanha, a Madri, passando por montanhas, colinas e precipícios numa velocidade média de cem quilômetros por hora. Muitos jornais espanhóis o criticaram. "Se nós temos responsabilidades para com o rei, não teria o rei suas responsabilidades para conosco, mantendo-se intacto etc." O passeio não foi muito bem-visto. Mas, duas semanas depois, o rei abriu um novo percurso de corrida em San Sebastian completando ele mesmo duas voltas a bem mais de cem quilômetros por hora. Seu tempo foi só quatro quilômetros por hora mais baixo que o do campeão do Grand Prix.

No dia do Grande Prêmio de San Sebastian, aconteceu outro desastre militar no Marrocos, no qual mais de quinhentos espanhóis morreram. Houve uma revolta nas casernas em Málaga e dois regimentos de tropas se amotinaram, recusando-se a deixar o país e lutar na frente moura. O estado de guerrilha inconstante que vem tomando conta de Barcelona entre os trabalhadores e o governo, que resultou em mais de duzentos homicídios em menos de um ano, continua. Mas a vida do rei não corre risco. As pessoas não levam Alfonso muito a sério. Ele faz parte de suas vidas há muito tempo.

Ao norte vivem os reis de respeito: Haakon da Noruega, Gustavo da Suécia e Cristiano da Dinamarca. Estão situados tão bem que ninguém ouve falar muito deles. Exceto o rei da Suécia, que é um apaixonado e excelente tenista e joga frequentemente em parceria com Suzanne Lenglen todo inverno, em Cannes.

Alberto da Bélgica e sua mulher, a rainha Elizabeth, todos conhecem.

João II de Liechtenstein é um soberano que teve pouca notoriedade. O príncipe João governa o Principado de Liechtenstein desde 1848. Este ano, completará oitenta e três anos.

Liechtenstein sempre me fez lembrar do treinador de grandes boxeadores que vivia em Chicago, mas parece que existe um país muito próspero com este nome, governado por João II. João I era seu pai. Eles mantiveram o controle do país em família por mais de cem anos. Liechtenstein tem cento e sessenta quilômetros quadrados e fica entre a Suíça e a Áustria. No passado pertencia à Áustria, mas declarou independência em 7 de novembro de 1918. Dois anos atrás, os cavalheirescos liechtensteinenses fizeram um acordo com os suíços para que cuidassem de seu sistema de correios e telégrafo. Todos seus 10.876 habitantes estão bem, exceto o príncipe João, que tem um probleminha nos dentes.

Até o momento, só mencionei os reis europeus que ainda estão no cargo. Para falar de ex-reis seria necessário outro artigo. Jamais estive na presença do Kaiser, de Harry K. Thaw ou de Landru. Muitos de meus melhores amigos, no entanto, já escalaram os muros do jardim de Doorn ou tentaram entrar disfarçados de rolos de feno, caixas de cerveja ou diplomatas bávaros. Mesmo os que viram o Kaiser, porém, descrevem o resultado como insatisfatório.

TERREMOTO NO JAPÃO

The Toronto Daily Star, 25 de setembro de 1923

Esta história não tem nomes.

Os personagens são um repórter, uma repórter, uma belíssima filha vestida num quimono japonês e uma mãe. Há um pequeno coro de amigos, que fica falando na sala ao lado e se levanta assim que o repórter e a repórter atravessam a sala e saem pela porta.

Às quatro da tarde, o repórter e a repórter estão na varanda da frente. A campainha acabara de soar.

— Nunca vão nos deixar entrar — disse a repórter.

Dentro da casa, ouviram alguém se movendo e uma voz disse: — Vou descer. Eu falo com eles, mãe.

Abriu-se uma fresta da porta. No meio via-se um rosto muito moreno e muito bonito, com cabelos macios repartidos ao meio.

Ela é bonita, então, pensou o repórter. Em muitas ocasiões lhe haviam designado tarefas com a presença de belas garotas, mas em poucas isso acaba se revelando verdade.

— Estão à procura de quem? — perguntou a garota na porta.

— Somos do *The Star* — disse o repórter. — Está é a Srta. Tal e Tal.

— Não queremos falar com vocês. Não podem entrar — disse a garota.

— Mas... — disse o repórter e começou a falar. Tinha uma forte sensação de que, se parasse de falar por um só instante, a porta se fecharia. Então continuou falando. Até que então a garota abriu a porta.

— Tudo bem, vou deixar vocês entrarem — disse ela. — Vou subir e perguntar à minha mãe.

Ela subiu, ágil e ligeira, vestindo um quimono japonês. Deve ter outro nome. Quimono soa como algo bagunçado, do início da manhã. Não havia nada de quimono naquele quimono. As cores eram vívidas e a coisa tinha corpo, e era talhada. Parecia que podia ser vestido com duas espadas no cinto.

A repórter e o repórter aguardaram sentados na sala de estar.

— Desculpe por só eu ter falado — sussurrou o repórter.

— Não. Vá em frente. Continue. Jamais pensei que conseguiríamos entrar — disse a repórter. — Ela é bonita, não acha? — O repórter a tinha achado linda. — E o quimono, maravilhoso também!

— Shh... Lá vêm elas.

Na escada estava a garota com o quimono japonês. Junto dela, descia sua mãe. O rosto da mãe era bastante decidido.

— O que quero saber — disse ela — é onde o senhor conseguiu estas fotos.

— São belas fotos, não acha? — perguntou a repórter.

Tanto a repórter quanto o repórter negaram ter qualquer conhecimento sobre as fotos. Eles não sabiam. É verdade, não sabiam. Aquilo era um fato. Que, depois de um tempo, foi aceito.

— Não vamos dizer coisa alguma. Não queremos aparecer nos jornais. Já não aguentamos mais. Muitas outras pessoas sofreram mais do que nós com o terremoto. Não queremos mais falar disso.

— Mas eu deixei que entrassem, mãe — disse a filha. Ela se virou para o repórter: — O que exatamente vocês querem saber de nós?

— Queremos apenas que nos conte suas lembranças do que aconteceu — respondeu o repórter.

— Se falarmos com vocês e dissermos o que querem, prometem que não usarão nossos nomes? — perguntou a filha.

— Por que não usar só os primeiros nomes? — sugeriu o repórter.

— Não diremos uma só palavra enquanto não prometerem que não irão divulgar nossos nomes — disse a filha.

— Ah, você conhece esses repórteres de jornal — disse a mãe. — Eles prometem e depois o usam de qualquer forma. — Parecia que não haveria entrevista alguma. A observação deixou o repórter violentamente furioso. Aquele é o único insulto imerecido. Já bastam os merecidos.

— Sra. Tal e Tal — disse ele —, o presidente dos Estados Unidos revela confidencialmente aos repórteres informações que, se vazadas, custariam seu cargo. Toda semana, em Paris, o primeiro-ministro da França fala a quinze jornalistas sobre fatos que, se repetidos, derrubariam o governo francês. Estou falando de repórteres de jornal, não de informantes baratos.

— Tudo bem — disse a mãe. — Sim, acho que é verdade o que disse sobre os jornalistas.

Em seguida, a filha deu início ao relato e a mãe continuou.

— O navio (o *Empress of Australia*, da Canadian Pacific) estava pronto para zarpar — disse a filha. Se minha mãe e meu pai não estivessem lá embaixo, na doca, acho que não teriam escapado!

— Os navios *Empress* sempre partem ao meio-dia, no sábado — disse a mãe.

— Pouco antes das doze horas, ouvimos um enorme estrondo e então tudo começou a balançar de um lado para o outro. A doca deslizou e inclinou. Meu irmão e eu estávamos a bordo, apoiados na grade. Todos estavam jogando serpentinas. Durou só trinta segundos — disse a filha.

— Fomos arremessados na doca — disse a mãe. — Era uma grande doca de concreto, que deslizava para a frente e para trás. Meu marido e eu nos apoiamos um no outro e fomos jogados de um lado para o outro. Muita gente foi lançada para fora. Lembro de ter visto um condutor de riquixá escalando para fora da água. Carros e tudo mais afundaram, exceto o nosso. Ele ficou na doca, bem ao lado do carro do príncipe de Bearn, o cônsul francês, até o incêndio.

— O que fizeram depois do tremor? — perguntou o repórter.

— Voltamos a terra firme. Tivemos de escalar. Alguns trechos da doca tinham desmoronado e blocos enormes de concreto se desprenderam. Começamos a subir o *Bund* e dava para ver que todos os grandes armazéns tinham tombado. Você conhece o *Bund*. A avenida que costeia o mar. Chegamos até o consulado britânico e ele tinha desabado. Caiu sobre si mesmo como um funil. Simplesmente desmoronou. As paredes estavam no chão e através da fachada dava para ver o espaço aberto logo atrás dela. Sentimos então um novo tremor e percebemos que seria inútil tentar levantar e voltar para casa. Meu marido ouviu que não havia ninguém nos escritórios e que nada se podia fazer em relação aos homens que trabalhavam nos armazéns. Uma grande nuvem de poeira cobria tudo o que restava dos prédios que desmoronaram. Mal dava para enxergar e focos de incêndio começaram a surgir por todos os lados.

— O que as pessoas faziam? Como estavam reagindo? — perguntou o repórter.

— Não houve pânico. Isso foi o mais estranho. Não vi ninguém histérico. Havia uma mulher no consulado russo, porém. Ficava bem ao lado do consulado britânico e ainda não tinha caído, mas estava bem danificado. Ela foi até o portão da frente, chorando, e tinha um monte de *chinas* sentados junto ao portão do consulado. Ela implorou a eles que ajudassem a tirar sua filha do prédio. "Ela é muito pequenina", disse em japonês. Mas eles continuaram sentados. Não se moveram. Parecia que não conseguiam se mover. Obviamente, ninguém ainda ajudava ninguém então. Estavam todos cuidando de si próprios.

— Como você conseguiu voltar ao barco? — perguntou a repórter.

— Havia algumas sampanas, embarcações locais, e finalmente meu marido encontrou uma, na qual voltamos. Mas os incêndios eram terríveis e o vento soprava na direção do mar. Ventava muito. Conseguimos chegar à doca e, obviamente, eles não tinham como colocar a prancha de embarque, mas jogaram uma corda para nós e, assim, subimos a bordo.

A mãe não precisava de mais estímulos nem de perguntas naquele momento. Aquele dia e os que se seguiram no porto de Yokohama mexeram com ela. Agora o repórter via por que ela não queria ser entrevistada e por que ninguém tinha o direito de entrevistá-la e fazê-la relembrar aquilo tudo. Suas mãos, ainda que imóveis, pareciam bem nervosas.

— O filho do príncipe [príncipe de Bearn, cônsul da França] foi deixado em casa. Estava doente. Eles tinham ido à doca só para ver o navio partir. O bairro estrangeiro fica no alto do morro, onde todos moramos, e o morro deslizou até a cidade. O príncipe voltou a terra firme e foi até onde estavam os destroços de sua casa. Conseguiram tirar o menino, mas ele estava com as costas feridas. Passaram horas ali para retirá-lo. Mas não conseguiram salvar o mordomo francês. Tiveram de ir embora e deixá-lo ali porque o fogo estava se aproximando.

REPORTAGENS, 1920-1924

— Tiveram de deixá-lo ali, vivo, com o fogo chegando mais perto?

— Sim, tiveram de deixar o mordomo francês para trás — disse a mãe.
— Era casado com a governanta, então disseram a ela que tinham conseguido retirá-lo.

A mãe continuou, com a voz arrastada e cansada:

— Uma mulher que voltava para casa no [transatlântico] *Jefferson* perdeu o marido. Não a reconheci. Tinha um casal jovem, também, que acabara de sair. Eram recém-casados. A mulher estava fazendo compras na cidade quando tudo aconteceu. Ele não conseguiu ir até onde ela estava por causa do fogo. Conseguiram retirar o neurocirurgião do Hospital Americano. Mas não o médico assistente e sua mulher. O fogo se alastrou muito rápido. A cidade inteira estava em chamas.

"Nós ficamos no navio, é claro. Por boa parte do tempo, não conseguimos ver o que acontecia em terra firme por causa da fumaça. O pior foi quando os tanques de combustível submarinos explodiram e o óleo pegou fogo. As chamas se espalharam pelo porto, na direção da doca. Naquele ponto, pensamos que tínhamos conseguido nos salvar a bordo do *Empress* só para morrer queimados. O capitão ordenou que todos os botes fossem conduzidos para o lado oposto ao do fogo e se preparava para nos fazer embarcar neles. Não podíamos ir para o lado onde estava o fogo, é claro. O calor era demais. Com as mangueiras, tentavam controlar as chamas. Mas não conseguiam.

"Durante todo o tempo, eles tentavam romper a corrente da âncora, que enganchara na hélice. Queriam simplesmente liberá-la do navio. Até que finalmente conseguiram afastar o *Empress* da doca. Foi maravilhoso o modo como o navio partiu sem um rebocador. Era algo que parecia impossível de ser feito no porto de Yokohama. Foi maravilhoso.

"Durante o restante do dia e da noite, continuaram a trazer feridos e refugiados. Chegavam em sampanas ou por outros meios. Acolheram todos. Dormimos no convés.

"Meu marido disse que ficou aliviado depois que atravessamos o quebra-mar — disse a mãe. — Parece que existem duas antigas crateras [vulcânicas] sob o porto e ele estava com medo de que algo acontecesse com elas."

— Não houve sinal algum de maremoto? — perguntou o repórter.

— Não, nenhum. Quando estávamos a caminho de Kobe, depois de finalmente partirmos de Yokohama, sentimos três ou quatro tremores curtos no navio. Mas nenhum maremoto.

Sua memória voltou ao porto de Yokohama.

— Algumas das pessoas que ficaram de pé a noite toda junto ao mar estavam bem cansadas — disse ela.

— Ah, as pessoas que passaram a noite em pé junto ao mar — disse o repórter, num tom ameno.

— Sim. Tentando apagar o fogo. Havia uma senhora que deveria ter uns setenta e seis anos. Ela ficou na água a noite inteira. Tinha um monte de gente nos canais também. Yokohama é cortada por muitos canais.

— E o terremoto não misturou todos? — perguntou a repórter.

— Não, não. São ótimos em situações de incêndio — respondeu a mãe, séria.

— O que a senhora pensou quando tudo começou? — perguntou o repórter.

— Ah, já sabíamos que era um terremoto — disse a mãe. — Só que ninguém imaginava que seria tão forte. Muitos outros terremotos já ocorreram ali. Certa vez, nove anos atrás, sentimos cinco tremores num único dia. Só o que queríamos era chegar à cidade para ver se estava tudo bem. Mas quando vimos a destruição, logo percebemos que as coisas materiais não eram importantes. Eu não pretendia voltar para casa. Minha filha e meu filho estavam em alto-mar. Meu marido ainda está em Kobe. Ele agora terá bastante trabalho para reorganizar tudo.

O telefone tocou.

— Minha mãe está ocupada agora, entrevistando os repórteres — disse a filha na sala ao lado. Conversava com alguns amigos que tinham acabado de chegar. Algo sobre música. O repórter tentou escutar para saber se falavam algo a respeito do terremoto. Mas não era o caso.

A mãe estava muito cansada. A repórter se levantou. O repórter se levantou.

— Entenderam? Nada de nomes — disse a mãe.

— Tem certeza? Não causaria mal algum.

— Vocês prometeram não mencionar nomes — disse a mãe, desgastada.

Os repórteres saíram. Os amigos se levantaram enquanto eles atravessavam a sala.

O repórter olhou mais uma vez para o quimono enquanto a porta se fechava.

— Quem vai escrever o artigo? Você ou eu? — perguntou a repórter.

— Não sei — disse o repórter.

TOURADAS: UMA TRAGÉDIA

The Toronto Star Weekly, 20 de outubro de 1923

Era primavera em Paris e tudo parecia um pouco bonito demais. Mike e eu decidimos ir à Espanha. Strater nos desenhou um belo mapa do país no verso de um cardápio do restaurante Strix. No mesmo cardápio, escreveu o nome de um restaurante em Madri especializado em leitão assado, o nome de uma pensão na Via San Jerónimo, onde vivem os toureiros, e fez o rascunho de uma planta indicando onde os Grecos ficam pendurados no Prado.

Equipados com o menu e nossas roupas velhas, partimos para a Espanha. Tínhamos um objetivo: ver as touradas.

Deixamos Paris pela manhã e descemos do trem em Madri ao meio-dia do dia seguinte. Vimos nossa primeira tourada às quatro e meia daquela tarde. Levamos duas horas para conseguir os ingressos. Finalmente as compramos das mãos de um cambista a vinte e cinco pesetas cada. A praça de touros estava completamente lotada. Nossos ingressos eram para as barreiras. O cambista nos explicou, em espanhol e francês ruim, que correspondiam à primeira fileira da arena, logo abaixo do camarote real e do lado imediatamente oposto ao lugar por onde saíam os touros.

Perguntamos se ele não tinha ingressos para assentos menos nobres, pela metade do preço, mas aquilo era tudo que ele podia nos oferecer. Pagamos então as cinquenta pesetas pelos dois ingressos e, com eles no bolso, sentamo-nos na calçada em frente a um grande café próximo à Puerta del Sol. Era muito empolgante, estar ali sentado em frente a um café em seu primeiro dia na Espanha, com um ingresso no bolso que significava que, fizesse chuva ou fizesse sol, assistiríamos a uma tourada dentro de uma hora e meia. Na verdade, era tão empolgante que partimos para a praça de touros, na periferia da cidade, em cerca de meia hora.

A praça de touros, ou Plaza de Toros, era um anfiteatro enorme, de tijolos fulvos, situado no fim de uma rua num campo aberto. A bandeira vermelha e amarela espanhola tremulava sobre ela. Os carros iam chegando e as pessoas desciam dos ônibus. Havia um monte de indigentes próximo à entrada. Alguns homens vendiam água de garrafões de terracota. Crianças vendiam leques, bengalas, amêndoas torradas em cones de papel, frutas e sorvete. O público estava animado e contente, mas todos concentrados em avançar na direção da entrada. A guarda civil montada, com seus chapéus de três bicos de couro envernizado e carabinas penduradas nas costas, permanecia sentada em seus cavalos, como estátuas, enquanto o público passava.

Lá dentro, todos na praça de touros estavam de pé, conversando e olhando para o alto da arquibancada, onde estavam as meninas dos camarotes. Alguns dos homens usavam binóculos para enxergar melhor. Encontramos nossos assentos e o público começou a deixar a praça e tomar seus lugares nas arquibancadas de concreto. A arena formava um círculo — pode soar ridículo, mas uma arena de boxe é quadrada — com areia no chão. Ao seu redor, ficava uma cerca vermelha — na altura certa para que um homem consiga pular para o outro lado. Entre a cerca, chamada de *barrera*, e a primeira fila de assentos, há uma passagem estreita. Logo depois ficavam os assentos, como num estádio de futebol, só que no alto havia duas fileiras de camarotes.

Todos os assentos do anfiteatro estavam ocupados. A arena foi esvaziada. Então, do outro lado da arena, longe do público, quatro arautos em uniforme medieval soaram suas trombetas. A banda foi embora e pela entrada do outro lado da arena surgiram quatro cavaleiros, vestidos em veludo preto e golas Tudor, trotando no brilho intenso da praça. As pessoas que estavam sob o sol assavam com o calor e se abanavam. O agito dos leques tomava todo aquele lado da arena.

Atrás dos quatro cavaleiros veio a procissão de toureiros. Estavam todos enfileirados diante da entrada, prontos para marchar, e quando a música começou eles seguiram em frente. Na fileira da frente estavam os três *espadas* ou *toreros*, encarregados de matar os seis touros naquela tarde.

Estavam com seus uniformes brocados amarelos e pretos, o famoso uniforme dos "toreadores", pesado, com adornos dourados, capa, jaqueta, camisa e colarinho, calções até os joelhos, meias rosas e sapatilhas baixas. Toda vez depois de ir a uma tourada, a incongruência daquelas meias rosas sempre me deixava perplexo. Logo atrás das três figuras principais — e depois de ver uma tourada pela primeira vez você não olha mais para os uniformes, mas sim para os rostos — vieram marchando as equipes ou *cuadrillas*. Vestem-se da mesma forma, mas com menos pompa que os matadores.

Atrás das equipes vêm os picadores. São homens grandes, pesados e de rostos morenos, vestindo boinas e carregando lanças longuíssimas. Montam cavalos que fazem o Spark Plug parecer tão esbelto e elegante quanto um vencedor da King's Plate. Logo em seguida, vêm os grupos de mulas com arreios enfeitados e os *monos* ou serventes.

Os toureiros marcham pela arena até o camarote do presidente. Marcham a passos largos e relaxados, oscilantes, nem um pouco teatrais, a não ser pelas roupas. Todos têm a graça despojada e o leve desleixo de um atleta profissional. Olhando seus rostos, podiam ser jogadores de beisebol. Eles saúdam o camarote do presidente e se espalham junto à *barrera*, trocando suas pesadas capas brocadas por capas de combate que foram penduradas na cerca vermelha pelos ajudantes.

Inclinamo-nos sobre a barreira. Bem abaixo de onde estávamos, os três matadores daquela tarde, apoiados na cerca, conversavam. Um deles acendeu um cigarro. Era um cigano baixo, de pele clara, Gitanillo, com uma maravilhosa jaqueta brocada dourada, com uma pequena trança escapando de seu tricórnio.

— Não parece nada de extraordinário — disse um jovem de chapéu de palha e sapatos obviamente americanos, que se sentou à minha esquerda.

— Mas conhece bem os touros, o garoto. É um grande matador.

— Você é americano, não é? — perguntou Mike.

— Claro — sorriu o rapaz. — Mas conheço essa turma. Aquele é Gitanillo. Prestem atenção nele. O garoto com o rosto gorducho se chama Chicuelo. Dizem que não gosta de tourear, mas a cidade o ama. Do lado dele está Villalta. É o melhor.

Eu já tinha percebido Villalta. Era rígido como uma lança e andava como um jovem lobo. Estava sorrindo e conversando com um amigo que se inclinara sobre a barreira. Tinha em sua maçã do rosto queimada pelo sol um grande pedaço de gaze, preso com fita adesiva.

— Ele se feriu na semana passada, em Málaga — disse o norte-americano.

O mesmo, que depois viríamos a conhecer e a amar sob a alcunha de Rei da Garrafa de Gim, depois de uma atuação de gala já nas primeiras horas da manhã, tendo um recipiente do celebrado produto do Sr. Gordon como única arma em uma das quatro das situações mais perigosas que já vi, disse:

— O show vai começar.

Na arena, os picadores galoparam em seus cavalos decrépitos ao redor da praça, montados rígidos e eretos em suas selas bamboleantes. Agora, só três permaneciam na praça. Estes três estavam amontoados junto à cerca vermelha da barreira. Seus cavalos estavam encostados na cerca, tinham um olho coberto e as lanças em posição de repouso.

Então entraram dois mestres de cerimônias, com jaquetas de veludo e golas Tudor brancas. Galoparam até o camarote do presidente, deram uma guinada e o saudaram, tirando o chapéu e se inclinando. Do camarote, algo foi arremessado. Um dos mestres de cerimônia apanhou o objeto com seu chapéu de plumas.

— É a chave do curral dos touros — disse o Rei da Garrafa de Gim.

Os dois cavaleiros rodopiaram e galoparam para o outro lado da arena. Um deles jogou a chave para um homem vestido de toureiro, os dois saudaram o público balançando seus chapéus de pluma e deixaram a praça. O portão grande foi fechado e trancado. Não havia mais uma entrada. A arena estava lotada.

O público antes gritava e urrava. Agora havia só silêncio. O homem com a chave foi até uma porteira vermelha baixa, com barras de ferro e abriu a enorme trava de deslizar. Ele a ergueu e se afastou. A porteira se abriu. O homem se escondeu atrás dela. Lá dentro, nada além do escuro.

Então, abaixando a cabeça enquanto saía da escuridão do curral, um touro entrou na arena. Veio a toda velocidade, grande, branco e preto, pesando mais de uma tonelada e movendo-se num galope suave. Ao sair, o sol pareceu o atordoar por um instante. Parou, como se estivesse congelado. Os músculos enrijecidos, firmes, olhos que vasculhavam a arena, chifres brancos e pretos apontados para a frente, afiados como os espetos de um porco-espinho. Foi então que arremeteu. Ao se lançar, subitamente compreendi o significado de uma tourada.

O touro era inacreditável. Parecia um animal pré-histórico, totalmente fatal e perverso. E silencioso. Lançou-se sem fazer barulho, num galope suave. Quando virava, virava com as quatro patas, como um gato. Ao atacar, a primeira coisa que lhe chamou a atenção foi um picador num dos pangarés. O picador afundou suas esporas no cavalo e os dois galoparam para longe. O touro os seguiu a toda, obstinado, e galopando acertou a lateral do animal. Ignorou o cavalo e com um dos chifres acertou a coxa do picador, arremessando-o com sela e tudo do lombo do cavalo.

O touro prosseguiu sem dar importância ao picador jogado no chão. O outro picador estava montado em seu cavalo, prestes a receber o impacto, com a lança pronta. O touro acertou a lateral e tanto cavalo quanto picador foram lançados no ar, num conjunto agitado, desabando nas costas do touro. Ao caírem, o touro investiu contra eles. Chicuelo, o garoto bochechudo, saltou a cerca, correu na direção do touro e agitou sua capa diante do rosto do animal. O touro correu na direção da capa, Chicuelo se esquivou para trás e o levou ao centro da arena.

Sem qualquer hesitação, o touro se lançou contra Chicuelo. O garoto ficou parado, simplesmente se apoiando no calcanhar e agitando a capa como a saia de uma bailarina diante do rosto do touro, enquanto ele passava.

— Olé! — gritou o público.

O touro girou e avançou outra vez. Sem se mover, Chicuelo repetiu a manobra. Manteve as pernas rígidas, apenas desviando o corpo da investida dos chifres do touro e sacudindo a capa com aquele belo movimento.

Mais uma vez, o público gritou. O garoto fez aquilo sete vezes. Em todas as vezes o touro quase o acertou por centímetros. Em todas as vezes ele deu ao touro uma chance clara de acertá-lo. Em todas as vezes o público gritou. Então ele jogou a capa sobre o touro ao fim de uma investida, balançou-a atrás dele e se distanciou do animal, indo em direção da barreira.

— Esse é o garoto da capa — disse o Rei da Garrafa de Gim. — Aquele movimento que fez com a capa se chama verônica.

O garoto rechonchudo que não gostava das touradas e acabara de executar sete verônicas fantásticas estava encostado na cerca, bem abaixo de nós. O sol fazia brilhar o suor em seu rosto, quase sem expressão. Os olhos focalizavam a arena, onde o touro estava imóvel, tentando decidir o melhor momento para investir contra o picador. Ele estudava o touro, pois em minutos teria a incumbência de matá-lo e, quando saísse com sua espada fina, de cabo vermelho, e com o pano vermelho, para matá-lo na parte final, seria ele ou o touro. Não há empate nas touradas.

Não descreverei em detalhes o resto daquela tarde. Foi a primeira tourada à qual assisti, mas não a melhor. A melhor aconteceu na cidadezinha de Pamplona, bem no alto dos morros da Navarra, nas semanas posteriores. Em Pamplona, onde promovem seis dias de touradas todo ano desde 1126 a.C. e onde os touros correm pelas ruas da cidade toda manhã, às seis horas, com metade da cidade correndo à frente deles. Pamplona, onde todos os garotos e homens são toureiros amadores e onde toda manhã acontece uma tourada amadora, com público de vinte mil pessoas, na qual os toureiros amadores ficam desarmados e a lista de baixas é igual à de uma eleição em Dublin. Mas Pamplona, com a melhor tourada e o relato fantástico dos eventos amadores, ficará para o segundo capítulo.

Não vou me desculpar pelas touradas. É um resquício dos dias do Coliseu romano. Mas uma explicação se faz necessária. A tourada não é um esporte. Jamais foi essa a ideia. É uma tragédia. Uma enorme tragédia. A tragédia é a morte do touro. Que se desenrola em três atos distintos.

O Rei da Garrafa de Gim — que, a propósito, não bebe gim — nos contou muito sobre o assunto naquela noite, quando nos sentamos no salão superior de um pequeno restaurante cuja especialidade era o leitão, assado numa tábua de carvalho e servido com *tortillas* de cogumelo e *vino rojo*. O resto, descobrimos na pensão dos toureiros na Via San Jerónimo, onde um dos toureiros tinha olhos idênticos aos de uma cascavel.

Também aprendemos bastante nas dezesseis touradas que vimos em diferentes partes da Espanha, de San Sebastian a Granada.

De qualquer jeito, a tourada não é um esporte. É uma tragédia, que simboliza a luta entre o homem e os animais. Normalmente há seis touros em cada evento. A tourada recebe o nome de *corrida de toros*. Os touros são criados como cavalos de corrida e algumas fazendas de criação existem há centenas de anos. Um bom touro vale dois mil dólares. São criados para ter velocidade, força e crueldade. Em outras palavras, um bom touro é um touro malvado e incorrigível.

Tourear é uma atividade extremamente perigosa. Das dezesseis touradas que presenciei, apenas duas não terminaram com alguém gravemente ferido. Por outro lado, é altamente lucrativa. Um *espada* popular recebe cinco mil dólares pelo trabalho de uma tarde. Já um *espada* não muito popular, no entanto, talvez não receba nem quinhentos. Os dois correm os mesmos riscos. Para os melhores matadores é como a *Grand Opera*, com a diferença de que podem acabar morrendo se não alcançarem o dó agudo.

Ninguém, em momento algum da tourada, pode se aproximar do touro se não pela frente. É aí que reside o perigo. Há também uma série de passagens complicadas a serem feitas com a capa e todas exigem tanta técnica quanto a de um campeão de bilhar. E por trás disso tudo existe ainda a necessidade de encenar a velha tragédia segundo os costumes e a lei. Tudo precisa ser feito de maneira graciosa, aparentemente sem esforço e sempre com dignidade. A pior crítica que os espanhóis fazem a um toureiro é dizer que seu trabalho é "vulgar".

Os três atos absolutos da tragédia são, primeiro, a entrada do touro, quando os picadores sofrem o impacto de seus ataques e tentam proteger os cavalos com a lança. Depois, os cavalos saem e o segundo ato consiste na estocada das *banderillas*. Esta é uma das partes mais interessantes e difíceis, mas também uma das mais fáceis para que o novo fã de touradas compreenda a sua técnica. As *banderillas* são dardos de cores vistosas e têm quase um metro de comprimento, com um pequeno anzol numa das extremidades. O homem encarregado de estocá-las fica sozinho na arena com o touro. Ele estica o braço com as *banderillas* e as aponta na direção do touro. Depois, grita "Toro! Toro!". O touro avança e o *banderillero* fica na ponta dos pés, se curva para a frente e quando o animal está prestes a acertá-lo, enfia os dardos em sua corcova, logo atrás dos chifres.

Os dardos têm de entrar uniformemente, um de cada lado. Não podem ser empurrados, lançados nem estocados pela lateral. Esta é a primeira situação em que o touro fica completamente desorientado, sentindo a ferida dos dardos e sem cavalos contra os quais investir. Mas ele se lança contra o homem uma vez após a outra e cada vez recebe a estocada de um par de *banderillas*, que ficam presas em sua corcova pelas minúsculas farpas e balançam como espetos de um porco-espinho.

Por último, vem a morte do touro, pelas mãos do matador, encarregado daquele touro desde o primeiro ataque. Cada matador cuida de dois touros por tarde. A morte do touro é estritamente formal e só pode ocorrer de uma forma, com um golpe frontal do matador, que deve esperar pela investida do animal, matando-o com uma estocada da espada entre os ombros, bem na nuca e entre os chifres. Antes de matar o touro, ele tem de fazer uma série de passagens com a *muleta*, um pedaço de pano vermelho do tamanho de um guardanapo grande. Com a *muleta*, o toureiro deve mostrar seu domínio completo sobre o touro, fazendo com que o animal deixe de acertá-lo sempre por poucos centímetros, antes de poder matá-lo. É nesta parte que acontece a maioria dos acidentes fatais.

A palavra "toreador" é obsoleta em espanhol e nunca é usada. O toureiro normalmente é chamado de *espada*. Ele tem que ser versado em todos os três atos da tourada. No primeiro, usa a capa, executa verônicas e protege os picadores, afastando o touro quando estes são lançados ao chão. No segundo ato, estoca as *banderillas*. No terceiro, domina o touro com a *muleta* e o mata.

Poucos *toreros* sobressaem nos três departamentos. Alguns, como o jovem Chicuelo, são intocáveis em seu trabalho com a capa. Outros, como o falecido Joselito, são *banderilleros* fantásticos. Poucos são grandes matadores. A maior parte dos grandes matadores são ciganos.

PAMPLONA EM JULHO

The Toronto Star Weekly, 27 de outubro de 1923

Em Pamplona, uma cidade de casas brancas castigada pelo sol bem no alto dos morros da Navarra, todo ano, nas duas primeiras semanas de julho, é realizado o equivalente à Série Mundial de touradas.

Fãs de toda a Espanha se amontoam na cidadezinha. Os hotéis dobram seus preços e mesmo assim não sobra um só quarto livre. Os cafés sob as arcadas ao redor da Plaza de la Constitucion ficam cheios e os *sombreros* à moda dos Pais Peregrinos de Andalusia dividem as mesas com boinas bascas da Navarra e do País Basco.

Garotas lindíssimas, com xales nos ombros, morenas, de olhos escuros e *mantillas* de laços pretos sobre o cabelo passeiam com seus acompanhantes em meio à multidão que transita dia e noite pela rua estreita que se estende entre os cinturões internos e externos das mesas dos cafés, à sombra da arcada, protegidas do brilho intenso da Plaza de la Constitucion. As pessoas dançam pelas ruas durante todo o dia e toda a noite. Bandas de camponeses de camisas azuis rodopiam, pulam e bailam ao som de um tambor, pífano e instrumentos de sopro, seguindo as antigas danças bascas de Riau-Riau. À noite, pode-se ouvir a batida dos grandes tambores e da banda militar, enquanto a cidade inteira dança no grande espaço ao ar livre da Plaza.

Chegamos em Pamplona à noite. As ruas pululavam de gente dançando. A música pulsava sem parar. Fogos de artifício eram lançados da grande praça pública. Todos os carnavais que presenciei empalideciam diante daquilo. Um foguete explodiu sobre nossas cabeças, com um feixe de luz intenso, e o bastão desceu rodopiando e sibilando. Dançarinos, estalando os dedos e girando no tempo exato em meio à multidão, esbarraram em nós antes que conseguíssemos descer com nossas malas do ônibus. Finalmente passei pelo povo, com as malas, e cheguei ao hotel.

Tínhamos enviado telegramas e escrito ao hotel pedindo quartos duas semanas antes. Nada foi arquivado. Ofereceram-nos um quarto com uma cama de solteiro com abertura para o tubo de ventilação da cozinha por sete dólares por noite cada. Tivemos uma bela discussão com a proprietária, que estava à frente de sua mesa, com as mãos na cintura e seu rosto indígena perfeitamente plácido, e nos disse em poucas palavras de francês e muitas de espanhol basco que precisava ganhar dinheiro para o ano todo nos próximos dez dias. Que as pessoas viriam e pagariam o preço que ela pedisse. Alegou que podia nos mostrar um quarto melhor, por dez dólares cada. Respondemos que seria melhor dormir na rua com os porcos. A proprietária concordou que era uma possibilidade. Dissemos que preferíamos aquilo a um hotel como o dela. Tudo perfeitamente cordial. A proprietária reconsiderou. Mantivemos nossa posição. A Sra. Hemingway sentou em cima das mochilas.

— Posso lhes oferecer um quarto numa casa na cidade. Podem comer aqui — disse a proprietária.

— Por quanto?

— Cinco dólares.

Percorremos as ruas escuras, estreitas e ensandecidas, e um garoto carregou nossas mochilas. O quarto era grande e adorável, numa antiga casa espanhola com paredes grossas como as de uma fortaleza. Um quarto fresco e agradável, com piso de azulejo vermelho e duas camas grandes e confortáveis postadas num recanto na parede. A janela dava para uma varanda com grade de ferro, com vista para a rua. Estávamos numa situação muito confortável.

A música enlouquecida seguiu por toda a noite na rua lá embaixo. Durante a noite, ouvimos muitas vezes um rufar ensandecido de tambores, fazendo-me levantar da cama e atravessar o piso de azulejo vermelho até a varanda. Mas era sempre a mesma coisa. Homens de camisas azuis, sem chapéus, rodopiando e saltitando numa fantástica e alucinada dança rua abaixo, seguindo a batida dos tambores e os pífanos estridentes.

Já à luz do dia, a Sra. Hemingway já estava de pé, vestida, na janela.

— Vamos — disse ela. — Estão indo a algum lugar.

Lá embaixo, a rua estava cheia de gente. Eram cinco da manhã. Todos seguiam na mesma direção. Vesti-me apressado e fomos atrás deles.

O povo todo ia na direção da grande praça pública. As pessoas chegavam vindas de todas as ruas e ao nos afastarmos na direção do campo aberto, víamos por entre os espaços estreitos dos muros altos.

— Vamos tomar café — disse a Sra. Hemingway.

— Acha que temos tempo? Ei, o que está acontecendo? — perguntei ao jornaleiro.

— *Encierro* — respondeu, com desdém. — O *encierro* começa às seis da manhã.

— O que é o *encierro*? — perguntei.

— Ah, me pergunte amanhã — disse ele, começando a correr. Toda a multidão corria agora.

— Tenho de tomar meu café. Não importa o que for — disse a Sra. Hemingway.

Com dois grandes bules, o garçom despejou o café e o leite nos copos. As pessoas ainda estavam correndo, vindas de todas as ruas que davam na Plaza.

— O que é esse tal de *encierro*? — perguntou a Sra. Hemingway, bebericando o café.

— Tudo o que sei é que soltam os touros em meio às ruas.

Fomos atrás da multidão. Atravessamos um portão estreito e entramos num campo aberto grande e amarelo, onde vimos a nova arena de concreto, alta, branca, com o formigueiro preto das pessoas. A bandeira espanhola vermelha e amarela tremulava à brisa do amanhecer. Depois de atravessar o campo e entrar na arena, subimos até o topo e olhamos para a cidade. Custa uma peseta para subir até o topo. Todos os outros níveis são grátis. Havia tranquilamente vinte mil pessoas ali. Todas se amontoavam do lado de fora do grande anfiteatro de concreto, olhando para a cidade amarela com seus telhados de um vermelho vívido, onde um longo curral de madeira se estendia da entrada do portão da cidade até o campo aberto e livre da arena.

Na verdade se tratava de uma cerca de madeira dupla, formando uma longa via de entrada da rua principal até a praça de touros em si. Formava um percurso de cerca de duzentos e trinta metros. As pessoas se espremiam de ambos os lados. Todas olhando na direção do início da rua principal.

Então, à distância, ouviu-se um aviso pouco animado.

— Eles já saíram — gritou todo mundo.

— O que está acontecendo? — perguntei a um homem do meu lado, que estava com o corpo todo inclinado para fora da cerca de concreto.

— Os touros! Soltaram os touros dos currais no outro lado da cidade. Estão correndo pela cidade.

— Uau! — disse a Sra. Hemingway. — Por que fazem isso?

Vimos então uma multidão de homens e meninos correndo pela estreita passarela cercada. Corriam o mais rápido que podiam. O portão que dava para a praça de touros estava aberto e todos corriam desordenadamente rumo às entradas que levavam à arena. Logo atrás veio outro grupo. Corriam ainda mais rápido. Desciam pelo longo curral que atravessava a cidade.

— Cadê os touros? — perguntou a Sra. Hemingway.

Surgiram logo em seguida. Oito touros galopavam juntos, a toda velocidade, pesados, pretos, reluzentes, sinistros, chifres nus, balançando a cabeça. Correndo com eles vinham três bois, com sinos pendurados no pescoço. Avançavam formando um só bloco e à frente deles corriam, escapavam e se lançavam os últimos homens e meninos de Pamplona que se deixaram perseguir pelas ruas em troca de um prazer matinal.

Um garoto de camisa azul, cinta vermelha e sapatos de lona brancos, com a inevitável garrafa de vinho na *bota* de couro pendurada num dos ombros, tropeçou enquanto descia a passarela. O primeiro touro abaixou a cabeça e desferiu um golpe brusco de lado. O garoto se chocou com a grade e ficou ali jogado. A manada, num só bloco, passou direto. O público berrava.

Todos se apressaram para dentro do anfiteatro e nós entramos num camarote na hora certa para ver os touros entrarem na arena cheia de homens, que corriam em pânico para todos os lados. Os touros, numa formação ainda compacta, correram com os bois treinados através da arena, na direção da entrada que levava aos currais.

Esse foi o início. Todas as manhãs, durante o festival das touradas de San Fermin, em Pamplona, os touros que lutam à tarde são liberados dos currais às seis da manhã e correm pela rua principal da cidade por dois quilômetros e meio até a baia. Os homens que correm à frente deles o fazem por diversão. É algo que se repete todo ano e começou duzentos anos antes de Colombo ter sua entrevista histórica com a rainha Isabela no acampamento fora de Granada.

Há dois fatores que contribuem para que não ocorram acidentes. Em primeiro lugar, os touros não ficam furiosos e agressivos quando estão em grupo. Em segundo, os bois têm a incumbência de mantê-los em movimento.

Às vezes as coisas saem errado, um touro se perde da manada quando se amontoam no curral e com sua crista erguida, uma tonelada de velocidade e fúria, chifres pontiagudos abaixados, se lança uma vez após a outra contra a massa compacta de homens e garotos na arena. Não há por onde os homens saírem de lá. É amontoado demais para que consigam escalar a *barrera* ou a cerca vermelha que limita a arena. Têm de ficar ali e encarar. No fim, os bois guiam o touro para fora da arena e para dentro do curral. Ele pode ferir ou matar trinta homens antes de sair. Ninguém armado tem permissão para enfrentá-lo. É esse o risco que os amantes das touradas em Pamplona correm toda manhã durante a Feria. É uma tradição em Pamplona dar aos touros uma última chance contra todos na cidade antes de entrar no curral. Lá ficarão até saírem no brilho da arena para morrer à tarde.

Por consequência, Pamplona é a cidade com as touradas mais violentas em todo o mundo. O combate amador que vem logo em seguida à entrada dos touros no curral prova isso. Todos os assentos no grande anfiteatro ficam tomados. Cerca de trezentos homens, com capas, pedaços de pano, camisas velhas ou qualquer outra coisa que possa imitar a capa de um toureiro cantam e dançam na arena. Ouve-se um grito e o portão do curral se abre. De lá sai um touro jovem a toda velocidade. Seus chifres são recobertos por peças de couro, para evitar que perfure alguém. Ele avança e acerta um homem. Joga-o para o alto e o público berra. O homem cai no chão e o touro parte para cima dele, dando-lhe uma cabeçada. Castiga-o com os chifres. Vários toureiros amadores balançam suas capas diante da cara do animal, tentando fazer com que avance contra eles e deixe o homem caído no chão. Então o touro se lança e acerta outro homem. O público vai à loucura.

O touro então se vira como um gato e acerta um homem que agia com bravura três metros atrás dele. Depois, joga outro homem para o outro lado da cerca. Em seguida, decide-se por um homem e se lança numa perseguição alucinada em meio a toda aquela gente até acertá-lo. A *barrera* está cheia de homens e garotos sentados sobre ela e o touro decide se livrar de todos. Ele se aproxima, espetando cuidadosamente com seus chifres e fazendo com que caiam a cada chifrada, como um homem arremessando feno.

Toda vez que o touro acerta alguém, o público urra de alegria. Grande parte cabe aos talentos locais. Quanto mais corajoso for o homem ou quanto mais elegante for sua passagem com a capa antes de o touro acertá-lo, mais o público grita. Não há ninguém armado. Ninguém machuca ou importuna o touro de forma alguma. Um homem que agarrou o touro pelo rabo e tentou segurá-lo foi vaiado pela plateia e quando tentou repetir a manobra foi derrubado por outro homem na arena. Ninguém se diverte mais que o touro.

Tão logo se mostra cansado de suas investidas, os dois velhos bois, um deles marrom e o outro parecendo um grande Holstein, surgem trotando e se aproximam do jovem touro, que vai atrás deles como um cão e os segue docilmente numa volta pela arena, antes de sair.

Logo em seguida aparece mais um e as investidas e arremessos, o balançar ineficaz das capas e a música maravilhosa se repetem. Mas sempre de maneira diferente. Alguns dos animais nestes combates amadores matinais são touros castrados. Trata-se de touros da melhor estirpe, com uma imperfeição ou outra em sua constituição, que jamais chegariam aos altos preços pagos pelos animais de combate, de dois a três mil dólares. Mas não deixam nada a desejar em seu espírito de luta.

A exibição acontece todas as manhãs. Todos na cidade saem às cinco e meia da manhã, quando as bandas militares desfilam pelas ruas. Muitas pessoas passam a noite em claro. Não perdemos nenhum e não é qualquer evento esportivo que consegue fazer com que nós dois nos levantemos às cinco e meia da manhã por seis dias seguidos.

Pelo que sei, éramos os únicos que falavam inglês em Pamplona durante a *Feria* do ano passado (em julho).

Houve três pequenos terremotos enquanto estivemos lá. Temporais terríveis caíram sobre as montanhas e o rio Ebro inundou Zaragoza. A arena foi tomada pela água por dois dias e a *Corrida* teve de ser suspensa pela primeira vez em mais de cem anos. Isto foi no meio da feira. Todos ficaram desesperados. O terceiro dia parecia ainda mais lúgubre que os outros. Choveu durante toda a manhã e depois do meio-dia as nuvens sumiram atrás do vale, o sol apareceu, brilhante, quente e escaldante e naquela tarde aconteceu a maior tourada que eu talvez venha a ver.

Os fogos de artifício explodiam no ar e a arena estava quase lotada quando chegamos aos nossos assentos. O sol estava quente e escaldante. Do outro lado, víamos os toureiros prontos para entrar. Todos vestiam seus uniformes mais velhos, por causa da lama pesada na arena. Avistamos os três matadores daquela tarde com nossos binóculos. Só um deles era novo. Olmos, um homem de rosto rechonchudo e jovial, parecido com Tris Speaker. Já tínhamos visto os outros antes. Maera, negro, atlético e de aparência mortífera, um dos maiores toureiros de todos os tempos. O terceiro, o jovem Algabeno, filho de um famoso toureiro, era um jovem magro da Andaluzia, com um rosto encantador de traços indígenas. Todos vestiam as roupas com as quais provavelmente começaram a tourear, apertadas demais, antiquadas e fora de moda.

Fizeram a procissão de entrada, tocaram a música ensandecida das touradas, as preliminares logo se encerraram, os picadores se posicionaram junto à cerca vermelha com seus cavalos, os arautos soaram suas trombetas e o portão da baia dos touros foi aberto. O touro saiu a toda velocidade, viu um homem próximo à *barrera* e se lançou contra ele. O homem saltou sobre a cerca e o touro atacou a barreira. Investiu com tudo contra a cerca e arrebentou uma tábua de cinquenta por duzentos em pedaços. Acabou quebrando o chifre com este ataque e o público pediu outro touro. Os bois treinados entraram trotando, o touro os seguiu mansamente e os três trotaram para fora da arena.

O touro seguinte veio com o mesmo ímpeto. Era o touro de Maera e depois de uma perfeita exibição de capa Maera estocou as *banderillas*. Maera é o toureiro preferido da Sra. Hemingway. E se quiser manter a imagem de homem corajoso, durão, perfeitamente equilibrado e completamente competente para sua mulher, nunca a leve a uma tourada de verdade. Eu costumava levá-la aos combates amadores da manhã para tentar recuperar um pouco de sua estima, mas, quanto mais descobria que as touradas exigem uma enorme carga de certo tipo de coragem da qual eu carecia quase que totalmente, mais aparente ficava que qualquer admiração que ela pudesse voltar a nutrir por mim haveria de ser simplesmente um antídoto à real admiração por Maera e Villalta. Não se pode competir com os toureiros em seu próprio território. Ou em qualquer um. O único motivo por que um marido exerce certa atração sobre sua mulher é que, em primeiro lugar, existe apenas um número limitado de toureiros, e depois, porque existe apenas um número limitado de mulheres que assistiram a uma tourada.

Maera estocou o primeiro par de *banderillas* sentado na beira do pequeno suporte que circula a barreira. Rosnou para o touro e, quando o animal se lançou, encostou na cerca e quando os chifres o miraram de ambos os lados, se jogou à frente, sobre a cabeça da fera, e espetou os dois dardos em sua corcova. Fez o mesmo para estocar mais um par, tão próximo de onde estávamos que podíamos tocá-lo se nos curvássemos. Daí então partiu para matar o touro e depois de executar passagens inacreditáveis com o pequeno pano vermelho da *muleta*, empunhou a espada e, quando o touro avançou, Maera o golpeou. A espada caiu da sua mão e o touro o atingiu. Os chifres o lançaram no ar e depois ele caiu. O jovem Algabeno balançou a capa no rosto do touro. O touro o perseguiu e Maera se ergueu com dificuldade. Mas havia torcido o pulso.

Com o pulso torcido, de tal forma que toda vez que o levantava para golpear as gotas de suor tomavam seu rosto, Maera tentou e tentou desferir o golpe fatal. Deixava cair a espada uma vez após a outra, a recolhia com a mão esquerda do chão lamacento da arena e a transferia à direita para o golpe. Até que finalmente conseguiu e o touro desabou. O touro quase o atingiu umas vinte vezes. Quando se aproximou da barreira, logo embaixo de onde estávamos, seu pulso tinha duas vezes o tamanho normal. Pensei nos boxeadores que vi desistir porque tinham machucado a mão.

Quase não houve pausa alguma depois que as mulas entraram galopando, amarraram o primeiro touro e o arrastaram embora, e o segundo touro se lançou a toda velocidade. Os picadores lhe infligiram os primeiros golpes com suas lanças. Seguiu-se o bufar e a investida, o choque e a massa em pleno ar, a fantástica defesa do picador que, com sua lança, mantinha o touro afastado, até que Rosário Olmos surgiu com sua capa.

Ele lançou a capa no rosto do touro e a fez levitar com um movimento natural e gracioso. Em seguida tentou fazer o mesmo movimento, a clássica "verônica", e o touro o acertou no final. Em vez de parar, o touro continuou a atacá-lo. Acertou Olmos de jeito com o chifre, lançando-o bem alto no ar. O toureiro caiu pesadamente e logo o touro estava em cima dele, continuando a atingi-lo com os chifres. Olmos estava caído na areia, com os braços sobre a cabeça. Um de seus colegas agitava a capa com força na cara do touro. O touro levantou a cabeça por um instante e se lançou contra esse homem, atingindo-o. Lançou-o no ar com um golpe formidável. Ele então se virou e perseguiu outro homem que estava bem atrás dele até a barreira. O homem corria o mais rápido que podia e, ao colocar a mão na cerca para saltá-la, o touro o alcançou e o acertou com o chifre, lançando-o em meio ao público. Voltou correndo na direção do homem caído, o qual tinha sido lançado no ar e agora se levantava, completamente sozinho — Algabeno o segurou pelo rabo. Segurou com toda força e pensei que ele ou o touro acabariam se quebrando.

////

O touro se virou como um gato e investiu contra Algabeno e Algabeno o enganou com a capa. Uma, duas, três vezes ele executou o movimento perfeito, lento e flutuante com a capa, com perfeição, graça e jovialidade, apoiado nos calcanhares, desnorteando o búfalo. E ele tinha o comando da situação. Jamais houve cena parecida numa partida de beisebol.

Não se pode substituir um matador. Era o fim de Maera. Seu pulso não conseguiria levantar uma espada por semanas. Olmos sofreu várias perfurações pelo corpo. Era o touro de Algabeno. Aquele e os próximos cinco.

Ele deu conta de todos. Fez tudo. Um jogo de capa tranquilo, gracioso e confiante. Um trabalho magnífico com a *muleta*. E as mortes sérias e fatais. Cinco touros ele matou, um após o outro, e cada um representou um pro-

REPORTAGENS, 1920-1924

blema diverso, solucionado com a morte. No fim, não havia nele qualquer sinal de contentamento. Era só uma questão de sobreviver até o fim ou os touros levarem a melhor. Eram todos touros fabulosos.

— É um menino fantástico — disse a Sra. Hemingway. — Tem só vinte anos.

— Queria que um dia pudéssemos conhecê-lo — disse eu.

— Talvez um dia a gente o conheça — disse ela. Depois, refletiu por um instante. — Provavelmente a fama já lhe terá subido à cabeça quando isso acontecer.

Ganham vinte mil por ano.

Isso foi só três meses atrás. Hoje, trabalhando num escritório, parece que aconteceu em outro século. Há uma grande diferença entre a cidade torrada pelo sol de Pamplona, onde homens correm pelas ruas na manhã perseguidos por touros e a viagem matinal para o trabalho no bonde Bay-Caledonia. Mas leva apenas quatorze dias no mar até a Espanha e não é preciso um castelo. Haverá sempre aquele quarto no número cinco da Calle de Eslava, e um filho, se é que pretende redimir a reputação da família como toureiro, tem de começar bem cedo.

A PESCA DE TRUTAS NA EUROPA

The Toronto Star Weekly, 17 de novembro de 1923

Bill Jones foi visitar um financista francês que mora perto de Deauville e tem um rio privado cheio de trutas. O financista era bem farto. Seu riacho, nem tanto.

— Ah, Monsieur Dxones, vou lhe mostrar o que é pescar. — O financista ronronou enquanto tomava café. — Vocês têm trutas no Canadá, não? Mas aqui! Aqui temos o charme de pescar trutas da Normandia. Vou lhe mostrar. Fique tranquilo. O senhor vai ver.

O financista era um homem bastante literal. Sua ideia de mostrar a Bill o que era pescar significava que ia Bill observar, e o financista, pescar. Deram início. Era uma visão penosa.

Se separassem peça a peça e as colocassem numa estante, diria que o financista comprara toda uma loja de equipamentos esportivos. Se colocadas lado a lado, sua coleção de iscas iria de Keokuk, no Illinois, a Paris, em Ontário. O preço que pagou pela vara daria para reduzir uma boa soma da dívida dos interaliados ou poderia servir para fomentar uma revolução na América Central.

O financista lançou uma isca de mosca poderosa. Ao cabo de duas horas, uma truta foi pescada. O financista ficou exultante. A truta era uma beleza, com todos seus quatorze centímetros e proporções perfeitas. O único problema eram algumas manchas pretas esquisitas nas laterais e na barriga.

— Não me parece muito saudável — disse Bill, com certa suspeita.

— Saudável? Não acha que seja saudável? Essa maravilha de truta? Mas é fantástica. Não viu o combate que travamos antes que a tirasse da água?

— O financista estava indignado. A bela truta repousava em sua grande e gorda mão.

— Mas o que são estas manchas pretas? — perguntou Bill.

— Estas manchas? Ah, absolutamente nada. Talvez vermes. Quem sabe? Todas nossas trutas nessa temporada têm essas manchas. Mas não se preocupe com isso, Monsieur Dxones. Espere até experimentar esta bela truta no café da manhã.

Era provavelmente a proximidade de Deauville que deteriorava o riacho de trutas do financista. Deauville era tida como uma espécie de mistura entre a Quinta Avenida, Atlantic City e Sodoma e Gomorra. Na verdade, era uma localidade balneária que se tornara tão famosa que as pessoas inteligentes deixaram de frequentá-la e as outras promoveram um concurso para ver quem gasta mais e acreditam estarem lidando com duquesas, duques, pugilistas de sucesso, milionários gregos e as irmãs Dolly.

Os verdadeiros lugares para a pesca de trutas na Europa são a Espanha, a Alemanha e a Suíça. A Espanha provavelmente tem a melhor localidade de pesca na Galícia. Mas alemães e suíços vêm logo atrás.

Na Alemanha, a maior dificuldade é obter a licença para pescar. Todas as águas pescáveis são alugadas por todo o ano a pessoas físicas. Se quiser pescar, primeiro você precisa da permissão do homem que alugou o espaço. Depois, deve ir ao município e solicitar uma licença e só então você consegue a permissão do proprietário da terra.

Caso tenha apenas duas semanas para pescar, provavelmente todo o seu tempo será gasto só para obter essas diferentes licenças. Um modo muito mais fácil é simplesmente carregar consigo uma vara e pescar quando avistar um rio promissor. Se alguém reclamar, comece a distribuir marcos. Se as reclamações persistirem, continue distribuindo marcos. Se insistir nessa medida, as reclamações acabam e você poderá continuar pescando.

Se, por outro lado, sua reserva de marcos se esgotar antes que cessem as reclamações, você acabará provavelmente na cadeia ou no hospital. Por esse motivo, é uma boa ideia ter sempre uma nota de dólar escondida em algum lugar nas suas roupas. Saque esta nota de dólar. São de dez para uma as oportunidades de que seu agressor se coloque de joelhos, num ato de extremo agradecimento e, ao se levantar, quebre todos os recordes de velocidade até a mais próxima, profunda e felpuda de toda a Alemanha: a caixa econômica do sul da Alemanha.

Seguindo esse método de requisitar licenças de pesca, pescamos por toda a Floresta Negra. Com mochilas e varas, andamos pelos campos, sempre seguindo as altas colinas e os cumes dos morros, às vezes, em meio aos pinheirais, outras, atravessando uma clareira ou fazenda e voltando a caminhar por quilômetros sem ver vivalma, exceto por um ou outro catador de frutinhas. Nunca sabíamos onde estávamos. Mas nunca estávamos perdidos, pois a qualquer instante podíamos descer rumo a um vale, sabendo que encontraríamos um curso da água. Cedo ou tarde, todo curso dava num rio e um rio queria dizer que estávamos perto de alguma cidade.

À noite, parávamos em pequenas pousadas ou *gasthofs*. Algumas delas ficavam tão longe da civilização que os estalajadeiros não sabiam que o marco vinha se desvalorizando rapidamente e continuavam a cobrar os antigos preços alemães. Num lugar, pelo quarto e a alimentação, pagamos, em dólares canadenses, menos de dez centavos por dia.

Certo dia, partimos de Triberg e subimos por um morro longo e cansativo, até chegarmos ao topo do planalto, de onde podíamos ver a Floresta Negra se espalhando por todas as direções. Lá do outro lado podíamos avistar uma cordilheira e concluímos que ao seu pé devia correr um rio. Atravessamos o planalto deserto, descendo nos vales e caminhando em meio a florestas, frescas e escuras como uma catedral num dia quente de agosto. Até que finalmente chegamos à extremidade superior do vale, no sopé das colinas que tínhamos visto.

Ali corria um belo riacho com trutas e não havia qualquer fazenda à vista. Montei a vara e, enquanto a Sra. Hemingway repousava sob uma árvore no aclive e olhava de um lado para o outro do vale, pesquei quatro trutas de verdade. Pesavam cerca de trezentos e cinquenta gramas cada. Depois, descemos o vale. O riacho se alargava e Ela assumiu a vara, enquanto eu buscava um posto de vigilância.

Ela pescou seis em uma hora; duas delas, eu tive que descer e ajudá-la a colocar na rede. Fisgara uma truta grande e depois de a colocarmos na rede de maneira triunfante, avistamos um velho alemão em roupas de camponês a nos observar da estrada.

— *Gut tag* — disse eu.

— *Tag* — disse ele. — A pescaria está boa?

— Sim. Muito boa.

— Que bom — disse ele. — É bom ver alguém pescando. — E seguiu pela estrada.

Bem diferente dele eram os fazendeiros de Ober-Prechtal, onde obtivemos licenças plenas de pesca, que desceram e nos botaram para fora do riacho com forcados porque éramos *Auslanders*.

Na Suíça, descobri duas coisas importantes quanto à pesca de trutas. A primeira me veio quando estava pescando num riacho paralelo ao rio Ródano, cujo curso estava cheio e cinzento com as águas da neve. As iscas de mosca eram inúteis e eu pescava com um bolo enorme de minhocas. Uma bela e saborosa isca. Mas não conseguia fisgar nenhuma truta.

Um velho italiano, dono de uma fazenda no alto do vale, caminhava por trás de mim enquanto eu pescava. Como nada acontecia naquele riacho, que eu sabia por experiência estar cheio de trutas, fui ficando cada vez mais irritado. A presença de alguém atrás de você enquanto pesca é tão incômoda quanto uma pessoa que olha sobre seus ombros enquanto você escreve uma carta para sua garota. Decidi sentar e esperar que o italiano fosse embora. Ele também sentou.

Era um velho, com o rosto parecido com uma garrafa de couro.

— É isso, Papa, nada de peixe hoje — disse eu.

— Não para você — respondeu, solenemente.

— Por que não para mim? Para você, talvez? — disse.

— Ah, sim — disse ele, sem sorrir. — Para mim, sempre. Não para você. Você não sabe pescar com minhoca. — E cuspiu no riacho.

Aquilo tocou num ponto fraco, toda uma infância passada a sessenta quilômetros do Soo, pescando trutas com uma vara de bambu e todas as minhocas que conseguia colocar no anzol.

— Você é tão velho que sabe tudo. Provavelmente é um homem rico, com todo esse conhecimento sobre minhocas — disse eu.

Aquilo mexeu com ele.

— Me dê essa vara — disse ele.

Ele a tirou da minha mão, jogou fora o enorme bolo de comida para trutas e selecionou uma minhoca de tamanho médio em meu estojo. Ele enfiou um pedaço dela no anzol número 10 e deixou cerca de três quartos da minhoca livre.

— Isso sim é uma isca — disse, com satisfação.

Enrolou a linha até deixar só os dois metros da guia para fora e arremessou a minhoca, que balançava livremente, num ponto onde o curso da água girava sob a margem. Nada aconteceu. Ele recolheu lentamente e lançou a isca um pouco mais para baixo. A ponta da vara se curvou. Ela a abaixou só um pouco. O fio desceu de repente e ele fisgou e puxou uma truta de quarenta centímetros e a lançou por cima de sua cabeça num cabo de telefone próximo do poste.

Caí em cima dela enquanto ainda se debatia.

O velho italiano me passou a vara.

— Aí está, meu jovem. É assim que se pesca com minhoca. Deixe-a livre para se mexer como uma minhoca. A truta vai morder a parte livre e sugar o restante, com anzol e tudo. Pesco nesse rio há vinte anos e sei. Mais de uma minhoca assusta o peixe. Tem de ser natural.

— Venha cá. Pegue a vara e pesque agora — implorei a ele.

— Não. Não. Só pesco à noite — sorriu. — Uma licença custa muito caro.

Ofereci-me para vigiar a guarda do rio enquanto ele pescava e assim, alternando a vara entre nós depois que cada um fisgava um peixe, passamos o dia ali e acabamos com dezoito trutas. O velho italiano conhecia todos os buracos e só pescava onde ficavam as grandes. Usamos seu método de deixar a minhoca livre e as dezoito trutas pesavam em média setecentos gramas cada.

Ele também me ensinou a usar larvas. As larvas são boas apenas em águas claras, mas são uma isca fatal. Você pode encontrá-las em qualquer árvore morta ou pedaço de lenha e os suíços e suíço-italianos as mantêm numa caixa para larvas. É feita de tábuas de madeira cheia de buracos, com uma tampa de metal deslizante. As larvas vivem tanto nesse buraco na madeira quanto na lenha e é uma das melhores iscas para pesca em temperaturas altas. As trutas abocanham as larvas e mais nada nos dias de águas baixas de agosto.

Os suíços têm também um modo fantástico de cozinhar trutas. Eles as cozinham num licor feito de vinagre branco, folhas de louro e uma pitada de pimenta vermelha. Não colocam muito de nenhum dos ingredientes na água e cozinham a truta até que ela fique azul. Assim, o verdadeiro sabor do peixe é preservado melhor do que de qualquer outra maneira. A carne fica firme, rósea e delicada. O peixe é servido com manteiga derretida. Bebem o vinho claro de Sion enquanto comem.

Não é um prato muito conhecido nos hotéis. Você tem de visitar o campo para comer uma truta cozida assim. Você vai do rio até um chalé e pergunta se sabem cozinhar truta azul. Se não souberem, você vai embora. Caso saibam, você senta na varanda com as cabras e as crianças e espera. Seu nariz lhe dirá quando a truta estiver sendo cozida. Depois de um certo tempo, você ouve um estouro. É o Sion sendo desarrolhado. Então a mulher do chalé vem até a porta e diz:

— Está pronto, Monsieur.

Depois você pode ir embora e eu mesmo faço o restante.

A INFLAÇÃO E O MARCO ALEMÃO

The Toronto Star Weekly, 8 de dezembro de 1923

— Atenção, se algum cavalheiro necessita de seu quarto de dólar para comer ou para pagar por uma cama...

O ambulante estava num beco estreito do lado oposto ao Osgoode Hall, em Toronto. À sua frente havia uma caixa de sabão com alguns envelopes de dinheiro estrangeiro.

À frente da caixa de sabão estava um grupo de desempregados, saltando de um pé para o outro na lama e ouvindo, com os olhos vidrados, ao que dizia o orador.

— Como eu disse — prosseguiu o ambulante, umedecendo os lábios sob o bigode grisalho —, se algum cavalheiro tiver necessidade imediata de seu quarto de dólar, eu não o quero. Mas se estiver pronto para fazer um investimento, estou lhe oferecendo a oportunidade de ficar rico para a vida. Só um quarto de dólar, senhores. Apenas um quarto de dólar canadense e a Rússia está prestes a ressurgir. Um quarto de dólar pode comprar esta nota de duzentos e cinquenta mil rublos. Quem quer comprar?

Ninguém parecia interessado em comprá-la. Mas todos o escutavam com o máximo de seriedade.

Ali estavam o rublo russo, a coroa austríaca e o marco alemão, que não valiam o papel em que eram emitidos, jogando suas últimas cartas como dinheiro de verdade em Toronto.

— Em tempos normais, essa nota que estou segurando aqui valeria cerca de cento e vinte e cinco mil dólares. Digamos que o valor do rublo caia a apenas um centavo. Você terá dois mil e quinhentos dólares. Pode ir direto ao banco e sacar dois mil e quinhentos dólares por esta única nota.

Os olhos de um homem brilharam e ele umedeceu os lábios.

O ambulante ergueu um pedacinho rosa do papel sem qualquer valor e olhou para ele com carinho.

— E a Rússia está se reerguendo, senhores. A cada dia sua moeda se torna mais valiosa. Não deixem que ninguém lhes diga que a Rússia não está se reerguendo. Quando um país vira uma república, é assim que permanece. Vejam a França. É uma república há muito tempo.

Um homem na fileira da frente com um velho casaco militar assentiu com a cabeça. Outro coçou o pescoço.

O ambulante sacou uma nota azul-esverdeada e a colocou ao lado da nota de rublo russo.

Ninguém disse às pessoas que ouviam que o dinheiro russo de aparência barata fora emitido em denominações de milhões com a maior rapidez possível, de modo a acabar com o valor do velho dinheiro imperial e, consequentemente, com a classe que detinha esse dinheiro. Os soviéticos depois emitiram seus rublos com base no ouro. Nenhuma dessas notas estava nas mãos dos ambulantes.

— Ao primeiro que pagar um quarto de dólar por esta nota de duzentos e cinquenta mil rublos darei também esta nota de marco alemão no valor de dez mil.

O ambulante ergueu ambas as notas para que fossem inspecionadas.

— Não pensem nem por um minuto que a Alemanha está acabada. Vocês viram no jornal hoje de manhã que Poincaré está perdendo força. Ele está enfraquecendo e o marco voltará com tudo.

Estava dando uma de Coué para o público. Um homem sacou um quarto de dólar.

— Me dá uma.

Ele pegou as duas notas, dobrou-as e as colocou no bolso interno do casaco. Sorriu, enquanto o orador continuava. Tinha novamente interesses financeiros na Europa.

As notícias internacionais nunca mais passariam despercebidas por ele.

Outros quatro ou cinco homens compraram notas de meio milhão de rublos por um quarto de dólar. Os rublos nem são mais cotados no câmbio. Mesmo assim, continuam a ser vendidos no Canadá, ao lado dos desvalorizados marcos alemães, como forma de investimento.

O vendedor de notas então se inclinou à frente e pegou um envelope com notas de marcos. Eram as notas bem impressas do período pré-guerra, em circulação na Alemanha até que o câmbio despencou de vinte mil marcos por dólar por um tobogã onde quase é possível pedir bilhões por um único dólar e ainda assim obtê-los. Nenhum desses marcos vale mais que o outro. Exceto para serem usados como papel de parede ou embrulhos de sabão.

— Estes são especiais — disse o vendedor de dinheiro. — Estou vendendo cada um por um dólar. Antes custavam cinquenta centavos. Agora aumentei o preço. Ninguém que não os queira precisa comprar. São os verdadeiros marcos pré-guerra.

Acariciou as notas. Os verdadeiros marcos pré-guerra.

Valiam quinze centavos por trilhão antes que os bancos de Nova York se recusassem a cotá-los, na semana passada.

— Por que estes são melhores que aqueles marcos que você deu como brinde? — perguntou um homem magro apoiado no muro do beco. Era um daqueles que tinham investido um quarto de dólar na Europa e agora estava com ciúmes desse novo marco que lhe era empurrado.

— Todos eles têm a garantia do Tratado de Versalhes — disse o ambulante, com ar confidencial. — Cada uma destas notas é garantida pelo tratado de paz. A Alemanha tem trinta anos para recuperá-las em pé de igualdade.

Os homens diante da caixa de sabão olharam respeitosamente para os marcos garantidos pelo tratado. Estavam obviamente fora do alcance dos investidores. Mas já era algo achar-se próximo a eles.

No muro do barracão que delimitava o beco, o jovem alto que fumava um cachimbo e se mantinha mais recuado enquanto o vendedor de dinheiro falava juntara uma série de recortes e amostras de dinheiro estrangeiro.

Os recortes falavam, em sua maior parte, do ressurgimento econômico da União Soviética e vários outros despachos internacionais de tom otimista.

Com o dedo indicador, o vendedor de dinheiro traçou a história de um empréstimo de dólares a um banco austríaco.

— Então, quem quer comprar dez mil coroas austríacas por um dólar? — perguntou ao grupo, segurando uma das grandes notas roxas da velha moeda dos Habsburgos.

Hoje, nos bancos, a coroa austríaca vale 0,014½ centavo de dólar. Em outras palavras, cerca de quatorze centavos de dólar por dez mil coroas. Ao preço de um dólar por dez mil coroas, os homens naquele beco estavam sendo convidados a apostar alto na moeda austríaca.

— Eu, pessoalmente, só guardo dólares canadenses para pagar as contas — continuou o ambulante. — Não dá para dizer o que vai acontecer ao dinheiro canadense. Vejam todas estas diferentes moedas hoje em dia. Uma medida sábia é guardar um pouco de dinheiro russo, um pouco de dinheiro alemão, um pouco de dinheiro austríaco e um pouco de dinheiro britânico.

A maioria dos homens dava a impressão de que qualquer quantia, por menor que fosse, de dinheiro canadense lhes seria bem-vinda. Mas continuavam a ouvir e cada lote oferecido, depois que o vendedor acabava seu discurso, atraía um quarto de dólar, fazendo nascer em alguém a esperança de enriquecer rapidamente.

— Vejam estas notas austríacas, por exemplo — prosseguiu o vendedor de dinheiro. — Essa é uma nota que eu costumava vender por dois dólares. Agora, eu a estou vendendo só por um dólar. E ainda dou uma nota de um milhão de rublos soviéticos de brinde.

Diante de tal anúncio, alguns daqueles que compraram os rublos a um quarto de dólar por duzentos e cinquenta mil se indignaram.

— Ah, mas estes são rublos diferentes — garantiu o vendedor. — Alguns destes rublos eu não venderia por menos de dez dólares. Deixem que algum cavalheiro me ofereça dez dólares e vejam se os vendo.

Nenhum cavalheiro fez oferta alguma.

— Não vou negar que tenho meus rivais — prosseguiu o ambulante. — Eles tentam derrubar meus preços. Vendem mais barato que eu. Mas agora eu é que vou vender mais barato que eles. Meu maior rival pede quarenta centavos por uma nota de um milhão de rublos. Vou chegar ao limite com esta oferta. Foi ele que começou esta competição. Vamos ver se consegue ir em frente. Senhores, eu darei esta nota de um milhão de rublos e mais uma nota de dez mil coroas austríacas. Tudo por um dólar.

Ninguém parecia ter um dólar. Então o repórter as comprou.

— Aqui está um cavalheiro que sabe enxergar um investimento — disse o vendedor. — Agora, prestem atenção. Vocês sabem que a Áustria está se reerguendo. Ela tem de se reerguer. Digamos que o valor da coroa austríaca suba apenas meio centavo. São cinquenta dólares de imediato.

Mas um dólar era uma quantia além das possibilidades dos investidores presentes.

Com relutância, o comerciante da caixa de sabão voltou a valores mais moderados.

— Se alguém quiser investir um quarto de dólar — começou ele, erguendo uma das notas rosas de duzentos e cinquenta mil rublos.

A atenção do público mais uma vez estava voltada a ele. Não tinha problema. Ainda havia alguns quartos de dólar a serem investidos. O que é mais uma refeição diante da possibilidade de ganhar duzentos e cinquenta mil dólares?

MEDALHAS DE GUERRA À VENDA

The Toronto Star Weekly, 8 de dezembro de 1923

Qual o preço de mercado da bravura? Numa loja de moedas e medalhas na rua Adelaide, o balconista disse:

— Não as compramos. Não há demanda.

— Vem muita gente aqui vender medalhas?

— Sim, sim. Todo dia. Mas não compramos medalhas desta guerra.

— O que oferecem?

— Medalhas da vitória, na maior parte, além de estrelas de 1914, uma boa quantidade de Medalhas Militares e, de vez em quando, uma Medalha de Conduta Distinta ou uma Cruz Militar. Aconselhamos estas pessoas a ir a uma loja de penhores, onde podem recuperar suas medalhas se receberem algum dinheiro por elas.

O repórter foi então a Queen Street e seguiu a oeste, passando pelas vitrines reluzentes de anéis baratos, lojas de quinquilharias, barbearias decrépitas, brechós e vendedores ambulantes em busca do mercado da bravura.

Dentro da loja de penhores, a mesma história.

— Não compramos — disse um jovem de cabelos brilhantes atrás de um balcão com artigos não recuperados. — Não há procura alguma. Sim, sim. Aparecem aqui com todos os tipos. Sim, Cruzes Militares. Outro dia um homem veio com uma Ordem de Serviço Distinto. Eu os aconselho a procurar os brechós da York Street. Lá compram de tudo.

— Quanto me pagaria por uma Cruz Militar? — perguntou o repórter.

— Sinto muito. Não trabalhamos com isso.

O repórter saiu pela Queen Street e entrou no primeiro brechó que encontrou. Na vitrine, um cartaz dizia: "Compramos e Vendemos Tudo."

A porta aberta fez soar um sino. Uma mulher apareceu dos fundos da loja. No balcão tinha pilhas de campainhas quebradas, despertadores, ferramentas enferrujadas, velhas chaves de ferro, bonecas Kewpie, dados de jogador e um violão quebrado, entre outras coisas.

— O que procura? — disse a mulher.

— Vocês vendem medalhas? — perguntou o repórter.

— Não. Não temos essas coisas. O que quer fazer? Tem algo para vender?

— Sim — disse o repórter. — Quanto me pagaria por uma Cruz Militar?

— O que é isso? — perguntou a mulher, desconfiada, colocando as mãos sob o avental.

— É uma medalha — disse o repórter. — Uma cruz de prata.

— Prata de verdade?

— Acho que sim — disse o repórter.

— Não tem certeza? — disse a mulher. — Não está aí com você?

— Não — respondeu o repórter.

— Então volte com ela. Se for prata de verdade, pode ser que eu lhe faça uma boa oferta. — A mulher sorriu. — Diga uma coisa — ela falou —, não é uma daquelas medalhas de guerra, é?

— Mais ou menos — disse o repórter.

— Nem perca seu tempo, então. Essas coisas não valem nada!

Em seguida, o repórter visitou outros cinco brechós. Nenhum deles trabalhava com medalhas. Não havia procura.

Numa das lojas, o cartaz dizia: "Compramos e Vendemos Tudo de Valor. Pagamos os Preços Mais Altos."

— O que quer vender? — perguntou o homem barbado do outro lado do balcão.

— O senhor compra medalhas de guerra? — perguntou o repórter.

— Veja bem, talvez essas medalhas tenham algum valor na guerra. Não estou dizendo que não têm, entende? Mas para mim, negócios são negócios. Por que compraria algo que não consigo vender?

O comerciante estava sendo muito gentil e explicativo.

— Quanto me daria por este relógio? — perguntou o repórter.

O comerciante examinou-o atentamente, abriu-o e verificou o mecanismo. Virou-o em sua mão e ouviu o barulho.

— Tem um bom tique-taque — insinuou o repórter.

— Esse relógio aqui — disse o comerciante de barba farta, judiciosamente, colocando-o sobre o balcão. — Esse relógio aqui vale, talvez, uns sessenta centavos.

O repórter desceu pela York Street. Havia um brechó ao lado do outro. O repórter perguntou quanto lhe pagariam por seu casaco, recebeu outra oferta de setenta centavos pelo relógio e uma bela oferta de quarenta centavos por sua cigarreira. Mas ninguém estava interessado em comprar nem em vender medalhas.

— Todo dia aparece alguém querendo vender essas medalhas. Você é o primeiro em anos que aparece aqui querendo comprar uma — disse um vendedor.

Enfim, numa loja esquálida, o repórter encontrou algumas medalhas à venda. A responsável as trouxe da máquina registradora.

Ali estavam uma estrela de 1914-1915, uma medalha de serviços gerais e uma medalha da vitória. Todas as três pareciam novas e reluzentes nos estojos que as acomodavam. Todas tinham o mesmo nome e número. Pertenceram a um soldado da artilharia canadense.

O repórter as examinou.

— Quanto custam? — perguntou.

— Só vendo o conjunto — respondeu a mulher, defensivamente.

— E quanto quer pelas três?

— Três dólares.

O repórter continuou a examinar as medalhas. Elas representavam a honra e o reconhecimento que o rei dispensara a um determinado cidadão canadense. O nome deste canadense estava gravado na borda de cada medalha.

— Não se preocupe com os nomes, senhor — insistiu a mulher. — Eles saem com facilidade. São belas medalhas.

— Não estou certo que sejam o que estou procurando — disse o repórter.

— O senhor não vai se arrepender ao comprar essas medalhas, senhor — insistiu a mulher, manuseando-as. — O senhor não vai encontrar nada melhor.

— Não, acho que não são o que estou procurando — recusou o repórter.

— Bem, faça o senhor uma oferta por elas.

— Não.

— Faça uma oferta. Qualquer oferta.

— Hoje não.

— Faça qualquer tipo de oferta. São belas medalhas. Olhe para elas. O senhor pagaria um dólar por todas as três?

Do lado de fora da loja, o repórter olhou para a vitrine. Era possível vender um despertador quebrado. Mas não se conseguia vender uma Cruz Militar.

Você poderia passar à frente uma gaita de boca usada. Mas não havia mercado para uma Medalha de Conduta Distinta.

Era possível vender suas tornozeleiras militares. Mas não se encontrava um comprador para uma Estrela de 1914.

Assim, o valor da bravura permanece indeterminado.

NATAL NO TOPO DO MUNDO

The Toronto Star Weekly, 22 de dezembro de 1923

Quando ainda estava escuro, Ida, a pequena criada alemã, entrou e acendeu o fogo no grande forno de porcelana, e a lenha de pinheiro em chamas rugiu pelo cano da chaminé acima.

Do lado de fora da janela, o lago estava imóvel e cinzento, com as montanhas cobertas de neve se amontoando, serrilhadas, e bem longe o enorme pico do Dent du Midi começando a receber o primeiro contato da manhã.

Estava muito frio lá fora. O ar parecia vivo quando inspirei profundamente. Dava para engolir o ar como um copo de água fria.

Levantei o braço segurando uma bota e bati no teto.

— Ei, Chink. É Natal!

— Eba! — Ouvi a voz de Chink descendo do quartinho sob o telhado do chalé.

A Sra. Hemingway estava vestida num roupão quente de lã, com as meias de esquiar feitas de lã de cabra.

Chink bateu à porta.

— Feliz Natal, *mes enfants* — disse, sorrindo. Usava a indumentária matinal, constituída de um roupão grande de lã e meias grossas que faziam com que parecêssemos uma ordem monástica.

Na sala do café da manhã, ouvíamos o forno rugindo e crepitando. A Sra. Hemingway abriu a porta.

No forno alto e branco de porcelana estavam penduradas três meias de esquiar, cheias e inchadas de volumes estranhos. Ao pé do forno estava uma pilha de caixas. Dois pares novíssimos em folha de esquis estavam deitados ao lado do forno, longos demais para serem colocados de pé no chalé de pé-direito baixo.

Durante uma semana, cada um de nós vinha fazendo incursões misteriosas à cidade suíça próxima ao lago. Hadley e eu, Chink e eu, e Hadley e Chink, voltando depois do escurecer com caixas e pacotes esquisitos, que eram escondidos em diversas partes do chalé. Até que cada um precisou ir à cidade sozinho. Isso foi ontem. Depois, na noite passada, nos revezamos nas meias, todos prometendo não xeretar.

Chink passara todos seus natais desde 1914 no exército. Ele era nosso melhor amigo. Pela primeira vez em anos, parecia Natal para todos nós.

Tomamos o café da manhã à velha maneira das manhãs de Natal, apressados e agitados, esvaziamos as meias até o ratinho de chocolate na ponta e cada um empilhou suas coisas para um deleite futuro.

Depois do café, nos vestimos rapidamente e descemos pela estrada congelada em meio a toda a glória da reluzente manhã alpina branco-azulada. O trem estava prestes a partir. Chink e eu jogamos os esquis no vagão de carga e nós três subimos a bordo.

Toda a Suíça estava viajando. Grupos de esquiadores, homens, mulheres, meninos e meninas, tomando o trem montanha acima, com seus chapéus azuis apertados, todas as garotas com calças de hipismo e tornozeleiras militares, gritando e chamando uns aos outros. As plataformas estavam apinhadas de gente.

Todos viajam de terceira classe na Suíça e, num dia especial como o Natal, a terceira classe fica lotada e o excesso de pessoas é empurrado para os sacrossantos compartimentos de primeira classe em veludo vermelho. Sob gritos e aplausos, o trem avançava ao longo da montanha, subindo rumo ao topo do mundo.

Não há uma grande ceia de Natal ao meio-dia na Suíça. Todos estavam em meio ao ar da montanha, com o almoço na mochila e a perspectiva do jantar à noite.

Quando o trem chegou ao ponto mais alto da montanha, todos desceram, as pilhas de esquis foram descarregadas do vagão e transferidas para um vagão aberto enganchado num trenzinho trôpego que subia pela encosta da montanha por meio de rodas dentadas.

Lá do alto víamos o mundo inteiro, branco, reluzindo com os flocos de neve, e cordilheiras que se alastravam em todas as direções.

Era o topo de uma pista de trenó que serpenteava em curvas geladas até bem lá embaixo. Um trenó passou por nós, com todo o grupo se movendo em sincronia, e ao descer com a velocidade de um trem expresso rumo à primeira curva, o grupo todo gritou, "Gaaaar!" e o trenó deslizou em meio a uma nuvem de fumaça gelada, fazendo a curva, e mergulhando na pista glacial. Não importa o quão alto você esteja, nas montanhas há sempre uma ladeira para o alto.

Havia longas tiras de pele de foca amarradas aos nossos esquis, indo da ponta à base numa tira retilínea com as fibras do pelo voltadas para trás, de modo a se puxar pela frente em meio à neve ao subir um morro. Se seus esquis tivessem uma tendência de deslizar para trás, o movimento seria interrompido pela pele de foca. Seus pelos deslizariam suavemente para a frente, mantendo a velocidade ao fim de cada impulso.

Em pouco tempo, nós três estávamos no alto do ressalto da montanha que parecia o topo do mundo. Continuamos andando em fila indiana, deslizando suavemente em meio à neve numa longa subida em zigue-zague.

Passamos pelos últimos pinheiros e saímos num platô côncavo. Ali estava a primeira descida: um percurso de oitocentos metros. Na partida, os esquis pareciam sair do chão e descemos a ladeira a toda velocidade, feito pássaros.

Do outro lado da montanha nos deparamos de novo com mais subidas fortes. O sol estava quente e o suor brotava de nós enquanto subíamos. Não há lugar onde se fique mais bronzeado do que nas montanhas durante o inverno. Nem onde se sinta tanta fome. E tanta sede.

Finalmente chegamos ao lugar do almoço, um velho galpão de gado muito movimentado, onde o gado do fazendeiro repousa durante o verão, quando essa montanha está coberta de pastos verdejantes. Tudo parecia bastante íngreme aos nossos pés.

Naquela altura, a cerca de mil e novecentos metros, o ar é como vinho. Vestimos os suéteres que tínhamos levado na mochila, desembrulhamos o almoço e a garrafa de vinho branco e nos apoiamos nas mochilas, aproveitando para tomar um banho de sol. Na subida, usamos óculos escuros para nos proteger da luminosidade dos campos de neve, mas naquele momento retiramos as peças de lentes cor de âmbar e vislumbramos um mundo novo e brilhante.

— Estou sentindo muito calor — disse a Sra. Hemingway. Queimara o rosto na subida, até a última camada de sardas e bronzeado.

— Tem de passar fuligem no rosto — sugeriu Chink.

Mas não há um só registro de uma mulher que se mostrasse disposta a usar a recomendação daquele famoso alpinista contra a cegueira da neve e as queimaduras.

Logo após o almoço, enquanto a Sra. Hemingway tirava sua soneca diária e Chink e eu treinávamos viradas e paradas na rampa, o sol perdeu seu calor e era hora de começarmos a descer. Retiramos as peles de foca e enceramos nossos esquis.

Com um impulso longo, descendente, veloz e emocionante, partimos. Um percurso de dez quilômetros para baixo, cuja sensação não pode ser comparada a mais nada no mundo. Você não desce os dez quilômetros de uma só vez. Vai o mais rápido que achar possível, depois vai ainda mais rápido; em seguida, perde todas as esperanças e logo não sabe o que lhe aconteceu, mas a terra subia muitas e muitas vezes e você sentava e desamarrava os esquis e olhava ao redor. Geralmente os três se esparramavam juntos. Às vezes, não tinha ninguém à vista.

Mas não há para onde ir, a não ser para baixo. Para baixo, num impulso acelerado, veloz, flutuante e em mergulho, sobre lâminas, em meio à fumaça de neve.

Finalmente, chegamos à estrada no ressalto da montanha, onde a linha férrea de rodas dentadas parava de subir. Agora fazíamos todos parte de um fluxo contínuo de esquiadores. Todos os suíços também estavam descendo. Deslizando pela trilha num fluxo aparentemente infinito.

Era íngreme e escorregadio demais para parar. Não havia nada a fazer senão seguir caminho abaixo, estávamos tão indefesos como se estivéssemos num canal rumo ao moinho. Então descemos. A Sra. Hemingway estava sempre à frente, em algum lugar. Víamos sua boina azul vez ou outra, antes de escurecer. Descendo, descendo, descendo a trilha, enquanto o sol se punha, passando por chalés que eram uma explosão de luzes e alegria natalina em meio à escuridão.

A longa fila de esquiadores então entrou pelo bosque escuro, desviando para evitar um grupo num trenó que subia, passou por mais chalés, com suas janelas iluminadas pelas luzes das árvores de Natal. Enquanto passávamos por um em específico, sem olhar para nada além da trilha congelada e para a pessoa à frente, ouvimos um grito vindo de uma porta iluminada.

— Capitão! Capitão! Pare aqui!

Era o proprietário germano-suíço do nosso chalé. Estávamos passando por ele no escuro.

À nossa frente, esparramada na curva, encontramos a Sra. Hemingway e paramos deslizando, soltamos os esquis e nós três subimos o morro na direção das luzes do chalé. As luzes transbordavam de alegria ao contrastar com os pinheiros escuros do morro, e lá dentro encontramos uma enorme árvore de Natal e uma verdadeira ceia de Natal, a prataria reluzindo sobre a mesa, os cálices longos e de hastes finas, as garrafas de gargalo estreito, um grande, escuro e belo peru, os acompanhamentos todos presentes e Ida a servir com seu novo e aprumado avental.

Era o tipo de Natal que só poderia ser celebrado no topo do mundo.

UM NATAL NO NORTE DA ITÁLIA

Milão, a cidade ao norte, alastrava-se, velha e nova, amarela e marrom, totalmente congelada com o frio de dezembro.

Raposas, cervos, faisões e coelhos pendurados na vitrine do açougue. Tropas congeladas vagando pelas ruas, vindas dos trens de licença de Natal. O mundo inteiro bebendo ponches de rum quente nos cafés.

Oficiais de todas as nacionalidades, patentes e graus de sobriedade lotavam o café Cova, do outro lado do Teatro alla Scala, com o desejo de passar o Natal em casa.

Um jovem tenente de Arditi conta-me como é o Natal nos Abruzos, "onde caçam ursos, homens são homens e mulheres são mulheres".

A chegada de Chink com as boas novas.

As boas novas eram que na Via Manzoni havia um bazar de artigos natalinos organizado pelas jovens e belas de Milão, em benefício de algumas instituições de caridade.

Recrutamos uma patrulha de combate o mais rápido possível, eliminando os italianos, os embriagados e todas as patentes acima de major.

Fomos à loja que vendia visco. As jovens beldades podiam ser vistas com clareza pela vitrine. Há um enorme arranjo de visco pendurado do lado de fora. Entramos todos. Vendas prodigiosas de visco são efetuadas. Observamos a posição. Saímos, carregando uma grande quantidade de visco, que dávamos de presente a diaristas, pedintes, policiais, políticos e taxistas.

Novamente, entramos no bazar. Compramos mais visco. É um grande dia para fazer caridade. Saímos, carregando uma quantidade ainda maior de visco e o damos aos jornalistas, balconistas de bar, garis e condutores de bonde que passavam por ali.

Mais uma vez, vamos à loja. Neste ponto, as jovens beldades de Milão se mostram interessadas. Insistimos para comprar o grande arranjo do lado de fora da loja, cuja construção antes tinha sido um banco. Pagamos uma bela quantia pelo arranjo e, em seguida, em plena vista de quem estava na loja, insistimos em presenteá-lo a um senhor, vestido em trajes muitos formais, que passava pela Via Manzoni, de cartola e bengala.

O senhor muito formal recusou o presente. Insistimos para que aceitasse. Ele declina. É uma honra grande demais para ele. Argumentamos que é uma questão de honra para nós que ele aceite. É uma pequena tradição de Natal canadense. O cavalheiro hesita.

Chamamos um táxi para o cavalheiro, tudo isso bem em frente à vitrine da loja, e o ajudamos a entrar e acomodar a enorme árvore de visco a seu lado, sobre o banco.

Ele parte, agradecendo muito e com certo embaraço. Muitas pessoas param para olhar para ele.

A essa altura, as jovens beldades de Milão dentro da loja estão intrigadas.

Reentramos na loja e explicamos que no Canadá existe certo costume ligado ao visco.

As jovens beldades nos levam aos fundos e nos apresentam às damas de companhia. São senhoras muito respeitáveis, a Contessa de Isso, corpulenta e jovial, a principesca de Aquilo, magra, esbelta e aristocrática. Somos levados para fora do ambiente e informados, por meio de sussurros, que as damas de companhia sairão para tomar chá dentro de meia hora.

Saímos, carregados de visco, que demos de presente, de maneira formal, ao chefe dos garçons do restaurante Grand d'Itália. O garçom fica emocionado com o costume canadense e retribui de maneira apropriada.

Mascando cravos-da-índia, nos dirigimos à loja que vendia visco. Debaixo da pequena quantidade remanescente de visco, fazemos uma demonstração do sagrado costume canadense. No fim, as damas de companhia acabam voltando. Somos avisados por meio de um assovio vindo da rua.

Assim, a verdadeira utilidade do visco foi introduzida ao norte da Itália.

NATAL EM PARIS

Paris com neve. Paris com os grandes braseiros de carvão do lado de fora dos cafés, brilhando, vermelhos. Nas mesas dos cafés, os homens se amontoavam, com a gola do casaco levantada, enquanto passam os dedos em seus copos de *grog Americain* e um menino anuncia os jornais da noite.

Os ônibus roncam como monstros verdes em meio à neve, que se assenta na escuridão. As paredes brancas das casas se erguem da neve escura. Não há lugar onde a neve é mais bela do que na cidade. É maravilhoso estar em Paris, numa ponte sobre o Sena, olhando através da fina cortina de neve além do bloco maciço e cinzento do Louvre, subindo o rio cortado por muitas pontes e margeado pelas casas cinzas da velha Paris em direção do lugar onde Notre-Dame fica nessa escuridão.

É muito belo em Paris e muito solitário no Natal.

Saindo do Quai, o jovem e sua namorada sobem a Rue Bonaparte à sombra das enormes casas e entram na iluminada Rue Jacob. No restaurantezinho do segundo andar, O Autêntico Restaurante da Terceira República, que tem dois ambientes, quatro mesinhas e um gato, uma ceia especial de Natal está sendo servida.

— Não parece Natal — diz a garota.

— Sinto falta dos *cranberries* — diz o rapaz.

Os dois atacam a ceia especial de Natal. O peru fora cortado seguindo uma forma geométrica peculiar, que parece ser composta de um pouco de carne, bastante cartilagem e um grande pedaço de osso.

— Lembra do peru de casa? — pergunta a garota.

— Nem me fale — responde o jovem.

Eles atacam as batatas, fritas e gordurentas.

— O que você acha que estão fazendo em casa? — indaga a garota.

— Não sei — responde o rapaz. — Acha que um dia voltaremos?

— Não sei — responde a garota. — Acha que um dia seremos artistas de sucesso?

O proprietário entrou com a sobremesa e uma garrafinha de vinho tinto.

— Esqueci do vinho — disse ele, em francês.

A garota começou a chorar.

— Não sabia que Paris era assim — disse ela. — Pensei que fosse um lugar alegre, cheio de luz, belo.

O rapaz a abraçou. Pelo menos aquilo era algo que podia ser feito num restaurante parisiense.

— Não se preocupe, querida — disse ele. — Só estamos aqui há três dias. Paris vai ser diferente. Espere só.

Comeram a sobremesa e nenhum mencionou o fato de que estava levemente queimada. Pagaram a conta, desceram as escadas e ganharam a rua. A neve ainda caía. E eles seguiram pelas ruas da velha Paris, que testemunhara o espreitar dos lobos e a caça dos homens e as casas enormes e antigas que viam tudo de cima para baixo e se mostravam frias e inabaladas pelo Natal.

O rapaz e a garota estavam com saudades de casa. Era o primeiro Natal dos dois longe de sua terra. Não dá para saber o que é o Natal até desperdiçá-lo em alguma terra estrangeira.

CONRAD, OTIMISTA E MORALISTA

Transatlantic Review, outubro de 1924

O que se pode escrever sobre ele, agora que está morto?

Os críticos mergulharão em seus vocabulários e surgirão com artigos sobre a morte de Conrad. Estão fazendo isto nesse exato momento, como cães-da-pradaria.

Não será um trabalho difícil para quem escreve os editoriais: Morte de John L. Sullivan, Morte de Roosevelt, Morte do Major Whittlesey, Morte do Filho do Presidente Coolidge, Morte de um Honrado Cidadão, Falecimento de Pioneiro, Morte do Presidente Wilson, Falece Grande Romancista. É tudo o mesmo.

Os admiradores de Joseph Conrad, cuja morte repentina é motivo para tristeza de todos, normalmente lembram dele como um artista de primeira grandeza, um notável contador de histórias e um homem de estilo. Mas o Sr. Conrad era também um verdadeiro pensador e um filósofo visionário. Em seus romances, assim como em seus ensaios etc.

Será assim. Em todo o país.

E o que se pode dizer sobre ele, agora que está morto?

Entre os meus amigos, é de bom-tom rebaixá-lo. É até necessário. Quando se faz parte de um mundo de políticas literárias onde uma opinião equivocada muitas vezes se prova fatal, é preciso escrever com atenção. Lembrei-me de como me fizeram sentir o quanto é fácil ser desligado do grupo e o breve período em Coventry que se seguiu às minhas observações sobre George Antheil, fazendo com que eu não brincasse ao tratar de Stravinski. Desde então, tenho sido mais cuidadoso.

A maior parte das pessoas que conheço concorda que Conrad é um escritor ruim, assim como é consenso que T. S. Eliot seja um bom escritor. Se soubesse que ralar o Sr. Eliot num pó bem fino e jogar esse pó sobre o túmulo do Sr. Conrad faria o Sr. Conrad reaparecer de repente, com ar um tanto aborrecido pelo retorno forçado, e começar a escrever, eu partiria rumo a Londres amanhã cedo com um moedor de salsichas.

Não se deve fazer piadas diante da morte de um grande homem, mas é impossível juntar com seriedade T. S. Eliot e Joseph Conrad numa mesma frase, assim como não podemos ver, por exemplo, André Germain e Manuel Garcia (Maera) descendo a rua juntos e conter o riso.

O segundo livro de Conrad que li foi *Lorde Jim*. Não consegui terminá-lo. Logo, isto é tudo que me restou dele. Pois não conseguiria reler seus livros. Talvez seja isso que meus amigos queiram dizer quando afirmam que ele é um mau escritor. Mas de nenhuma outra coisa que li obtive o que cada um dos livros de Conrad me deu.

Sabendo que não conseguiria relê-los, guardei quatro que não leria até que precisasse muito deles, quando o desgosto com a escrita, com os escritores e tudo o que foi escrito sobre e para escrever fossem demais para mim. Dois meses em Toronto fizeram terminar os quatro livros. Um após o outro, fui pedindo emprestado a uma garota que tinha todos seus livros na prateleira, em capa de couro azul, mas que jamais os lera. Sejamos precisos. Ela tinha lido *A flecha de ouro* e *Vitória*.

Em Sudbury, Ontário, comprei três números atrasados da Pictorial Review e li *O andarilho*, sentado em minha cama no Nickle Range Hotel. Quando a manhã se fez presente, tinha usado todo meu Conrad, feito um bêbado. Esperava que fosse durar por toda a viagem e me senti como um jovem que torrou seu patrimônio. Mas, pensava eu, ele escreverá outras estórias. Tem tempo de sobra.

Quando li as críticas, todas concordavam que *O andarilho* era uma história ruim.

E agora ele está morto e peço a Deus que tivessem levado embora um grande e renomado técnico de valor literário e o deixassem vivo para escrever suas histórias ruins.

II

ESQUIRE, 1933-1936

MARLIM AO LARGO DE EL MORRO: UMA CARTA CUBANA

Esquire, outono de 1933

Os quartos de esquina noroeste do Ambos Mundos Hotel em Havana dão, ao norte, para a velha catedral, a entrada do porto e o mar; e, ao leste, para a península de Casablanca, os telhados de todas as casas até lá e a amplidão do porto. Se você dormir com os pés voltados para o leste, isso poderá ser contra os preceitos de certas religiões, o sol, levantando-se do lado de Casablanca e seus raios entrando pela janela aberta brilharão em seu rosto e você acordará, não importa onde tenha estado na noite anterior. Se você não escolher acordar, poderá virar-se na cama e rolar para o outro lado. Isso não o ajudará por muito tempo, porque o sol vai ficar mais forte e a única coisa a fazer será fechar a veneziana.

Levantando-se para fechar a veneziana, você olha para além do porto para a bandeira na fortaleza e a vê estendida na sua direção. Você olha pela janela norte para além de El Morro e vê que o resplendor matinal está ondulado e sabe que o vento alísio está chegando cedo. Você toma uma chuveirada, coloca as velhas calças cáqui e uma camisa, pega o par de mocassins que está seco, coloca o outro par na janela a fim que seque para a noite, vai até o elevador, desce, pega um jornal na recepção, caminha até o café da esquina e toma o café da manhã.

Existem duas escolas opostas em relação ao desjejum. Se você não soubesse ia ficar pescando nas próximas duas ou três horas, um bom e farto café da manhã seria a pedida. Talvez seja uma boa ideia, mas não confio muito nisso, por isso bebo um copo de água Vichy, um copo de leite frio e como um pedaço de pão cubano, leio os jornais e vou para o barco. Já os fisguei de estômago cheio naquele sol e não quero mais fisgá-los assim.

Temos uma geladeira na popa do barco, com as iscas arrumadas de um lado e a cerveja e as frutas do outro. A melhor isca para um marlim é a cavala fresca pesando entre quatrocentos gramas e um quilo. A melhor cerveja é a Hatuey, as melhores frutas da estação são a manga filipina, o abacaxi gelado e os abacates para almoço com um sanduíche, temperando--as com pimenta e sal e um limão fresco espremido. Quando ancoramos na praia, nadamos e fazemos um almoço quente nos dias em que os peixes não aparecem, podemos fazer um molho francês para os abacates, acrescentando um pouco de mostarda. Você consegue abacates bonitos e enormes para alimentar cinco pessoas por quinze centavos de dólar.

O barco é o *Anita*, dez metros de comprimento, muito seguro no mar, com bastante velocidade para estes peixes, o dono e comandante é o capitão Joe Russell de Key West, que trouxe o primeiro carregamento de bebida que já veio daquele lugar para Cuba e que conhece mais sobre peixe-espada do que a maioria dos moradores de Key West conhecem sobre roncadores. O outro homem a bordo é o melhor homem de marlim e peixe-espada em Cuba, Carlos Gutierrez, de Zapata, 31 anos, Havana, de 54 anos, que é capitão de um barco de pesca no inverno e pesca marlim comercialmente no verão. Eu o conheci há seis anos em Dry Tortugas e foi através dele que ouvi pela primeira vez sobre os grandes marlins que saem de Cuba. Ele é capaz de, literalmente, pegar no braço um golfinho pela cabeça e estudou os hábitos dos marlins desde que começou a pescá-los com o pai, ainda garoto, aos doze anos.

Quando o barco deixa a doca de São Francisco, vemos camarupins rolando nos molhes. Saindo do porto, você vê mais deles aglomerando-se em volta das barcas de peixe vivo, encostadas na fileira de barcos de pesca de mastro. Além de El Morro, na entrada do porto, existe um belo fundo de coral a cerca de 36 metros de profundidade e você passa por muitos pequenos barcos pescando, na profundidade, peixe-carneiro e vermelhos e arriscando pegar cavala e peixe-rei. Do lado de fora, a brisa refresca e há pequenos barcos dos pescadores de marlins espalhados até o fim da linha do horizonte. Pescam com quatro a seis linhas de mão entre 70 e 120 metros de profundidade em busca dos peixes que singram nas profundezas. Nós pescamos com carretilha aqueles que estão na superfície ou se deslocam a 27 ou 36 metros de profundidade. Eles vêm os dois grandes quitutes ou iscas e sobem com um estrondo, geralmente com cabeça e o dorso para fora da água no seu empuxo.

Os marlins viajam do leste para o oeste contra a corrente do golfo. Ninguém jamais os viu seguindo na outra direção, embora a corrente do golfo não seja tão estável; às vezes, pouco antes da lua nova, é um tanto moderada, e outras vezes, corre forte para oeste. Mas o vento predominante é o alísio do nordeste, e quando sopra os marlins vêm à tona e navegam com o vento, a cauda em foice de um leve lavanda com tom de aço, cortando as vagas ao se projetar e submergir; o peixe grande, de aparência amarela na água, nadando sessenta ou noventa centímetros sob a superfície, as imensas barbatanas peitorais bem coladas aos flancos, a nadadeira dorsal para baixo, o peixe parecendo uma tora redonda e rápida deslocando-se pela água, com exceção da curva ereta daquela cauda cortante.

Quanto mais forte a corrente se move para o leste, mais marlins aparecem; viajando ao longo da borda turbilhonante da corrente escura à distância de quatrocentos metros a seis quilômetros da costa; tudo indo na mesma direção, feito carros numa rodovia. Lutamos com um peixe, em dias que corriam bem, e vimos seis outros passarem perto do barco no espaço de meia hora.

Uma indicação de sua abundância, o relatório oficial dos mercados de Havana de meados de março até 18 de julho deste ano mostrava que onze mil marlins pequenos e cento e cinquenta marlins grandes foram trazidos ao mercado pelos pescadores comerciais de Santa Cruz del Norte, Jaruco, Guanabo, Cojimar, Havana, Chorrera, Marianao, Jaimanitas, Baracoa, Banes, Mariel e Cabañas. Marlins são apanhados em Matanzas e Cardenas no leste e em Bahai Honda a oeste das cidades mencionadas, mas aqueles peixes não são transportados até Havana. Os peixes grandes só estavam rolando duas semanas quando esse relatório foi compilado.

Pescando com vara e carretilha de meados de abril até 18 de julho dessa temporada, nós pegamos cinquenta e dois marlins e dois agulhões--bandeira. O maior marlim-preto pesava 212 quilos e media 3,90 metros. O maior marlim-listrado pesava 150 quilos e media 3,20 metros. O maior marlim-branco pesava 40 quilos e media 2,30 metros.

O primeiro a aparecer é o marlim-branco, em abril e maio, depois vem o marlim-listrado, com faixas brilhantes que se desbotam depois que o peixe morre. Eles são mais abundantes em maio e vão até junho. Então surgem os marlins-pretos e listrados juntos. A maior corrida de marlim-listrado é em julho e ao escassear aparecem os marlins-pretos bem grandes, até setembro e mesmo depois. Pouco antes de iniciar a corrida dos marlins-listrados, os marlins menores desaparecem completamente e, excetuando um cardume ocasional de atuns pequenos e de bonitos, parece que a corrente do golfo fica vazia. Existem tantas outras variações de cor nestes marlins, algumas causadas pela alimentação, outras pela idade, pela profundeza da água, que qualquer pessoa buscando notoriedade ao nomear novas espécies teria muito o que fazer na costa norte de Cuba. Para mim eles todos são variações cromáticas e sexuais do mesmo peixe. É uma teoria complicada demais para expor numa carta.

O marlim ataca a isca de quatro modos diferentes. Primeiro, com fome, depois com raiva, então apenas de um modo brincalhão, e, por fim, com indiferença. Qualquer um é capaz de fisgar um peixe faminto se lhe der linha suficiente, não repuxar com muita força e segurar o anzol com firmeza. O que acontece então é algo diferente. O principal é afrouxar a linha rapidamente quando ele começar a saltar e a correr e manter o barco atrás dele enquanto ele parte para o mar. O marlim faminto ataca a isca com a boca, o dorso, barbatana dorsal e cauda fora da água. Se ele comer uma isca, volta e ataca a seguinte. Ainda que você arranque a isca de sua boca, ele volta atrás dela enquanto houver isca no anzol.

O peixe zangado nos intriga há muito tempo. Ele vem lá do fundo e golpeia a isca como uma bomba explodindo na água. Mas, ao afrouxar a linha, ele larga a isca. Acelerando o barco e fazendo a isca correr, ele a golpeia de novo, sem a morder. Não há nenhum jeito de fisgar um peixe que age assim a não ser puxando com força quando ele ataca a isca. Mantenha a linha firme, acelere o barco e puxe com força o anzol. Ele golpeia a isca para matá-la enquanto achar que ela está viva.

O marlim brincalhão, provavelmente bem alimentado, vem atrás da isca com a barbatana empinada, bota a boca para fora da água e belisca a isca com delicadeza usando o bico e a mandíbula inferior saliente. Quando

ESQUIRE, 1933-1936

você afrouxa a linha, ele solta a isca. Estou falando de isca perfeitamente fresca apanhada naquele mesmo dia; se a isca fosse passada, seria de esperar que todos eles a refugassem depois de prová-la. Esse tipo de peixe pode ser apanhado acelerando o barco e mantendo a isca por cima da linha da água com a vara. Se ele a morder, não lhe dê muita linha antes de fisgá-lo.

O peixe indiferente seguirá o barco por cinco ou seis quilômetros. Dá uma olhada nas iscas, afasta-se, volta para nadar fundo abaixo delas, indiferente, mas curioso. Se um peixe destes nadar com as barbatanas peitorais bem coladas ao corpo, ele não vai morder. Está nadando e você está em sua rota. Apenas isso. No minuto em que um marlim vê uma isca, se decide atacar, ergue imediatamente suas barbatanas dorsais e abre bem suas amplas barbatanas peitorais de um azul brilhante que o fazem parecer um grande pássaro submarino em evolução.

O marlim-preto é um peixe burro. Tem uma força imensa, salta admiravelmente e quebrará suas costas se conseguir mergulhar, mas não tem a resistência do marlim-listrado, nem a sua inteligência. Acho que são principalmente peixes velhos, fêmeas, que já perderam o vigor e é a idade que lhes dá aquela coloração preta. Quando jovens são muito mais azuis e a carne, também, é mais branca. Se você lhes proporcionar um combate rápido, nunca cedendo, nunca descansando, pode matá-los mais rapidamente do que jamais poderia matar um marlim-listrado do mesmo tamanho. Sua grande força os torna muito perigosos nos primeiros quarenta minutos. Eu digo perigosos no embate com o anzol; nenhum peixe apresenta perigo para um homem numa lancha. Mas se você for capaz de aguentar o esforço deles naquele período de tempo e continuar minando suas resistências, eles se cansarão muito mais rápido do que qualquer marlim-listrado. O de 212 quilos que pegamos foi fisgado no céu da boca, de modo algum se enredou na linha, deu oito saltos totalmente claros, rebocou o barco pela popa quando ficou bem preso, mas foi arpoado acima da água, barbatanas e cauda fora do mar, em sessenta e cinco minutos. Mas se eu não tivesse perdido um marlim-listrado muito maior no dia anterior depois de duas horas e vinte minutos, e brigado com um marlim-preto no dia anterior por quarenta e cinco minutos, eu não estaria em forma para enfrentá-lo com tanta resistência.

Pescando numa corrente de oito quilômetros por hora na qual um peixe fisgado vai sempre nadar contra a corrente e onde a água tem a profundidade de 700 a 1.200 metros, temos muito a aprender sobre a tática no combate a peixes grandes. Mas um mito que pode ser dissipado é aquele antigo de que a pressão da água a trezentos metros de profundidade vai matar o peixe. Um marlim só morre no fundo se foi fisgado na barriga. Estes peixes estão acostumados às profundezas. Alimentam-se frequentemente ali. Não têm a constituição daqueles peixes das profundezas que vivem sempre à mesma profundidade, mas são equipados para poderem subir e descer a qualquer profundidade. Já vi um marlim mergulhar quatrocentos metros na vertical, toda a vara na água ao lado do casco dobrando àquele peso que descia, descia e descia, vendo a linha correr, pondo toda a pressão possível na carretilha para impedi-lo, e ele descendo e descendo até que você tem a certeza de que cada centímetro da linha vai embora. Subitamente, ele para de mergulhar e você se endireita, fica de pé, enfia o cabo da vara no soquete e começa a içá-lo lentamente, e então você tem quase toda a linha de volta na carretilha e acha que chegou a hora de trazê-lo à tona e arpoá-lo quando a linha começa a correr para fora enquanto ele se eleva e parte para o mar pouco abaixo da superfície para dar dez saltos, longos e claros. Isso depois de uma hora e meia de luta. O peixão de 212 quilos saltou 44 vezes.

Você pode pescá-los em Cuba de abril até o fim do verão. Os grandes serão acidentais até meados de junho e só vimos quatro espadartes a temporada inteira. Mas em julho e agosto existe uma boa chance de, qualquer dia que vá ao mar, você voltar com um peixe com mais de 130 quilos. E mais quer dizer, às vezes, muito mais. O maior marlim já trazido ao mercado por pescadores comerciais pesava 532 quilos com a cabeça cortada, eviscerado, com a cauda cortada e as barbatanas também; 532 quilos sobre a lousa, nada além da carne rentável pronta para ser cortada em postas. Muito bem. O que acham? Agora me digam: quanto ele pesava na água e qual era o seu aspecto quando dava um daqueles saltos?

O AMIGO DA ESPANHA: UMA CARTA ESPANHOLA

Esquire, janeiro de 1934

Dois dias atrás, enquanto olhava por uma janela aberta os lagostins vermelhos de água doce, os camarões grandes, as tigelas de salada russa, os mexilhões, os presuntos e salsichões, as fieiras de perdizes vermelhas prontas para a grelha em exibição na vitrine do bar e restaurante de três andares e, digamos, ponto de encontro que os ex-garçons da velha Casa Moran abriram na Calle Arlaban em Madri, o escritor desta carta viu um velho amigo de pé junto ao bar e foi cumprimentá-lo.

Para conseguir isso foi preciso desvencilhar-se de um mendigo sem mãos que exibia, sorridente, os cotocos em competição com as opções de pratos que a vitrine mostrava, enquanto mantinha o bolso aberto com o cotovelo; uma cigana que cutucava as costas do escritor enquanto amamentava seu bebê e lhe implorava que fosse um bom camarada e comprasse alguma comida sólida para o pequenino; dois vendedores ambulantes de gravatas que insistiam que jogasse fora sua gravata velha e colocasse algo mais digno no seu pescoço; um vendedor de canetas vagabundas; um caricaturista que disse que era válido mandarem as caricaturas para o inferno, mas que nunca conhecera a prosperidade, menos ainda a felicidade, *ele* precisava desenhar caricaturas para viver; e um velho, com pouco mais de um metro e meio, um rosto reluzente avermelhado e um bigode branco e comprido, que abraçou o escritor e disse, com a voz pastosa, que era seu camarada.

Entrando no bar e iniciando a conversa, achei algo estranho no comportamento do meu velho amigo. Quando antigamente e em vários lugares ele havia tentado me dissuadir de beber esse tipo particular de álcool, agora ele insistia para que eu tomasse um absinto. Apenas um. Por que não tomar um só?

Não, eu lhe disse com alguma dignidade. Eu não estava mais nessa.

E como vai nosso amigo mútuo fulano, me perguntou, mencionando alguém a respeito do qual nunca chegáramos a um acordo. Ele sempre sustentara que esse sujeito era um charlatão e um corrupto, enquanto eu o tinha em conta de um camarada realmente nobre dotado de honra.

Ele é correto.

É um bom homem, disse meu velho amigo espanhol. Um bom homem com grande inquietação espiritual.

A esta altura eu sabia que havia algo terrivelmente errado e achei que talvez meu amigo fosse ter um encontro com alguém naquele bar que ele preferia que eu não presenciasse; então eu disse que precisava ir embora. Eu queria pagar uma rodada, mas parecia que tudo já fora pago não só por meu velho amigo, mas por um novo amigo de ar um tanto abatido com a cicatriz de uma cornada no pescoço e cujo nome não ouvi direito.

Depois de três rodadas numa atmosfera constrangida de estima e apreciação mútuas, durante a qual marcamos vários encontros sem na verdade definir uma data, eu saí, muito intrigado. Conseguira finalmente pagar uma rodada e esperava que as coisas pudessem voltar à normalidade.

No dia seguinte descobri do que se tratava. Estava no jornal de domingo. Meu amigo tinha escrito um artigo intitulado "Senhor Hemingway, Amigo da Espanha". Ora, quando você é intitulado Amigo da França, geralmente significa que você morreu; os franceses não se comprometeriam a tal extremo se você estivesse vivo e se tivesse ou gasto muito dinheiro pela França, obtido tanto dinheiro para a França, ou simplesmente puxado o saco de certas pessoas tempo suficiente para ganhar a *Légion d'Honneur*. No último caso, eles o chamam Amigo da França numa tipologia muito menor.

Um Amigo da Rússia Soviética é muito diferente. Costuma se referir a uma pessoa que está recebendo, ou espera receber, algo considerável da Rússia Soviética. Pode ser simplesmente aquele que espera conseguir muito em, ou para, seu país pela implantação do sistema da Rússia Soviética. Mas não é nada como um Amigo da França. Um Amigo da França é alguém que deu o melhor de si; ou quase o melhor que pudesse ser persuadido a dar. Certa vez nos dissera, ou nos contaram, que todo homem tem dois países; o seu país e a França. Isso podia ser corrigido agora para: todo homem tem três países — o seu país, a França e o asilo dos pobres.

Agora, eu não sei o que constitui um Amigo da Espanha, mas, quando o chamam assim, é hora de ir embora. A Espanha é um país grande habitado por políticos demais para que qualquer um seja amigo de todos sem impunidade. O espetáculo do seu governo atualmente é mais cômico do que trágico; mas a tragédia está muito próxima.

O país parece muito próspero. Muito dinheiro está sendo gasto. Pessoas que nunca viajaram antes estão viajando; pessoas que antes não podiam pagar pelas touradas agora vão ao espetáculo; e muitas pessoas que nunca tomaram um banho de mar antes, agora vão. Uma boa quantidade de dinheiro está entrando de impostos que o estabelecimento real nunca recebeu, mas agora o dinheiro vai para os inúmeros funcionários da república. Estes se espalham por todo o país enquanto os camponeses continuam tão mal como sempre, a classe média paga mais impostos do que nunca e os ricos certamente serão varridos, embora ainda não haja sinal disso; uma grande nova burocracia está ganhando mais dinheiro do que nunca e desfrutando muito conforto, muitas férias e considerável estilo. A política ainda é uma profissão lucrativa e aqueles nas facções da oposição prometem pagar suas dívidas assim que chegar a sua vez no poder. De modo que um bom homem de negócios votaria num homem na chefia do governo para que ele possa pagar suas despesas de vinho.

Em Santander, uma das cidades menos atraentes da Espanha, poeirenta, abarrotada, com uma arquitetura basca bastarda que se alterna com o melhor da escola tardia de Brighton, mas popularizada como uma estância de águas porque o rei vai lá no verão, por ser considerada mais segura do que San Sebastian, não havia um quarto para passar a noite em qualquer tipo de hotel.

San Sebastian, um dos locais mais agradáveis da Europa, estava lotado, mas com pessoas muito diferentes. A multidão de Santander acorrera lá porque o Rei estava lá. Iam à praia porque, agora, tinham dinheiro para isso. Não pareciam saber se estavam se divertindo ou não. Mas tinham ido à praia. As pessoas em San Sebastian sabiam por que tinham ido lá e estavam se divertindo muito.

As touradas, é claro, não vão bem nos últimos duzentos anos e a primeira reportagem dominical que qualquer correspondente recém-chegado manda para seu jornal é sempre aquela sobre Touradas em Decadência enquanto o Futebol Arrebata a Espanha. Ela foi mandada pela primeira vez, eu acredito, por Washington Irving, que escrevia então para o *New York Sun* sob o pseudônimo de Irvin S. Washington. Era uma reportagem que eu gostaria de ter escrito, porque podia escrevê-la mais rápido do que a maioria das reportagens; mas ninguém jamais chegou a melhorar o despacho original de Irvin S. Washington.

Uma coisa triste aconteceu, no entanto, em relação a essa reportagem. Um correspondente do então *New York Times*, chegando a Madri, telegrafou sua reportagem em vez de mandá-la pelo correio. O *Times* o botou de castigo, eu creio, e recusou-se a admitir que recebera qualquer comunicação dele durante um período de alguns anos. Eu costumava encontrá-lo por aí e perguntava como as coisas estavam indo.

— Simplesmente não tenho notícias deles — dizia, desesperado.

— Escreve para eles? — perguntei.

— Sim — disse.

— Manda telegramas?

— Tão frequentemente quanto ouso.

— E manda cartas registradas?

— Não tinha pensado nisso — disse; um brilho aparecendo em seus olhos.

— Pois tente — insisti.

Depois eu prometi a ele que iria procurar o pessoal do *Times* se fosse a Nova York e veria se podia fazer algo por sua estranha causa. Mas quando cheguei a Nova York eles haviam se mudado. Tentei encontrá-los, mas não consegui. Anos depois, soube que o pobre coitado ainda estava em Madri.

As touradas, como de costume, vão mal.

Marcial Lelanda tem dois filhos, mais de um milhão de pesetas, um bom rancho de criação de touros; e uma firme e sã resolução de não correr mais riscos com animais de chifre. Sabe o suficiente para aparecer na arena com eles e despachá-los sem risco; mas não é divertido para os espectadores, também.

Domingo Ortega, fazendo quase cem lutas por ano durante duas temporadas, aprendeu, obviamente, a combater touros. Luta com cada um que entra na arena da exata mesma forma, punindo-os todos do mesmo jeito;

dominando-os; mostrando seu domínio ao acariciar o chifre; e matando-os rápida e ardilosamente. Basta vê-lo uma vez e você saberá como vai agir cem vezes.

É desesperadamente monótono e, no entanto, faz algo, isto é, domina todo touro que pisa na arena; enquanto o monte de opositores desprezíveis que geralmente angaria precisa de sorte para fazer qualquer coisa. Ele foi chifrado uma vez, em setembro, e com isso perdeu a oportunidade de bater o recorde de Belmonte de 112 touradas na temporada. Vai lutar cerca de noventa.

Armillita Chico, um jovem mexicano esbelto, moreno e sem queixo, com pernas que saem dos ombros, um punhado de dentes tortos, punhos maravilhosos e grande inteligência e conhecimento de touros, é muitas vezes superior como matador do que Ortega, mas é inibido por sua personalidade negativa na arena. Armillita arranca tudo de um touro que o animal tem a oferecer. Ortega faz o mesmo touro se conformar, e rapidamente, com suas próprias limitações. Mas o público fica maluco com o teatro de Ortega, suas atitudes, sua falsa tragédia; enquanto a inteligência fria de Armillita, sua perfeição clássica e sua habilidade superlativa que parece eliminar o perigo não ficam em suas memórias. Mas seu mérito está sendo reconhecido e ele vai fazer mais touradas na Espanha este ano do que qualquer outro mexicano já fez, excetuando o grande Gaona.

Victoriano de la Serna, depois de uma temporada ruim no ano passado e menos de vinte touradas, floresceu de novo nesta temporada como um fenômeno. Completou seus estudos de medicina e recebeu seu diploma, e seus inimigos alegam que seus arroubos de coragem extraordinária se originam numa seringa hipodérmica e, se ele não liga para uma luta, ele conhece o segredo de produzir uma febre alta e espumar pela boca. Isso não passa de escândalo.

É um caso estranho. Não é covarde, mas nas três vezes que o vi em setembro fez todas as coisas que um toureiro geralmente só faz quando é incapaz de se controlar por causa do medo. Ele lidou com os touros de maneira cínica, estava frio e despreocupado, para evitar o risco e deliberadamente insultar o público. Na arena ele sofre de uma presunção quase patológica.

Seu estilo com a capa é lento, delicado, mas, a meu ver, débil. Faz seus passes com a capa girando o corpo enquanto mantém os braços estendidos, em vez de manter o corpo imóvel e jogar os braços à frente do touro. É um jeito de usar a capa como se ela fosse a muleta e é uma forma de usar um dos truques de passe aperfeiçoados por Nicanor Villalta. Mas ele faz isso muito bem e com muita graça.

Com a muleta ele está mais ou menos à mercê do touro. Com um touro que ataca e volta a atacar numa linha reta, ele poderia fazer uma melhor faena do que qualquer um na arena atualmente. Ele é muito inteligente, mas não domina. É um toureiro débil, enigmático, interessante e demasiado irritante.

Por irritante eu quero dizer isso: em Salamanca, ele ganhava quatorze mil pesetas por luta. É o dobro da quantia que alguns dos outros matadores ganhavam. Pagavam-lhe isso porque ele era capaz de fazer o dobro dos outros se conseguisse um bom touro. Seu primeiro touro não era grande coisa, mas ele foi tão bem quanto podia e o público ficou do seu lado. Seu segundo touro foi perfeito pela muleta e La Serna fez quatro excelentes passes. Ao afastar-se do touro para despachá-lo olhando para o alto das arquibancadas, colocando a mão no peito num gesto orgulhoso para indicar "Olhem para mim. O grande Victoriano de la Serna!", um espectador, não impressionado, assobiou. La Serna olhou na direção do assobio, como que para dizer "Tudo bem. Vou lhe mostrar". E então, sem mais passes, nem faenas, nada fazendo do que fora pago para fazer, avançou sobre o touro e o apunhalou nos pulmões. O touro sufocou até morrer, vomitando seu sangue.

No dia seguinte o público o tratou muito severamente, mas aplaudiu o modesto bom trabalho que fez. La Serna deixou a arena embrulhado em sua capa sob os gracejos dos espectadores, então abaixou-se, tirou suas sapatilhas de toureiro e caminhou de meias até o seu automóvel. No carro, ele bateu as solas das sapatilhas uma na outra para tirar a poeira e então as colocou delicadamente no chão.

— Não quero sequer a poeira de Salamanca — disse.

Ora, esse gesto soberbo foi primeiro atribuído a Santa Teresa ao deixar Ávila após decepções por lá e, mais tarde, a vários toureiros ao deixarem o

México. Que Victoriano o empregasse, meramente porque havia enganado o público, mostrava que ele era um jovem com muita leitura. Mas isso não o tornou querido ao público de Salamanca, nem ao seu correspondente, que pagou seu dinheiro e viajou alguma distância para ver o jovem médico atuar.

Dos novos toureiros, o irmão mais moço de Gitanillo de Triano, que foi morto em Madri dois anos atrás, é um cigano de bela aparência com um estilo vistoso na capa e muleta. Mas sabe muito pouco sobre touros e já está tendo grande dificuldade em dominar seu medo. Fernando Dominguez é muito bom com a muleta, mas não tem personalidade e é um matador impiedoso. Maravilla está doente, chifrado a quase cada apresentação, e é apenas uma concha de si mesmo. Carrochano fez uma excelente luta em Madri e nada fez nas províncias. Chiquito de la Audiencia parece ter perdido a coragem.

O Messias anual apareceu na pessoa de Felix Colomo, um boleiro na cancha de pelota, que fez duas lutas sensacionais em Madri e foi gravemente ferido, fruto de uma cornada. Ao sair do hospital, toureou em Huesca e se saiu muito mal, mas em Gijon foi muito bem: e então voltou ao hospital com um ferimento terrível recebido em La Coruña. Seu empresário é Torquito, um ex-matador de Bilbao que provavelmente terá o bom senso de não o escalar para lutar de novo nessa temporada, por mais famintos que os dois estejam.

Florentino Ballestreros, filho do matador de mesmo nome morto na arena de Madri ao fim da guerra, parece um toureiro muito competente, artesanal, habilidoso, sem gênio, mas um excelente matador. Matou sete touros na arena de Vista Alegre, nos arredores de Madri, em sua apresentação de despedida antes de se tornar um matador profissional, e entediou o público com a monotonia de sua excelência.

Sem ter visto qualquer luta até o fim de agosto, não posso reportar como estiveram os touros no início e no meio da temporada, mas em Salamanca os touros eram uniformemente pobres, incolores, sem força, bravura e estilo. Estevan Gonzales mandou um lote esplêndido de touros para Madri, oriundos de Utrera, nos arredores de Sevilha, e Miura mandou uma novilhada no fim de setembro que era mais brava, robusta e bem armada do que todas as corridas que vimos até então.

O velho café Fornos acabou, foi demolido para dar lugar a um prédio de escritórios, e os antigos dependentes podem ser encontrados no Regina, no prédio vizinho. Tem um café novo chamado Aquarium que parece a última fase de Montparnasse, com a exceção de que está lotado. Lá no Manares, aonde costumávamos ir nadar e cozinhar *paellas* ao longo da Avenida del Pardo, eles condenaram o rio e construíram uma praia artificial com modernas instalações balneárias: areia de verdade, uma grande laguna e água muito fria e excepcionalmente clara. Havia uma porção de peixes pequenos nadando por ali; sempre um bom sinal num balneário, e não era na verdade um lugar ruim para nadar. Qualquer um capaz de atravessar o rio a nado e voltar, provavelmente duzentos metros, era encarado pelos que não sabiam nadar com uma admiração que costumávamos sentir por Ederle quando medíamos com o olhar o canal da Mancha desde o quebra-mar de Boulogne; e um nadador nativo saído das profundezas da laguna sem boia de braço era uma fonte de inquietação para os espíritos mais preocupados. Mas os madrilenhos, cujo único exercício costumava ser passear até o seu café predileto, estão todos aderindo aos esportes, aos piqueniques no campo e às caminhadas nas trilhas das Sierras. O formato característico do corpo das moças está se modificando. Elas parecem mais altas e menos rechonchudas. Exercício e o exemplo do cinema americano são possivelmente os responsáveis. E o que mais vocês querem saber?

Bem, temos um embaixador com o qual os espanhóis aprenderam que existem pelo menos dois tipos de jornalistas americanos que podem se tornar embaixadores. Sua experiência anterior fora com Alexander Moore*. Às vezes eu me pergunto, também, por que, além do desejo de honrá-lo, o presidente Roosevelt mandaria um jornalista tão capaz e um democrata tão convicto para tão longe do cenário das hostilidades. Talvez o Sr. Bowers** realmente quisesse ser embaixador. Nunca perguntei a ele.

---

* Alexander Pollock Moore (1867-1930): embaixador dos EUA na Espanha de 1923 a 1925. (*N. T.*)

** Claude Gernade Bowers (1878-1958), também jornalista, embaixador dos EUA na Espanha de 1933 a 1939. (*N. T.*)

UMA CARTA DE PARIS

Esquire, fevereiro de 1934

Nessa época no ano passado, nós viajámos de carro de Cooke City, Montana, voltando para casa, numa tempestade de neve. Os rapazes que tentaram matar Bull-Neck Moose-Face, o motorista de caminhão, porque teria golpeado uma senhora com um atiçador de lareira, ainda estavam na cadeia. As grandes trutas tinham se lançado rio abaixo nas águas profundas do canyon. Os veados desceram das montanhas para as pastagens de inverno às margens do rio e os alces tinham ido para o parque.

Cruzamos com dois outros grupos quando caçávamos carneiros selvagens em Pilot Creek e perdemos um tiro em dois grandes machos porque outros caçadores os assustaram. Achamos que a região estava ficando superlotada. No entanto, eu já havia percorrido os quarenta quilômetros de trilha do rancho até o acampamento em Timber Creek a cavalo sem ver vivalma.

A quarta vez, voltando pela estrada de Crandall, vi alguns caçadores acampados à beira do rio. Acenaram para mim e eu respondi ao aceno, mas era longe demais para reconhecê-los. Um pouco adiante na estrada vi um galo silvestre nuns salgueiros. Old Bess, a égua, também viu a ave e se pôs a tremer. Continuou tremendo e resfolegando pelas ventas enquanto eu apeei e, segurando as rédeas, atirei no galo. Se eu tivesse soltado as rédeas, ela teria deixado a região. Mas tudo o que fez a égua bem segura foi sacudir com ímpeto a cabeça quando a pistola detonou e então parou de tremer quando me viu colocar a arma no coldre. Coloquei o galo num alforje da sela e montei.

Seguimos caminho e então, trotando em nossa direção, bem ao lado da estrada num prado aberto, veio um alce. Era um macho com uma cabeça imponente e estacou no instante em que nos viu. Não estava a mais de trinta metros e seu pelo preto reluzia, parecia muito grande e eu podia ver sua barriga com toda a nitidez e seus chifres eram cor de nogueira escura. Parecia olhar para Bess e não para mim. Desmontei de mansinho e tirei o rifle do coldre da sela enquanto descia. Ficou parado ali olhando para nós, com Bess tremendo e resfolegando.

Estudei sua cabeça cuidadosamente. Era uma bela cabeça, mas não justificava matá-lo por causa dela. Tinha muita carne, mas ninguém comeria carne de alce quando havia a de cervo. Coloquei o rifle de volta no coldre da sela e voltei a montar a velha Bess. Esse tempo todo ele ficou ali olhando a égua.

— Deixa para lá — falei para Bess. — Acabou. Não vou matá-lo.

Deixou-nos acompanhá-lo de perto mais uns dez metros antes de virar e partir trotando na direção de um descampado. Eles têm movimentos graciosos quando trotam. Mais à frente na trilha, uns dois ou três quilômetros, encontrei dois caçadores. Eram Bill Sidley e Frank Colp. Frank vestia uma camisa de couro de gamo como um índio. Vinham perseguindo aquele alce o dia todo. Ele tinha viajado, disseram.

— Está ali adiante — falei. — Tentei mandá-lo na sua direção.

— Como é a cabeça dele?

— É uma bela cabeça. — E a descrevi para eles.

— Vem, vamos indo — disse Bill.

Cerca de seis quilômetros depois eu podia ver o rastro do velho alce aqui e ali na neve. Eles têm uma pegada parecida com um ás de copas. Vi quatorze cabeças de animais de caça naquele dia e, antes de voltar ao rancho, abati mais cinco galos silvestres com a pistola. Lá eu me aqueci, li a correspondência e tomei um *whiskey sour* antes do jantar. A noite estava fria, e o vento, cortante, e depois de um pequeno degelo naquele dia era possível ouvir os coiotes começando a uivar. Os rapazes chegaram depois. Não tinham pegado o alce. Ele saíra do bosque de novo para perto de onde os caçadores estavam acampados junto ao rio, e eles começaram a atirar nele mesmo estando fora de alcance, e o animal os contornou e seguiu para as terras mais baixas.

Era um belo rancho, no fim de outubro, e eu não queria sair de lá. A maioria da caça tinha saído de cena, mas era muito agradável e uma boa época do ano. Mas eu achava que tinha de partir. Então começamos a retirada e houve uma nevasca. Durou o tempo todo até o Nebraska, e existe uma técnica especial para dirigir numa nevasca que é necessário aprender. O problema é manter o limpa-para-brisa em movimento para que você possa enxergar. Você pode botar uma vela dentro de um copo e isso mantém o gelo derretido; por algum tempo. É uma técnica que eu não dominava. Bem, isso foi no ano passado.

Este ano, na mesma época, estamos em Paris e é um grande equívoco. Se vocês querem uma carta de Paris picante, cheia e detalhes e de piadas, vão ter de conseguir outro que a escreva. Tudo o que faço é sair e ficar deprimido e desejar que estivesse em outro lugar. São apenas três semanas, mas está tudo muito melancólico.

Este velho amigo se matou com um tiro. Aquele outro morreu de uma overdose disso ou daquilo. O outro velho amigo voltou para Nova York e pulou ou, na verdade, caiu de uma janela bem alta. Aquela outra velha amiga escreveu suas memórias. Todos os velhos amigos perderam o seu dinheiro. Todos os velhos amigos estão muito desanimados. Poucos dos velhos amigos estão com saúde. Quanto a mim, me sinto melhor lá no rancho, ou em Piggot, Arkansas, no outono, ou em Key West, e ainda muito melhor, digamos, em Dry Tortugas.

Os pintores são os mais deprimidos. Parece que as pessoas compram pinturas modernas nos tempos de prosperidade por esnobismo e como ações lucrativas. Em tempos de crise elas não as compram de modo algum. Um marchand disse que não tinha vendido um quadro sequer de um pintor tido como muito bem-sucedido e que estava sob contrato para entregar todos os seus trabalhos para aquele marchand desde 1929.

Montparnasse foi descoberta pela burguesia respeitável francesa, assim como Montmartre o fora antes. Por isso os cafés fazem um bom negócio. Os únicos estrangeiros que você vê são alemães. O Dôme está abarrotado de refugiados do terror nazista e de nazistas que espionam estes refugiados.

Houve uma grande exposição retrospectiva de Renoir. Saí dela com a impressão de ter visto um excesso de obras de Renoir. Nunca existe a possibilidade de excesso de Cezannes ou de Van Goghs, mas acredito que havia Renoirs demais antes que o velho morresse, todos muito bons, mas em excesso.

A comida é boa como sempre e muito cara. Como não conseguiam vender, os negociantes de vinhos não têm engarrafado muito champanhe nestes últimos anos e ainda existe champanhe do bom, vinho de champanhe natural ao qual nada foi acrescentado e que não foi processado no engarrafamento para borbulhar, tirado diretamente do barril no Café Regence a nove francos uma jarra de madeira. Este é o café no qual Napoleão jogava xadrez quando era o primeiro cônsul. Existe ainda a mesa em que ele jogava no café. Por algum tempo, durante a fase de prosperidade, o Regence não incentivava os jogadores de xadrez porque não eram grandes consumidores. Mas ficam felizes ao vê-los hoje de novo.

Marcel Thil, calvo, arrastando os pés, com os músculos superdesenvolvidos e muito bem conservado, ainda é o campeão mundial dos médios para os franceses. Não quer ir lutar nos Estados Unidos e eu duvido que alguém consiga vencê-lo em Paris a não ser por nocaute. É um bom lutador, mas está ficando lento e é esperto ao ficar na França, onde é um grande trunfo, em vez de se arriscar no que lhe poderia ocorrer em decisões nos Estados Unidos. Os boxeadores franceses sempre tiveram má sorte na América.

Carpentier já havia passado muito do seu auge quando atravessou o Atlântico e não era grande o suficiente para os pesos-pesados que estavam no topo da forma. Charles Ledoux foi muito popular na América do Norte e era um grande pequeno lutador; um dos melhores que já vi, mas sua carreira foi interrompida pela guerra.

Eugene Criqui foi para a Austrália depois da guerra, um grande peso-galo, seu rosto horrendamente mutilado por um ferimento. Não batia forte, mas sabia arquitetar muito bem uma luta. Voltou um peso-pena completo com um terrível direto de direita. Acredito que podia bater tão forte para o seu tamanho como Charley White, o grande artista do gancho de esquerda de Chicago. Charley, para mim, era capaz de bater mais forte para o seu tamanho do que qualquer outro homem que já vi no ringue.

ESQUIRE, 1933-1936

Criqui nocauteou Johnny Kilbane no campeonato de peso-pena, mas assinou um contrato para lutar com Hohnny Dundee no prazo de quarenta e cinco dias, acredito, se ganhasse. Dundee quebrou o aparelho de metal que os cirurgiões plásticos tinham feito no rosto de Criqui no lugar do maxilar, já no primeiro assalto, e Criqui, fraturado, cortado, sangrando, levou uma surra repugnante ao longo de quinze assaltos enquanto caçava o maxilar de Dundee com aquela sua mão direita. Ninguém conseguia atingir o maxilar de Dundee com a mão direita exceto Willie Jackson, e ele só o fez uma vez. Criqui, enfim, perdeu seu título na primeira vez que o defendeu e antes que tivesse ganho qualquer dinheiro com ele.

André Routis tinha mais ou menos o mesmo estilo de Ledoux, mas nunca foi o golpeador que Ledoux foi em seu auge. Ganhou o campeonato dos pesos-penas nos Estados Unidos de Canzoneri e fez dinheiro numa série de lutas acima do peso até perder o título para Bat Battalino, que era empresariado pelo mesmo pessoal que empresariava Routis. Routis voltou do país norte-americano com uma certa quantia de dinheiro, mas sem o título e com os olhos permanentemente danificados.

Kid Francis, que lutou nos Estados Unidos como italiano, era um peso-pena francês de Marselha. Como pugilista, emparelha-se com Routis e Ledoux.

Emile Pladner teve um grande ano como peso-mosca, mas era um alvo fácil. Sparrow Robertson o apelidou de Aranha a troco de nada. Era um garoto entroncado, o mais longe possível de uma aranha. Quando ultrapassou a categoria dos pesos-penas, os durões da categoria acima encontraram as porteiras abertas e Pladner foi logo liquidado.

Os franceses sempre tiveram grandes pugilistas; aqueles que mencionei são apenas alguns da turma que lutou na América, mas Thil é esperto na sua recusa de atravessar o Atlântico. É muito esperto nessa recusa. Do outro lado o negócio é bem diferente, é diferente mesmo. Os europeus são tão pouco sofisticados em relação aos bastidores dos esportes como nós já fomos, e ainda o podem ser, também, em relação ao que acontece nos bastidores da política.

O que realmente faz você sentir-se mal aqui, embora não seja nenhuma das coisas que mencionei. Espera-se que as pessoas se matem quando perdem o seu dinheiro, eu suponho, e bêbados têm fígados ruins e pessoas lendárias geralmente acabam escrevendo suas memórias. O que faz você se sentir mal é a maneira perfeitamente calma como as pessoas falam da próxima guerra. Ela é aceita e tida como certa. Tudo bem. A Europa sempre teve suas guerras. Mas podemos ficar fora desta próxima. E a única maneira de ficar de fora é não entrar nela; por nenhuma razão. Haverá uma quantidade de boas razões. *Mas precisamos ficar fora disso.* Se os rapazes quiserem ir ver como é uma guerra, ou pelo amor de alguma nação, deixem-nos ir como indivíduos. Qualquer um tem o direito de agir assim, se quiser. Mas nós, como um país, não temos nenhum negócio nisso e devemos ficar de fora.

Paris está muito bonita neste outono. Foi um belo lugar para se viver quando éramos muito jovens e é parte necessária da educação de um homem. Todos nós já a amamos alguma vez e estamos mentindo se dissermos que não. Mas ela é como uma amante que não envelhece e tem outros amantes agora. Já era velha no início, mas não sabíamos disso então. Achávamos apenas que era mais velha do que nós e aquilo nos parecia atraente na época. Por isso, quando já não a amávamos mais, colocamos a culpa nela. Mas isso é um erro, porque ela tem sempre a mesma idade e tem sempre novos amantes.

Quanto a mim, agora eu amo outras coisas. E se eu luto, luto por outra coisa. Acho que isso é tudo por hoje.

D.A. NA ÁFRICA: UMA CARTA DE TANGANICA

Esquire, abril de 1934

Para escrever esse tipo de coisa é preciso ter uma máquina de escrever. Para descrever, narrar, contar piadas engraçadas é preciso uma máquina de escrever. Para seguir enganando, para protelar, para fazer prosa ligeira, para escrever um bom texto, você precisa de sorte, dois ou mais drinques e uma máquina de escrever. Senhores, não tem máquina de escrever aqui.

O correio aéreo parte amanhã à noite. Seu correspondente com disenteria amebiana está de cama, todo injetado de emetina, tendo voado mais de 600 quilômetros do local onde seu grupo acampou no rio Serenea, no lado remoto da planície de Serengeti, via Arusha, até Nairobi. Causa do voo, d.a. Causa da d.a., desconhecida. Os sintomas da d.a. vão de fracamente insidiosos, passando por espetaculares, a fenomenais. Creio que quem detém o recorde é um Sr. McDonald, com 232 idas ao vaso em 24 horas, embora muitos veteranos da d.a. aleguem que o recorde de McDonald nunca passou por uma auditoria adequada.

Segundo o Dr. Anderson, a dificuldade em relação à d.a. é diagnosticá-la. Meu próprio diagnóstico certamente foi incorreto. Apoiado numa árvore dois dias atrás, atirando em galinhas-anãs em voo quando elas vinham até um olho-d'água perto do acampamento, depois de dez dias do que o Dr. Anderson afirma que era d.a. o tempo todo, eu fiquei convencido de que, embora descrente, fora eleito para ser aquele que receberia nosso Senhor Buda quando ele voltasse à terra. Embora lisonjeado por isso, e imaginando o quanto Buda àquela idade seria parecido com Gertrude Stein, achei a iminência do evento tornar difícil a caça a novas aves em voo e finalmente cheguei a uma solução conciliatória, reclinando-me junto a uma árvore e só aceitando tiros horizontais. Isso, o sintoma da reencarnação de Buda, o Dr. Anderson descreve como prolapso.

De qualquer modo, não importa como você a contraia, ela é facilmente curada. Você sente os efeitos benéficos da emetina dentro de seis horas e o remédio, continuado, mata as amebas como o quinino mata a parasita da malária. Daqui a três dias vou voar de volta para juntar-me ao grupo na região ao sul do Ngocongoro, onde vamos caçar o grande antílope africano. Mas, como falei, não tem máquina de escrever; não o deixem beber por causa da medicação; e se o leitor achar essa carta mais disentérica do que o fluxo normal, culpe a combinação das circunstâncias.

O panorama geral desta região de altiplano é a mais bela que já conheci. Depois da chuva as planícies se estendem verdejantes em contraste com as montanhas azuis do mesmo modo como o extremo oeste do Nebraska se eleva à medida que você se aproxima de Wyoming quando houve uma longa temporada de estiagem. É uma terra marrom como a de Wyoming e Montana, mas com maior amplidão e distância. Muito da região de mata onde você caça parece exatamente um pomar abandonado da Nova Inglaterra até chegarmos no alto de um morro e vermos que o pomar se estende por oitenta quilômetros. Nada do que havia lido deu a menor ideia da beleza do país e da quantidade remanescente de caça.

Em Serengeti topamos com uma grande migração de gnus. O local onde pastavam na planície estava verde depois de uma seca de nove meses e repleta de antílopes com aparência de bisões, até onde se podia ver em todas as direções durante um dia inteiro viajando num caminhão. O Departamento de Caça de Tanganica estima que a manada contava três milhões de cabeças. Seguindo-os e vivendo à margem do seu aglomerado, vinham os leões, as hienas pintadas e os chacais.

Partindo para a caça ao nascer do sol toda manhã, localizávamos leões através dos abutres que circulavam uma carcaça. Aproximando-se, você via os chacais fugirem trotando e as hienas partindo naquele galope com sua obscena ginga do ventre, olhando para trás enquanto corriam. Se os abutres estavam no chão, era sinal de que os leões tinham ido embora.

Às vezes os encontrávamos na planície aberta a caminho de um rego ou de um curso de água raso para descansar pelo dia. Às vezes os víamos num outeiro elevado na planície com a manada pastando a menos de oitocentos metros, estirados, sonolentos e olhando para a região com arrogância. Com mais frequência, nós os víamos à sombra de uma árvore ou víamos suas grandes cabeças redondas se erguerem acima de um capinzal rasteiro da *donga* ao ouvirem o ruído do caminhão. Em duas semanas e três dias na região dos leões vimos 84 leões e leoas. Destes, vinte eram leões com juba.

Matamos a tiro o 23°, o 47°, o 64° e o 79°. Todos foram mortos a pé, três numa região de mata a oeste de Serengeti e um na planície. Três eram leões de juba preta e um era uma leoa. Ela estava no cio, e quando o grande leão com o qual estava foi atingido e procurou cobertura, a leoa assumiu sua posição do lado de fora da mata espessa. Queria atacar e era impossível ir atrás do leão sem matá-la primeiro. Quebrei o seu pescoço com um sólido cartucho 30-36 de 220 grãos numa distância de trinta metros.

Nesse momento, o Dr. Anderson apareceu e me aplicou outra injeção de emetina e me informou que quando você toma emetina você fica incapaz de pensar coerentemente. Então aqui pode ser um bom lugar para eu parar o relato. Já vinha sentindo isso também havia algum tempo.

Na próxima carta tentarei debater se matar leões a tiros em Tanganica é um esporte ou não; examinar a diferença entre a caça ao leão e a caça ao leopardo. Fazer algumas observações sobre o búfalo e passar alguns fatos. Essa carta ficou muito emetinada.

Quanto à caça abatida, se alguém estiver interessado, temos boas cabeças de elã, antílope africano, Grant Robertsi e outras gazelas. Um magnífico antílope ruão, dois grandes leopardos e um impala excelentes, se não recordistas; também o limite permitido de um guepardo. É um animal bom demais para se fuzilar e nunca mais matarei outro. Por outro lado, abatemos trinta e cinco hienas do bando que segue a migração dos gnus, de olho nas fêmeas que vão parir, e desejava ter munição para matar uma centena.

Em três dias fomos atrás de rinocerontes, búfalos de novo, antílopes kudus pequenos e grandes e o grande antílope palanca-negra.

Dr. Anderson, um pouco mais de emetina, por favor.

FUZILAMENTO VERSUS ESPORTE: SEGUNDA CARTA DE TANGANICA

Esquire, abril de 1934

Existem duas maneiras de assassinar um leão. Uma é atirar nele de um carro e a outra é atirar nele à noite, com o auxílio de uma lanterna, de uma plataforma ou paliçada de arbustos espinhosos ou esconderijo quando ele vem se alimentar de uma isca colocada pelo atirador ou por seu guia. (Turistas que caçam na África são chamados de "fuziladores" para distingui-los dos desportistas.) Estas duas maneiras de assassinar um leão equivalem, como esporte, a dinamitar trutas ou arpoar espadartes. No entanto, muitos homens que vão à África e voltam considerando-se desportistas ou grandes caçadores mataram leões de carro ou protegidos por tapumes.

A planície de Serengeti é a grande região dos leões na África de hoje e Serengeti tem uma proposta motorizada. As distâncias entre as reservas de água são longas demais para serem cobertas ao estilo dos velhos safáris a pé e foi isso que preservou a planície. As migrações de caça, determinadas pela comida produzida por um regime de chuvas geralmente casual e imprevisível, são movimentos quase duas centenas de quilômetros sobre uma vastidão pardacenta, seca, crestada e poeirenta sem avistarmos uma cabeça sequer de caça, para toparmos de repente com um horizonte verde pontilhado maciçamente pelo preto dos gnus até onde conseguíamos ver. É por causa destas distâncias que você precisa usar um carro ao caçar no Serengeti, uma vez que seu acampamento precisa estar ao alcance de uma reserva de água e a caça pode estar meio dia de marcha à frente na planície.

Ora, um leão, quando você o localiza de manhã depois que se alimentou, só tem uma ideia se avistar um homem, é procurar cobertura onde não o possam incomodar. Até que seja ferido, aquele leão não será perigoso, a não ser que você trombe com ele inesperadamente, e tão de perto, que o assuste, ou se ele estiver atrás de uma presa e não quiser abandoná-la.

Se você se aproximar do leão de carro, ele não o verá. Seus olhos só podem distinguir o contorno ou a silhueta dos objetos e, como é ilegal atirar de um carro em movimento, esse objeto nada significa para ele. O carro pode até lhe parecer um objeto amigo, a partir da prática de matar uma zebra e arrastá-la por uma corda presa ao carro como uma isca para o leão a fim de tirar fotografias. O ato de um homem atirar num leão protegido por um carro, quando o leão sequer pode ver o que o está atacando, é não só ilegal, mas uma maneira covarde de assassinar um dos mais nobres animais de caça.

Mas suponha que, inesperadamente, ao atravessar a região, você vê um leão e uma leoa a uns cem metros do carro. Estão debaixo de um espinheiro e cem metros atrás deles tem uma *donga* profunda, ou seca, um curso de água repleto de caniço que serpenteia pela planície por talvez quinze quilômetros e oferece perfeita cobertura de dia para todas bestas de rapina que seguem os rebanhos de caça.

Você avista os leões do carro: examina o macho e decide que vale um tiro. Você nunca matou um leão. Só tem a permissão de matar dois leões no Serengeti e você quer um leão com uma juba cheia, a mais preta possível. O guia branco diz baixinho:

— Acho que vou acertá-lo. Podemos abatê-lo, mas é um leão maravilhoso.

Você observa o leão debaixo da árvore. Parece muito próximo, muito calmo, muito, muito grande, bonito e orgulhoso. A leoa espreita-se no capinzal amarelo e abana o rabo paralelamente ao chão.

— Muito bem — diz o guia branco.

Você salta do carro do lado do carona, o lado oposto ao do leão, e o guia branco desce do mesmo lado, do banco traseiro.

— É melhor se agachar — diz ele. Vocês dois se agacham e o carro vai embora. Quando o carro começa a se afastar vocês têm uma visão diferente do leão do que quando o viram do alto do carro.

Quando a traseira do carro desaparece, você vê que a leoa se levantou e postou-se de modo que o leão não é visto com nitidez.

— Não consigo ver o bicho — você sussurra. Quando você diz isso, nota que os leões viram vocês. Ele se afasta trotando e ela ainda está parada, abanando muito o rabo.

— Ele foi até a *donga* — diz o guia branco.

Você se levanta para atirar e a leoa se vira. O leão para e olha para trás. Você vê sua grande cabeça virar na sua direção, a boca bem aberta e a juba agitando ao vento. Você visa na espádua, inicia a pressão do dedo, corrige a mira, prende a respiração e aperta o gatilho. Você não ouve o disparo da arma, mas ouve um estalido com o som do cassetete de um policial no crânio de um agitador e o leão cai por terra.

— Você o pegou. Cuidado com a leoa.

Ela espreitou-se, de olho em você. Você vê sua cabeça, as orelhas para trás, o longo dorso amarelo na horizontal rente ao chão e seu rabo se agita reto para cima e para baixo.

— Acho que ela vem agora — diz o guia branco. — Se ela vier, ajoelhe-se para atirar.

— Acabo com ela agora? — você pergunta.

— Não. Talvez ela não ataque. Espere até que ela avance.

Você fica imóvel e olha para ela e vê mais além o vulto do grande leão, deitado sobre um flanco, e, enfim a leoa se vira lentamente e parte até se perder de vista na *donga*.

— Nos velhos tempos — diz o guia —, a regra era atirar na leoa primeiro. Regra muito sensata.

Vocês dois vão na direção do leão com as armas carregadas. O carro se aproxima e os batedores se juntam a vocês. Um deles joga uma pedra no leão. O animal não se mexe. Vocês abaixam as armas e chegam perto dele.

— Você acertou no pescoço — diz o guia. — Que pontaria incrível.

O sangue escorre dos pelos espessos da sua juba onde as varejeiras se banqueteiam. Você lamenta as moscas.

— Tive sorte — você diz.

Você não fala que mirou a espádua e então, de repente, a tensão passou e as pessoas lhe apertam a mão.

— Melhor ficar de olho na patroa — diz o guia. — Não se metam no mato ali na frente.

Você está olhando para o leão morto; sua cabeça larga e a massa escura de sua juba e o corpo comprido, macio, revestido de amarelo, os músculos ainda se contraindo imperceptivelmente debaixo da pele. Dará uma boa pele e tudo mais, mas era um tremendo de um animal, uma maravilha de se ver quando vivo — foi uma pena que virasse pasto para moscas varejeiras, você pensa.

Tudo bem. Isso é o mais próximo de uma maneira esportiva de usar um carro para caçar um leão. Assim que você pisa na terra e o carro partiu, a caça ao leão é a mesma de sempre. Se você ferir o leão em qualquer ponto do corpo que não seja vital, ele correrá para o abrigo da *donga* e então você terá de ir atrás dele. No começo, se você puder atirar com cuidado e precisão e souber onde atirar, as probabilidades são de dez a um a seu favor contra qualquer imprevisto, desde que você não tenha de dar um tiro no animal em carreira. Se você ferir o leão e ele correr para a cobertura, existe uma chance igual de que o leão o maltrate quando for atrás dele. Um leão ainda é capaz de correr cem metros velozmente atrás de você que mal há tempo para dois tiros bem mirados antes que ele caia sobre você. Depois que ele recebeu o primeiro tiro, não há mais choque nervoso em outros ferimentos e você precisa matá-lo de vez ou ele continuará investindo.

Se você atirar como deveria no Serengeti, com o carro se afastando quando você saltar, as probabilidades são de que o primeiro tiro seja um em movimento, pois os leões se afastarão ao verem um homem a pé. Isso significa que, a não ser que você seja um bom atirador, ou um atirador de sorte, haverá um leão ferido e um possível ataque. Por isso, não deixe ninguém lhe dizer que atirar em leões, se você caça grandes leões de juba viçosa que, sendo excelentes troféus, obviamente já foram caçados antes e estão escolados em salvar o seu couro, não é mais um espetáculo de perícia desportiva. Será exatamente tão perigoso, dependendo da sua escolha.

A única maneira de remover ou mitigar o perigo é a sua capacidade de tiro, e só existe esse jeito. Você saiu para matar um leão, a pé e jogando limpo, não para ser maltratado. Mas você respeitará bem mais o espírito esportivo se voltar da África sem um leão, em vez de fuzilá-lo de dentro de um carro ou detrás de um tapume à noite quando o leão é cegado por um refletor e não consegue enxergar o seu atacante.

NOTAS SOBRE A CAÇA PERIGOSA: TERCEIRA CARTA DE TANGANICA

Esquire, julho de 1934

Na ética de atirar em caça perigosa existe a premissa de que, se você atira na encrenca, deve estar preparado para se atirar fora dela. Uma vez que um sujeito que faz sua primeira caçada africana tem sempre um guia branco, como é chamado o guia não nativo, para o aconselhar e ajudar quando ele está atrás de animais perigosos, e uma vez que o guia branco tem a responsabilidade de protegê-lo, não importa a encrenca em que tenha de se meter, o caçador deve fazer exatamente o que o guia branco o manda fazer.

Se você fizer papel de bobo, o que ganha é sair machucado, mas o guia branco que tem um cliente ferido ou morto perde, ou ameaça seriamente, seu ganha-pão. Por isso, quando o guia branco começa a confiar em você e o deixa assumir riscos, isso é um sinal de confiança e você não deveria abusar. Qualquer homem decente preferiria assumir ricos diários com sua vida a assumi-los com seu ganha-pão. Esse é o principal atributo dos profissionais, que os amadores nunca parecem apreciar.

Existem dois guias brancos na África que nunca tiveram um cliente machucado — existem muitos destes, mas só estes dois nunca foram eles mesmos machucados. É verdade que Philip Percival viu um búfalo morrer com a cabeça sobre o hoje amplo colo de Percival, e que o Barão von Blixen, se existisse qualquer justiça para os elefantes, teria sido pisoteado até a morte em pelo menos duas ocasiões. Mas a verdade é que eles não se machucam, e seus clientes levam cabeças premiadas, presas premiadas e superleões ano após ano. Eles simplesmente são supercaçadores e superatiradores. (*Existem* supers *demais nas duas últimas frases. Reescrevam-nas vocês mesmos, rapazes, e vejam como é fácil fazer melhor do que Papa. Obrigado. Uma sensação gratificante, não é?*)

Ambos mascaram sua habilidade fenomenal debaixo de uma pose de incapacidade nervosa que serve como isolamento e cobertura eficaz para seu grande e autêntico orgulho na reserva de mortalidade em que vivem. (*Vamos ver agora, essa foi melhor. Está ficando mais difícil, hein? Não muito difícil, dizem vocês? Bom. Talvez vocês estejam certos.*) Blix, que é capaz de acertar perdizes em pleno voo com um rifle .450 Nº 2 Express, dirá: "Eu uso o gatilho de pressão leve porque minha mão está sempre tremendo, e daí?" Ou, ao estacar um rinoceronte que ataca a dez metros de distância, observando em tom de escusa ao cliente, que já mandara seu rifle de volta ao acampamento por um batedor: "Eu não podia deixar que avançasse eternamente, concorda?"

(*Estão vendo, é aqui que Papa marca pontos. Justo quando vocês aprendem a melhorar uma daquelas frases terríveis, com excesso de supers e de muitos, e acham que ele está ficando chato, descobrem que é a coisa sobre a qual escreve que é interessante. Não a maneira como é escrita. Qualquer um de vocês, rapazes, pode ir até lá e escrever um texto duplamente melhor, não é?*)

Philip, que jura com a mão sobre o .450 Nº 2 que é a única, ou pelo menos a mais leve, arma que um homem pode usar sobre animais que "surgem", matou todos os seus leões com um Mannlicher .256 quando tinha de cuidar apenas de sua própria vida. Eu já o vi, cuidadoso, cauteloso, tão concentrado no procedimento quanto Saleri, Marcial Lalanda ou os grandes mestres na arte de controlar os riscos, radiante como um escolar na véspera das férias, quando todos os métodos seguros e sãos foram exauridos ou tornados impraticáveis e não havia escolha a não ser correr atrás das feras, e ele corria atrás delas nos velhos tempos antes de se tornar uma questão de segurança do cliente. (*Desculpe-me, Sr. P. O senhor vê, faço isso para ganhar a vida. Todos temos de fazer um monte de coisas para ganhar a vida. Mas ainda estamos bebendo o uísque deles, não?*)

Muitas pessoas não querem simplesmente caçar, mas caçar animais perigosos. Estas pessoas, quaisquer que sejam seus recursos financeiros, geralmente só vão atirar na África uma única vez, e seu guia branco geral-

ESQUIRE, 1933-1936

mente dá tantos ou mais tiros do que o cliente. Um bom coeficiente para julgar sua eficácia contra búfalo, rinoceronte, leão e leopardo é saber quantas vezes seu guia branco atirou no safári. (*O senhor atirou duas vezes, Sr. P. Corrija-me se estiver errado. Uma vez naquela fêmea de um leopardo quando ela se virou e investiu e o senhor a fez rodopiar como um coelho, e a outra vez quando pegamos o búfalo em campo aberto e derrubamos dois e o terceiro com quatro balaços e ele continuando aquele galope, todo inteiro, o pescoço parte das espáduas, preto poeirento, os chifres ainda mais pretos, a cabeça sem balançar no galope. Você calculou que ele ia se refugiar na mata e atirou e o galope se transformou numa longa derrapada para a frente com o focinho na terra.*)

Philip Percival considera o leopardo mais perigoso do que o leão por estas razões. Aparecem quase sempre inesperadamente diante de nós, quando estamos caçando impalas ou antílopes. E a oportunidade que eles dão de costume é a de um tiro em movimento, o que significa uma probabilidade maior de feri-los do que de matá-los. Eles atacarão numa proporção de nove em dez vezes se estiverem feridos e investem tão rápido que ninguém pode estar seguro de que é capaz de atingi-los com um rifle. Usam suas garras, dianteiras e traseiras, quando no ataque, e visam o rosto para ferir os olhos, enquanto o leão ataca com as garras e morde, geralmente os braços, os ombros ou as coxas. A defesa mais eficaz contra um leopardo é uma espingarda, e você só deve atirar quando o animal está ao alcance de dez metros. Não importa o calibre da munição que você usa nessa distância. Munição contra pássaros é até mais eficaz do que aquela contra antílopes por se concentrar para abrir um buraco sólido. (*O Sr. P. arrancou a cabeça de um deles certa vez com uma carga de número sete e o leopardo continuou avançando por quinze metros. Não sabia que estava morto, ao que parece. Finalmente, desabou ao tropeçar numa folha de grama ou coisa parecida.*)

Pessoalmente, até agora, e me baseio numa quantidade muito modesta de experiência — o abate de quatro deles —, não posso ver o búfalo comparado em periculosidade com o leão nem com o leopardo. Vimos duas vezes um leão pegar e matar gnus. Isso é uma coisa muito rara. Philip Percival viu leões matarem uma só vez antes em todos seus anos de caçador. Foi quando estava com o Sr. Prentice Gray, que registrou a ocorrência, acredito. A visão daquela velocidade, a corrida incrivelmente suave que a leoa fez para chegar mais parto do antílope, embora desajeitado, me fez ver como um ataque de um leão levemente ferido poderia ser, se tivesse a oportunidade. O búfalo, por outro lado, parecia inacreditavelmente lento comparado com um touro de arena espanhol e não vejo motivo algum por que um homem que pudesse esperá-lo ao investir não tivesse a certeza de estourar a frente de sua cabeça se o deixasse chegar bem perto e atirasse com cuidado com um rifle pesado. Por certo, um túnel na mata espessa, ou nos caniços altos, ou em qualquer cobertura vegetal densa, pode tornar o búfalo ferido perigoso, mas é uma questão de circunstâncias, mais do que do animal, e nas mesmas circunstâncias um leão seria muito mais perigoso. No campo aberto, um leão ou um leopardo é cem vezes mais perigoso.

O búfalo tem coragem, espírito vingativo e uma capacidade enorme de absorver o castigo, mas acredito que numa arena ele seria mais como um grande caminhão que surge durante o intervalo para jogar água na areia poeirenta do que como o touro de arena com as patas ligeiras, os movimentos rápidos e a investida veloz.

Claro, não é um animal dos espaços abertos e você deve apanhá-lo onde o encontra e acompanhá-lo aonde vai, e ele vai a lugares perigosos, mas o negócio é comparar o perigo inerente dos animais em terreno igual — não nas circunstâncias peculiares sob as quais ele deve ser enfrentado. (*Não haverá mais parênteses, vocês ficarão felizes em saber. Vou escrever uma carta ao Sr. P. em vez disso. Os parênteses foram colocados quando li isso na viagem de barco. Fiquei com saudades dele.*)

Para mim, também, o rinoceronte é uma piada, mas devo ressaltar de novo que a experiência é limitada. Pode ser uma piada de mau gosto, também, mas sua vista, de uma pobreza atroz, dá ao caçador uma vantagem sobre ele que sua corpulência, e sua velocidade e agilidade notáveis, e às vezes sua combatividade idiota não conseguem superar, a não ser ajudado pela vantagem do terreno. Muitas vezes o rinoceronte terá essa vantagem que em geral consiste em você encontrá-lo num dos muitos caminhos ou túneis que ele abriu em meio a capinzais e arbustos altos e então ele é perigoso como uma vingativa locomotiva de chifres. É, também, muito rápido. Acredito que seja mais rápido que o búfalo. Mas, para mim, basicamente ele parece uma travessura deixada às soltas pela natureza e armado com um chifre pelo qual os chineses pagam fortunas para moer e usar como afrodisíaco e cuja perseguição, por caçadores brancos e nativos, o tornou inibido e furtivo em seus hábitos e o expulsou da planície para as colinas e para as florestas altas das montanhas, onde ele pode crescer seu chifre e pastar em paz e, a propósito, ser caçado com mais facilidade.

Nunca atirei em elefantes, por isso não posso escrever sobre eles, sequer para dar as questionáveis impressões do caçador novato. Planejamos ir de novo ao Quênia, para passar seis meses, no próximo ano, para aprofundar nossas experiências e caçar búfalos e rinocerontes e ver até onde nossas primeiras impressões sobre eles estavam erradas, e tentar pegar um bom antílope preto. Enquanto isso, nada sei de elefantes a partir da experiência pessoal e, uma vez que notas sobre caça perigosa por um homem que nunca caçou elefantes são como impressões de campanha por um sujeito que nunca viu uma escaramuça maior, esse é o tipo de notas que essas notas terão de ser.

(Isso acabou sendo mais uma dessas. Certa noite, quando ceávamos em Mombasa depois de pescar, A.V. e o Sr. P. conversavam sobre escrever estas cartas e eu sugeri a Alfred que escrevesse uma sobre caçar elefantes com Blix antes que começasse a escrever sobre corridas. Eu escrevia sobre rinoceronte e búfalo etc., falei. O Sr. P., que estava em sua primeira expedição de pesca em mar profundo, não falou muito, mas no dia seguinte topamos com um vasto cardume de grandes golfinhos e pegamos quinze, antes que a porcaria do barco quebrasse. O Sr. P. ficou tão animado que suas pernas tremiam, por isso girou a carretilha tão desajeitadamente que ela desandou, e ele tinha golfinhos pulando para dentro, para fora e por cima do barco. Às vezes ele agitava a isca para fora de suas bocas; ocasionalmente, deixava que a engolissem, mas tinha sempre um golfinho dançando na ponta de sua linha.

— O que está achando, meu velho? — perguntei a ele.

— Por Deus — falou —, nunca me diverti tanto desde que você matou o búfalo — E então, um pouco depois. — Vou escrever um artigo para a Esquire. *Intitulado* A pesca de golfinhos por um conhecedor.)

AO LARGO NA CORRENTE DO GOLFO: UMA CARTA CUBANA

Esquire, agosto de 1934

O sol que bate na água é a parte mais pesada da pesca de marlim na costa norte de Cuba em julho e agosto. Havana é mais fresca do que a maioria das cidades da costa norte naqueles meses porque os alísios do nordeste começam às dez da manhã e sopram até as quatro ou cinco da manhã seguinte. Os alísios do nordeste são ventos refrescantes e agradáveis, mas em mar aberto, mesmo com uma brisa, o sol nos brinda com algo que não esquecemos para a vida. Você pode evitá-lo seguindo para o leste com a corrente de manhã, pescando com o barco no rumo do sol, e então voltando contra a corrente à tarde com o sol às suas costas de novo enquanto pesca com carretilha, mas às vezes todos os peixes estarão no pequeno trecho entre Havana e Cojimar, e não há nada a fazer senão trabalhar de um lado para o outro, entrando e saindo do sol, e se conformar. Não creio que faça mal aos olhos se você usar óculos com lentes Crookes. Meus olhos estavam muito melhores depois de cem dias no Golfo do que quando nós começamos. Mas você fica com um narigão igual a um legume tropical exótico e pouco atraente e, à tardinha, o sol se inclina na água como chumbo derretido e se insinua debaixo da longa viseira do gorro daqueles pescadores de espadarte da costa leste e torra esculpindo o ideal solar de um nariz, a probóscide monumental de J.P. Morgan Sênior.

No Golfo você tem muito tempo de sobra para pensar e pode esfregar no nariz um pouco de óleo de coco com a mão esquerda enquanto com a direita cuida da grande carretilha e espera pelo beliscão da isca e os dois *teasers* afundam e mergulham e ziguezagueiam na esteira e ainda tem tempo para especular sobre coisas elevadas e rasteiras. Sim, diz você, mas por que é preciso trabalhar debaixo do sol? Por que não navegam entrando e saindo, norte e sul, em vez de leste e oeste?

Seria uma beleza se você pudesse, mas quando a brisa se levanta do nordeste e sopra contra a corrente, ela mexe com o mar e você não pode trabalhar entre as ondas, mas tem de ir ou com a corrente, ou contra ela.

Claro que você pode nem levantar essa questão. Pode estar profundamente entediado com todo esse negócio ou esperando que a ação comece, ou que a conversa se inicie. Senhores, gostaria muito de lhes ser agradável, mas esta é apenas uma daquelas histórias exemplares. Este é um daqueles textos contemplativos que Izak Walton gostava de escrever (aposto que nunca o leram. Sabem o que é um clássico, não sabem? Um livro que todo mundo menciona e ninguém lê), exceto que o encanto e a originalidade e o valor literário de Walton são omitidos. São omitidos intencionalmente? Ah, leitor, obrigado. Obrigado a você, é muito gentil de sua parte.

Bem, aqui temos Piscator, conforme a terminologia de Walton, sentado numa cadeira que, com o calor, lhe deu uma condição pouco atraente chamada "o assento do pescador" e, na mão, uma garrafa gelada de cerveja Hatuey, tentando perscrutar além do seu narigão monumental mais adiante no mar que se encontra num movimento considerável de sobe e desce. O barco foi colocado na direção do sol e, se um peixe aparecer agora, Piscator poderá vê-lo. Poderá ver o rastro cortante de uma barbatana, se correr em direção da isca, ou o sobe e desce de uma cauda foiciforme se estiver navegando, ou se vier de trás, ele pode ver o grande vulto debaixo da água, grandes nadadeiras peitorais azuis abertas como as asas de algum imenso pássaro submarino e as listras ao seu redor como as aduelas roxas de um barril castanho e então o súbito meneio de um bico para cima. Ele pode ver a boca do marlim abrir quando o bico sai da água e o vê arremeter de lado e descer com a isca, às vezes para nadar bem no fundo, acompanhando o barco de modo que a linha parece frouxa e Piscator não consegue puxá-lo com firmeza o suficiente para fisgá-lo. Então, quando é fisgado, ele faz um grande volteio, mergulhando de novo em parafuso, a linha de repente volta à tona e ele ressurge, a linha mais solta agora, para sair saltitando, espadanando água como uma lancha de corrida, naqueles saltos longos ligeiros, rítmicos e dançantes de seis metros ou mais.

Ver aquilo acontecer, sentir aquele peixe na sua vara, sentir aquele poder e aquela grande comoção, estar conectado com aquilo e então dominar o processo e trazer aquele peixe para o arpão, sozinho e com ninguém mais tocando vara, carretilha ou guia, é algo que vale muitos dias de espera, de sol e tudo mais e, como eu disse, enquanto você espera tem muito tempo para pensar. Uma boa parte das coisas em que você pensa não são colocadas na revista impressa em papel lustroso e destinada a chegar aos assinantes pelo correio. Alguns desses pensamentos podem lhe valer a cadeia se você os colocar no papel e outros não são da conta de ninguém, mas uma grande parte do tempo você pensa em peixes.

Por que o vento sul expulsa todos os peixes da costa norte de Cuba enquanto ele os atrai para Florida Keys?

Por que um tubarão-mako não come um marlim ou espadarte fisgado ou morto enquanto todos os outros tubarões o fazem?

Existe uma conexão entre o mako e o espadarte, assim como o wahoo, ou peto, parece ser o elo entre o peixe-cravo e o agulhão-bandeira e o marlim?

O que é responsável pela inteligência e coragem num peixe como o mako, que se recusa a puxar a linha quando fisgado, a não ser que você o puxe; que atacará deliberadamente um pescador num barco (tenho uma cena filmada); que parece estar pensando enquanto você luta com ele e tentará diferentes táticas para escapar e subir ao nível da água e descansar durante a luta; e que ainda nadará sem cessar ao redor de um marlim fisgado e nunca o atacará? O mako é um peixe estranho. Sua pele não é como a de um tubarão, seu olho não é como o de um tubarão, suas barbatanas são mais como as de um espadarte de bico largo do que de um tubarão e seu cheiro é doce, não de tubarão. Somente sua boca, cheia daqueles dentes curvados para dentro, que lhe dão seu nome cubano de *dentuso*, são dentes de tubarão. E ele tem guelras de tubarão.

De que serve a barbatana em forma de vela do agulhão-bandeira? Por que deveria esse peixe, que parece um modelo malsucedido, um modelo anterior e mais fantástico do marlim, esguio quando o marlim é arredondado, fraco quando o marlim é forte, dotado de nadadeiras peitorais insuficientes e uma cauda pequena demais para seu tamanho, ter sobrevivido? Deve existir uma boa razão para o agulhão-bandeira. Qual seria?

Por que os marlins sempre viajam de leste a oeste contra a corrente e aonde vão depois de alcançar o cabo San Antonio na extremidade oeste de Cuba? Existe uma contracorrente centenas de metros abaixo da corrente da superfície e ela retornaria daí resistindo à corrente da superfície? Ou faz um círculo ao longo do Caribe?

Por que nos anos de grande abundância do marlim na costa da Califórnia os peixes são igualmente abundantes na costa de Cuba? É possível que aquele marlim, o mesmo peixe, siga as correntes quentes de todos os oceanos ou que tenha certos circuitos que frequenta? São apanhados na Nova Zelândia, no Taiti, em Honolulu, no oceano Índico, na costa do Japão, na costa oeste da América do Sul, na costa oeste do México e tão ao norte quanto na costa oeste da Califórnia. Este ano muitos marlins pequenos foram apanhados na Flórida e os grandes aparecem em Bimini logo por meio da Corrente do Golfo vários meses antes de aparecerem em Cuba. No verão passado, foram apanhados marlins-listrados tão longe ao norte como em Montauk Point, na costa de Long Island.

Não seriam o marlim-branco, o marlim-listrado e marlim-preto apenas variações sexuais e etárias do mesmo peixe?

Para mim, com os dados que pude coletar até aqui, eles são todos o mesmo peixe. Isso pode ser errado e eu ficaria feliz se alguém rebatesse a teoria, uma vez que o que desejamos é conhecimento, não o orgulho de provar que algo é verdade. Até aqui acredito que o marlim-branco, o marlim comum apanhado em Miami e Palm Beach, cujo limite máximo de peso está entre 50 e 70 quilos, é o peixe jovem de ambos os sexos. Estes peixes, quando apanhados, têm ou uma listra muito leve que aparece na água, mas desaparece quando o peixe é tirado do mar, ou nenhuma listra. O menor que já apanharam pesava uns dez quilos. A um certo peso, cerca de trinta quilos ou mais, o peixe macho começa a ter listras muito pronunciadas e bastante largas que aparecem com destaque na água, mas esmaecem quando o peixe morre e desaparecem uma hora depois de sua morte. Estes peixes são invariavelmente bem robustos, obviamente marlins em amadurecimento, são sempre machos, e são esplêndidos saltadores e lutadores no estilo do marlim-listrado. Acredito que são os machos adolescentes do marlim.

O marlim-listrado é caracterizado pela cabeça pequena, pelo corpo bem arredondado, bico em forma de espada de dois gumes e pelas largas listras arroxeadas que, começando logo atrás das nadadeiras, encintam seu corpo em intervalos regulares até a cauda. Estas listras não desbotam muito depois que o peixe morreu e permanecerão bem destacadas horas depois que o peixe foi apanhado se ficarmos despejando água sobre ele.

Todas as variedades de marlim se reproduzem ao largo da costa cubana e, considerando que o quilo das ovas chega a valer entre um dólar até quase três dólares no mercado de Havana, todos os peixes são cuidadosamente eviscerados em busca de suas ovas. Pescadores do mercado dizem que todos os marlins-listrados são machos. Por outro lado, sustentam que todos os marlins-pretos são fêmeas.

Mas qual é o estágio intermediário no desenvolvimento da fêmea do marlim-branco para a do peixe bonito, reluzente, bem proporcionado, embora com uma cabeça um tanto grande, que é como o conhecemos aos cinquenta quilos, antes de se tornar o marlim-preto de cabeça grotesca, bico grosso, pele roxo-escura, comparativamente feio?

Acredito que sua vida madura se passa na variedade conhecida por marlim-prata. É um bonito marlim prateado, sem listras, que chega até um peso de 400 quilos ou mais e é um grande saltador e lutador terrível. Os pescadores do mercado afirmam que estes peixes são sempre fêmeas.

Isso deixa um tipo de marlim ainda não mencionado: o chamado marlim-azul. Não sei se é uma variação de cores derivada do marlim-branco, se são ambos macho e fêmea ou se são uma espécie separada. Podemos descobrir nesse verão.

Pegamos e examinamos noventa e um marlins nos últimos dois anos e precisaremos pegar e examinar mais várias centenas antes que quaisquer conclusões possam ser tiradas com um grau mínimo de precisão. E todos os peixes deveriam ser examinados por um cientista que anotaria os detalhes de cada exemplar.

O problema é que para estudá-los você precisa pegá-los, e pegá-los é um trabalho em tempo integral, embora sempre deixe muito tempo para pensar.

Devia ser uma atividade subsidiada, também, porque, quando você compra gasolina a dez centavos o litro para navegar doze horas por dia e cem dias por ano, levanta-se à alvorada toda manhã, dormir de barriga para baixo a metade da noite por causa do que o peixe faz a suas costas — pagar a um homem para arpoar — outro para cuidar do leme, comprar isca, carretilhas e duzentos e cinquenta dólares cada, seiscentos metros de linha trinta e seis de cada vez, boas varas, ganchos e guias, e tentar fazer tudo isso com dinheiro que você arranca com dificuldade de editores de revistas e de livros, você fica exaurido demais, física e financeiramente, passando noites sentado contando o número de raias nas nadadeiras e medindo com o compasso as espinhas ventrais com quatrocentos cubanos no cais querendo saber por que o peixe não é aberto, cortado e distribuído. Em vez disso, você se senta à popa do barco, sente-se à vontade e beberica um drinque enquanto o peixe é esquartejado. Você não pode fazer tudo.

Todas as pessoas que conheço ricas o bastante para subsidiarem qualquer coisa estão ocupadas estudando como juntar mais riqueza, ou cavalos, ou estudarem o que é que há de errado nelas com psicanalistas, ou cavalos, ou como não perder as riqueza que têm, ou os cavalos, ou o negócio do cinema, ou cavalos, e todas estas coisas juntas, e possivelmente cavalos. Também admito abertamente que eu pescaria marlim com grande prazer ainda que não houvesse nisso nenhum valor científico e você não pode esperar alguém subsidiar uma coisa que dá à gente uma tremenda diversão. Por falar nisso, suponho que temos a sorte de poder pescar os marlins sem sermos colocados na cadeia. Nessa mesma época, no ano que vem, é possível que tenham passado uma lei proibindo a sua pesca.

Curiosidade, eu suponho, é o que leva você a pescar mais do que tudo e tem aqui uma coisa muito curiosa. Nessa época do ano passado pegamos um marlim-listrado com ova dentro dele. Não era muito ovo, é verdade. Era o tipo de ova que você esperaria encontrar em certas atrizes de cinema se elas tivessem ovas, ou em muitos atores. Examinando-a meticulosamente, parecia o tipo de ova que um decorador de interiores teria se decidisse abrir o jogo. Mas era uma ova, e a primeira que qualquer pescador profissional tinha visto num marlim-listrado.

Antes de encontrarmos esta ova, e desejo descrevê-la para vocês sem entrar em terminologia médica, todos os marlins-listrados eram tidos como machos. Tudo bem, até aí. Estaria esse marlim-listrado, como posso definir, ou, como eu acreditei por muito tempo, será que todos os marlins, branco, listrado, prateado etc., terminam suas vidas como um marlim-preto, tornando-se fêmeas nesse processo? O mero se torna fêmea no fim de sua vida, não importa como tenha começado, e acredito que o marlim também. Os verdadeiros marlins-pretos são todos peixes velhos. Você pode ver isso na qualidade da carne, na grossura do bico e, acima de tudo, lutando contra eles, na maneira como vivem. Certamente crescem até quase uma tonelada de peso. Mas, para mim, são todos peixes velhos, todos representam os últimos estágios do marlim, e são todos fêmeas.

Provem que estou errado.

O VELHO JORNALISTA ESCREVE: UMA CARTA DE CUBA

Esquire, dezembro de 1934

Seu correspondente é um velho jornalista. Isso faz de todos nós uma grande família. Mas o azar dos assinantes é que o seu correspondente era um noticiarista e, como tal, invejava o modo como os colunistas podiam escrever sobre si mesmos. Quando os jornais chegavam, seu correspondente lia um longo blá-blá-blá do seu colunista favorito sobre o próprio colunista, seu filho, o que ele pensava e como pensava, enquanto no mesmo dia a produção do seu correspondente seria algo assim: TROPAS KEMAL CESSARAM FOGO ESMIRNA CULPA GREGOS, enviada por telegrama urgente a três dólares por palavra via Eastern Cable para aparecer assim, na versão do Monumental News Service: "Mustapha Kemal, numa entrevista exclusiva ao correspondente do Monumental News Service, desmentiu veementemente que as forças turcas tivessem qualquer participação no incêndio de Esmirna. A cidade, afirmou Kemal, foi queimada por incendiários nas tropas da retaguarda grega, antes que as primeiras patrulhas turcas entrassem na cidade."

Não sei o que passava na cabeça dos bons colunistas grisalhos de calças largas quando escreviam aqueles artigos do tipo "eu-meu-minha", mas estou seguro de que ele tinha seus próprios problemas antes de assumir os problemas do mundo e, de qualquer modo, foi interessante observar seu progresso de um colunista herbívoro (a vida ao ar livre, a primavera, beisebol e um livro ocasional lido pela metade) para um colunista carnívoro (distúrbios, violência, desastre e revolução). Mas colunistas pessoais, e isso começa a ficar parecido com uma coluna, são chacais, e não se conhece nenhum chacal que viva de ervas depois de ter conhecido a carne — não importa quem matou a carne para ele. Winchell* mata sua própria carne e assim o fazem alguns outros. Mas eles têm notícias em suas colunas e são os mais trabalhadores dos jornalistas trabalhadores. Por isso, vamos voltar ao ex-favorito que projeta sua personalidade em vez de correr atrás dos fatos.

As coisas andavam tão ruins, e piores, no que toda a vilania e injustiça e podridão em 1921, 22 e 23, quanto andam agora, mas o então seu colunista favorito não circulava tanto naqueles dias ou então sequer lia os jornais. Ou tínhamos que ficar falidos em nosso país antes que alguém levasse o restante do mundo a sério. O problema com nosso ex-favorito é que ele iniciou sua educação tarde demais. Não existe mais tempo para ele, agora, para aprender o que um homem deveria saber antes de morrer. Não basta ter um grande coração, uma cabeça boa, uma personalidade charmosa, calças largas e uma facilidade com a máquina de escrever para saber como o mundo funciona e quem faz as assistências, e os arremessos e os erros e quem são os meros jogadores e quem são os donos reais do jogo. Nosso favorito nunca saberá por que começou tarde demais e porque é incapaz de pensar friamente.

Por exemplo, o mundo estava muito mais próximo da revolução nos anos do pós-guerra do que está agora. Naqueles tempos, nós que acreditávamos na revolução a procurávamos por toda parte, nós a aguardávamos e ansiávamos por ela — pois era a coisa mais lógica a fazer. Mas em todo lugar por onde passou ela foi abortada. Durante muito tempo, não pude entender, mas finalmente descobri. Se você estudar a História, vai ver que nunca poderá ocorrer uma revolução comunista sem, primeiro, uma completa derrocada militar. Você precisa ver o que acontece numa derrocada militar para entender isso. É algo tão extremo e completo em sua desilusão, e na purgação de todos os modelos, fés e lealdades existentes, quando a guerra é feita por um exército de recrutas, que se faz necessária a catarse antes da revolução. Nenhum país estava mais maduro para a revolução do que a Itália depois da guerra, mas a revolução estava condenada a fracassar porque a derrota italiana não foi completa; porque depois de Caporetto o

---

* Walter Winchell (1897-1972), colunista de escândalos mais famoso (e poderoso) do século 20 nos EUA. (*N. T.*)

país lutou e venceu em junho e julho de 1918 no Piave. Do Piave, através da Banca Commerciale, do Credito Italiano, dos comerciantes de Milão, que queriam esmagar as prósperas sociedades cooperativas socialistas e o governo municipal socialista daquela cidade, surgiu o fascismo.

É uma história comprida demais para contar aqui, mas nossos atuais porta-vozes revolucionários deveriam estudar um pouco de história contemporânea. Mas nenhuma história é escrita com honestidade. Você precisa manter-se a par dela quando acontece e pode depender principalmente daquilo que você presenciou de fato e acompanhou. E estes rapazes começaram tarde demais. Porque não está tudo em Marx e Engels, um monte de coisas aconteceu a partir de então.

O que os rapazes precisam, para jogar com sucesso nas corridas, são os desempenhos anteriores. Precisam também conhecer os cavalos há muito tempo, serem capazes de identificá-los de manhãzinha, quando o sol está nascendo, sem números, sem cores, sem cobertas sobre eles, e saberem cronometrá-los, quando partem na penumbra e, assim, saberem os tempos que eles conseguem fazer.

Se os homens que escrevem editoriais para o *New Republic* e *The Monthly Review*, digamos, se submeterem a um exame sobre o que sabem a respeito da mecânica, da teoria, do desempenho anterior e da prática da revolução em si, como é feita, não como é idealizada, duvido que qualquer um deles teria um centésimo do conhecimento do seu tema que o apreciador sensível dos cavalos possui a respeito dos animais.

A França foi derrotada e estava pronta para a revolução em 1917 depois do fracasso da ofensiva do Chemin des Dames. Regimentos inteiros se revoltaram e marcharam por Paris. Clemenceau assumiu o poder quando praticamente todos os políticos e todas as pessoas sensatas negociavam secretamente ou ansiavam por uma paz e, ao fuzilar e banir do país todos os seus velhos inimigos políticos, recusando-se a negociar um armistício, executando sabe Deus quantos soldados que morreram sem publicidade amarrados aos postes diante dos pelotões de fuzilamento de Vincennes, e resistindo sem lutar até que o reforço americano chegou, botou suas tropas de novo no combate em julho de 1918. Como acabaram vendedores, a revolução ficou condenada na França, e quem quer que visse, sob as ordens de Clemenceau, a Garde Republicaine, com seus peitorais reluzentes, seus imponentes penachos, e aqueles cavalos de peitos robustos e grandes cascos ferrados, atacando a manifestação de veteranos de guerra mutilados que confiavam que o Velho jamais faria qualquer coisa contra eles, os seus *poilus*, que ele amava, e viu os sabres cortantes, o galope sobre eles, as cadeiras de rodas destroçadas, homens espalhados pelas ruas incapazes de correr, as muletas despedaçadas, o sangue e os miolos sobre os paralelepípedos, as ferraduras dos cascos arrancando faíscas das pedras, mas fazendo um som diferente de quando pisoteavam homens sem braços e sem pernas, enquanto a multidão fugia; ninguém que assistiu àquilo podia achar que algo de novo estava acontecendo quando Hoover mandou as tropas dispersarem os exércitos de desempregados.

A Alemanha nunca sofreu uma derrocada militar. Nunca houve lá nada como Sedan, que abriu caminho para a Comuna de Paris. Não houve bancarrota completa e falta de credibilidade naquilo por que a guerra era feita. Tropas norte-americanas tomaram Sedan, mas o exército simplesmente recuava em ordem. A Alemanha havia deixado de ganhar na primavera e no verão, mas o exército estava ainda intacto e uma paz foi instaurada antes que houvesse derrota do tipo que gera uma revolução. É verdade, houve uma revolução, mas ela foi condicionada e contida pelo modo como a guerra acabou e aqueles que nunca aceitaram a derrota militar odiavam aqueles que a aceitaram e começaram a exterminar os mais capazes deles pelo programa de assassinatos mais vil que o mundo já conheceu. Começaram, imediatamente depois da guerra, por matar Karl Liebknecht e Rosa Luxemburgo, e continuaram matando, eliminando sistematicamente revolucionários e liberais pelo processo invariável de assassinato inteligente. Walter Rathenau era um homem diferente e melhor em relação a Roehm, o pervertido, mas os mesmos homens e o mesmo sistema matou ambos.

A Espanha ganhou uma revolução que correspondeu exatamente à extensão de sua derrocada militar em Annual e os responsáveis por aquela terrível carnificina perderam seus cargos e tronos. Mas quando tentaram estender aquela revolução três semanas atrás, a massa do povo não estava pronta para ela e não a queria.

Nem a Áustria nem a Hungria chegaram a ser derrotadas na guerra no sentido em que a França o foi em 1870. A guerra esgotou-se antes que qualquer país as derrotasse e o que aconteceu em ambos refletiu isso. Gente demais ainda acredita no Estado, e a guerra é a saúde do Estado. Vocês verão que ela acabará se fazendo necessária para a saúde do chamado Estado comunista na Rússia. Mas a penalidade pela perda de uma guerra, por uma derrota acachapante, completa e final, é a destruição do Estado. Tomem nota disso, seus calças largas.

Um escritor pode fazer uma bela carreira enquanto estiver vivo, desposando uma causa política, trabalhando por ela, professando sua crença nela, e se a causa vencer ele estará muito bem colocado. Toda política é uma questão de trabalhar duro sem recompensa ou com um salário provisório, na esperança de uma pilhagem posterior. Um homem pode ser um fascista ou um comunista e, se o seu time chegar ao poder, ele talvez se torne um embaixador ou tenha um milhão de exemplares de seus livros impressos pelo governo ou faça jus a qualquer outra recompensa com que sonham os rapazes. Porque os rapazes da revolução literária são todos ambiciosos. Tenho vivido por algum tempo em que as revoluções passaram do estágio da sala de estar ou dos chás de editores e de piquetes operários leves e sei das coisas. Uma porção de amigos conseguiu excelentes empregos, outros estão na cadeia. Mas nada disso ajudará o escritor como escritor a não ser que encontre algo novo para acrescentar ao conhecimento humano enquanto escreve. Caso contrário, vai feder como qualquer outro escritor quando o enterrarem; exceto que, como teve afiliações políticas, mandaram mais flores na ocasião e depois ele vai feder ainda mais um pouco.

A coisa mais difícil no mundo é escrever uma prosa honesta sobre os seres humanos. Primeiro, você tem de conhecer o assunto; depois, tem de saber escrever. Leva-se toda uma vida a aprender as duas coisas e trapaceia quem escolhe a política como uma saída. É fácil demais. Todas as saídas são fáceis demais e a coisa em si é muito difícil de fazer. Mas você tem de fazê-la e toda vez que a faz bem, aqueles seres humanos e aquele assunto estão resolvidos e seu campo fica ainda mais limitado. Claro que todos os rapazes lhe desejam boa sorte e isso ajuda um bocado. (Observem como eles lhe desejam boa sorte depois da primeira rodada.) Mas não deixe que o convençam a escrever sobre o proletariado, se você não vem do proletariado, apenas para agradar críticos recém-iluminados politicamente. Dentro de pouco tempo estes críticos vão ser outra coisa. Já os vi sendo uma porção de coisas e nenhuma delas era bonita. Escreva sobre o que você sabe e escreva com autenticidade e diga a eles onde podem enfiar aquilo. Todos eles são convertidos muito recentes, e muito assustados, e quando Moscou diz a eles o que estou lhes dizendo, então eles acreditam. Os livros deviam ser sobre pessoas que você conhece, pessoas que você ama e odeia, não sobre pessoas que são objeto do seu estudo. Se você escrever com verdade sobre elas, elas encerrarão todas as implicações econômicas que um livro é capaz de ter.

Enquanto isso, como estamos no Natal, se vocês quiserem ler um livro escrito por um homem que sabe exatamente o que está escrevendo, e escreve maravilhosamente bem, leiam *Encontro em Samarra*, de John O'Hara.

Então, quando tiverem mais tempo, leiam um livro chamado *Guerra e paz*, de Tolstói, e verão como vocês têm de passar por cima das passagens do Pensamento Político, que ele sem dúvida achava que eram as melhores coisas do livro, quando o escreveu, porque elas não são mais nem verdadeiras, nem importantes, se é que chegaram a ser um dia mais do que tópicas, e veja como são verdadeiras e importantes as pessoas e a ação. Não deixem que o enganem em relação a o que um livro deveria ser, por causa do que está na moda hoje. Todos os bons livros são iguais no sentido de que eles são mais verdadeiros do que se tivessem realmente acontecido e, depois que você os acabou de ler, vai sentir que tudo aquilo aconteceu com você e depois tudo lhe pertence; as coisas boas e as coisas más, o êxtase, o remorso e a tristeza, as pessoas e os lugares, e o tempo que fazia. Se você é capaz de dar isso às pessoas, então você é um escritor. Porque esta é a coisa mais difícil de todas de fazer. Se, depois disso, você quiser abandonar o seu ofício e entrar para a política, vá em frente, mas é um indício de que você tem medo de seguir em frente e fazer o oposto, porque a coisa está ficando feia e você precisa fazer esse trabalho sozinho e então você quer fazer algo que lhe permita ter amigos e simpatizantes e fazer parte de uma companhia engajada em fazer algo que vale a pena fazer, em vez de trabalhar toda a sua vida em algo que só valerá a pena se você o fizer melhor do que já foi feito.

Você deve estar preparado para trabalhar sempre sem aplauso. Quando ficar empolgado por algo que fez, é sinal de que o primeiro rascunho foi feito. Mas ninguém pode vê-lo até que você o tenha refeito várias vezes, até que tenha comunicado a emoção, as imagens e os sons ao leitor e quando você tiver completado isso, as palavras, às vezes, não farão sentido para você enquanto as lê, de tantas vezes que as releu. E quando o livro for publicado, você já terá começado outra coisa e tudo aquilo já estará no seu passado e você não quer mais ouvir a respeito. Mas você o faz, você lê o texto entre as capas e vê todos os lugares em que nada mais pode fazer. Todos os críticos que não puderam fazer sua reputação descobrindo você agora esperam fazê-la prevendo esperançosamente sua iminente impotência, seu fracasso e o esgotamento geral do viço. Nenhum deles lhe desejará boa sorte ou esperará que continue escrevendo a não ser que tenha filiações políticas, caso em que se arregimentarão para falar de você e de Homero, Balzac, Zola e Link Steffens. Você pode muito bem prescindir destas resenhas. Finalmente, em algum outro lugar, em alguma outra ocasião, quando você não conseguir trabalhar e se sentir como o diabo, você vai pegar o livro, olhar dentro dele e começar a ler e a seguir em frente e não demora muito vai comentar com sua mulher: "Caramba, essa coisa é maravilhosa."

E ela dirá: "Querido, eu sempre lhe disse que era." Ou talvez ela não o escute bem e pergunte: "O que foi que você falou?", e você não repetirá a observação.

Mas se o livro é bom, é sobre algo que você conhece, é escrito com sinceridade e, relendo-o, você confere que é bom mesmo e pode deixar os rapazes uivarem e o ruído terá aquele som agradável que os coiotes fazem numa noite muito fria quando estão lá fora na neve, e você, protegido em sua própria cabana, que construiu ou pagou com o seu trabalho.

LEMBRANDO DO TIRO AO VOO: UMA CARTA DE KEY WEST

Esquire, fevereiro de 1935

Sopra um vento norte forte; o golfo está agitado demais para a pesca e não há caça também. Quando você encerra o trabalho e está quase escuro, você pode passear pela calçada à beira-mar e disparar pratos de tiro ao alvo com uma catapultazinha manual e eles saltitam e sobem e se alçam em estranhos ângulos como uma narceja ao vento. Ou você pode dispará-los empurrados pela ventania e viajarão feito uma flecha por sobre a água. Ou então pode descer abaixo da mureta da orla e pedir que arremessem os pratos por cima de sua cabeça a favor do vento e, se você conseguir acertar um deles reduzindo-o a poeira escura, não vai poder fingir que era um velho faisão macho, a menos que saibam fingir melhor do que eu. O problema é que não houve nenhum baque, nem existe uma fileira de árvores nuas, nem você está de pé numa estrada úmida, coberta por folhas, nem você ouve os batedores, ou o rumorejo quando um faisão levanta voo e, ao chegar ao cume das árvores, você está na caça e faz a mira e, ao atirar, ele estremece e ouve-se o baque surdo da sua queda. Caçar faisões em pleno voo vale o preço que se paga.

Mas quando você não pode atirar, pode se lembrar de outras caçadas, e eu prefiro ficar em casa agora, esta tarde, e escrever a respeito, a sair e arremessar pratos de argila ao vento, tentando quebrá-los e desejando que fossem o que não são.

Quando você teve sorte na vida, descobre que justo à altura em que os melhores livros rareiam (e eu gostaria ler de novo pela primeira vez *Ana Karenina, Longe e há muito tempo, Buddenbrooks, O morro dos ventos uivantes, Madame Bovary, Guerra e paz, Cadernos de um caçador, Os irmãos Karamazov,*

Hail and Farewell, As aventuras de Huck Finn, Winesburg, Ohio, A rainha Margot, A pensão Tellier, O vermelho e o negro, A cartuxa de Parma, Dublinenses, as *Autobiografias* de Yeats e alguns outros em vez de ter uma renda garantida de um milhão de dólares por ano), você dispõe de uma porção de boas coisas das quais pode se lembrar. Então, quando acabar o tempo em que você fez as coisas das quais pode se lembrar agora, e enquanto estiver fazendo outras mais, você descobre que pode ler aqueles livros de novo e, sempre, existem uns poucos, muito poucos, livros novos e bons. No ano passado foi *La Condition Humaine,* de Andre Malraux. Foi traduzido, não sei até que ponto bem traduzido, como *O destino do homem,* e às vezes é tão bom quanto Stendhal, e isso é algo que nenhum escritor de prosa conseguiu na França há mais de cinquenta anos.

Mas este artigo deveria ser sobre caça, não sobre livros, embora eu lembre que o melhor de caça a tiro que já li foi em Tolstói e muitas vezes fico pensando nas narcejas que voam na Rússia e que caçar faisão é contrarrevolucionário. Quando você amou três coisas a vida inteira, desde que consegue se lembrar: pescar, caçar e, depois, ler; e quando sua vida inteira a necessidade de escrever se tornou o seu patrão, você aprende a se lembrar e, quando rememora, você se lembra de pescar, atirar e ler mais do que de qualquer outra coisa, e isso é um prazer.

Você é capaz de lembrar a primeira narceja que abateu caminhando na pradaria com seu pai. Como o pássaro subiu num salto e você o acertou na segunda guinada e teve de vadear por um pantanal atrás dele para o trazer, encharcado, segurando-o pelo bico, feliz como um cão de caça, e você se lembra de todas as narcejas desde então em tantos lugares. Lembra do milagre que pareceu quando alvejou seu primeiro faisão, que se alçou ruidosamente dos seus pés para pousar num matagal de roseira brava e caiu com as asas tremulando e você teve de esperar até o escurecer porque eram aves protegidas, e podia sentir o seu corpo ainda dentro de sua camisa e a cauda comprida debaixo da axila, entrando na cidade no escuro ao longo da estrada lamacenta que é hoje North Avenue onde as carroças ciganas acampavam quando havia pradaria até o rio Des Plaines onde Wallace Evans tinha uma fazenda com aves de caça e grandes bosques corriam ao longo do rio onde ficavam os morretes com cemitérios índios.

Eu cheguei lá há cinco anos e onde alvejei aquele faisão havia um estabelecimento de cachorro-quente e um posto de gasolina e a pradaria norte, onde caçamos narcejas naquela primavera, e patinamos nos brejos quando eles congelavam no inverno; era tudo uma subdivisão de casinhas medíocres e, na cidade, a casa onde eu tinha nascido havia desaparecido e os carvalhos tinham sido cortados e um prédio de apartamentos havia sido construído bem na beirada da rua. Fiquei feliz por ter saído dali na época certa. Porque, se você gosta de caçar e pescar, tem de se deslocar com frequência e sempre para mais longe e não importa o que eles fazem quando você foi embora.

O primeiro bando de perdizes que vi eram tetrazes com rufos, mas nós as chamávamos perdizes por lá, eu estava com meu pai e um índio chamado Simon Green. Nós topamos com eles se empoeirando e comendo ao sol debaixo do moinho em Horton's Creek, em Michigan. Pareciam perus grandes para mim e fiquei tão empolgado com o farfalhar das asas que perdi os dois tiros que tinha, enquanto meu pai, com uma velha Winchester de repetição, matou cinco do bando e eu me lembro do índio indo apanhá-las enquanto ria. Era um índio velho e gordo, grande admirador de meu pai, e quando relembro aquela caçada sou um grande admirador de meu pai também. Era um ótimo atirador, um dos mais rápidos que conheci; mas era nervoso demais para ser um atirador de competição cheio de prêmios.

Lembro então de caçar codornas com ele quando ainda não tinha nem dez anos e ele estava me exibindo, mandando atirar em pombos que voavam sobre um celeiro, e acabei quebrando o cão da minha calibre 20 de um cano, e a única arma lá na casa do meu tio no sul do Illinois que ninguém estava usando era uma velha L.C. Smith de cano duplo que pesava talvez uns quatro quilos. Eu não conseguia acertar nada com ela e o coice era tão forte que acabei com o nariz machucado. Tinha medo de atirar com ela e fiquei exausto carregando aquela joça e meu pai me deixou parado num pedaço cerrado de mato enquanto abatia as aves solitárias de um bando que tínhamos dispersado. Havia uma ave vermelha sobre uma árvore e então olhei para baixo e vi uma codorna, recém-abatida. Eu a peguei e ainda estava quente. Meu pai evidentemente a atingira com um chumbo perdido e ela voara aquela distância toda e caíra ali. Olhei ao redor, não havia ninguém à vista, então, colocando a codorna aos meus pés, fechei os olhos e puxei o gatilho daquele velho cano duplo. Seu coice me jogou contra a árvore e quando abri a espingarda vi que ela tinha disparado os dois cartuchos ao mesmo tempo e meus ouvidos zumbiam e meu nariz sangrava. Mas eu apanhei a codorna, recarreguei a arma, limpei meu nariz e parti ao encontro de meu pai. Eu estava doido por não alvejar nenhum pássaro.

— Pegou algum, Ernie?

Ergui a codorna.

— É um macho — disse ele. — Está vendo seu pescoço branco? É uma beleza.

Mas eu fiquei muito mal por ter mentido para ele, parecia que eu tinha uma bola de beisebol na barriga, e naquela noite lembro de ter chorado com a cabeça debaixo da colcha de retalhos depois de o meu pai ter ido dormir, por ter mentido para ele. Se tivesse acordado, eu lhe teria contado, acho. Mas ele estava cansado e dormia feito uma pedra. Nunca contei para ele.

Portanto não vou pensar mais nisso, mas lembro agora como foi que quebrei a mola do calibre 20. Foi por percutir o cão numa câmara vazia praticando o tiro aos pombos depois que não me deixavam mais atirar. E alguns meninos vieram pela estrada quando eu carregava os pombos do celeiro para a casa e um deles disse que eu não havia alvejado aqueles pombos. Chamei-o de mentiroso e o menor dos dois me deu uma baita surra. Foi uma viagem infeliz.

Num dia frio como este você pode se lembrar de atirar no escuro, ouvindo suas asas fazendo uichi-chu-chu-chu no escuro antes do dia nascer. É a primeira coisa que me lembro de patos; o som sibilante, de seda rasgada, que as batidas de asas rápidas fazem; assim como o que você lembra primeiro de gansos é como parecem se mover lentamente quando viajam e, no entanto, voam tão rápido que o primeiro que você matou estava duas posições atrás daquele em que você atirou, e toda aquela noite você acordava e lembrava como ele estacara em pleno voo e caíra. A galinhola é um pássaro fácil de acertar, com um voo suave como o de uma coruja e, se você errar, ela muitas vezes baixa a altura de voo e lhe oferece uma segunda oportunidade. É uma delícia para ser comida flambada no armanhaque cozida em sua própria gordura e manteiga, com um pouco de mostarda para finalizar o molho, duas fatias de bacon e batatas *souflées*, acompanhada de um vinho Corton, Pommard, Beaune ou Chambertin.

Agora faz ainda mais frio e encontramos perdizes do Ártico nos cumes rochosos de um planalto e à esquerda da geleira, perto da Madelener-haus no Voralberg, em meio a uma nevasca e no dia seguinte seguimos o rastro de uma raposa o dia inteiro de esqui e vimos onde ela havia pegado uma perdiz sob a neve. Nunca chegamos a vê-la, de fato.

Havia camurças na região também e galos da serra nos bosques das encostas e, às vezes, à noite encontrávamos grandes lebres quando voltávamos para casa pela estrada. Nós as comíamos num guisado e bebíamos vinho tirolês. E por que, hoje, lembrar dos tiros que erramos?

Havia muita perdiz nos arredores de Constantinopla e nós as assávamos e começávamos a refeição com um pote de caviar, do tipo que você jamais poderá pagar de novo, cinzento claro, os grãos grandes como uma pelota de chumbo grosso, um pouco de vodca para acompanhar, e então as perdizes, não assadas demais, quando você as fatia tem o sumo, bebendo vinho Borgonha do Cáucaso e servindo batatas fritas e uma salada com molho de roquefort e outra garrafa de, qual era mesmo o número daquele vinho? Vinham todos numerados. Sessenta e um, eu acho.

Já viram alguma vez o voo rápido, suave e extenso das abetardas? Ou serem alvejadas aos pares com um cano duplo, direito e esquerdo, ou atirarmos em galinhas-anãs que vinham à água ao amanhecer e ver a grande variedade de alvos que elas ensejam e ouvir o seu cacarejo seco quando voam, meio parecido com o ruído das galinhas do campo quando decolam, batida rápida das asas e ascensão com asas rígidas, e vemos um coiote olhando para nós de uma distância muito grande, fora do alcance de tiro e um antílope se vira e ergue a cabeça quando ouve o estalo da espingarda? Galinhas-anãs, é claro, têm o voo diferente do das galinhas do campo. Têm aquele voo cortante como o dos pombos, mas cacarejam parecido e, com a abetarda e o marreco, não existe outra ave para a panela, a grelha e nem o forno.

E então vocês se lembram do maçarico que se aproximou da praia certa vez numa tempestade quando vocês atiravam em tarambolas e marrecos saltitantes ao longo de um curso de água que cortava a planície de outro continente, e uma hiena que saía do capinzal quando você tentava espreitar num banhado e a vê se virar e olhar a dez metros de distância e você manda ver com a espingarda em seu rosto feio e, de pé, com a água pela cintura, à espera de um bando de marrecos voltar ao bebedouro, e então, de novo nos bosques hibernais, alvejando galos silvestres ao longo de um regato de trutas onde apenas uma lontra pescava agora e todos os lugares e diferentes voos de pássaros, três patos selvagens saltitando agora, lá onde os castores desbastam os choupos e vendo o pato se avolumar, peito branco, cabeça verde, subindo, e o derruba na bifurcação do Velho Clark, espraiando-se pela margem e observando-o até que vai boiar numa praia de seixos.

Existem ainda as galinhas silvestres, bravas como gaviões naquela época, as maiores de todas, alçando voo e fugindo do nosso alcance, sempre fora de alcance, até que você chegava a uma pilha de alfafa e quatro delas subiam zumbindo, uma após a outra, quase aos seus pés, e depois, caminhando para casa com sua capa de caça, elas pareciam pesar uma tonelada.

Acho que estas aves foram todas feitas para ser caçadas, porque se não o fossem, por que foram dotadas daquele sussurro das asas que comove a gente subitamente muito mais do que qualquer amor à terra? Por que foram feitas tão gostosas de comer e por que fizeram aquelas de voo silencioso, como a narceja, a codorniz e a abetarda, ainda mais deliciosa de comer do que as demais?

Por que o maçarico tem aquela voz, e quem inventou o pio da tarambola, que substitui o ruflar das asas, para nos dar aquela catarse que o tiro ao voo proporcionou aos homens desde que abandonaram os falcões de caça e passaram a caçar eles mesmos com armas de fogo? Acho que, sim, elas foram feitas para serem alvejadas e alguns de nós fomos feitos para atirar nelas e se isso não é lá uma coisa muito bonita, pelo menos nunca digam que não admitimos a vocês que adoramos fazer isso.

AS ATRAÇÕES DE WHITEHEAD STREET: UMA CARTA DE KEY WEST

Esquire, abril de 1935

A casa ocupada agora por seu correspondente está listada no número dezoito numa compilação de quarenta e oito coisas que um turista deveria ver em Key West. Por isso, não haverá dificuldade para que um turista a encontre, ou qualquer outra das atrações da cidade; um mapa foi preparado pelas autoridades do turismo local para ser presenteado a cada visitante que chega. O seu correspondente é um sujeito modesto e recolhido sem nenhum desejo de competir com o Espongiário (número 13 das atrações), nem com a Corrida de tartarugas (número 3 no mapa), a Fábrica de Gelo (número 4), o Aquário Tropical ao Ar Livre, contendo o mero de 300 quilos (número 9) ou o Tribunal do Condado de Monroe (número 14). A ambição do seu correspondente sequer compete com a Casa Antiga Típica (número 12), a Igreja Metodista Ley, Sul (número 37) ou a Fábrica de Charutos Abandonada (número 35). No entanto, lá está o seu correspondente entre o Horto Tropical de Johnson (número 17) e o Farol e Aviários (número 19). Isso é muito lisonjeador para o ego facilmente inflável do seu correspondente, mas muito difícil na prática.

Para desencorajar visitantes enquanto trabalha, o seu correspondente contratou um negro idoso que aparenta ser vítima de uma doença estranha semelhante à lepra e vai ao encontro dos visitantes no portão e diz: "Eu ser o Sr. Hemingway e eu ser louco por você." Claro, um visitante que saiba muito a respeito de lepra não se deixa intimidar por esse cidadão e, depois de examiná-lo por alto, o descarta como um impostor e pede para ser levado à presença do seu patrão. Mas turistas com um conhecimento limitado de lepra são em geral facilmente desencorajados e podem ser vistos descendo às pressas a rua em direção do Forte Taylor (número 16) com o negro idoso manquejando atrás deles com suas muletas e contando aos berros histórias de como pegou marlins e espadartes gigantescos e detalhes de seus feitos de caçador com animais cujos nomes ele tem o hábito lamentável de confundir. Ultimamente, o velho sujeito deu para contar aos visitantes que lhe deem ouvidos histórias pelas quais o seu correspondente não pode, de modo algum, se responsabilizar.

Uma tarde, sentado na varanda desfrutando um charuto, seu correspondente ouviu o velho brindando um grupo de turistas um tanto horrorizados com a história de como escreveu um livro que insistia em chamar *O chamado às armas*. De certo modo, ele confundia o enredo com aquele de outro best-seller, *A cabana do Pai Tomás*, e sua descrição de como escrevera a passagem em que "Missy" Catherine Barkley persegue com cães de caça o exército italiano sobre o gelo seria hilária, não fosse tão realista. Um de seus ouvintes um tanto recalcitrante perguntou por que escrevia sempre na primeira pessoa e o velho pareceu hesitar por um momento, mas acabou respondendo:

— Não, senhor, não escrevo na primeira pessoa. Eu não brinco com as pessoas de jeito nenhum. Escrevo direto na máquina de escrever.

— Mas o senhor esteve de fato na Itália durante a guerra, Sr. Hemingway? Ou o pano de fundo do seu best-seller foi puramente imaginação?

Isso sempre dava corda ao velho, pois ele adora falar sobre a Itália, que descreve como "onde pegou aquela doença leprosa", mas seu público raramente fica para ouvir o fim da história e, tragando fundo o meu charuto, me diverti os vendo se exercitar ao longo de Whitehead Street em direção à Casa do Telégrafo (número 22) com o velho mantendo um bom tempo atrás deles com os restos meio escabrosos de suas pernas.

No dia de folga do velho ou em feriados nacionais, os visitantes acabam entrando na casa. Como seu lar entrou numa lista de atrações oficiais, seu correspondente sente que tem certo dever ao escritório de turismo local de corresponder aos anseios dos visitantes. Um destes foi o Sr. Interrogador, um proeminente homem de negócios e companheiro do Player's Club que nos honrou com sua visita recentemente. Seu correspondente tinha acabado de encerrar um dia de trabalho cansativo e se sentia um tanto fatigado quando a porta se abriu e ele viu o Sr. Interrogador.

— Olá, como vai, Interrogador, velho camarada? — você diz.

— Acabo de chegar — diz o Interrogador. — Encontrei a porta aberta e vi que você estava sentado aí lendo. Não foi pescar hoje?

— Não. Estou trabalhando.

— Ha. Ha. Chama isso de trabalho. Quanto lhe pagam por estas coisas?

— Ora, varia. Às vezes, um dólar por palavra. Às vezes, setenta e cinco centavos. Às vezes você exige dois dólares quando tem algo que os compromete. Claro, o trabalho que a garotada faz é um pouco mais barato.

— Não sabia que seus filhos escreviam.

— Na verdade, só um deles escreve de fato. É o mais velho, Bumby. Os outros só ditam.

— E você pode vender como seu o que eles fazem?

— Cada palavra. Claro, você tem de retocar a pontuação um pouco.

— É um negócio e tanto, não? — pergunta o Interrogador, muito interessado agora. — Não fazia ideia de que dava tanto dinheiro. Quanto rende o trabalho das crianças?

— Ganhamos um quarto de dólar por três palavras do mais velho. Os outros ganham proporcionalmente.

— De qualquer forma, é dinheiro.

— É, sim — você responde. — Se você conseguir botar os danadinhos para trabalhar.

— É difícil?

— Não é fácil. Quando você os maltrata, escrevem coisas tão tristes que não há mercado para elas e você acaba aceitando dez centavos por palavra. E eu quero manter os padrões deles elevados.

— Você está muito certo — diz o Interrogador. — Conte mais. Não tinha a menor ideia de que esse negócio de escrever era tão interessante. O que você quer dizer quando fala que "tem algo que compromete" um editor?

— É como no velho jogo da chantagem com rabo de saia — você explica. — Claro, temos de dar uma comissão e tanto para a polícia. Por isso, não tem todo esse dinheiro que se imagina. Vamos dizer que entra em cena um novo editor, um editor casado, e nós o levamos a uma daquelas... Bem, você sabe... Ou simplesmente o surpreendemos em seu quarto em certo momento e então, é claro, o preço sobe. Mas não há mais dinheiro nesse tipo de coisa. O Departamento de Reconstrução Nacional praticamente acabou com isso.

— Eles tentaram acabar com tudo — diz o Interrogador.

— Johnson caiu em cima de nós por causa dos garotos — você diz. — Tentou chamar aquilo de exploração do trabalho infantil e o garoto mais velho já passou dos dez. Tive que ir a Washington por causa disso. "Escute aqui, Hugh", falei a ele. "Não estou nem um pouco interessado no que você vai fazer com Richberg. Mas o garoto continua trabalhando, tá?" Dei-lhe as costas e saí. Botamos o rapazinho a cerca de dez mil palavras por dia depois disso, mas metade era triste e tivemos de aceitar a perda por isso.

— Ainda assim — disse o Interrogador —, é dinheiro.

— É dinheiro, sim. Mas não é dinheiro de verdade.

— Gostaria de vê-los trabalhando.

— Nós os fazemos trabalhar à noite — digo a ele. — Não é muito bom para os olhos, mas eles se concentram mais. E então de manhã eu posso fazer a revisão do material deles.

— Não se incomoda de colocar tudo sob o seu próprio nome?

— Não, claro que não. O nome é uma espécie de marca registrada. O material de segunda vendemos sob outros nomes. Você provavelmente viu algo dele por aí. Saiu em grande quantidade faz um tempinho. Agora já não há tanto assim. Nós o comercializamos usando uma grande quantidade de pseudônimos e isso matou o mercado.

— E o senhor mesmo não escreve mais nada?

— Apenas um pouquinho para não perder a prática. Mas os meninos estão indo muito bem e eu me orgulho deles. Se sobreviverem, vou passar o negócio para eles em breve. Nunca vou esquecer como Patrick trouxe o manuscrito acabado de *Morte ao entardecer*. Fez a coisa toda a partir de uma inspiração singular. Viu um velório negro patrocinado pelos Filhos e Filhas da Compaixão Recompensada, uma espécie de agência de seguros popular por aqui, e, como era de tarde, aquilo lhe inspirou o título. O sujeitinho seguiu em frente e ditou a coisa toda direto para sua babá em menos de uma semana.

— Muito incrível — disse o Interrogador. — Gostaria de entrar num negócio desses.

— Eu disse ao menino: "Pat, isso dá um filme se acharmos um cretino que possa comprar." E sabe o que o sujeitinho respondeu? "Papai, deixa o Williams, aquele que limpa a garagem, comprar. Ouvi você chamando ele de crioulo cretino quando jogou fora as garrafas de cerveja que queria retornar ao Sr. Josie." Isso mostra como eles estão sintonizados.

— E Williams comprou?

— Sim, está na Costa do Pacífico agora. Tentando vender a história para Jock Whitney para Technicolor. Claro, o Williams também é um sujeito de cor.

— Vocês costumam escrever histórias sobre negros?

— Bem, tentamos evitar isso, por causa da instabilidade do mercado sulino, mas este ano vamos entrar de sola.

— O que quer dizer com instabilidade?

— Ora, você consegue popularizar um personagem e ele comete algum erro e acaba linchado. Mas estamos evitando isso usando dialeto negro genuíno com personagens brancos certificados, muitas delas filhas da Confederação. O que acha disso?

— Sou a favor. Conte mais um pouco sobre isso.

— Bem, vamos escrever um épico. Trabalham nele dia e noite. Bumby tem a noção histórica. Pat faz o diálogo e Gregory faz o enredo. Você sabe, encontramos um novo ângulo da Guerra Civil, mas o problema com a maioria dos épicos é que não eram grandes o suficiente, mas algo que alguém era capaz de ler e passar adiante o comentário de que era uma porcaria. Pensamos em chegar a três mil páginas. Se lucrar, bruto, um milhão, vamos mandar Gregory para a escola, está sempre implorando para ir à escola, e deixar Pat abrir um escritório na Costa. Ele só fala nisso. "Papai, quando é que posso partir para a Costa?" A tal ponto que já não aguento mais ouvir. Por isso eu disse a ele hoje: "Acabe o épico e, se sair como deveria, você pode ir para a Costa." Ele diz que quer ver Donald Ogden Stewart. Engraçado, não é? Eu disse a ele: "Vou com você, Pat. Porque eu quero ver

Dotty Parker. Quero de verdade." Mas ele diz: "Não, papai, eu quero ir para a Costa sozinho e abrir nosso escritório e ver Stewart. Sozinho." O que você acha que deu num garoto trabalhador como esse? Para que ele quer ver o Stewart? Talvez alguma velha dívida, ou coisa assim. Os garotos têm estas esquisitices. Não me lembro de dever alguma coisa a Stewart, faz tantos anos.

— Sabe de uma coisa, acho que devo ir andando — diz o Sr. Interrogador, e existe um novo respeito no seu tom de voz. — O senhor pode estar ocupado.

— Nunca estou ocupado demais para você, Interrogador, seu velho otário. Apareça sempre que estivermos por aqui. Nathaniel sempre pode lhe arranjar um belisco rápido.

— Até a vista, Hoggelway — diz o Interrogador. — Não imagina como isso foi interessante para mim.

— Detalhes do trabalho de um homem são sempre interessantes.

— Até e muito obrigado.

— Até.

O Sr. Interrogador sai e você chama Nathaniel.

Nathaniel:

— Sim, Sr. Emmings.

Você:

— Nathaniel, vamos manter a porta da frente trancada, sempre.

Nathaniel:

— Sim, senhor. Não foi culpa minha que o Sr. Interrogador entrou desta vez.

Você:

— Eu entendo, Nathaniel. Mas adote o hábito de trancar a porta, Nathaniel. Se a gente esticar a imaginação nessa hora avançada do dia, é capaz de rompê-la. Sim, obrigado, Nathaniel. Sim, mais um.

A RESPEITO DE SER BALEADO DE NOVO: UMA CARTA DA CORRENTE DO GOLFO

Esquire, junho de 1935

Se você tiver de matar um cavalo, fique tão perto dele para que não dê brecha ao erro e atire na testa no ponto exato onde uma linha traçada de sua orelha esquerda a seu olho direito e uma linha traçada de sua orelha direita a seu olho esquerdo se intersectam. Uma bala ali de uma pistola de calibre .22 o matará instantaneamente e sem dor, e o animal inteiro vai desabar e cair ao chão e não vai se mexer exceto para esticar as pernas para os lados, caindo feito uma árvore.

Se você tiver de atirar num tubarão, atire em qualquer lugar ao longo de uma linha reta no centro da sua cabeça, entre a ponta do nariz até trinta centímetros para cima dos olhos. Se puder, com o seu olho, intersectar essa linha com a linha que liga seus olhos, é só atirar no ponto e decretá-lo morto. Uma .22 o deixará tão morto como uma .45. Mas nunca pense que ele seja capaz de se mexer muito depois disso simplesmente porque você sabe que ele está morto. Ele terá outras ideias depois que você o alvejou, mas é capaz de muitos movimentos indiretos. O que o paralisa são umas boas porretadas na cabeça.

Se você quiser matar um animal de grande porte instantaneamente, você deve atirar no cérebro, se é que sabe onde fica isso. Se você quer matá-lo, mas não faz nenhuma diferença se ele se mexe depois do primeiro tiro, você deve atirar no coração. Mas se você quiser parar qualquer animal grande você tem de atirar no osso. O melhor osso para quebrar é o do pescoço ou de qualquer parte da coluna dorsal; a seguir, os ombros. Um

ESQUIRE, 1933-1936

quadrúpede pesado pode andar com uma perna quebrada, mas um ombro quebrado o derruba e o ancora.

Seu correspondente vem pensando bastante em atirar e ele está inspirado a oferecer essa informação pelo fato de que acabou de atirar em si próprio, nas duas panturrilhas. Esta manobra difícil de executar com uma única bala não foi uma experiência de balística, mas algo bem casual. Seu correspondente foi criticado certa vez pela carta de um leitor desta revista por não ser um viajante muito casual. Tentando se tornar mais casual, seu correspondente acabou atirando em si mesmo nas duas pernas com uma mão enquanto arpoava um tubarão com a outra. É o máximo aonde vou para satisfazer um leitor. Se o leitor quiser derrubar seu correspondente estourando um grande osso, ou abatê-lo com um bem direcionado tiro nos miolos, ou observá-lo a caminho da geladeira com uma bala no coração, o leitor terá de atirar ele mesmo.

Tínhamos deixado Key West de manhã bem cedo e estávamos uns trinta quilômetros ao largo da costa na Corrente do Golfo pescando com carretilha para o leste, ao longo de uma corrente pesada e escura, a caminho de Bimini, nas ilhas Bahamas. O vento estava para o sul, soprando para além da corrente; era uma pescaria de dificuldade moderada, mas um dia bonito. Tínhamos avistado uma tartaruga verde singrando abaixo da superfície e aprontávamos o arpão para pegá-la, planejando salgá-la num barrilete, uma camada de carne, uma camada de sal, como reserva de carne para a viagem, quando Dos arpoou um grande golfinho. Enquanto ele se ocupava com o golfinho, perdemos de vista a tartaruga.

Outro golfinho atacou Henry Strater, presidente do Clube do Atum do Maine, a partir de agora mencionado como o Presidente, e enquanto o Presidente lidava com o bicho, um cardume de golfinhos apareceu verdejante na água e, lá de baixo, um grande tubarão preto, do tipo que chamamos *galanos* na costa cubana, assomou para romper a superfície da água atrás do golfinho do Presidente, que saltou no ar agitadamente. E ficou no ar, agitado, enquanto o tubarão, com metade do corpo fora da água, ia atrás dele. O Presidente o enfrentou com habilidade e inteligência de Presidente, dando a ele linha o bastante para escapar do tubarão, e com a folga o golfinho se safou do anzol.

Os golfinhos ainda estavam zanzando pela popa e enquanto Dos filmava, nós colocamos outra isca no anzol do Presidente e a oferecia para este ou aquele golfinho quando o tubarão arremessou a isca para dentro do que Old Bread, nosso timoneiro, se referiu em outros termos como o tubo de descarga do seu cólon.

Com o Presidente enganchado neste tubarão e suando por todos os poros, o seu correspondente lançou uma boa porção de linha com uma gigantesca nova carretilha 14/0 (vínhamos testando a capacidade da carretilha e vendo como o novo arrasto VomHofe funcionava e ainda não havíamos usado uma boa linha) e um *galano* enorme abocanhou a isca, virou-se e partiu a toda velocidade, estourando a velha linha. "Que se fornique o bastardo", disse o seu correspondente e botou outra isca na mesma linha. O *galano*, com uma linha dupla escorrendo da boca como o bigode de um peixe-gato, virou-se e levou esta isca também e, quando o seu correspondente voltou-se sobre ele, rompeu a velha linha de novo. Diante disso, o seu correspondente outra vez se dirigiu ao *galano* na terceira pessoa e botou outra isca na vara pesada do Presidente. O *galano* nadou várias vezes em volta dessa isca antes de mordê-la; evidentemente ele sentia cócegas por causa da linha dupla que escorria da boca como uma desgatopeixidade de gato-peixe (o seu correspondente está lendo, e admirando, *Pylon* do Sr. William Faulkner), mas finalmente engoliu a isca e partiu, envergando a vara pesada do Presidente com o puxão que deu na nova linha 39 enquanto seu correspondente se dirigia de novo ao *galano* na terceira pessoa, dizendo: "Está certo, seu bastardo, vamos ver você puxar, seu bastardo."

Por poucos minutos seu correspondente e o Presidente suaram, cada um ocupado com seu próprio tubarão (o do Presidente estava preso a um equipamento mais leve, por isso ele precisava tomar cuidado) quando o do seu correspondente se aproximou e enquanto Saca, o cozinheiro, segurava a guia, seu correspondente arpoava o *galano* e, segurando-o com o grande arpão, atirou na cabeça com a pistola automática Colt calibre .22 usando uma bala engraxada e comprida de rifle de ponta rombuda. Dos estava no topo do barco, na frente, tirando algumas fotos do tubarão tendo um ataque e seu correspondente aguardava uma oportunidade de atirar de novo

ESQUIRE, 1933-1936

nele para aquietá-lo o suficiente para que o pudéssemos içar na popa e cobri-lo de pauladas e cortar o anzol quando o arpão quebrou com um estalido forte, o cabo golpeando seu correspondente na mão direita e, olhando para baixo, seu correspondente viu que uma bala atravessara a batata da sua perna esquerda.

— Como se pode ter uma mãe tão desgraçada? — disse o seu correspondente. — Levei um tiro.

Não sentia dor nem mal-estar; apenas um pequeno orifício cerca de sete centímetros abaixo da rótula, e outro buraco dentado maior que o meu polegar, e um número de pequenas lacerações nas batatas das pernas. Seu correspondente afastou-se da amurada e sentou-se. O estalo da haste do arpão ao se quebrar e a detonação da pistola foram simultâneos e ninguém mais chegou a ouvir a pistola disparar. Eu não podia saber como teria ocorrido mais de um tiro então. Mas de onde teriam vindo os outros ferimentos? Poderia eu ter apertado o gatilho duas ou três vezes sem o saber, como as ex-amantes alegaram em seu testemunho sobre os assassinatos do Love Nest. Com os diabos, de jeito nenhum, pensou seu correspondente. Mas de onde vinham todos aqueles furos então?

— Traga a tintura de iodo, Bread.

— Como foi, capitão?

— Levei um tiro quando o arpão quebrou.

Todo esse tempo o Presidente continuava no trabalho árduo com seu *galano*.

— Não estou entendendo — falei. — Tem um ferimento regular de bala que inchou como um cogumelo, mas o que diabo é o ferimento pequeno? Dê uma olhada e veja se consegue achar um buraco no banco onde eu estava sentado, ou uma bala.

— Quer um drinque, capitão? — Bread perguntou.

— Mais tarde.

— Não tem nenhuma bala, capitão — disse Saca. — Em nenhum lugar por aqui.

— Então está aí dentro. Temos de parar com a brincadeira e voltar.

— Temos de recolher o bote, capitão — disse Bread. — Que soltamos quando o senhor fisgou os tubarões.

— Jesus, Hem, a coisa está feia — disse Dos. — Acho melhor a gente voltar logo.

— Melhor cortar a linha e soltar o bicho — falei.

Saca foi falar ao Presidente, que ainda se ocupava do *galano*. Pres cortou sua linha e veio até onde eu estava sentado.

— Que diabo, rapaz, eu não sabia que você tinha levado um tiro — disse. — Pensei que estivesse brincando. Eu não teria ficado agarrado ao miserável do tubarão.

O seu correspondente ficou de pé e voltou à popa. Lá, no alto da faixa de latão que encima a amurada, ligeiramente inclinada, estava a marca estrelada que a bala fizera quando ricocheteou. Isso explicava os fragmentos. O corpo da bala estava em minha panturrilha, evidentemente. Eu não sentia absolutamente nenhuma dor. Foi por isso que o seu correspondente escreveu no início desta carta que se você quer parar animais grandes deve atirar em um osso.

Fervemos um pouco de água, esfregamos com sabão antisséptico e enchemos os furos de tintura de iodo enquanto íamos a toda velocidade para Key West. Seu correspondente tem de reportar que também com pontaria certeira devolveu todo o seu almoço a um balde na viagem de volta, que o Dr. Warren em Key West retirou os fragmentos, sondou, tirou um raios X, decidiu não remover o fragmento maior de bala que penetrara entre sete a dez centímetros na batata da perna e que sua decisão foi motivada pelo fato de que o ferimento estava limpo e sem infecção e a viagem só foi atrasada em seis dias. A próxima destas cartas será de Bimini. Seu correspondente espera continuar informativo e casual.

Uma coisa que estou disposto a afirmar definitivamente agora, apesar de toda a literatura sobre a questão que vocês já leram, é que os agulhões--bandeira não mordem uma isca para matá-la. Eles se apossam da isca, mais ou menos cautelosamente, entre o maxilar inferior e o bico. Sua mandíbula inferior é móvel e a mandíbula superior é fixa e alongada no bico ou no esporão. O que é erroneamente interpretado como uma bicada é quando o peixe pega a isca de leve e a puxa tentativamente. Quando o peixe morde a isca diretamente por trás para agarrá-la em sua boca ele deve empurrar o bico para fora da água a fim de trazer a isca para sua mandíbula inferior. É uma posição desconfortável para nadar e o bico do peixe balança de um lado para o outro com o esforço. Enquanto balança, poderia bicar a guia ou a própria isca. Mas isso seria acidental e não uma bicada com a intenção de matar a isca.

Se o agulhão-bandeira bate na isca em vez de mordê-la, como é que o fisgam com iscas lançadas de forquilhas em barcos de aluguel em Miami e Palm Beach? A linha é presa por um prendedor de roupa de madeira e o peixe *tem de agarrá-la para soltar a isca.*

Cheguei a levar em conta a possibilidade de o agulhão não bater na isca através da observação de mais de quatrocentos marlins e espadartes abocanharem a isca sem baterem nela, apesar de tudo o que tinha lido a respeito de que costumavam bater. Neste inverno comecei a pensar na questão se agulhões batiam ou não na isca, e todos nós os observamos em ação, nadando na água muito próximos e também observamos a maneira como atacam. Todo este inverno não vi um único agulhão bater na isca: e em apenas um dia pegamos nove deles. Acredito agora que eles nunca batem numa isca para matá-la, assim como os marlins também não o fazem.

Outra coisa que descobrimos este inverno e na primavera. Peixes grandes, marlins, golfinhos e agulhões circulam nas cercanias de tartarugas, tanto as verdes como as gigantes, que a gente vê flutuando e se alimentando na Corrente do Golfo.

Sempre passe uma isca perto de uma tartaruga quando você enxergar uma delas no mar. Creio que os peixes grandes se reúnem para se alimentar dos pequenos peixes que se congregam à sombra e ao abrigo das tartarugas, exatamente como se congregam ao redor do seu barco, se você estiver parado ou à deriva na corrente.

Marlins azuis também apareceram neste inverno ao largo de Key West. Pegamos um e outros três foram fisgados e escaparam. Levantamos cinco durante o inverno; dois morderam a isca, mas não conseguimos fisgar nenhum deles. Surgiram atrás da isca, nos seguiram por algum tempo e depois mergulharam. Dois foram içados além dos recifes à profundidade de vinte metros. Os outros três estavam a mais de quinze quilômetros na corrente.

A caminho de Bimini, queremos rodar as carretilhas bem na direção do eixo da Corrente do Golfo e ver o que podemos pegar. Existe por ali uma bela correnteza com uma porção de peixes voadores, que nós tivemos de cruzar nas idas e vindas de Cuba e não é possível prever o que será possível pegar. O seu correspondente só não planeja pegar a si mesmo nas pernas de novo.

NOTAS SOBRE A PRÓXIMA GUERRA: UMA CARTA SÉRIA SOBRE UM TÓPICO ATUAL

Esquire, setembro de 1935

Não vai ser neste agosto, nem neste setembro; você tem este ano todo ao seu dispor para fazer o que quiser. Nem no próximo agosto, ou setembro; ainda é cedo demais: eles ainda estão prósperos demais agora que as coisas vão bem e as fábricas de armamentos funcionam em plena capacidade; nunca vão à luta enquanto puderem ganhar um bom dinheiro sem ela. Então você pode pescar naquele verão e caçar no outono e fazer o que quiser, voltar para casa à noite, dormir com sua mulher, assistir ao grande jogo, apostar num cavalo, tomar um drinque quando quiser ou desfrutar de quaisquer liberdades disponíveis àquele que tiver um dólar ou um dízimo. Mas no ano depois daquele, ou no ano depois dele, eles vão à guerra. E então o que lhe acontece?

Primeiro, você ganha muito dinheiro; talvez. Existe uma probabilidade agora de que não ganhe nada; o governo é que vai ficar com tudo. Isso equivale, em última análise, a lucrar com a guerra. Se você está na reserva, será convocado para este grande trabalho sem paga e se tornará escravo a partir daquele dia.

Se houver uma guerra generalizada na Europa, nós seremos arrastados para ela se a propaganda (imagine como o rádio vai ser usado para isso), a cobiça e o desejo de aumentar a saúde combalida do estado puderem nos jogar no conflito. Todo lance feito agora para privar as pessoas de sua decisão em todas as questões através de seus representantes eleitos e delegar estes poderes ao executivo nos coloca muito mais perto da guerra.

O que elimina o único controle possível. A nenhum homem, ou grupo de homens, incapaz de combater, ou isento de combater, pode ser concedido, de modo algum, o poder, não importa quão gradualmente lhe seja dado, de empurrar este país, ou qualquer país, para a guerra.

A primeira panaceia para uma nação mal administrada é a inflação da moeda; a segunda é a guerra. Ambas trazem uma ruína permanente. Mas ambas são o refúgio de oportunistas políticos e econômicos.

Nenhum país europeu é nosso amigo, nem o tem sido desde a última guerra, e só vale a pena lutar por um país: o nosso. Nunca de novo deveria este país ser jogado numa guerra europeia por causa de idealismo equivocado, propaganda, pelo desejo de apoiar nossos credores, ou pelo desejo de alguém de, por meio da guerra, notoriamente a saúde do Estado, transformar uma preocupação espúria numa preocupação válida.

Vamos examinar a situação atual e ver que probabilidade existe de evitar a guerra.

Nenhuma nação paga mais suas dívidas. Não existe mais sequer o fingimento de honestidade entre as nações ou entre a nação e o indivíduo. A Finlândia ainda nos paga; mas é um país novo e vai acabar aprendendo. Já fomos um país novo e acabamos aprendendo. Quando um país não paga suas dívidas, você não pode levá-lo a sério em nada. Assim, podemos descartar quaisquer tratados ou declarações de intenção da parte de quaisquer países que não coincidem completa e inteiramente com os objetivos mais imediatos e mais cínicos destes países.

Poucos anos atrás, no fim do verão, a Itália e a França se mobilizaram ao longo de suas fronteiras para combater em torno do desejo italiano de expansão colonial no Norte da África. Todas as referências a esta mobilização foram censuradas em cabogramas e radiogramas. Correspondentes que a mencionavam em seus despachos eram ameaçados de expulsão. A diferença foi resolvida agora pelo deslocamento da ambição de Mussolini para a África Oriental, onde ele obviamente fez um acordo com a França para abandonar seus planos norte-africanos em troca de que ela lhe permitisse que entrasse em guerra contra um Estado soberano membro da Liga das Nações e sob a proteção dela.

A Itália é um país de patriotas e sempre que as coisas vão mal em casa, os negócios ruins, a opressão e a taxação exageradas, basta apenas a Mussolini desembainhar o sabre contra um país estrangeiro para que seus compatriotas se esqueçam de sua insatisfação, partindo com um zelo flamejante para a jugular do inimigo. Pelo mesmo sistema, no início do seu mando, quando sua popularidade pessoal decaía e a oposição se fortalecia, forjava-se uma tentativa de assassinato do Duce que levaria o populacho a tamanho frenesi de amor histérico por seu líder quase perdido que ele faria qualquer coisa e patrioticamente votaria as medidas mais repressoras contra a oposição.

Mussolini toca na admirável histeria patriótica dos italianos como um violinista no seu instrumento, mas quando a França e a Iugoslávia eram os possíveis inimigos ele nunca pode dar-lhes o Paganini completo porque não queria guerra com aqueles países: apenas ameaça de guerra. Ele ainda se lembra de Caporetto, onde a Itália perdeu 320.000 homens entre mortos, feridos e desaparecidos, dos quais 265.000 continuavam desaparecidos, embora ele tenha treinado uma geração de jovens italianos que acredita que a Itália é uma potência militar invencível.

Agora ele se prepara para fazer guerra contra um país feudal, cujos soldados combatem descalços e com as formações do deserto e da Idade Média; planeja usar aviões contra um povo que nada tem e metralhadores, lança-chamas, gás e artilharia moderna contra arcos e flechas, lanças e cavalaria nativa armada de carabinas. Certamente o palco já está montado da melhor forma para uma vitória italiana e tal vitória manterá o pensamento dos italianos longe das coisas domésticas por muito tempo. A única falha é que a Abissínia tem um pequeno núcleo de tropas bem treinadas e bem armadas.

A França está feliz em vê-los brigar. Em primeiro lugar, qualquer um que vá à luta pode perder; o Caporetto Negro da Itália, sua segunda maior derrocada militar, foi ministrada por aquelas mesmas tropas etíopes em Aduá quando quatorze mil soldados italianos foram mortos ou rechaçados por uma força que Mussolini agora descreve como a de 100.000 etíopes. Certamente é injusto pedir a quatorze mil soldados que lutem contra cem mil, mas a essência da guerra não é confrontar sua força de quatorze mil com cem mil ou coisa parecida. Na verdade, os italianos perderam mais do que 4.500 soldados brancos e 2.000 soldados nativos, mortos ou feridos. Mil e seiscentos italianos foram feitos prisioneiros. Os abissínios admitiram a perda de 3.000 homens.

Os franceses lembram Aduá e, menos provável, embora mais recentemente, Baer e Braddock (quem sabe se Owney Madden não teria comprado um pedaço dos etíopes?) e sabem que quem briga pode sair perdendo. Disenteria, febre, o sol, transporte ruim, muitas coisas podem derrotar um exército. Existe também uma quantidade de doenças tropicais que só se tornam epidêmicas quando lhes é dada a oportunidade por um exército invasor de homens não acostumados ao clima e sem nenhuma imunidade contra elas. Quem quer que tenha um combate perto do equador pode ser derrotado pela simples dificuldade de manter um exército em campo.

Então a França sente que, ganhe ou perca a Itália, a guerra lhe custará tão caro que ela não estará em condições de criar problemas para a Europa. A Itália nunca foi um problema sério a não ser que conte com aliados, porque não possui carvão nem ferro. Ultimamente a Itália vem procurando superar essa carência equipando uma enorme força aérea e é a sua força aérea que faz dela a ameaça que representa hoje para a Europa.

A Inglaterra está contente em ver a Itália lutar contra a Etiópia. Primeiro, ela poderá ser varrida, o que, segundo eles, lhe ensinará uma lição e prolongará a paz na Europa. Segundo, se ela ganhar, isso acaba com o incômodo dos ataques abissínios à fronteira norte do Quênia, e transfere para outrem a responsabilidade de suprimir o perene tráfico abissínio de escravos para a Arábia. A seguir, a Inglaterra deve sem dúvida fazer um arranjo com o possível vencedor em relação ao projeto hidrelétrico no nordeste da Etiópia que ela há muito tempo cobiça para levar água ao Sudão Anglo-Egípcio. É lógico pensar que Anthony Eden chegou a um acordo em relação a isso quando esteve em Roma recentemente. Por último, a Inglaterra sabe que o que quer que a Itália encontre e retire da Etiópia deve passar pelo canal de Suez ou, optando pelo caminho mais longo, pelo estreito de Gibraltar, enquanto, se o Japão tivesse permissão de penetrar na Etiópia e ganhar assim um ponto de apoio na África, o que ele retirasse iria direto para o Japão e em tempo de necessidade não haveria nenhum controle sobre isso.

ESQUIRE, 1933-1936

A Alemanha está feliz por ver Mussolini tentar engolir a Etiópia. Qualquer mudança no status quo africano lhe dá uma abertura para suas iminentes demandas de restituição de suas posses coloniais africanas. Essa restituição, caso seja feita, provavelmente retardará a guerra por um longo tempo. A Alemanha, sob Hitler, quer a guerra, uma guerra de vingança, ela a quer fervorosa, patriótica e quase religiosamente. A França espera que aconteça antes que a Alemanha esteja forte demais. Mas o povo da França não quer a guerra.

Existe o grande perigo e a grande diferença. A França é um país e a Grã-Bretanha engloba vários países, mas a Itália é um homem, Mussolini, e a Alemanha é um homem, Hitler. Um homem tem ambições, um homem manda até incorrer em problemas econômicos; ele tenta escapar do problema por meio da guerra. Um país nunca deseja a guerra até que um homem, pela força da propaganda, o convença a querê-la. A propaganda é hoje mais forte do que nunca. Suas agências foram mecanizadas, multiplicadas e controladas ao ponto em que, num Estado dominado por um só homem, a verdade não pode se apresentar.

A guerra não é mais feita por forças econômicas de análise simples, se é que o foi um dia. A guerra hoje é feita ou planejada por homens individuais, demagogos e ditadores que manipulam o patriotismo do seu povo e o desencaminha numa crença da grande falácia da guerra quando todas as reformas de que se gabam não conseguiram satisfazer o povo que eles desgovernam. E nós nos Estados Unidos deveríamos zelar para que a nenhum homem, por mais nobre ou excelente que seja, se conceda o poder de levar o seu país a uma guerra que está sendo preparada e fica a cada dia mais próxima com toda a premeditação de um assassinato longamente planejado. Pois quando você dá o poder a um executivo você não sabe quem estará preenchendo aquela posição quando a hora da crise chega.

Nos velhos dias escrevia-se que era bom e digno morrer pela pátria. Mas na guerra moderna não há nada de bom nem digno em sua morte. Você morre como um cão por motivo algum. Se acertarem na sua cabeça, você morrerá de maneira rápida e limpa, até doce e dignamente, exceto pelo clarão branco e ofuscante que nunca para, a não ser que apenas o osso frontal ou o nervo ótico tenham sido estraçalhados, ou seu maxilar tenha sido arrancado, ou o nariz, ou os malares, e você fica sem rosto para falar. Mas se você não for atingido na cabeça, será atingido no peito, e o sangue o sufocará, ou se for no abdome, você vai sentir os intestinos escorrerem quando fizer força para se levantar. Não deveria ser tão doloroso, mas os atingidos sempre gritam muito, é a impressão que se tem, suponho, ou então o lampejo, o fragor de um explosivo potente, uma mina numa estrada dura e você vê que suas pernas foram amputadas abaixo do joelho, ou talvez um pé se foi, e você vê o osso branco saindo através da tornozeleira, ou vê arrancarem a bota com o seu pé junto, uma papa, ou sente um braço cair e conhece a sensação de um osso rangendo, ou você vai queimar, engasgar e vomitar, ou explodir como o diabo em dezenas de maneiras diferentes, sem nenhuma doçura ou dignidade; mas nada disso significa coisa alguma. Nenhum catálogo de horrores impediu os homens de irem à guerra. Antes da guerra, você sempre pensa que não é você quem morre. Mas você vai morrer, meu camarada, se ficar muito tempo.

A única maneira de combater o assassinato que é a guerra é mostrar as combinações sujas que levam a ela e os criminosos e suínos que torcem pela guerra e a maneira burra como a administram quando um homem honesto desconfia dela como de uma quadrilha de bandidos e se recusa a deixar-se escravizar por ela.

Se a guerra fosse feita por aqueles que queriam lutar e sabiam o que estavam fazendo e gostavam daquilo, ou até entendiam aquilo, então ela seria defensável. Mas aqueles que querem ir à guerra, a elite, são mortos nos primeiros meses e o restante da guerra é sustentada por homens que são escravizados às armas e são instruídos por seus oficiais a terem mais medo de uma morte certa se correrem, do que de uma possível morte se permanecerem nas fileiras ou se atacarem. No fim, seu terror crescente toma conta deles, dada a quantidade suficiente de bombardeios ou dada uma intensidade de metralha e eles podem correr e, se conseguirem debandar a distância suficiente, para aquele exército a coisa acabou. Existiu algum exército aliado que, cedo ou tarde, não fugisse da luta na última guerra? Não há espaço aqui para enumerá-los.

Ninguém ganha uma guerra moderna, porque é feita a tal ponto que todo mundo tem de perder. As tropas que combatem, no fim, são incapazes de vencer. É apenas uma questão de qual governo apodrece primeiro ou qual lado consegue um novo aliado para refrescar suas tropas. Às vezes, os aliados são úteis. Às vezes, eles são a Romênia.

Numa guerra moderna não há vitória. Os aliados ganharam a guerra, mas os regimentos que marcharam em triunfo não eram os homens que lutaram na guerra. Os homens que lutaram na guerra estavam mortos. Mais de sete milhões deles tinham morrido e é o assassinato de mais de sete milhões que buscam hoje histericamente um ex-cabo do exército e um ex- -aviador e ex-morfinômano, embriagados pela ambição pessoal e militar e ofuscados por uma névoa de patriotismo vago manchado de sangue. Hitler quer a guerra na Europa o mais cedo possível. É um ex-cabo e não terá de combater nesta guerra; somente fazer os discursos. Não tem nada a perder com a guerra e tem tudo a ganhar.

Mussolini é igualmente um ex-cabo, mas é também um ex-anarquista, um grande oportunista e um realista. Não quer nenhuma guerra na Europa. Blefará na Europa, mas não pretende fazer a guerra nela. Ainda é capaz de se lembrar de como era a guerra e como ele a deixou depois de ser ferido num acidente com um morteiro numa trincheira italiana e voltou a trabalhar em jornais. Não quer luta na Europa porque sabe que todo aquele que for à guerra pode perder, a não ser, é claro, que possa arranjar uma guerra com a Romênia e o primeiro ditador que provocar uma guerra e a perder coloca um fim nos ditadores, e em seus filhos, por um longo período.

Como o desenvolvimento do seu regime pede uma guerra, ele escolhe a África como local de combate e o único Estado livre africano como seu oponente. Os abissínios infelizmente são cristãos, portanto não pode ser uma guerra santa. Mas enquanto ele está tornando a Etiópia em condição para os Fiats, ele pode, é claro, suprimir a escravidão no papel e, sem dú- vida, no Colégio Italiano de Guerra, parece uma campanha perfeitamente segura, rápida e ideal. Mas é possível que um regime e todo um sistema de governo caiam devido a esta guerra perfeitamente segura em menos de três anos.

Um coronel alemão chamado Von Lettow-Vorbeck com uma força original de 5.000 homens, dos quais apenas 250 eram brancos, lutou contra 130.000 soldados aliados por um período superior a quatro anos em Tanganica e na África Portuguesa e provocou gastos de 72 milhões de libras esterlinas. No fim da guerra ele ainda estava à solta fazendo guerra de guerrilha.

Se os abissínios escolherem a luta de guerrilha em vez da paz, a Itália poderá descobrir que a Etiópia será uma ferida que não cicatriza em seu corpo e que drenará todo o seu dinheiro, sua juventude e seus suprimentos alimentícios e devolverá ao país homens com a saúde arrasada, desgostosos com o sofrimento e com o governo que os mandou sofrer com promessas de glória. São os soldados desiludidos que derrubam um regime.

Pode ser que essa guerra na África prolongue a paz temporária na Europa. Enquanto isso, algo pode acontecer a Hitler. Mas nós não precisamos beber do caldeirão do diabo que está fervendo na Europa. A Europa sempre guerreou, os intervalos de paz são apenas Armistícios. Fomos burros de deixar que nos arrastassem uma vez para uma guerra europeia e nunca mais deveríamos deixar que nos arrastassem de novo.

MONÓLOGO AO MAESTRO: UMA CARTA EM ALTO-MAR

Esquire, outubro de 1935

Há cerca de um ano e meio, um jovem bateu à porta da casa em Key West e disse que viajara de carona do norte do Minnesota para fazer algumas perguntas ao seu correspondente sobre escrita. Voltando de Cuba naquele dia, e tendo que se despedir de uns bons amigos no trem dali a uma hora, além de escrever algumas cartas no intervalo, seu correspondente, tanto lisonjeado quanto intimidado pela perspectiva do interrogatório, disse ao rapaz que voltasse na tarde do dia seguinte. Era um jovem alto, muito sério, com mãos e pés grandes e cabelo de porco-espinho.

Parece que por toda sua vida desejara se tornar escritor. Criado numa fazenda, concluíra o ensino médio e havia se formado na Universidade de Minnesota, trabalhara como jornalista, carpinteiro, ajudante de colheita, empregado diarista e vagabundeara de um lado a outro da América duas vezes. Queria ser escritor e tinha boas histórias. Ele as contava muito mal, mas dava para ver que havia algo ali se ele conseguisse botar para fora. Falava tão sério quanto a escrever que parecia que a seriedade superaria qualquer obstáculo. Vivera sozinho por um ano numa cabana que construíra na Dakota do Norte e escrevera durante todo aquele ano. Não me mostrou nada do que tinha escrito. Era tudo ruim, disse ele.

Pensei que talvez fosse só modéstia, até ele me mostrar um artigo publicado num dos jornais de Minneapolis. A escrita era abominável. Mesmo assim, pensei, muitas outras pessoas começaram escrevendo mal e esse garoto fala tão sério que deve ter algo dentro de si: a seriedade verdadeira quanto a querer escrever é uma das duas necessidades absolutas. A outra, infelizmente, é o talento.

Além de escrever, esse jovem tinha outra obsessão. Sempre quis ir para o alto-mar. Assim sendo, para encurtar este relato, demos a ele um trabalho como vigia noturno no barco, o que significava um lugar para dormir e um emprego, e duas ou três horas de trabalho, que consistia na limpeza, e a outra metade do dia livre para que pudesse escrever. Para satisfazer seu desejo de ir para o alto-mar, prometemos levá-lo a Cuba na próxima vez que atravessarmos o mar.

Era um vigia noturno excelente e dava duro no barco e em seus textos, mas era uma calamidade no mar; lento quando deveria ser ágil, às vezes parecia ter quatro pés, em vez de dois pés e duas mãos, ficava nervoso quando agitado e tinha uma tendência incurável a sentir náuseas e uma relutância rústica a aceitar ordens. Ainda assim, estava sempre disposto e trabalhava bastante se você lhe desse tempo de sobra para trabalhar.

Nós o chamávamos de Maestro, pois tocava violino, mas o apelido acabou sendo encurtado para Mice* e uma brisa mais forte retardava sua coordenação de tal forma que vosso correspondente uma vez lhe disse:

— Mice, você deve mesmo ser um belo de um escritor, já que não vale nada em qualquer outra atividade.

Por outro lado, seus textos melhoravam constantemente. Ele pode ainda ser um escritor. Mas seu correspondente, que às vezes fica de mau humor, nunca mais dará trabalho num barco a um escritor aspirante; muito menos passará outro verão na costa cubana ou em qualquer outra acompanhado de perguntas e respostas sobre como escrever cartas. Se outros aspirantes a escritor embarcarem no *Pilar*, que sejam do sexo feminino, que sejam bonitas e que tragam sempre champanhe.

Seu correspondente leva muito a sério a prática das letras, que considera distinta da escrita dessas cartas mensais; mas detesta intensamente falar sobre elas com quase todas as pessoas vivas. Depois de verbalizar sobre muitos aspectos desse tipo de escrita durante um período de cento e dez dias com o bom e velho Maestro, durante o qual, por boa parte do tempo, seu correspondente precisou dominar um ímpeto de arremessar uma gar-

---

* Mice, plural de Mouse, camundongo. *(N. T.)*

rafa no Mice sempre que abria a boca e pronunciava a palavra escrever, ele agora apresenta a vocês parte dessas verbalizações em forma escrita.

Se elas puderem dissuadir alguém quanto a escrever, essa pessoa deve ser dissuadida. Se puderem ser de serventia, seu correspondente ficará satisfeito. Se os entediarem, há uma série de fotografias na revista para as quais vocês podem se voltar.

A desculpa do seu correspondente para apresentá-las é que algumas das informações contidas teriam valido seus cinquenta centavos a ele quando tinha vinte e um anos.

Mice: O que quer dizer com escrever bem e escrever mal?

Seu correspondente: Escrever bem é escrever a verdade. Se um sujeito inventa uma história, ela será verdadeira em proporção à quantidade de conhecimento de vida da qual dispõe e de quanto é consciencioso; assim, quando inventa algo, é do jeito que de fato seria. Se não sabe como muitas pessoas trabalham, na cabeça e na ação, a sorte pode salvá-lo por um tempo ou ele pode escrever de modo fantasioso. Mas se continua a escrever sobre coisas das quais não tem ideia, verá a si mesmo fingir. Depois de fingir algumas vezes, não conseguirá mais escrever honestamente.

Mice: E quanto à imaginação?

S.C.: Ninguém sabe nada sobre isso, exceto que é o que recebemos por nada. Pode ser uma experiência racial. Acho que é altamente possível. É a única característica além da honestidade que um bom escritor deve ter. Quanto mais aprende a partir de experiências, mais consegue criar de maneira verdadeira. Se chegar a esse ponto, consegue imaginar com tamanha veracidade que as pessoas pensarão que tudo o que relata de fato aconteceu e que ele está apenas reportando.

Mice: E no que isso difere de reportar?

S.C.: Se fossem reportagens, as pessoas não lembrariam. Quando você descreve algo que aconteceu em determinado dia, aquele momento é oportuno e faz as pessoas o verem com sua própria imaginação. Um mês depois, esse elemento temporal não está mais presente e seu relato seria linear e elas não o veriam em suas mentes nem se recordariam. Mas se você inventar, em vez de descrever, é possível chegar a um resultado sem excessos, íntegro e sólido, dando-lhe vida. Você cria, para o bem ou para mal. É construído; não descrito. É tão verdadeiro quanto o alcance de sua capacidade de construção e o conhecimento que você aplica. Está me acompanhando?

Mice: Nem sempre.

S.C. (aborrecido): Pelamordedeus, vamos falar de outra coisa então.

Mice (obstinado): Conte mais sobre a mecânica da escrita.

S.C.: Do que está falando? Lápis ou máquina de escrever? Pelamordedeus.

Mice: Sim.

S.C.: Ouça. Quando começa a escrever, a diversão é toda sua e não do leitor. Então você pode muito bem usar uma máquina de escrever, pois é mais fácil e você se diverte mais. Depois que aprende a escrever, todo o seu objetivo é converter tudo, cada sensação, visão, sentimento, lugar e emoção para o leitor. Para fazer isso, você tem que trabalhar duro no que escreve. Ao usar um lápis, você tem três visões diferentes do texto para verificar se o leitor está recebendo o que você quer que receba. A primeira vez é quando você relê; depois, quando é datilografado, você tem outra chance de melhorá-lo, e então mais uma vez na revisão. Começar a escrever a lápis lhe dá um terço a mais de chance de melhorá-lo. Isso significa 0,333, o que é uma marca muito boa para um rebatedor. Também faz com que flua por mais tempo, de modo que você consiga aperfeiçoar o texto com mais facilidade.

Mice: Quanto se deve escrever por dia?

S.C.: O melhor modo é parar sempre quando você está indo bem e sabe o que vai acontecer em seguida. Se fizer isso todo dia quando estiver escrevendo um romance, nunca vai se sentir bloqueado. Essa é a coisa mais valiosa que posso te dizer, então tente não esquecer.

Mice: Tudo bem.

S.C.: Sempre pare quando estiver indo bem e não pense mais ou se preocupe com o texto até começar a escrever no dia seguinte. Desse jeito, seu subconsciente vai trabalhar no texto o tempo todo. Mas se pensar nele conscientemente ou se preocupar, vai estragar tudo e sua mente ficará cansada antes mesmo de começar. Quando se está dentro do romance, preocupar-se em não conseguir seguir em frente no dia seguinte é tão covarde quanto se preocupar em ter inevitavelmente que entrar em ação.

Você *precisa* seguir adiante. Então não tem por que se preocupar. Precisa aprender isso para escrever um romance. A parte mais difícil de um romance é terminá-lo.

Mice: Como aprender a não se preocupar?

S.C.: É só não pensar a respeito do texto. Assim que começar a pensar nele, pare. Pense em outra coisa. Precisa aprender isso.

Mice: Quanto você relê num dia antes de começar a escrever?

S.C.: A melhor maneira é ler tudo desde o início todo dia, corrigindo enquanto avança, e depois seguir de onde parou no dia anterior. Quando estiver longo a ponto de você não conseguir reler tudo, leia dois ou três capítulos todos os dias; depois releia tudo do início a cada semana. É assim que se deixa tudo homogêneo. E lembre-se de parar enquanto estiver indo bem. Isso faz as coisas fluírem, em vez de morrerem enquanto você escreve até esgotar suas forças. Quando faz isso, você descobre no dia seguinte que está extenuado e não consegue prosseguir.

Mice: Você faz o mesmo ao escrever um conto?

S.C.: Sim, só que às vezes você consegue escrever um conto em um dia.

Mice: Você sabe o que vai acontecer quando escreve um conto?

S.C.: Quase nunca. Eu começo a criar e faço acontecer o que teria de acontecer enquanto avanço.

Mice: Não é assim que nos ensinam a escrever na universidade.

S.C.: Não sei quanto a isso. Nunca fui à universidade. Se um filho da puta daqueles soubesse escrever, não precisaria ensinar numa faculdade.

Mice: Você está me ensinando.

S.C.: Eu sou maluco. Além disso, estamos num barco e não numa faculdade.

Mice: Que livros um escritor deveria ler?

S.C.: Ele deveria ler todos para saber o que terá de superar.

Mice: Não dá para ler tudo.

S.C.: Não estou dizendo o que dá para fazer. Estou dizendo o que deveria fazer. É claro que não dá.

Mice: Que livros são obrigatórios?

S.C.: Ele deveria ter lido *Guerra e Paz* e *Anna Karenina*, de Tolstói, *Midshipman Easy*, *Frank Mildmay* e *Peter Simple*, do Capitão Marryat, *Madame*

Bovary e *A educação sentimental*, de Flaubert, *Os Buddenbrooks*, de Thomas Mann, *Dublinenses*, *Retrato do artista* e *Ulisses*, de Joyce, *Tom Jones* e *Joseph Andrews*, de Fielding, *O vermelho e o negro* e *A cartuxa de Parma*, de Stendhal, *Os irmãos Karamazov* e mais uns dois Dostoievskis, *As aventuras de Huckleberry Finn*, de Mark Twain, *O barco aberto* e *O hotel azul*, de Stephen Crane, *Hail and Farewell*, de George Moore, as *Autobiografias* de Yeats, todo o bom Maupassant, todo o bom Kipling, tudo de Turgueniev, *Longe e há muito tempo*, de W.H. Hudson, os contos de Henry James, especialmente *Madame de Mauves* e *A outra volta do parafuso*, *Retrato de uma senhora*, *O americano*...

Mice: Não consigo anotar assim tão rápido. Quantos faltam?

S.C.: Eu te passo mais outro dia. Tem o triplo disso.

Mice: E um escritor deve ler todos eles?

S.C.: Todos esses e muitos mais. Caso contrário, não sabe o que tem de superar.

Mice: O que quer dizer com "tem de superar"?

S.C.: Escuta. Não há por que escrever algo que já tenha sido escrito se você não puder superar. O que um escritor dos nossos tempos precisa fazer é escrever o que não foi escrito ou superar homens mortos e suas obras. O único modo de saber como está se saindo é competir com os mortos. A maioria dos escritores vivos não existe. A fama deles é criada por críticos, que sempre precisam de um gênio por temporada, alguém que possam compreender completamente e sentir-se seguros para elogiar, mas quando estes gênios fabricados estiverem mortos, eles cessarão de existir. As únicas pessoas com quem um escritor sério pode competir são os mortos que ele sabe serem bons. É como um corredor querendo competir com o relógio, em vez de simplesmente tentar superar quem está na corrida com ele. A não ser que corra contra o tempo, nunca saberá o que é capaz de atingir.

Mice: Mas ler todos os bons escritores pode te desencorajar.

S.C.: Então você deve se sentir desencorajado.

Mice: Qual o melhor treinamento inicial para um escritor?

S.C.: Uma infância infeliz.

Mice: Você considera Thomas Mann um grande escritor?

S.C.: Ele seria um grande escritor se não tivesse escrito nada além de *Os Buddenbrooks*.

Mice: Como pode um escritor treinar a si mesmo?

S.C.: Preste atenção no que vai acontecer hoje. Se esbarrarmos com um peixe, veja o que todos os outros fazem. Se você se divertir enquanto ele pula, tente voltar na memória até ver qual ação fez com que você sentisse essa emoção. Seja a linha se erguendo da água ou o modo como ela se retesou feito uma corda de violino até que as gotas começaram a cair dela, ou a maneira como ele se chocava e espalhava água quando saltava. Lembre-se dos ruídos e do que foi dito. Procure o que te causou a emoção; como foi a ação que te deixou animado. Depois escreva de maneira clara, de modo que o leitor também veja e tenha a mesma sensação que você. É um treinamento com os cinco dedos.

Mice: Certo.

S.C.: Você também pode entrar na mente de outra pessoa de vez em quando. Se eu gritar com você, tente imaginar o que estou pensando, e a maneira como se sente. Se o Carlos xingar o Juan, pense nos dois lados da história. Não pense simplesmente em quem está certo. Como homem, as coisas são do jeito que deveriam ou não ser. Como homem, você sabe quem está certo e quem está errado. Você tem de tomar decisões e sustentá-las. Como escritor, não deve julgar. Deve compreender.

Mice: Certo.

S.C.: Ouça *agora*. Quando as pessoas falarem, ouça completamente. Não fique pensando no que você vai dizer. A maioria das pessoas não ouve. Nem observa. Você precisa ser capaz de entrar num ambiente e, ao sair, saber de tudo o que viu ali e não só isso. Se esse ambiente lhe causou alguma sensação, você tem de saber exatamente o que foi que provocou esta sensação. Tente fazer isso como um exercício. Quando estiver na cidade, pare na frente do teatro e observe como as pessoas diferem no modo de saírem dos táxis e carros. Existem mil maneiras de se exercitar. E sempre pense nos outros.

Mice: Acha que eu me tornarei um escritor?

S.C.: Como diabos vou saber? Talvez você não tenha talento. Talvez não consiga sentir o que sentem os outros. Você tem boas histórias, se conseguir escrevê-las.

Mice: Como vou saber?

S.C.: Escreva. Se trabalhar nelas por cinco anos e descobrir que não é bom, pode se matar, então ou agora.

Mice: Eu não me mataria.

S.C.: Apareça, que eu mesmo te mato.

Mice: Obrigado.

S.C.: O prazer é meu, Mice. Agora vamos falar de outra coisa?

Mice: Que outra coisa?

S.C.: Qualquer coisa, Mice, meu velho amigo, qualquer coisa que você quiser.

Mice: Certo. Mas...

S.C.: Sem mas. Acabou. A conversa sobre escrita acabou. Está encerrada. Isso é tudo por hoje. A loja fechou. O chefe está indo para casa.

Mice. Tudo bem, então. Mas amanhã tenho umas perguntas a fazer.

S.C.: Eu tenho certeza de que você se divertirá escrevendo quando souber como se faz.

Mice: O que quer dizer com isso?

S.C.: Você sabe. Diversão. Dias felizes. Alegria. Rabiscando uma obra-prima.

Mice: Me diga...

S.C.: Pare já.

Mice: Tudo bem. Mas amanhã...

S.C.: Sim. Claro. Nenhum problema. Mas amanhã.

A DOENÇA DO PODER: UMA SEGUNDA CARTA SÉRIA

Esquire, novembro de 1935

Se você conta uma vez, eles acham maravilhoso. Quando conta de novo, dizem: "Já ouvimos isso antes em algum lugar. De onde acham que ele tirou isso?". Se contar uma terceira vez, eles morrem de tédio e nem ouvem mais. Pode ser mais verdadeiro a cada vez que você conta. Mas eles se cansam de ouvir.

Então este mês encerramos tudo com uma série de anedotas de modo que vocês talvez não sintam o gosto de óleo de rícino no sanduíche de chop suey. Mas depois de ler a declaração do presidente a um grupo de representantes de que poderia, se quisesse, fazer os Estados Unidos entrar em guerra dentro de dez dias, essa aqui ainda é sobre a próxima guerra.

Nos dias de antes, quando o seu correspondente trabalhava como jornalista, ele tinha um amigo chamado Bill Ryall, então um correspondente europeu para o *Guardian*, de Manchester. Esse Ryall tinha um rosto branco, com uma mandíbula de lanterna, do tipo que deixaria você assustado caso o visse em meio a um nevoeiro em Londres, mas num dia claro e ventoso em Paris, encontrá-lo na avenida vestindo um casaco longo com colarinho de pele lhe dava o ar não muito distante de trágico de um ator shakespeariano exagerado. Nenhum de nós o considerava um gênio, e eu também não acho que ele se considerava um, já que era ocupado demais, inteligente demais e também sardônico demais para se considerar um gênio numa cidade onde existem aos montes e é muito mais notável ser um trabalhador incansável. Ele era sul-africano e fora seriamente ferido na guerra quando era oficial da infantaria. Depois disso, ele entrou para o serviço de inteligência e, na época da conferência de paz, era como uma espécie de homem pago para fazer o desembolso de determinadas somas gastas pelos britânicos para subsidiar e influenciar certos indivíduos e certos órgãos da imprensa francesa. Falava abertamente sobre isso e, como eu era um garoto na época, ele me disse muitas coisas que foram o início de qualquer que seja a educação que recebi quanto à política internacional. Mais tarde, Ryall passou a escrever sob o pseudônimo William Bolitho, foi para Nova York, tornou-se um gênio e trabalhou nisso até morrer. Vocês talvez tenham lido seu *Assassinato lucrativo*, seu *Doze contra os deuses* ou alguns dos textos que escrevia para o velho *World*, de Nova York. Não o vi mais depois que se tornou Bolitho, mas quando era Ryall, era um sujeito maravilhoso. Talvez fosse até melhor depois de virar Bolitho, mas não vejo como isso poderia acontecer. Às vezes penso que ser um gênio naquela cidade rústica devia entediá-lo bastante. Mas não voltei a encontrá-lo para perguntar.

No outono, recordo que estávamos todos cobrindo a Conferência de Lausanne e Ryall, um homem chamado Hamilton e eu costumávamos comer juntos toda noite. O tempo em Lausanne era bastante agradável naquele outono e a conferência havia sido dividida em dois segmentos principais: um era o enorme e imponente Hotel Beau-Rivage, às margens do lago Léman, onde os britânicos e os italianos ficavam, e o outro era o altamente luxuoso Palace Hotel, no alto da cidade, onde os franceses e os turcos estavam hospedados. Para ir de um ao outro, você pegava uma via íngreme com um funicular, subia por uma escadaria íngreme ou serpenteava estrada acima em táxis caríssimos. As sessões da conferência em si eram secretas e as notícias oficiais chegavam por meio de comunicados ou entrevistas coletivas com os porta-vozes de cada nação e, uma vez que toda nação queria apresentar sua própria versão do que acontecera antes que qualquer crédito fosse dado aos relatos de outra nação, estas entrevistas coletivas se sucediam rapidamente e você tinha de ser rápido para encaixar tudo.

Na época, o seu correspondente estava ocupado com um serviço de telégrafo vinte e quatro horas para uma agência de notícias vespertina e matutina sob dois nomes diferentes e estava acostumado a enviar seu último despacho por volta das três da manhã e deixar algo com o *concierge* para abrir os serviços às sete da manhã. Depois, às oito e meia, o seu correspondente acordava, lia os jornais, entrevistava seus informantes, tomava café na cama e durante o café escrevia outra obra-prima. Quando estava quase adormecendo, o telefone tocava e ouvia-se a voz avermelhada, bem impostada, jovial e solar de G. Ward Price, o Jornalista Mais Bem Vestido de Todos os Tempos, o Príncipe da Imprensa e seu Monóculo, o Herdeiro da Tradição de William Harding Davis e um dos melhores jornalistas de sua época, e verão que essa ainda é a época dele se tiverem lido sua recente entrevista com Mussolini para os jornais de Rothermere, perguntando:

— Que tal um pouco de exercício?

— Não — respondia o seu correspondente, desligando. O telefone tocava imediatamente outra vez e Ward dizia: — Vamos lá. Estou indo à academia.

Sempre um covarde moral, o seu correspondente se vestia, praguejando, e se dirigia à academia, com os olhos levemente turvos, chegando bem em tempo de ver Ward terminar uma série com as roldanas e se preparar para enfrentar o saco de pancada.

— Você é um belo de um preguiçoso — dizia ele. — Vamos lá. Coloque as luvas.

Depois disso, com pausas para descanso nas quais o seu correspondente deitava de costas e respirava pesadamente enquanto Ward se exercitava ou lutava contra sua sombra no ringue, Price, com seu ar jovial, físico exuberante, alto, oitenta quilos e perfeitamente em forma, enfiava a melhor mão esquerda que já vi fora de um ringue profissional na cara do seu correspondente por um período de meia hora. Tinha um excelente trabalho de pernas, mantendo-se bem à distância daquele *jab* de esquerda e se lançando contra você como um êmbolo e você não conseguia atingi-lo nem com um saco de confete. Quero dizer, eu não conseguia.

— Não foi uma atividade fantástica? — perguntava Ward depois da chuveirada e antes de selecionar um novo monóculo. — Isso não te deixa mais animado para o dia?

O seu correspondente, com uma dor de cabeça composta por uma parte dos Martinis da tarde do dia anterior, uma parte dos uísques com água tônica antes do jantar da noite anterior e duas partes dos conhaques da noite anterior até as três dessa manhã e oitocentas e setenta e três partes da terrível mão esquerda de Ward Price, tentava dizer algo bem ensolarado e esportivo, como "Ah, camarada, que beleza de porrada" e começava a se perguntar quando as pessoas que o pagavam para enviar notícias começariam a descobrir que ele estava ficando viciado em socar.

Então, à noite, todos jantávamos e o seu correspondente só conseguia chorar sobre sua taça de Chianti.

— Qual o seu problema? — perguntou Ryall. — Parece um poço de felicidade.

— Você não precisa lutar contra aquele maldito Ward Price todas as manhãs depois de trabalhar a noite inteira e deixar que arrebente a sua cara fazendo com que não consiga pensar até as onze.

— Da manhã ou da noite? — perguntou Ryall, sempre em busca da precisão.

— Vai para o inferno — disse o seu correspondente.

— E por que você faz isso?

— Só Deus sabe. Acho que é porque ele pensaria que eu sou um covarde se parasse.

— Por que não o nocauteia?

— Como posso nocauteá-lo se nem consigo acertá-lo?

— Aumente o ritmo, coloque ele no canto, faça-o golpear e o nocauteie.

— Aumentar o ritmo! Eu nem consigo acompanhá-lo por um minuto direito antes de perder o fôlego.

— Treine — disse Ryall. — Nós vamos treinar você.

Treinar consistia em correr entre as coletivas de imprensa às margens do lago e aquelas no hotel no alto da cidade (quando o seu correspondente se atrasava, os treinadores cobriam as notícias para ele), em não beber depois do jantar e na prática do celibato. No quinto dia desse regime, quando o seu correspondente afirmou que preferia ter a cabeça massacrada por Ward até o fim da vida a subir mais uma vez aquela escadaria correndo, Ryall olhou para o seu correspondente da maneira que um homem aprecia um cachorro-quente de quinta e disse:

— Tudo bem. Acho que esse é o limite da forma que conseguiríamos que alcançasse. Lute contra ele amanhã.

Para os detalhes do que aconteceu quando colocamos as luvas na manhã seguinte, vocês terão de consultar o Sr. Ward Price. Ele sabia lutar tão bem quanto boxear e o seu correspondente não é uma testemunha confiável do que se passou nem homem para oferecer a vocês um relato golpe a golpe. O que sei é que me senti muito pior do que em todas as outras manhãs, quando ele me acertava só com a esquerda. Quando parava para lutar, você conseguia acertá-lo. Porém, meu irmão, ele te acertava logo em seguida.

Ao meio-dia, eu estava de volta ao bar do Beau-Rivage, em Ouchy, esperando pelo chamado para a coletiva de imprensa britânica. Ryall chegou.

— Está vendo? — disse ele.

— Acho que estou — respondi. — Ainda não tentei para valer. Vou tentar mais tarde.

— Agora você está vendo.

— O quê?

— O que o treinamento é capaz de fazer. O valor do trabalho de rua, do celibato e da abstinência ao brandy.

— E eu lhe pareço um comercial para todas essas coisas?

— Ward está com duas costelas quebradas — disse ele, na sua maneira habitual de contar um segredo. — Ele me mostrou as chapas de raios x. Acabou de voltar do médico.

— Jura por Deus?

— Se é isso que você quer que eu faça — disse ele. — Está vendo o que o treinamento é capaz de fazer? Nunca mais vai precisar lutar com ele. Vamos tomar um drinque, seu bobalhão. Hamilton e Lawrence estão aqui.

Aquela foi a conferência na qual Ismet Paxá estava sendo protegido por um guarda-costas que sempre circulava com suas pistolas à mostra e o líder do guarda-costas era um sujeito que parecia bem durão, com quatro pistolas bem visíveis em suas roupas apertadas e eu fui selecionado no bar do Palace uma noite para presenteá-lo com um charuto explosivo. Ele aceitou muito educadamente e me ofereceu outro em troca, enquanto eu tentava desaparecer, e quando o charuto explodiu, ele sacou todas as quatro pistolas de uma vez.

Aquela foi também a conferência na qual um jovem secretário do Foreign Office transferiu uma ligação ao Beau-Rivage para falar com lorde Curzon e disse:

— Deixe eu te perguntar um negócio, o Enrabador Imperial está?

E sobreviveu, depois de ouvir aquele tom de voz nítido e tranquilo responder:

— Aqui quem fala *é* o Enrabador Imperial.

Aquela foi também a conferência que Curzon arruinou quando tudo estava decidido por meio da manifestação daquela estranha doença que Ryall afirmava acometer os homens no poder. Tudo havia sido decidido e os turcos estavam prontos para assinar quando convidaram Curzon, responsável pelas negociações britânicas, para jantar. Curzon se recusou e a linguagem utilizada chegou aos ouvidos da delegação turca. Ele disse, segundo relatos:

— Meu dever me obriga a tratar com eles durante esta conferência. Mas meu dever não me obriga a sentar a uma mesa com camponeses ignorantes da Anatólia.

Sua mania de grandeza o fez dizer isso quando levava uma tarefa árdua a um fim bem-sucedido; e ao dizer aquelas palavras estragou tudo o que tinha feito, de modo que seu trabalho teve de ser terminado por outro homem e a Inglaterra nunca mais esteve em bons termos com os turcos desde então.

Foi numa noite em que Hamilton, Ryall e eu estávamos jantando juntos que Ryall nos veio com essa teoria de que o poder afetava todos os homens que o detinham de uma determinada maneira. Ryall disse que era possível perceber os sintomas deste efeito em qualquer homem, mais cedo ou mais tarde, e nos deu vários exemplos.

Em Wilson, obviamente, era possível traçá-lo com facilidade e ele disse que ela seguia um curso quase como uma doença e que podíamos mapeá-la.

Lembro-me de perguntar: "E quanto a Clemenceau?", pois Clemenceau era uma dos meus heróis na época e Ryall disse que não era possível traçá-la tão claramente nele, pois ele levava uma vida extremamente ativa fisicamente e que às vezes isso ajudava o sujeito a não demonstrar os efeitos habituais da doença do poder. Mas ele disse que se eu tivesse conhecido Clemenceau melhor, não o teria admirado tanto assim. Disse que Clemenceau abusara do poder quando era um homem de meia-idade e que antigamente ele era um valentão e matara homens sem a menor necessidade em duelos;

e que depois, quando tomou o poder, já com a idade avançada durante a guerra, fez com que todos seus inimigos políticos fossem presos, mortos ou banidos; acusava a todos eles de traição. Era isso que fazia com que muitos políticos o odiassem, de modo que, quando foram a Versalhes para eleger um presidente da França após a guerra e Clemenceau estava certo de que seria eleito pelos serviços que prestara à França, eles elegeram Deschanel para humilhar o homem que todos temiam, conhecido como O Tigre.

A teoria de Ryall dizia que um político ou um patriota, assim que ganhava uma posição superior num Estado, a não ser que não fosse ambicioso ou não tivesse buscado tal posição, sempre começava a demonstrar os sintomas do poder. Ele disse que também era possível identificar isso em todos os homens da Revolução Francesa e foi por saber da maneira como o poder afeta os homens que nossos ancestrais nos Estados Unidos limitaram o mandato do executivo.

Ryall disse que um dos primeiros sintomas da doença do poder era a suspeita em relação aos aliados, seguido por uma grande irritabilidade em relação a todos os assuntos, a incapacidade de receber críticas, a crença de ser indispensável e de que nada havia sido feito do modo certo até sua chegada ao poder e nada mais seria feito do modo certo a não ser que ele permanecesse no poder. Ele disse que, quanto melhor e mais desinteressado fosse o homem, mais rápido era acometido por esse mal. Disse que um homem desonesto duraria muito mais, pois sua desonestidade de certa forma o tornava cínico ou modesto, e isso o protegia.

Lembro que naquela noite ele citou o exemplo de um lorde do Almirantado Britânico, que vinha sofrendo cada vez mais com a doença do poder. Tornara-se praticamente impossível para qualquer pessoa trabalhar com ele e o golpe final veio numa reunião na qual debatiam sobre como treinar uma classe superior de cadetes para a marinha. Este almirante bateu o punho na mesa e disse:

— Cavalheiros, se vocês não sabem onde encontrá-los, juro por Deus que os formarei para vocês!

Desde aquela noite, o seu correspondente estudou inúmeros políticos, estadistas e patriotas sob a luz da teoria de Bill Ryall e ele acredita que o destino de nosso país nos próximos cem anos depende da extensão da ambição de Franklin D. Roosevelt. Se for ambicioso somente para servir seu país, como era Cleveland, nós, nossos filhos e os filhos deles seremos muito afortunados. Se for ambicioso em termos pessoais, preocupado em deixar um legado em seu nome ou eclipsar o brilho do sobrenome que carrega, e que ganhou fama através de outro homem, estaremos com má sorte, pois as melhorias sensacionais que podem ser realizadas de maneira legal no país em tempos de paz estão se esgotando rapidamente.

A guerra se aproxima da Europa com tanta certeza quanto o inverno sucede o outono. Se quisermos ficar de fora, essa é a hora de ficarmos de fora. Antes que a propaganda tenha início. Essa é a hora de fazer com que ninguém, nem um homem, nem cem homens, nem mil homens, nos coloquem numa guerra em dez dias — numa guerra que não precisarão lutar.

Haverá inúmeros confrontos nos próximos anos, muitas oportunidades para os Estados Unidos pesarem novamente sobre a balança do poder europeia; terão novamente a chance de salvar a civilização; terão a oportunidade de lutar outra guerra para terminar com a guerra.

Aquele que comandar a nação terá a chance de ser o homem mais importante do mundo por um curto período — e a nação pode resguardá-lo quando acabar a excitação. Para os próximos dez anos, precisamos de alguém sem ambição, um homem que odeie a guerra e que saiba que nada de bom pode vir dela, e um homem que prove ter crenças atendo-se a elas. Todos os candidatos terão de ser avaliados diante destes requisitos.

ASAS SEMPRE ABERTAS SOBRE A ÁFRICA: UMA CARTA ORNITOLÓGICA

Esquire, janeiro de 1936

Uma reportagem recente de Porto Said relatou a passagem, em uma semana, de seis navios com 9.476 soldados italianos feridos e doentes pelo canal de Suez, vindos do campo de honra na Etiópia. A notícia não informava o nome de nenhum desses soldados nem as cidades ou vilarejos de onde saíram para ir combater na África. Nem tampouco dizia que eles estavam a caminho dos campos de concentração do hospital insular italiano, para onde os doentes e feridos são levados de modo que seu retorno à Itália não minasse a moral dos familiares que os enviaram à guerra. A moral italiana é minada tão facilmente quanto é elevada e qualquer pessoa que tenha visto um trabalhador italiano ameaçando ou tentando matar um médico que esteja cuidando de uma criança moribunda no evento da morte da criança consegue apreciar a sabedoria de Mussolini em não permitir que os cidadãos de seu Estado corporativo vejam os ovos quebrados para que sua omelete imperial seja cozinhada.

A principal expressão que uma pessoa se lembra de ouvir dos lábios, bocas ou gargantas de um italiano ferido é *Mamma mia! Oh, mamma mia!*, e esta devoção filial admirável em momentos de dor física certamente seria retribuída caso a mãe do doente ou do ferido tivesse permissão para vê-lo. Só pode haver uma quantidade limitada de pessoas *mammamiando* num exército para que este exército continue inteiro, e Mussolini deve ser parabenizado por manter a unilateralidade.

Um soldado italiano pode ser tão bombardeado por propaganda que entrará numa batalha com o único intuito de morrer por Il Duce, convicto de que é melhor viver um dia como um leão a cem dias de ovelha, e quando são atingidos no traseiro, na parte carnosa da coxa ou da panturrilha, todas feridas comparativamente indolores, ele é capaz de urrar os mais nobres sentimentos e de dizer:

— Duce! Eu o saúdo, Duce! Estou feliz de morrer por você, ó Duce!

Mas se for atingido na barriga, ou se a bala romper um osso, ou se acontecer de acertar um nervo, ele diz *"Ó mamma mia"* e o Duce nem surge em seus pensamentos. A malária e a disenteria são ainda menos eficientes em provocar fervor patriótico, e a icterícia, pelo que me lembro, que dá a sensação de ter sido chutado na região das glândulas intersticiais, praticamente não causa fervor patriótico algum.

Há um aspecto da guerra na África que Il Duce faz bem em censurar dos jornais, que é o papel desempenhado pelos pássaros. Por todo o território etíope onde combatem os italianos existem cinco pássaros que atacam tanto os mortos quanto os feridos. Dentre eles estão o corvo branco e preto, que voa próximo ao solo e provavelmente depende de seu olfato para encontrar um homem ferido ou um corpo; o urubu comum, que nunca está muito distante do solo e pode caçar usando a visão ou o olfato; o pequeno abutre-de-cabeça-vermelha, parecido com o nosso urubu-de-cabeça-vermelha, que voa razoavelmente alto e caça usando a visão; o imenso abutre, com sua aparência obscena quase sem penas no pescoço, que voa em círculos quase fora da nossa visão e se lança como um projétil sibilante alado quando uma carcaça ou um homem abatido é avistado e se aproxima, saltitando e bamboleando, para bicar qualquer coisa, viva ou morta, contanto que esteja indefesa; e o enorme e feio marabu, que faz movimentos circulares lá no alto, além do alcance da vista, bem acima dos abutres, e depois desce quando vê os abutres descendo. Existem apenas cinco variedades principais desses pássaros, mas quinhentos deles se amontoam sobre um único homem ferido e caído em campo aberto.

O que acontece a um homem, depois de morto, tem pouca importância, mas as aves de carniça africanas atacam um homem ferido, caído em campo aberto, com a mesma rapidez que atacariam um homem morto. Vi esses bichos acabarem com uma zebra, deixando nada mais que os ossos e um círculo preto e viscoso de penas vinte minutos depois da morte do animal, contanto que a pele da barriga estivesse aberta para que eles tivessem uma abertura por onde começar. Naquela mesma noite as hienas quebrariam e devorariam os ossos de tal modo que, na manhã seguinte, era impossível ver onde a zebra estivera, a não ser por uma mancha preta e oleosa na planície. Como um homem morto é menor e não tem uma pele grossa para protegê-lo, os animais acabam com ele muito mais depressa. Na África, não há necessidade de enterrar os mortos por razões sanitárias.

Mas não é o fato de que um soldado morto pode acabar no estômago de um abutre que Il Duce precisa esconder de suas tropas, mas o modo como os abutres e marabus agem com os feridos. A primeira coisa que deveriam dizer a um soldado italiano é para se virar de rosto para o chão se for atingido e não conseguir se mover. Um homem, que ainda hoje vive, não conhecia esta regra durante o combate na última guerra na África oriental alemã. Quando estava inconsciente, os abutres atacaram seus olhos e ele acordou sofrendo de uma dor cega e lancinante, com uma mistura de penas fedorentas sobre si e, debatendo-se contra elas, virou o rosto para o chão a tempo de salvar metade dele. Os animais bicavam suas roupas para chegar aos rins quando os carregadores de maca chegaram e afastaram as aves. Se quiser saber quanto tempo levam até chegarem a um homem vivo, deite-se debaixo de uma árvore, completamente imóvel, e os observe, primeiro voando em círculos tão alto que parecem pequenos pontos, para depois se aproximarem em círculos concêntricos, até mergulharem num bater de asas apressado para lidar com você. Quando você se senta, o círculo se afasta e abre as asas. Mas e se você não conseguir se sentar?

Até agora, os etíopes não combateram. Recuaram e deixaram os italianos avançarem. Como a Etiópia sempre foi um país de líderes feudais fortes e rivais, os italianos conseguiram subornar alguns desses líderes, que têm suas próprias ambições ou contendas com o Negus*. Todas as notícias dão a impressão de que a Itália está ocupando o país quase sem dificuldade alguma. Mas a Itália precisa vencer uma batalha para ficar em posição de negociar com os poderes para aprovarem a manutenção do território ocupado e, talvez, receber um protetorado sobre toda a Etiópia. E os etío-

---

* De "negus neguest" (rei dos reis). O último da Abissínia foi Haile Selassié (1930-74). *(N. T.)*

pes, enquanto estas palavras são escritas, recusaram-se constantemente a combater.

Todo dia, as linhas de comunicação italianas se tornam mais longas, todo dia custa ao país sabe-se lá quanto milhões de liras para manter seu exército em campo e todo dia os enfermos são levados aos navios para serem evacuados. Assim que a Etiópia tiver recuado o bastante de modo a empreender um ataque de guerrilha às linhas de comunicação italianas, sem jamais se envolver numa batalha, a Itália estará derrotada. Os etíopes talvez sejam orgulhosos demais ou pretensiosos demais para fazer isso e podem acabar arriscando tudo numa grande batalha e perderem. Há sempre a possibilidade de que possam viver, embora tudo esteja contra eles.

Assim que se acostumarem aos aviões e aprenderem a se dispersar e a disparar contra os aviões como os rifenhos fizeram no norte da África, uma das grandes vantagens da Itália será anulada. Aviões bombardeiros precisam de cidades para alvejar, aviões com metralhadoras precisam de concentrações de tropas. Tropas dispersas são mais perigosas para o avião do que o avião para elas. Se os etíopes conseguirem aguentar até a próxima estação de chuvas, os tanques e veículos motorizados italianos vão ser inúteis. Parece discutível que a Itália consiga fundos suficientes para continuar combatendo até o fim das próximas chuvas. Lembrem que os etíopes vivem na Etiópia e fazem apenas uma refeição por dia, enquanto cada italiano em campo necessita de uma organização de transporte gigantesca e dispendiosa para mantê-lo ali e alimentá-lo da forma que está acostumado. Se a Itália vencer uma batalha, ela entrará em negociação de paz.

Os generais de Mussolini sabiamente empregaram tropas somali e danakil nas linhas de frente do avanço italiano e grande parte da regularidade de seu avanço deve ser creditada à sua sábia desconfiança quanto à infantaria europeia na África e à compreensão perspicaz da lição aprendida na última guerra, de que para lutar tão perto à linha do equador, e vencer, você precisa de tropas negras. Se, depois que tiverem avançado o bastante, uma grande batalha for precipitada, será necessário utilizar as tropas italianas em combate, uma vez que não treinaram os askaris bem o bastante para lutar em grande escala. É isso que evidentemente estão tentando evitar e é o que esperam os etíopes. Eles derrotaram os italianos antes e acreditam que conseguem fazê-lo de novo. A Itália espera por uma batalha infalível, com infantarias pretas, tanques, metralhadoras, artilharia moderna e aviões. A Etiópia espera atrair um exército italiano para uma armadilha, como Aduá em 1896. No meio-tempo, os etíopes recuam e se mantêm imóveis, enquanto os italianos avançam, usando seus askaris, conquistando muitos aliados desleais e gastando todos os fundos disponíveis para manter seu exército em campo.

Do meu ponto de vista, o próximo passo será a Itália chegar a um acordo confidencial com os poderes para que a deixem em paz e removam as sanções devido ao perigo do que ela apresentará como "bolchevismo" na Itália caso perca. Países de regime democrático de governo às vezes podem se unir para prevenir que um ditador coloque em prática um plano imperialista de conquista, depois que esses países consolidarem suas próprias aquisições imperialistas, mas deixem o ditador alardear que o bolchevismo se fará presente caso permitam que ele seja derrotado ou fique sem recursos e esse ditador receberá a mesma consideração da qual desfrutara quando era um dos heróis da imprensa de Ruthermere na Inglaterra por causa do mito de que Mussolini tinha salvado a Itália do comunismo. A Itália evitou o comunismo quando os operários se apoderaram das fábricas em Turim e nenhum grupo radical cooperou com qualquer outro grupo radical. Ela deixou de virar comunista por acidente, quando os trabalhadores tomaram posse das indústrias metalúrgicas neobélicas construídas artificialmente no momento em que estavam prestes a falir. Mussolini, o oportunista mais inteligente da história moderna, entrou na onda de aversão que se seguiu ao fracasso burlesco dos radicais italianos em cooperar ou usarem de maneira inteligente sua principal vantagem, a derrota italiana em Caporetto.

Recordo como nos velhos tempos pais e mães costumavam se inclinar na janela, ou surgiam na frente das lojas de vinho, das serralherias ou à porta de um sapateiro quando os soldados passavam e gritavam *"Abasso gli ufficiali!"* "Abaixo os oficiais!", pois viam os oficiais como aqueles que faziam os soldados-rasos lutarem quando sabiam que a guerra não lhes traria bem algum. Depois aqueles que eram oficiais e acreditavam que a guerra só poderia terminar lutando naquela guerra e vencendo-a se ressentiram do ódio que as classes operárias nutriam por eles. Muitos oficiais odiavam a guerra como não se pode odiar nada mais; não a tirania, não a injustiça, não os assassinatos, não a brutalidade, não a corrupção da alma humana; a guerra reúne a essência disso tudo numa só mistura e é reforçada por seus diversos fragmentos até se tornar mais potente que qualquer um dos males que a compõem pode ser. As únicas pessoas que amam a guerra a longo prazo são os aproveitadores, os generais, os funcionários de gabinete e as putas. Todos eles viveram a melhor época de suas vidas e a maioria fez mais dinheiro do que jamais voltará a fazer. É claro que há exceções; existem e existiram generais que odiavam a guerra e existem putas que não ganharam muito na última guerra. Mas estas pessoas fantásticas e generosas são exceções.

Há muitas pessoas na Itália que lembram a última guerra como aconteceu; não como lhes ensinaram a acreditar que foi. Muitas dessas pessoas foram espancadas porque abriram a boca, algumas foram mortas, outras estão na prisão nas ilhas Lipari, e algumas deixaram o país. Ter uma memória boa é algo perigoso numa ditadura. Você precisa aprender a viver pelas grandes ações do dia. Enquanto houver um ditador que controla sua imprensa, sempre existirão grandes ações diárias pelas quais viver. Na América do Norte, diante de nossas premonições ditatoriais, é possível ver nos jornais o quanto tudo é maravilhoso todos os dias nas conquistas do governo e, se pensarmos no passado, perceber o quão abominável foi o resultado de determinado ano ou período de anos de atividade governamental. Na verdade, nenhuma ditadura pode durar muito, a não ser por meio da força, e é por isso que nenhum ditador ou ditador em potencial pode se permitir passar por um período de impopularidade, pois assim será obrigado a usar da força para se manter no poder. Um ditador bem-sucedido usa o porrete e tem triunfos constantes nos jornais. Um ditador malsucedido se amedronta, dispara contra muitos dos seus, e se vai tão logo seu exército ou a polícia lhe dá as costas. Se tiver disparado contra muitos, normalmente também disparam contra ele, mesmo quando seu regime ainda está em vigor. Mas esse texto não é sobre ditadores, e sim sobre determinados aspectos ornitológicos da guerra africana.

Certamente, nenhum conhecimento da última guerra ajudará os rapazes das cidadezinhas íngremes dos Abruzos, onde a neve chega cedo ao topo das montanhas, nem aqueles que trabalharam em oficinas, ou fábricas, em Milão ou Bolonha ou Florença, ou pedalaram com suas bicicletas em corridas pelas estradas de poeira branca da Lombardia, nem aqueles que jogavam futebol pelos times da fábrica em La Spezia ou Turim, nem ceifaram os pastos de alta montanha das Dolomitas e guiaram esquiadores no inverno, ou queimavam carvão na floresta sobre Piombino, ou talvez varrendo uma *trattoria* em Vicenza, ou teriam ido para a América do Sul ou do Norte nos bons e velhos tempos. Eles sentirão o calor mortífero e conhecerão a terra sem sombras; sofrerão com as doenças incuráveis, que fazem os ossos doer e transformam um jovem num velho e as vísceras em água, e quando ocorrer uma batalha, finalmente, ouvirão o bater de asas quando os pássaros descerem e espero que, ao serem atingidos, alguém tenha lhes avisado para deitarem de rosto para o chão, de modo que possam dizer *"Mamma mia!"* com a boca voltada para a terra de onde vieram.

Os filhos de Mussolini voam quando não há inimigos para abatê-los. Mas os filhos dos pobres de toda a Itália são soldados-rasos, assim como os filhos dos pobres em todo o mundo sempre são soldados-rasos. Quanto a mim, desejo sorte a estes soldados-rasos; mas gostaria que descobrissem quem é o inimigo — e por quê.

NA ÁGUA AZUL: UMA CARTA DA CORRENTE DO GOLFO

Esquire, abril de 1936

Certamente não há caça como a caça ao homem, e aqueles que caçaram homens armados por bastante tempo e gostaram nunca mais se importam com qualquer outra coisa depois disso. Você os verá fazendo uma série de coisas com determinação, mas seu interesse não costuma durar, pois, depois da outra coisa, a vida comum é tão monótona quanto o gosto do vinho quando se queima as papilas gustativas. O vinho, depois que sua língua é queimada com lixívia e água, parece água de poça na sua boca, enquanto a mostarda tem gosto de óleo de embreagem e você sente o cheiro do bacon frito e crocante, mas quando prova, a sensação é de toucinho enrugado.

É possível aprender sobre esse problema da língua visitando a cozinha de uma *villa* na Riviera tarde da noite e tomando um gole do que deveria ser uma garrafa de água Evian e acaba revelando ser *Eau de Javel*, um produto de lixívia concentrada para limpar pias. As papilas gustativas da sua língua, quando queimadas por *Eau de Javel*, começam a se recuperar após cerca de uma semana. Com que rapidez outras coisas se regeneram não é possível saber, pois você perde o contato com os amigos e as coisas que podem ser aprendidas em uma semana foram na maior parte aprendidas muito tempo atrás.

Noutra noite eu conversava com um bom amigo para quem toda caça é enfadonha, exceto a caça a elefantes. Para ele, não há diversão em coisa alguma se não houver grande risco e, se o risco não for suficiente, ele mesmo o aumenta a seu bel-prazer. Um companheiro de caça dele me disse que este amigo não se satisfazia com os riscos da caça normal a elefantes e, quando possível, os atraía, ou os fazia girar, de modo que pudesse encará-los de frente, assim lhe restava a escolha de matá-los com o difícil tiro frontal enquanto eles avançavam pesadamente, com as orelhas abertas, ou ser atropelado por eles. Isso é para a caça de elefantes o equivalente ao que o culto alemão de escalada suicida é para o alpinismo tradicional, e suponho que seja, de certa forma, uma tentativa de se aproximar da velha caça ao homem armado que está caçando você.

Esse amigo me contava sobre a caça aos elefantes e insistia para que eu caçasse elefantes, dizendo que, depois que começasse, nenhum outro tipo de caça voltaria a ter importância. Eu dizia que gostava de todo tipo de caça e tiro, o máximo que pudesse praticar, e não queria acabar com essa capacidade de me divertir apenas com a *Eau de Javel* que era o velho elefante vindo na sua direção com a tromba levantada e as orelhas abertas.

— É claro que você também gosta de pescar — disse ele, com certa tristeza. — Sinceramente, não consigo ver nenhuma atração nisso.

— Você acharia maravilhoso se o peixe disparasse contra você com uma metralhadora ou saltasse de um lado para o outro da cabine com uma espada na ponta do nariz.

— Não seja bobo — disse ele. — Mas sinceramente não consigo ver qual a emoção.

— Veja fulano de tal — disse eu. — Ele caça elefantes e no ano passado foi pescar peixes grandes e ficou todo bobo. Ele deve se divertir, ou então não pescaria.

— Sim — respondeu meu amigo. — Deve ter alguma atração, mas eu não consigo ver. Diga que tipo de diversão você tem.

— Vou tentar descrever num texto uma hora dessas — respondi.

— Espero que escreva — disse ele. — Porque vocês são sensíveis a outros temas. Moderadamente sensíveis, quero dizer.

— Escreverei.

Em primeiro lugar, a Corrente do Golfo e as outras grandes correntes oceânicas são o que resta da natureza selvagem. A partir do momento em que você não enxerga mais a terra e os outros barcos, você está caçando mais sozinho do que nunca e o mar é o mesmo que era desde antes dos homens entrarem em barcos. Numa temporada de pesca, você o verá de um liso oleoso como os calmos galeões o viam quando singravam rumo a oeste; de quepes brancos, com uma brisa fresca enquanto o viam seguir os ventos alísios; e nos morros altos azulados, com os topos sendo soprados como neve enquanto são castigados por ele, de modo que às vezes podem-se ver três grandes montes de água, com seu peixe saltando do topo daquele mais distante e se você tentar girar para acompanhá-lo sem medir os riscos, uma dessas cristas pode quebrar em cima de você com mil toneladas de água e então é o fim da caça de elefantes para você, Richard, meu camarada.

O peixe não representa perigo, mas qualquer pessoa que sai no mar o ano todo num barquinho a motor não está à procura de perigo. Pode ter certeza absoluta de que, em um ano, você estará de frente com ele sem precisar procurá-lo, então tente evitá-lo sempre que possível.

Como a Corrente do Golfo é um território inexplorado, onde só se pesca nas bordas, em só uns doze pontos espalhados por milhares de quilômetros de corrente, ninguém sabe quais peixes vivem nela, ou o quanto são grandes ou que idade atingem, ou nem mesmo que tipos de peixe e outros animais vivem nela nas diferentes profundidades. Quando você está à deriva, longe da terra firme, pescando com quatro linhas, a cem, cento e cinquenta, cento e oitenta, duzentos e setenta metros de profundidade, em águas que têm mil e trezentos metros de profundidade, você nunca sabe o que vai abocanhar o pequeno atum que está usando como isca, e toda vez que a corda chega perto do fim no molinete, primeiro lentamente, depois com um urro do clique quando a vara se enverga e você a sente duplicar e o peso enorme da fricção da linha correndo pela água profunda enquanto você puxa e enrola, puxa e enrola, puxa e enrola, tentando tirar a barriga da linha antes que o peixe salte, e sempre há uma emoção que não exige qualquer perigo para que seja real. Pode ser um marlim que dá um pulo alto e direto à sua direita e depois segue numa série de saltos, jogando água como uma lancha no mar enquanto você grita para o barco virar com ele, olhando a corda derretendo no molinete antes que o barco consiga virar. Ou então pode ser um peixe-espada, que aparece sacudindo seu enorme sabre. Ou um peixe que você nunca viu que parte direto para noroeste, como um submarino submerso, sem nunca se mostrar, e ao cabo de cinco horas, o pescador se vê com um anzol empenado. Há sempre uma sensação emocionante quando um peixe abocanha o anzol e você está pescando em águas profundas.

Na caça, você sabe o que está procurando e o máximo que pode alcançar é um elefante. Mas quem pode dizer o que vai fisgar quando navega a quase trezentos metros de profundidade na Corrente do Golfo? Provavelmente existem marlins e peixes-espada para os quais os peixes que vimos parecem pigmeus; e toda vez que um peixe abocanha a isca quando você está à deriva, a sensação é de que você foi fisgado por ele.

Carlos, nosso colega cubano, que tem cinquenta e três anos e vem pescando marlins desde que entrou na proa de um barco a remo com seu pai aos sete, certa vez pescava em águas profundas quando fisgou um marlim branco. O peixe saltou duas vezes e depois desabou, e quando desabou Carlos subitamente sentiu um grande peso e não conseguiu segurar a linha que foi desenrolando e descendo e descendo irresistivelmente até o peixe puxar por quase trezentos metros de profundidade. Carlos diz que o sentiu tão pesado e sólido que era como se estivesse preso ao fundo do mar. E então, de repente, a tensão da linha relaxou, mas ele conseguia sentir o peso do peixe original e o puxou mortinho da silva. Algum outro peixe desdentado, como um peixe-espada ou um marlim, fechara a mandíbula no meio do marlim-branco de trinta e cinco quilos e o apertara e o segurara, de modo que todo o interior do peixe foi esmigalhado enquanto o peixe enorme ia embora com o peixe de trinta e cinco quilos na boca. Até que o deixou de lado. Que tamanho teria um peixe daqueles? Achei que pudesse ser uma lula gigante, mas Carlos disse que não havia marcas de sucção no peixe e que era possível ver claramente a forma da boca do marlim no lugar onde esmagara o peixe.

Outra vez, um velho que pescava sozinho num barco a remo no litoral de Cabanas fisgou um grande marlim, que, preso à linha pesada, levou o barco para o meio do mar. O velho foi resgatado por pescadores dois dias depois cem quilômetros ao leste, com a cabeça e a parte da frente do marlim amarrada na lateral. O que sobrara do peixe, menos da metade, pesava trezentos e sessenta quilos. O velho passara com ele um dia, uma noite, um dia e outra noite, enquanto o peixe mergulhava fundo e puxava o barco. Quando veio à superfície, o velho jogou o barco em cima dele e o atingiu com o arpão. Preso à lateral, os tubarões começaram a atacá-lo e o velho os combateu sozinho na corrente do Golfo, num barco a remo, dando porretadas, facadas e pancadas com um remo até ficar exausto e os tubarões terem devorado tudo o que podiam. Ele estava chorando no barco quando os pescadores o encontraram, meio louco pela perda, e os tubarões ainda circulavam o barco.

Mas qual a emoção de fisgá-los por um arremesso? Ela vem do fato de tratar-se de coisas estranhas e selvagens, de velocidade inacreditável e força e de uma beleza, debaixo da água e saltando, que é indescritível, que você jamais veria se não estivesse pescando, e ao qual você subitamente se vê atrelado, sentindo sua velocidade, força e ímpeto selvagem, tão intimamente como se estivesse montando um cavalo arredio. Por meia hora, uma hora ou cinco, você fica preso ao peixe tanto quanto ele a você, e você o doma e o conquista como se conquista um cavalo selvagem e finalmente o atrai para o barco. Por orgulho e porque o peixe vale bastante dinheiro no mercado de Havana, você o engancha no barco e o leva a bordo, mas a emoção não é tê-lo no barco; a diversão é quando você o está combatendo.

Se o peixe é fisgado na parte óssea da boca, tenho certeza de que o anzol não o machuca mais do que o arreio machuca o pescador. Um peixe grande, quando fisgado, muitas vezes não chega a sentir o anzol e nada de encontro ao barco, despreocupado, para abocanhar outra isca. Em outros casos, ele nada até as profundezas, completamente inconsciente do anzol, e é quando se sente preso e pressionado para girar que ele sabe que algo está errado e começa a brigar. A não ser que tenha sido fisgado numa parte que dói, sua luta não é contra a dor do anzol, mas contra a captura, e se, quando estiver fora de vista, você descobrir o que ele está fazendo, em que direção está puxando lá no fundo, e por que, você pode persuadi-lo e trazê-lo ao barco usando o mesmo sistema com o qual se conquista um cavalo selvagem. Não é necessário matá-lo, nem mesmo esgotá-lo para trazê-lo ao barco.

Para matar um peixe que luta nas profundezas, você o puxa na direção contrária à qual ele quer ir, até que ele se cansa e morre. Leva horas, e quando o peixe morre, é possível que os tubarões o abocanhem antes que o pescador consiga içá-lo à superfície. Para pegar um peixe desses, você descobre, tentando imobilizá-lo por completo, em que direção ele se movimenta (um peixe que desce segue na direção em que a linha se inclina na água quando você coloca pressão bastante no arrasto, de modo que a linha se romperia se você a esticasse mais); depois, coloque-se à frente dele nesta direção e ele pode ser levado ao barco sem que seja preciso matá-lo. Você não o reboca nem o puxa com o barco a motor; deve usá-lo para mudar a direção, do mesmo modo como caminharia para cima ou para baixo da corrente quando pesca salmão. O peixe pode ser fisgado mais facilmente de um barco pequeno, como um *dory*, já que o pescador pode relaxar a pressão e simplesmente deixar o peixe puxar o barco. Rebocar o barco acabará matando o peixe. Mas a maior satisfação é dominá-lo e persuadir o peixe e trazê-lo intacto sob todos os aspectos, exceto espiritualmente, ao barco, da maneira mais rápida possível.

— Muito instrutivo — diz o amigo. — Mas onde está a emoção?

A emoção vem quando você está ao timão bebendo uma cerveja gelada e vendo as forquilhas tremerem com as iscas, parecendo que pequenos atuns vivos pulam ao seu lado e então, além de um deles, você avista uma sombra longa e escura subindo e depois uma grande lança se projeta para fora, seguido por um olho e uma cabeça e uma barbatana dorsal e o atum salta com a onda e ele não abocanha.

"Marlim", grita Carlos do alto da cabine e bate o pé, sinal de que um peixe foi erguido. Ele desce à toda rumo ao timão e você volta para a vara e vê a sombra ali outra vez, veloz como a sombra de um avião movendo-se sobre a água, e a lança, a cabeça, a barbatana e os ombros irrompem da água e você ouve o clique que faz a trava quando a linha é puxada e a longa curvatura da linha sibila pela água enquanto o peixe se vira e você segura a vara, e a sente duplicar e os puxões te acertam no estômago quando você joga o corpo para trás e sente seu peso, puxando uma vez e outra vez e outra vez.

Então a vara pesada arqueia na direção do peixe e o molinete, num zumbido agudo como o de um serrote, o marlim salta, nítido e esguio, prateado sob o sol, bojudo como um barril e marcado por listras lavanda e, quando entra na água, levanta uma nuvem de gotas como um candelabro.

Depois ele volta a aparecer e as gotas ribombam, e o faz mais uma vez, então a linha se afrouxa e lá está ele pulando de um lado para o outro, saltando agitado outras duas vezes, parecendo pairar enrijecido no ar antes de desabar e levantar uma coluna de água e você vê o anzol no canto da mandíbula.

Depois, numa série de saltos, ele se move como um galgo a noroeste e, de pé, você o segue com o barco, com a linha tesa como a corda de um banjo, e pequenas gotas que caem dela até que você finalmente ergue a barriga do peixe daquela fricção com a água e dá um puxão seco na direção contrária.

E durante o tempo todo Carlos grita: "Ó Deus, o pão dos meus filhos! Olhem só o pão dos meus filhos! José e Maria, vejam o pão dos meus filhos saltar! Lá vai ele, o pão dos meus filhos! Não vai parar nunca, o pão, o pão, o pão, o pão dos meus filhos!".

O marlim-listrado saltou, numa linha reta a noroeste, cinquenta e três vezes, e cada pulo era uma visão que fazia o coração parar de bater. Ele então desabou e eu disse a Carlos:

— Traga os arreios. Agora eu vou erguê-lo, o pão dos seus filhos!

— Não estou vendo o peixe — diz ele. — É como um bolso cheio saltando. Agora não pode descer muito. Pegou muito ar saltando.

— Como um cavalo de corrida que salta sobre os obstáculos — diz Julio.
— Tudo bem com o arreio? Quer água?

— Não. — Carlos diz então, brincando: — Que história é essa de pão dos seus filhos?

— Ele sempre fala isso — diz Julio. — Deveria ouvir quando me xingava por deixar um peixe escapar no barco a remo.

— Quanto pesará o pão dos seus filhos? — perguntei com a boca seca, o arreio retesado nos ombros, a vara um prolongamento flexível dos braços doídos de puxar, o suor salgado em meus olhos.

— Duzentos quilos — diz Carlos.

— Nunca — diz Julio.

— Sempre negativo — diz Carlos. — O peixe dos outros nunca pesa coisa alguma para você.

— Cento e setenta quilos — diz Julio, aumentando sua estimativa. — Nem um grama a mais.

Carlos diz algo impublicável e Julio aumenta para cento e oitenta.

O peixe está quase vencido e a dor entorpecida está em levantá-lo, e então, quando o erguemos, sinto algo escorregar. Fica imóvel por um instante e em seguida a linha se afrouxa.

— Ele se foi — digo, desafivelando o arreio.

— O pão dos seus filhos — diz Julio a Carlos.

— Sim — diz Carlos. — Sim. Piada e sem piada, sim. *El pan de mis hijos.* Cento e sessenta quilos, a dez centavos por quilo. Quantos dias um homem precisa trabalhar no inverno para ganhar isso? Quanto frio faz às três da manhã nesses dias? E a neblina e a chuva do vento norte. Cada vez que ele salta, o anzol abre um buraco um pouco maior na mandíbula. Sim, como saltava alto. Como saltava alto!

— O pão dos seus filhos — diz Julio.

— Não fale mais disso — disse Carlos.

Não, não é como a caça a elefantes. Mas nós nos divertimos. Quando se tem uma família, a sua família ou a minha família ou a família de Carlos, não é preciso procurar por perigo. Sempre há perigos de sobra quando se tem uma família.

E, depois de um tempo, o perigo dos outros é o único perigo, que não tem fim ou prazer algum, e pensar nele também não ajuda em nada.

Mas há um enorme prazer em se estar no mar, na brusquidão selvagem e desconhecida de um grande peixe; em sua vida e morte, que ele vive para você numa hora enquanto suas forças são medidas contra as dele; e a satisfação está em conquistar esta coisa que domina o mar onde vive.

E então, na manhã do dia seguinte, depois que você pescou um bom peixe, quando o homem que o levou ao mercado num carrinho de mão traz um rolo enorme de moedas pesadas de dólares embrulhadas num jornal a bordo, esse é um dinheiro bastante satisfatório. Parece mesmo com dinheiro.

— Aqui está o pão dos seus filhos — você diz a Carlos.

— No tempo da dança dos milhões — diz ele —, um peixe como aquele valia duzentos dólares. Agora são trinta. Por outro lado, um pescador nunca morre de fome. O mar é muito rico.

— E o pescador, sempre pobre.

— Não. Olhe só você. Você é rico.

— Devo ser, sim — você responde. — E quanto mais pescar, mais pobre serei. Vou acabar pescando com você num bote para vender no mercado.

— Nisso eu não acredito — diz Carlos, devotamente. — Mas veja. Essa pescaria no bote é bem interessante. Você ia gostar.

— Não vejo a hora — você diz.

— O que precisamos para ter prosperidade é uma guerra — diz Carlos. — Na época de guerra contra a Espanha e na última guerra, os pescadores eram ricos de verdade.

— Tudo bem — você diz. — Se a guerra estourar, prepare o bote.

LÁ VAI ELA! OU MOBY DICK NA COSTA DO MORRO

Esquire, maio de 1936

Era um dia fresco de outubro, o céu estava sem nuvens e flutuávamos a cerca de cinco quilômetros da Fortaleza de São Carlos de la Cabaña, ao leste de Havana. Perto de nós estavam dois ou três barcos a remo, que também pescavam marlins e, mais distante, na direção da costa, víamos a superfície calma da corrente do Golfo saltar em salpicos incisivos e diminutos e ouvíamos o rá-tá-tá das metralhadoras disparando no campo de tiro, cujos limites eram demarcados por bandeiras vermelhas no promontório verde de paredes brancas com o quartel mais ao fundo.

— Uma vez — disse Carlos, que estava sentado na popa, segurando uma linha amarrada nos dedões dos pés — chegamos perto de um peixão no Morro e essas coisas começaram a pipocar bem em volta da gente.

— O que vocês fizeram? — perguntou Lopez Mendez.

— Lidamos rápido com o peixe e mergulhamos e só colocamos o nariz para fora quando saímos da linha de tiro.

— Você tem um nariz pequeno — disse Lopez Mendez. — Não tem perigo de ser atingido com um nariz desse tamanho. Mas e se um peixe puxasse agora e arrancasse seus dois dedões? O que faria se um peixe atacasse agora?

— Olha — disse Carlos e, puxando a ponta da linha amarrada à extremidade da vara, acionou o laço que passava pelo dedão, soltando-o. — Dá para soltar do dedo instantaneamente, não importa a força do puxão que vem da água. É um truque. A gente dorme com uma linha amarrada no dedo assim num barco a remo e solta quando o puxão nos acorda.

— É tudo um truque — disse Lopez Mendez. — A vida é um truque bem difícil de aprender.

— Não — disse Carlos. — Não, *señor*. A vida é um combate. Mas você precisa conhecer um monte de truques para ganhar a vida. Você tem um bom truque na pintura.

— Prefiro ter o truque de Enrique — disse eu, em espanhol. — Como se sente esta manhã, Enrique?

— Maravilhoso — disse Enrique, um aviador negro, bem-apessoado, capitão da artilharia e um bom matador amador, que morava em Havana com seu primo, Lopez Mendez, o pintor, entre as revoluções na Venezuela, de onde vieram os dois. — Eu sempre me sinto bem. — Ele sorriu, coçando os pelos da barba, que já despontavam uma hora depois de raspados.

— Na noite passada — disse Lopez Mendez, um sujeito bem magro e de aparência distinta —, Enrique comeu só um chapéu de palha e três velas.

— Eu não me importo de comer chapéus de palha — disse Enrique. — Mas se alguém me propõe, naturalmente eu como.

— Ele come bem aqueles chapéus — disse Lopez Mendez.

— Mas eu não gosto — disse Enrique. — Não consigo ficar empolgado com os chapéus de palha.

— Do que ele está falando? — disse o Maestro Arnold, de Minnesota, assim chamado porque tocava violino e estava no barco na função de fotógrafo; de um fotógrafo muito ruim.

— Está falando de comer chapéus de palha — respondi.

— Por que, em nome de Deus, ele come chapéus de palha? — perguntou o Maestro.

— Ouça, Maestro — disse Lopez Mendez. — Na Venezuela, temos grandes comedores. Tarde da noite, quando um homem quer fazer algo de incomum e mostrar seu desprezo pelas consequências, ele engole objetos incomuns e não comestíveis.

— Você está brincando comigo — disse o Maestro.

— Não. Eu juro por Deus que Enrique comeu um chapéu de palha ontem à noite.

— Comi — disse Enrique, modesto.

— Na noite anterior, ele comeu todas as flores da mesa e várias velas na casa do secretário da embaixada.

— Não foi nada — disse Enrique. — Uma vela não é nada. Só o pavio que é difícil. Vou preparar o espaguete agora. Cadê o Bolo?

— Está na proa — disse eu, de olho numa linha. — Mice, vá até a proa e fique de olho na linha para Bolo ajudar Enrique a cozinhar o espaguete.

— Me deixem ir pegar um chapéu de palha por causa do sol — disse o Maestro.

— Não deixa o Enrique comer — disse Lopez Mendez.

— Não — disse Enrique. — Não tem perigo. Ninguém jamais comeu um chapéu durante o dia.

Assim passamos a manhã inteira e, no outono, os passarinhos que migram para o sul às vezes ficam exaustos quando se aproximam da costa cubana, onde os gaviões vêm ao seu encontro, e os pássaros pousam no barco para descansar e às vezes víamos uns vinte a bordo, ao mesmo tempo, na cabina ou no convés, empoleirados nas cadeiras de pesca ou descansando no chão da cabine. O enorme cansaço os deixa tão mansos que você pode pegá-los e eles não demonstram medo algum. Tinha três rouxinóis e um tordo na cabine quando Enrique colocou a cabeça para fora para pegar um pouco de ar, enquanto trabalhava na cozinha, e Lopez Mendez disse:

— Não deixa ele ver os pássaros. Comeria os bichos.

— Não — disse Enrique. — Sou um grande amante de pássaros. O espaguete fica pronto em meia hora.

— Vamos beber vermute então — disse eu. — Mande Bolo trazer as garrafas.

Estávamos com os copos longos cheios de vermute francês e italiano nas mãos (duas partes de francês para cada parte de italiano, com um pouquinho de licor amargo e casca de limão, o copo cheio de gelo, misturar e servir), e eu começava a erguer o meu, quando Carlos gritou:

— *Que cañonazo!* Que tiro de canhão!

— Onde?

— Bem ali. Ao leste. Como um tiro de uma doze polegadas.

Estávamos naquele momento a pelo menos seis quilômetros da costa e o lugar para onde Carlos apontou ficava a outros cinco quilômetros na direção leste.

— Eles não têm armas para atirar dali, amigo — disse eu.

— Eu sei. Eu sei. Que Deus nos acuda, deve ter sido um peixe. Mas que peixe, para levantar água desse jeito!

— Veja se ele vai pular outra vez — disse eu. — Podemos içar as linhas e ir até lá. O que acha que pode ser?

— Só um peixe-espada saltaria assim e desabaria levantando tanta água no meio do dia. Deve ser um peixe-espada imenso.

— É melhor começarmos a preparar as linhas e partir para lá — disse eu. — Me passa aquela.

Comecei a enrolar a linha de mais de duzentos metros, esmerilando e lançando, quando Carlos gritou outra vez.

— Lá está ele! Lá está ele! Meu Deus, está perto! Ei! Não! É uma baleia!

Eu podia ver o jato, alto, jorrando de uma haste estreita como um gêiser, a cerca de quilômetro e meio a estibordo.

— Peguem as linhas — gritei. — Bolo! Traga a outra linha. Enrique! Venha cá, garoto. É uma baleia!

— É mesmo? — perguntou Enrique. — Uma baleia de verdade?

— Sim! Sim! Sim! — disse Lopez Mendez. — Olhe ali! Olhe.

— Vamos comer ela — disse Enrique. — O que querem que eu faça?

— Enrole o resto daquela linha.

Liguei os dois motores e eles ainda enrolavam as linhas com as iscas de atum arrastadas no rastro do barco enquanto eu guiava o *Pilar* rumo ao norte para interceptar a baleia em seu curso na direção oeste. Carlos tirou a caixa com o arpão da cabine e examinava seu conteúdo. Tínhamos cerca de seis metros de cabo de arame e uma medida suficiente de linha leve de arpão, mas sabíamos que aquela linha não resistiria, e Carlos disse que podia amarrar o arame diretamente ao nosso cabo de reboque. Mandamos Bolo abrir espaço e tirar tudo da cabine dianteira e amarrar uma ponta do cabo de reboque de cem braças aos seis salva-vidas de rolha novos, limpos, brancos, revestidos de pano, e depois enrolar o cabo de reboque sobre eles. Ele atou a ponta do cabo de reboque ao arame e eu lhe passei o timão e fui à cabine dianteira com Bolo, carregando o arpão com um cartucho vazio, colocando um cartucho de festim no canhão de arpoar e empurrando o cartucho cano abaixo do velho mosquete Springfield serrado que usávamos como canhão e apertando-o com força junto ao cartucho.

Eu sabia que o arpão nunca suportaria o peso do cabo de reboque e que o alcance efetivo só poderia ser o do comprimento do arame, mas não via motivo algum por que não pudéssemos nos aproximar o bastante para que o arpão penetrasse de maneira sólida. O problema é que tampouco eu sabia coisa alguma sobre baleias.

Planejávamos, gritando para o timão e para o topo da casa onde estavam Lopez Mendez com o *mannlicher* 6.5, Enrique com um punhado de varas sobressalentes, a vareta e uma pistola Mauser, e o Maestro com sua enorme Graflex, que, ao arpoar a baleia, deveríamos deixar o cabo de reboque se desenrolar todo, lançar o amontoado de salva-vidas enquanto ela descesse e, quando subisse para liberar seu jato, veríamos sua localização por meio dos salva-vidas, recolhendo-os e acompanhando ela, soltando os salva-vidas quando não pudéssemos segurar o cabo de reboque, e quando a baleia aparecesse, disparando com o *mannlicher* até eventualmente acabarmos com ela usando a lança. Depois, amarraríamos uma corda em sua cauda, faríamos um furo e a encheríamos de ar com a bomba do colchão inflável. Toda vez que eu tinha uma ideia brilhante como essa da bomba do colchão inflável, eu gritava para os outros e Enrique comemorava, acenando com a pistola. Carlos continuava a gritar:

— Uma baleia vale uma fortuna em *La Habana*! Uma baleia é dinheiro para toda a vida!

— Que Deus abençoe a baleia! — gritava Enrique.

— Morte à baleia! — urrou Lopez Mendez.

O Maestro tremia de empolgação.

Ali, logo à frente, estava a baleia. Era impressionante. Ela nadava um pouco debaixo da água e então sua cabeça larga despontava e ela nadava com seu dorso arqueado, aparentemente despreocupada, mas quando aceleramos o motor para nos aproximarmos a fim de alvejá-la, ela submergia. Tentamos nos aproximar às suas costas, mas ela sempre descia antes. Depois, tentamos abordá-la de lado, mas lá ia ela, descendo outra vez, voltando a aparecer na nossa frente, variando muito pouco seu curso. Uma vez após a outra, chegamos a menos de dez metros dela, que voltava a desaparecer. A aceleração dos motores parecia assustá-la e fazê-la submergir, mas era o único jeito de nos aproximarmos dela, acelerando os motores. Tinha cerca de doze metros e, ao chegarmos perto, podíamos ver os entalhes na lateral de sua cabeça rústica correndo pelo resto do corpo, como se alguém os tivesse feito colocando o dedo em cera quente. Muitas vezes conseguimos chegar tão perto que dava para acertá-la com uma garrafa de cerveja, mas eu sabia que, para fixar o arpão, tínhamos que estar quase a tocando com o barco quando disparássemos.

— Atira! Pelo amor de Deus, atira! — gritou Bolo, puxando os cabelos com uma mão e segurando o cabo de reboque no ar com a outra.

— Atira! — gritou Carlos.

Quando eu desistia do tiro, os dois levavam as mãos à cabeça.

— Não vale a pena atirar se não estivermos perto o bastante — gritei de volta. — A arma não suporta o peso desse cabo.

Carlos balançou a cabeça de um lado para o outro.

— Em toda a minha vida, só vi três baleias em *Habana*. Uma baleia vale uma fortuna. Pelo amor de Deus, atira!

Na vez seguinte em que chegamos perto e eles começaram a gritar para que eu disparasse, disse:

— Tudo bem. Vou mostrar para vocês o que estou dizendo. — E atirei quando não estávamos nem a dez metros da baleia ainda, que mergulhara. A pólvora rugiu, o arame se projetou, se retesou com o peso do cabo e a lança era curta. A baleia submergiu e dessa vez apareceu bem mais à frente e era difícil vê-la com o sol.

— Estão vendo? — gritei de volta. Carlos acenou com a cabeça, compreendendo agora. Ouviu-se então um grito do topo da cabine.

— Olhem ali! Olhem ali! — Lopez Mendez estava apontando e, quando nos viramos a leste da popa, vimos jatos jorrando até onde os olhos alcançavam. Parecia uma pequena bacia de gêiseres no Parque de Yellowstone. Havia pelo menos dez baleias na superfície e, enquanto olhávamos, outras vinte chegaram; algumas perto, outras à distância, e outras mais a leste.

Alguns jatos eram altos, com um penacho espalhado no topo. Outros eram baixos, atarracados, vastos.

Enquanto perseguíamos aquela única baleia, o cardume inteiro estava atrás de nós.

— Não pode ser — disse Bolo. — Não pode ser.

— Vamos lá — disse eu. — Vamos tentar acertar uma delas da lateral.

Gritei para Carlos e fomos na direção onde se viam duas das grandes. Chegamos perto e fizemos com que mergulhassem antes de poder preparar o tiro. Dessa vez, pude ver na água uma nuvem escura, parecia tinta de lula, quando as duas submergiram.

— Viram isso? — gritei.

Todos tinham visto.

— Talvez estivessem comendo lulas — disse Carlos. — Vejam! Tem outra ali perto.

Estávamos a meio metro da distância de alcance efetivo quando ela desceu, erguendo a enorme cauda para fora da água e nadando num ligeiro declive.

Parado no convés, olhei para trás. Estávamos agora no meio do cardume e o cardume se movia a oeste, contra a corrente. À frente da popa, a menos de um quilômetro, havia três baleias, uma delas, a do meio, a maior de todas, vindo bem na nossa direção, e três mais nadando rumo a oeste, onde estava o sol.

— Escuta — disse eu a Carlos —, dê meia-volta e parta na direção da baleia do meio. Vá em linha reta até onde ela está para ficarmos frente a frente. Mantenha os motores exatamente como estão agora até eu levantar a mão. Quando eu levantar a mão, acelere ao máximo. Depois que eu atirar, desligue os motores e arremesse a garra. Entendido?

— *Si, señor* — disse Carlos. — Agora a gente pega uma delas.

Quando nos aproximamos, elas desceram uma vez, não muito abaixo da superfície, nadando como submarinos, com suas cabeças quadradas e tubulares e as corcundas flutuando como submarinos parcialmente submersos. Mantiveram seu curso e pude ver Bolo tremendo de empolgação enquanto segurava o cabo de reboque sobre a cabeça.

— Pelo amor de Deus, não vá se enrolar nisso aí — disse eu. — Largue quando eu atirar e saia do caminho.

— Estou fora do caminho — respondeu.

E então, a menos de doze metros, víamos a cabeça grande, escura, com as laterais entalhadas e um brilho opaco e a enorme massa, muito maior que nosso barco, e, concentrando-me nela, sem reparar para onde tinham ido as outras duas, levantei a mão e quando o barco partiu com os motores em máxima potência, me inclinei na borda e quase toquei aquela cabeça ao disparar a arma enquanto ela descia. Depois do barulho, viu-se a nuvem branca de fumaça da pólvora, um jato desanimado de algo que cheirava mal e caiu sobre todos nós, sobre o convés, o para-brisa e o topo da cabine, e o cabo de reboque passava pela borda tão rápido que quase parecia soltar fumaça. Em seguida, parou. Puxamos e o arpão estava bem preso. Mas tinha falhado. Descobri mais tarde que não se arpoa uma baleia cachalote na cabeça. Nem mesmo com um canhão. Há ossos demais.

De qualquer jeito, seguimos o cardume na direção do sol enquanto nadavam rumo a oeste até chegarem quase em Mariel e não tivemos outra oportunidade de disparar. Não deixaram mais que nos aproximássemos tanto como quando atingimos a grande baleia. A aceleração do ritmo das hélices girando parecia fazer com que mergulhassem.

Finalmente partimos de volta na direção de Havana e avistamos uma velha baleia solitária, de cor cinza-escuro e imensa, viajando sozinha, mas ela não deixou que nos aproximássemos. Por volta das quatro e meia, comemos o espaguete que Enrique cozinhara e conversamos, curiosos para saber se tínhamos conseguido algumas fotos boas delas. O Maestro estava certo de que conseguira tirar fotografias maravilhosas. Mas no dia seguinte, quando as vimos, todas eram igualmente ruins. A maioria fora tirada contra o sol; em algumas, ele movera a câmera com sua empolgação; em outras, clicara quando as baleias estavam longe demais, e conseguiu uma série de fotos fantásticas dos buracos que elas deixavam na água ao mergulharem. Depois, já com o líquido do jato da baleia na lente, tirou fotografias que pareciam cachoeiras vistas do lado de dentro. A única foto boa era uma que Lopez Mendez tirara com sua pequena câmera antes

ESQUIRE, 1933-1936

que Mice a tirasse dele quando ficou sem filme para sua Graflex, e essa o jornal de Havana, a quem Lopez Mendez dera para provar que não estava mentindo, nunca devolveu. O Maestro ficou deprimido pelas fotos, mas não tanto quanto nós. Todos sabíamos que seu fracasso com a câmera nos transformaria em mentirosos pelo restante de nossas vidas.

Quando algo assim acontece, ninguém acredita em você. Certamente não acreditam quando veem as fotografias vagas que foram publicadas na seção de rotogravuras do *Diario de la Marina* em Havana. Eu não tinha nenhum motivo para acreditar na existência de cachalotes na costa de Havana e eu mesmo custei a acreditar. Se você optar por não acreditar, por mim não há problema algum. Mas nesse outono, em Nova York, visitei o Museu de História Nacional e nos quadros sobre as antigas viagens baleeiras, descobri que as cachalotes costumavam ser desviadas de Havana nos tempos de outrora. Aonde iam não sei dizer, mas parece lógico que se dirigissem rumo ao Caribe e depois ao sul. Era dia 10 de outubro de 1934 quando as vimos e a baleia grande em que disparamos tinha quase quinze metros.

Naquela noite, no restaurante, algumas pessoas também não acreditaram em Enrique. Aquilo o incomodou tanto que ele acabou comendo os rótulos de várias garrafas de cerveja. Uma vez que tal ato foi visto com certa incredulidade, ele comeu um calendário da parede e devorou uma plantinha que estava decorando a mesa. Agora com o público nas mãos, ele comeu a seção inteira de rotogravuras do *Diario de la Marina* e se ofereceu para comer a mesa. Ninguém acreditou que ele não fosse tentar.

Ele estava ficando bem injuriado com alguém que fazia graça das baleias, então Lopez Mendez o mandou para casa e, subindo de elevador, comeu o cartão de um médico que oferecia seus serviços como especialista na cura de certas doenças. Para Lopez Mendez, esse último ato era pura bravata e Enrique estava mesmo diminuindo o ritmo, mas ao entrar no quarto, Enrique viu uma caricatura de Mussolini num pedaço de papelão bem grosso. Para provar que estava em forma, ele a comeu sem qualquer dificuldade, apenas observando, enquanto engolia o último pedaço, que era *muy pesado*. "Muito pesado". Depois disso, deu um gole numa garrafa de água-de-colônia e foi dormir feliz.

De manhã, ele veio até o barco e quando Lopez Mendez descreveu as proezas gastronômicas da noite anterior, perguntei a Enrique novamente como se sentia.

— Fantástico — disse ele. — Sempre me sinto fantástico.

Você também não precisa acreditar nisso. Mas juro por Deus que é verdade. Pelo interesse da ciência, devo acrescentar que Enrique está um pouco pálido.

Carlos foi quem ficou mais amargurado quanto às fotos. Ele só vira três baleias na costa de Havana em toda sua vida e agora que tínhamos nos deparado com vinte, não havia nem mesmo uma fotografia decente. Mas, como ele disse, lamentando a perda de uma possível renda para toda a vida e fama eterna no litoral:

— É certo que a pessoa deve estar preparada adequadamente para as baleias. Sem dúvida, existe algum truque. Tem de haver um truque para as baleias, assim como existe um truque para tudo, e não tivemos a oportunidade de aprendê-lo. Mas imagina se tivéssemos arrastado aquela baleia até o porto de Havana. Imagina só isso!

— Talvez a gente pegue outra mais à frente — disse eu.

— Temos de aprender o truque para elas — disse ele. — Com certeza há um modo de capturá-las. Você precisa descobrir qual é.

— Vou estudar o assunto — respondi. Mas quanto mais sei sobre elas, mas sinto que tivemos sorte quando o arpão se soltou. Acredito que a cachalote fosse capaz de fazer diversos movimentos bem interessantes antes de deixar que empregássemos a bomba do colchão inflável.

III

GUERRA CIVIL ESPANHOLA, 1937-1939

OS PRIMEIROS LAMPEJOS DE GUERRA

Correspondência para a NANA, 18 de março de 1937

VALÊNCIA, ESPANHA – Quando nosso avião da Força Aérea, proveniente de Toulouse, sobrevoou baixo o bairro comercial de Barcelona, as ruas estavam vazias. Parecia tudo tão calmo e deserto quanto o centro de Nova York num domingo de manhã.

O avião pousou suavemente numa pista de concreto e deslizou roncando até parar diante de um pequeno edifício, onde, enregelados até aos ossos pela nossa travessia dos Pireneus, cobertos de neve, esquentamos as mãos em redor de canecas de café com leite, enquanto três guardas armados de pistola e envergando capote de couro trocavam piadas do lado de fora. Aí soubemos por que Barcelona parecia, momentaneamente, tão tranquila.

Um bombardeiro trimotor acabara de sobrevoar a cidade, escoltado por dois caças, e despejara sua carga de bombas no centro, matando sete e ferindo trinta e quatro. Por meia hora quase estivemos no meio da briga encarniçada em que os aviões rebeldes tinham acabado por ser rechaçados pelos caças governamentais. Pessoalmente, não me importei. Nós próprios estávamos a bordo de um trimotor e isso poderia ter causado uma confusão danada.

Voando baixo ao longo da costa, rumo a Alicante, sobrevoando sucessivas praias de areia branca, pequenas cidades pardacentas e o mar espumando, encrespado, contra os promontórios rochosos, não havia sinais de guerra. Os trens deslizavam, o gado pastava nos campos, os barcos de pesca faziam-se ao mar e as chaminés das fábricas vomitavam fumaça.

Depois, sobre Tarragona, todos os passageiros se aglomeraram do lado do avião no qual se via a terra, espiando pelas pequenas vigias o casco adornado de um cargueiro, visivelmente danificado por um bombardeio aéreo e que fora propositadamente encalhado numa praia para que pudessem descarregá-lo. Varado na areia, em dois palmos de água transparente, o navio parecia uma baleia com chaminés que tinha ido à praia para morrer.

Ultrapassamos os férteis e verdejantes campos de Valência, salpicados de casas brancas, o porto movimentado e a grande cidade amarela, esparramada na planície. Atravessamos arrozais e ganhamos altura para atravessar uma agreste e inóspita cordilheira, onde tivemos uma vista panorâmica da civilização, depois voltamos a baixar, com os ouvidos zumbindo, rumo ao luminoso mar azul e à linha do litoral de Alicante, orlada de palmeiras e com seu ar africano.

O avião seguiu viagem para Marrocos, enquanto eu entrava sacolejando em Alicante, levado do aeroporto para a cidade num ônibus desengonçado e despencando de velho. Cheguei no meio de uma festa que despejara uma densa multidão no belo *paseo* à beira-mar, uma extensa avenida bordada de esguias tamareiras, e o povo transbordara para as ruas vizinhas.

Estavam sendo convocados os recrutas entre vinte e um e vinte e seis anos de idade, e eles, as noivas e as famílias celebravam festivamente o alistamento e a vitória das tropas regulares italianas, na frente de Guadalajara. Andando em grupos de quatro, de braços dados, todos cantavam, gritavam, tocavam harmônios e guitarras. Barcos de recreio, no porto de Alicante, regurgitavam de pares que se davam as mãos, em seu último passeio juntos; mas, em terra, onde longas filas se formavam diante dos postos de recrutamento congestionados, a atmosfera era de celebração desenfreada.

Ao longo da costa, até Valência, passamos por ajuntamentos festivos de povo que me recordavam mais os velhos tempos de *ferias* e *fiestas* do que a vizinhança da guerra. Somente os feridos convalescentes, coxeando em seu pesado e grosseiro uniforme de milicianos, faziam a guerra parecer real.

Os alimentos, em especial a carne, estavam racionados em Alicante mas nas pequenas cidades intermédias vi os açougues abertos e a carne ser vendida sem filas à porta. O nosso motorista resolveu comprar para ele próprio um bom pedaço de filé, no caminho para casa.

Ir para Valência, no crepúsculo, passando por quilômetros e quilômetros de laranjais em flor, o aroma das flores de laranja, pesado e forte, vencendo mesmo a poeira da estrada, lembrava a este correspondente semiadormecido um noivado. Mas, ainda que dormitando, espiando as luzes que ao longe venciam as nuvens de poeira, ele sabia que o toda essa gente estava celebrando não era um noivado italiano.

BOMBARDEIO DE MADRI

Correspondência para a NANA, 11 de abril de 1937

MADRI – Na frente, a dois quilômetros de distância, o ruído chegou, como um grunhido abafado, da colina oposta, coberta de pinheiros. Havia apenas um fio de fumaça esbranquiçada assinalando a posição da bateria rebelde. Depois, sobrepôs-se o som agudo e sibilante, como o rasgar de uma peça de seda. Estavam passando todos por cima, na direção da cidade, de modo que ninguém ligou, ali onde estávamos.

Mas, na cidade, onde todas as ruas estavam repletas com as habituais multidões dos domingos, os obuses caíram com o súbito relâmpago de um curto-circuito e, logo após, o estampido ensurdecedor e a poeira de granito. Caíram em Madri vinte e dois obuses na parte da manhã.

Uma senhora que regressava do mercado foi morta, seu corpo foi jogado ao chão num montão enrodilhado de roupa preta, com uma perna, subitamente arrancada, projetando-se com violência contra a parede de uma casa adjacente.

Três pessoas numa outra praça também foram mortas, as quais jaziam como as trouxas esventradas de roupas velhas que eu vira abandonadas no pó e no entulho, quando os estilhaços das "155" feriam a pedra das calçadas e a cantaria das fachadas.

Um automóvel que descia a rua estacou subitamente e derrapou sob o relâmpago deslumbrante e o estampido atroador; o motorista foi arrancado do carro, o couro cabeludo pendendo sobre os olhos, e ficou sentado no meio-fio, as mãos no rosto, o sangue reluzente escorrendo.

Um dos mais altos edifícios foi atingido três vezes. O seu bombardeio é legítimo, pois trata-se de um conhecido centro de comunicações telegrá-

GUERRA CIVIL ESPANHOLA, 1937-1939

ficas e telefônicas, e um dos pontos característicos da capital; mas o bombardeio que varria as ruas, procurando intencionalmente os passeantes dominicais, nada tinha de militar.

Quando cessou, regressei ao nosso posto de observação, distante apenas dez minutos a pé, numa casa em ruínas, e presenciei o desenrolar do terceiro dia da batalha no qual as forças governamentais tentavam completar um movimento de cerco para cortar o estreito corredor do bolsão que os rebeldes tinham conseguido estabelecer em novembro último, o qual apontava para Madri como uma cunha saliente. A ponta de lança desse bolsão é o hospital das clínicas na Cidade Universitária e se o governo conseguir completar o movimento de pinça que se desenha da estrada da Estremadura até a estrada da Coruña, todo esse bolsão ficará isolado.

Uma igreja em ruínas que fica no topo de uma colina — arruinada diante dos nossos olhos há dois dias, por uma saraivada de abuses — resume-se agora a três paredes destelhadas. Duas grandes casas na vertente da colina e três outras menores à sua esquerda, todas fortificadas pelas forças rebeldes, impedem o avanço governamental.

Ontem, presenciei um ataque contra essas posições, durante o qual os tanques governamentais, atuando como britadoras inteligentes e mortíferas, pulverizavam os ninhos de metralhadoras camuflados no denso matagal, enquanto a artilharia governamental bombardeava os edifícios e trincheiras rebeldes. Ficamos observando até o cair da noite, mas a infantaria nunca se atreveu a investir contra esses pontos fortes do inimigo.

Mas hoje, após quinze minutos de uma violenta barragem de artilharia, a qual, com uma série de impactos diretos, ocultou as cinco casas sob uma única nuvem de fumaça branca e alaranjada, observei o avanço da infantaria.

Atrás de uma linha esbranquiçada de trincheiras recentemente escavadas, os homens estavam atentos. De súbito, um deles, todo curvado, correu para a retaguarda. Foi seguido por meia dúzia e vi um cair. Depois, quatro desses regressaram à trincheira e, dobrados para a frente, como homens caminhando ao longo de um cais, sob violento aguaceiro, toda a linha irregular avançou. Alguns jogaram-se por terra, em busca de abrigo. Outros caíram de chofre, ali permanecendo como parte imóvel da paisagem, manchas azul-escuras no chão castanho. Daí a pouco estavam no mato rasteiro e fora de vista, os tanques avançando à frente deles e atirando para as janelas das casas.

Um pouco mais abaixo, na estrada esburacada, houve uma súbita labareda e algo começou ardendo em chamas amarelas, desprendendo rolos de fumaça negra e oleosa. As chamas cresceram, depois esmorecendo, para se reanimarem de novo por quarenta minutos, e por fim, bruscamente, houve a explosão. Provavelmente era um tanque. Não se podia ver nem ter certeza, pois ele estava numa parte oculta da estrada e só as labaredas eram visíveis do meu posto de observação, mas outros tanques encaminharam-se para o local e, mudando o rumo para a esquerda, passaram a bombardear as casas e os ninhos de metralhadoras entre as árvores. Um de cada vez, os homens correram, ultrapassando as labaredas e penetrando no bosque, ao longo da vertente sobranceira às casas.

As metralhadoras e os rifles uniam-se, num sussurro contínuo e trepidante que vinha ecoando pelo ar e então vimos um outro tanque aproximando-se, com uma sombra móvel acompanhando o seu rastro e que os binóculos mostraram ser um quadrado compacto de homens. Parou, a torreta girou e ficou assestada para a direita, onde os homens da infantaria tinham penetrado correndo, agachados, um por um, e onde tínhamos visto alguns caírem. O tanque pôs-se novamente em marcha, na direção do bosque e desaparecendo de nosso campo de visão, seus seguidores mantendo o quadrado intato.

Depois houve outra vez uma intensa fuzilaria e esperamos o assalto, mas a luz desapareceu e não era possível enxergar coisa alguma com os binóculos senão a fumaça esbranquiçada que subia das casas onde os obuses explodiam. As tropas do governo estariam a cinquenta metros das casas quando a noite se fechou por completo, impedindo-nos de ver fosse o que fosse. O desfecho da ofensiva planejada para libertar Madri da pressão fascista depende dos resultados da ação da noite de hoje e de amanhã.

UMA NOVA ESPÉCIE DE GUERRA

Correspondência para a NANA, 14 de abril de 1937

MADRI – A janela do hotel está aberta e, deitado na cama, ouço o tiroteio na linha de frente, a umas dezessete quadras de distância. A fuzilaria ficou rolando a noite inteira. Os rifles crepitavam incessantemente, tacrong, capong, crang, tacrong, e depois uma metralhadora juntava-se a eles. Seu calibre era maior e os tiros destacavam-se nitidamente das outras armas, rooong, cararooong, rooong, rooong... Depois, havia a súbita detonação de um obus de morteiro de trincheira, boooom, seguida de nervosas rajadas de metralhadora. Fiquei deitado, ouvindo, e é uma coisa ótima estar na cama, com os pés estendidos aquecendo gradualmente os lençóis frios, e não na Cidade Universitária ou em Carabanchel. Um homem canta em voz esganiçada na rua, abaixo da nossa janela, e três bêbados discutem quando adormecemos.

Pela manhã, antes que a telefonista nos desperte, a explosão de uma granada de alta potência faz-nos saltar da cama e acudir à janela a tempo de ver um homem, de cabeça baixa, a gola do sobretudo erguida, correndo desesperadamente pela praça empedrada. Chega-nos um acre, irritante cheiro de explosivo que esperávamos não ter de cheirar outra vez e, de roupão e chinelas, precipitamo-nos pela escadaria de mármores abaixo, quase esbarrando numa mulher de meia-idade, ferida no abdômen, que estava sendo socorrida à entrada do hotel por dois homens em macacões azuis de operários. Ela tinha as duas mãos cruzadas sob o seu amplo seio, ao velho estilo espanhol, e por entre os dedos brotava e escorria um fio de sangue. Na esquina, a vinte metros do hotel, havia um montão de caliça e cimento despedaçado e jogado sobre ele, todo sujo, um único homem morto, suas roupas esfrangalhadas e cobertas de pó. E um grande buraco no passeio, do qual o gás de um conduto quebrado jorrava, dando a impressão de uma miragem de calor no ar frio da manhã.

— Quantos mortos? — perguntei a um policial.

— Só um — disse ele. — A bomba escorregou para a sarjeta e explodiu debaixo do passeio. Se tivesse estourado na calçada, seriam uns cinquenta.

Um outro policial foi cobrir a parte superior do tronco do morto, a quem faltava a cabeça; mandaram chamar alguém para reparar o cano de gás e regressei ao hotel para tomar o café da manhã. Uma faxineira limpava a mancha de sangue no mármore do corredor. O homem morto não era eu nem alguém que eu conhecesse e é normal as pessoas terem fome pela manhã, sobretudo, após uma noite fria e uma longa jornada no dia anterior, na frente de Guadalajara.

— Você viu o homem? — indagou alguém durante o desjejum.

— Claro — respondi.

— Puxa, foi onde costumamos passar uma dúzia de vezes, todos os dias. Exatamente naquela esquina.

Alguém diz uma piada qualquer sobre a falta que fazem os dentes e um outro pede-lhe que não troce dessas coisas. E todos têm o sentimento que caracteriza a guerra. Não fui eu, viu? Não fui eu.

Os italianos mortos lá nas serranias da frente de Guadalajara também não foram você nem eu, embora os mortos italianos, por causa do lugar onde passamos a adolescência, sempre nos tivessem parecido, no entanto, iguais aos nossos mortos. Não. Partimos para a frente de manhã cedo, numa carripana terrível, com um chofer franzino pior ainda, que sofria visivelmente quanto mais perto nos encontrávamos da zona de combate. Mas à noite, por vezes tardiamente, sem luzes, com os grandes caminhões passando por nós roncando, voltávamos para dormir numa cama com lençóis, num bom hotel onde pagávamos um dólar por dia pelos melhores quartos de frente. Os quartos menores de fundos, na parte mais afastada das bombas, eram consideravelmente mais caros. Depois da explosão no passeio em frente ao hotel, obtinha-se um belo quarto duplo de esquina, no andar nobre e de frente, duas vezes do tamanho daquele que tínhamos, por menos de um dólar. Não foi a mim que mataram. Viu? Não, não era eu.

GUERRA CIVIL ESPANHOLA, 1937-1939

Depois, num hospital oferecido pelos Amigos Americanos da Democracia Espanhola, localizado na retaguarda das linhas de batalha de Morata, na frente de Valência, eles disseram:

— Raven quer ver você.

— Eu o conheço?

— Não, acho que não. Mas ele quer vê-lo.

— E onde é que está?

— Lá em cima.

No quarto do andar de cima estavam fazendo uma transfusão de sangue num homem de rosto acinzentado, que jazia numa tarimba com o braço estendido para fora, os olhos desviados da garrafa gorgolejante, e gemendo de um modo muito impessoal. Gemia mecanicamente e a intervalos regulares, parecendo que não era dele que partia o som. Seus lábios não se moviam.

— Cadê o Raven? — perguntei.

— Estou aqui — disse Raven.

A voz chegou de uma elevação coberta por uma surrada manta parda. Havia dois braços cruzados sobre a colina e, numa extremidade da tarimba, distinguia-se algo que fora um rosto, mas, agora, era uma área amarela e crostosa, com uma larga atadura atravessada onde tinham sido os olhos.

— Quem está aí? — perguntou Raven. Não tinha lábios mas falava muito bem sem eles e tinha uma voz agradável.

— Hemingway — respondi. — Subi para ver como você está passando.

— A cara ficou que você nem queira saber. Quando a granada explodiu me queimei feio. Mas já me fizeram uma porção de enxertos e o negócio está indo melhor.

— Eu acho que está com muito bom aspecto — disse eu. — Está indo muito bem mesmo.

Eu não estava olhando para ele quando falei.

— E como vão as coisas nos Estados Unidos? — indagou ele. — O que é que pensam de nós?

— Os sentimentos mudaram muito — disse eu. — Acho que entenderam que o governo está decidido a ganhar esta guerra e vai ganhá-la.

— Acha que sim?

— Claro — disse eu.

— Isso me deixa muito satisfeito, sabe? Não me importaria com todo este troço que me aconteceu se ao menos pudesse ver o que está se passando. A dor não me incomoda, sabe? Nunca me pareceu realmente importante. Mas sempre me interessei terrivelmente pelas coisas e, de verdade, não ligaria para a dor se pudesse acompanhar as coisas inteligentemente. Ainda poderia até ser útil. Quer saber uma coisa? A guerra nunca me preocupou. Portei-me muito bem na guerra. Já fui ferido uma vez e em duas semanas estava de volta ao meu batalhão. Não suportava estar longe. E então apanhei isto...

— Como foi? — perguntei.

Ele colocara a sua mão na minha. Não era a mão de um trabalhador. Não tinha calosidades e as unhas, nos dedos longos e espatulados, eram lisas e bem torneadas.

— Bem, havia umas tropas que tinham debandado e partimos para reforçá-las e reagrupá-las numa posição mais favorável. Assim se fez e depois tivemos um combate brutal com os fascistas e eles foram batidos em toda a linha. Foi uma briga feia, sabe? Mas demos neles. E então, alguém jogou essa granada em cima de mim.

Segurando a mão dele e ouvindo-o falar, não acreditei numa só palavra do que me contava. O que sobrava dele não dava a ideia dos destroços de um soldado, de qualquer modo. Não sabia como ele fora ferido, mas a história não me soava bem. Tinha uma ressonância falsa, não sabia onde e por quê. Mas queria que ele pensasse que eu acreditara.

— Você é de onde? — perguntei.

— De Pittsburgh. Frequentei a universidade de lá.

— E o que fazia você antes de se alistar para esta coisa?

— Era assistente social — disse ele.

Nesse instante, senti que não podia ser verdade e perguntei a mim mesmo como poderia ele ter sido tão terrivelmente ferido. Mas pouco me importava. Na guerra que eu conhecera, os homens mentiam muitas vezes sobre o modo como tinham sido feridos. Não a primeira vez; mas depois. Eu próprio também mentira um pouco, no meu tempo. Especialmente quando cai a noite. Mas estava contente por ele pensar que era acreditado,

GUERRA CIVIL ESPANHOLA, 1937-1939

e falamos sobre livros, ele queria ser escritor, e eu contei-lhe o que acontecera ao norte de Guadalajara e prometi-lhe trazer algumas coisas de Madri a próxima vez que passasse por aqui. Talvez pudesse arranjar um rádio para ele.

— Falaram que Dos Passos e Sinclair Lewis também estão para chegar. É verdade? — perguntou.

— Sim, é verdade. E quando chegarem vou trazê-los para verem você.

— Oba! Isso seria estupendo! Você não sabe o que isso significa para mim.

— Eu virei com eles — prometi.

— Virão logo?

— Assim que chegarem, trago-os aqui.

— Você é um bom homem, Ernest. Não leva a mal que o trate por Ernest, não?

A voz saiu muito clara e gentil daquele rosto que parecia um outeiro fustigado pelo mau tempo, sulcado de riachos lamacentos, e depois requeimado ao sol.

— Claro que não — disse eu. — Escute, por favor, meu velho. Você vai ficar bom. Vai melhorar uma barbaridade, pode ter certeza. E tem uma bela voz. Pode muito bem trabalhar na rádio.

— Talvez... — murmurou ele. — Você voltará?

— Evidentemente.

— Adeus, Ernest — disse ele.

— Adeus.

No térreo contaram-me que ele perdera ambos os olhos, assim como grande parte do rosto, e estava também gravemente ferido nas pernas e nos pés.

— Já perdeu alguns dedos dos pés, mas ainda não sabe, disse o médico.

— E um dia ele vai ficar sabendo?

— Ah, certamente vai! — garantiu o doutor. — Ele vai ficar bom.

E, apesar de tudo, não é ainda você que está ferido mas, agora, um compatriota seu. O seu compatriota da Pensilvânia, onde certa vez nos batemos, em Gettysburg.

Depois, andando pela estrada nas proximidades do hospital, com o braço esquerdo suspenso numa tipoia, andando naquele passo de galo de briga do soldado profissional britânico, que dez anos de atividade militante do Partido ou as asas metálicas da tipoia jamais lograriam destruir, encontrei o oficial comandante de Raven, Jack Cunningham, que recebera três balaços de rifle no braço esquerdo (olhei para os ferimentos, um deles estava infetado), e uma outra bala de rifle penetrara-lhe sob a espádua no lado esquerdo do tórax e ali se alojara. Contou-me, em termos militares, a história da tentativa para reunir as tropas em debandada no flanco direito de seu batalhão, de sua incursão à força de granadas numa trincheira que, numa extremidade, era defendida pelos fascistas e, na outra, foi ocupada por tropas governamentais, a conquista dessa trincheira em toda a sua extensão e, com seis homens e uma metralhadora Lewis, Gomo cortaram um grupo de oitenta fascistas de suas próprias linhas; e a final e desesperada defesa dessa posição insustentável com os seus seis homens, até a chegada das tropas governamentais, que atacaram e consolidaram a linha da frente. Contou tudo isso numa voz clara e convincente, e com um forte sotaque de Glasgow. Tinha olhos profundos e penetrantes, como os das águias; e, ouvindo-o falar, adivinhava-se a espécie de soldado que ele era. Pelo que fizera teria recebido a Victoria Cross na última guerra. Nesta guerra não havia condecorações. Os ferimentos são as únicas medalhas e eles não os concedem como galões.

— Raven também estava na dança — continuou ele. — Não sabia que havia sido atingido. É um homem corajoso. Levou a conta dele depois de eu ter a minha. Os fascistas que tínhamos isolado eram muito bons soldados. Jamais dispararam um tiro inútil, enquanto estávamos naquela fria. Esperaram no escuro até conseguirem localizar-nos e então atiraram de rajada. Por isso fui atingido quatro vezes no mesmo lugar.

Batemos papo por algum tempo e contou-me muitas coisas. Eram todas importantes, mas nada foi tão importante quanto o que Jay Raven, o assistente social de Pittsburgh e sem treino militar, me contara e era a pura verdade. Esta é uma nova e estranha espécie de guerra, onde aprendemos exatamente tanto quanto formos capazes de acreditar.

OS MOTORISTAS DE MADRI

Correspondência para a NANA, 22 de maio de 1937

Em Madri tivemos uma porção de motoristas diferentes. O primeiro chamava-se Tomás, tinha um metro e cinquenta de altura e o aspecto repelente e maduro de um anão saído de uma tela de Velásquez e metido num macacão de zuarte. Faltavam-lhe vários dentes e todo ele ressumava sentimentos patrióticos. Também gostava muito de uísque escocês.

Foi Tomás quem nos conduziu desde Valência e, ao avistarmos Madri, erguendo-se qual imensa fortaleza branca ao fundo da planície, para quem chega por Alcalá de Henares, Tomás exclamou, através da falha de dentes:

— Viva Madri, a capital da minha alma!

— E do meu coração — disse eu, que também já estava com um razoável pifão. Fora uma longa e fria viagem.

— Ihá! — gritou Tomás e abandonou o volante, temporariamente, para me dar um tapa nas costas. Escapamos por um triz de um caminhão cheio de tropas e um carro de comando que rodavam na direção oposta.

— Sou um homem de sentimento! — disse Tomás.

— E eu também — repliquei. — Mas não tire as mãos do volante.

— Dos mais nobres sentimentos — insistiu Tomás.

— Disso ninguém duvida, camarada — disse —, mas procure olhar para a estrada enquanto guia.

— Pode confiar plenamente em mim — tranquilizou Tomás.

Mas no dia seguinte fomos detidos numa estrada enlameada, perto de Brihuega, por um tanque que derrapara numa curva muito fechada e imobilizara-se, com o motor enguiçado, impedindo a passagem a seis outros tanques que avançavam em coluna, atrás dele. Três aviões rebeldes localizaram os blindados e decidiram bombardeá-los. As bombas atingiram a vertente da colina encharcada, acima de onde estávamos, erguendo repuxos de lama em súbitos impactos que nos sacudiam violentamente. Nenhuma nos alcançou e os aviões afastaram-se para as suas próprias linhas. Com o binóculo, encostado ao carro, pude ver os pequenos caças Fiat que protegiam os bombardeiros, muito reluzentes, como que pendurados ao sol. Pensei que viriam mais alguns bombardeiros e todo o mundo se afastou dali o mais depressa possível. Mas não vieram outros.

Na manhã seguinte, Tomás não conseguiu pôr o carro em marcha. E todos os dias, sempre que acontecia alguma coisa desse gênero, por muito bem que o carro tivesse andado até regressarmos, ao anoitecer, Tomás nunca conseguia fazer o motor pegar pela manhã. O que ele sentia a respeito da frente de batalha acabou por tornar-se lamentável, a par de seu tamanho, seu patriotismo e sua ineficiência geral, e devolvi-o a Valência, com uma nota para o departamento de imprensa agradecendo Tomás, um homem dos mais nobres sentimentos e das mais excelsas intenções; mas poderiam enviar-me um outro motorista que fosse um pouco mais corajoso?

Foi assim que me enviaram um com uma nota certificando que era o mais valente motorista em todo o departamento. Não sei o seu nome porque nunca o vi. Sid Franklin (o toureiro de Brooklyn), que nos comprava todos os mantimentos, preparava almoços, datilografava artigos, cavava gasolina, cavava automóveis, cavava motoristas e cobria Madri e todos os seus mexericos como um ditafone humano, evidentemente dera a esse motorista as mais severas instruções. Sid pôs quarenta litros de gasolina no carro, e a gasolina era o principal problema deste vosso correspondente, pois era mais difícil de obter do que os perfumes de Chanel e Molyneux ou o gim Bols, tomou nota do nome e endereço do motorista e advertiu-o de que estivesse a postos para levar o carro aonde quer que lhe mandassem. Estávamos esperando um ataque.

Era livre para fazer tudo o que lhe interessasse até nós o chamarmos. Mas devia deixar sempre, a qualquer hora do dia ou da noite, uma nota informando aonde fora e onde podia ser encontrado. Não queríamos gastar a preciosa gasolina passeando em Madri de automóvel, a qual seria reservada para as viagens à frente. Sentíamo-nos reconfortados por contar com transporte.

GUERRA CIVIL ESPANHOLA, 1937-1939

O motorista deveria apresentar-se no hotel, na tarde seguinte, às dezenove e trinta, para receber as novas ordens. Não apareceu. Telefonamos para a sua pensão. Partira nessa mesma manhã para Valência, com o automóvel e os quarenta litros de gasolina. Está agora numa prisão de Valência. Espero que ele goste.

Depois tivemos David. Era um moço anarquista de uma pequena cidade vizinha de Toledo. Usava uma linguagem tão profunda e inconcebivelmente obscena que, metade do tempo, eu não conseguia acreditar no que meus ouvidos escutavam. Enquanto estive com David modifiquei toda a minha concepção de irreverência e blasfêmia.

Era corajoso da cabeça aos pés e, para falar a verdade, tinha apenas um defeito como chofer: não sabia conduzir um automóvel. Era como um cavalo que só tivesse dois andamentos: a passo ou a galope rasgado. David era capaz de abrir caminho numa rua repleta de gente, avançando em segunda e sem atropelar praticamente ninguém, devido à sua tática de criar uma clareira à frente do carro na base da riqueza vocabular. Também podia guiar numa velocidade tremenda, agarrando-se ao volante com uma espécie de fatalismo que, entretanto, nunca era maculado de desespero.

Resolvemos o problema guiando nós próprios para David. Ele gostava disso e dava-lhe uma oportunidade de trabalhar com o seu vocabulário. Era um vocabulário terrível.

Gostava da guerra e achava os bombardeios uma beleza.

— Olha para aquilo! Olé! É um negócio para dizer todas as coisas que não se devem dizer! — exclamava ele, deliciado, enfiando de permeio uma série dessas coisas que, em seu entender, eram impronunciáveis. — Vamos, *señor*, aproximemo-nos mais!

Ele presenciava a sua primeira batalha na Casa del Campo e era como se estivesse assistindo a um superespetáculo de fogos de artifício. Os rolos de fumaça, as nuvens de pedra e caliça, que se erguiam e desabrochavam quando os obuses governamentais atingiam uma casa que os mouros defendiam com metralhadoras e o intenso, o tremendo crepitar das metralhadoras, dos rifles automáticos e das armas ligeiras, combinando-se tudo no momento do assalto, impressionaram profundamente David.

— Ai, ai! — dizia ele. — Isso é que é guerra! Guerra de verdade!

Gostava do zunir dilacerante dos projéteis das armas ligeiras, tanto quanto do ribombar, do tchu-tchu-tchu roçagante e do deslocamento de ar, quando as baterias disparavam suas granadas por sobre nossa cabeça para as posições rebeldes.

— Olé! — exclamou David quando um 75 explodiu um pouco mais abaixo, na rua onde nos encontrávamos.

— Escute aqui, rapaz — disse eu. — Esses obuses são os piores. São os que podem dar cabo da gente.

— Isso não tem importância — respondeu David. — Está ouvindo? Ouça aquele som... — E descreveu-o seguidamente com diversas palavras impublicáveis.

Bem, voltei finalmente ao hotel para escrever um telegrama e mandei David a um lugar próximo da Plaza Mayor para arranjar alguma gasolina. Minha correspondência estava quase pronta quando David veio procurar-me.

— Venha ver o carro — disse ele. — Está cheio de sangue. É uma coisa horrível. — Estava muito abalado. Tinha a expressão sombria e seus lábios tremiam.

— O que foi isso?

— Uma bomba explodiu numa fila de mulheres que esperavam para comprar comida. Matou sete. Eu levei três ao hospital.

— Bom rapaz.

— Mas o senhor não pode imaginar. É terrível. Eu não sabia que faziam essas coisas.

— Escute. David — disse eu. — Você é um moço corajoso. Deve recordar isso. Mas todos estes dias tem sido corajoso a respeito de barulhos. Agora já viu o que o barulho faz. E daqui em diante deve ser corajoso a respeito do barulho da guerra, mas sabendo o que ele causa na gente.

— Sim, homem! — disse ele. — Mas, de qualquer jeito, é uma coisa terrível de ver.

David era corajoso, de fato. Não creio que ele jamais voltasse a pensar que a guerra era uma beleza, pelo menos, como ele a julgava antes desse dia; mas nunca se furtou ao contato com ela. Por outro lado, nunca aprendeu a conduzir direito um automóvel. Mas, ainda que razoavelmente inútil, era um bom rapaz e eu gostava de escutar sua terrível linguagem. A única coisa que progredia em David era o seu vocabulário. Um dia despediu-se e partiu para uma cidadezinha onde uma equipe cinematográfica estava realizando um filme e, depois de termos um outro motorista particularmente inútil de quem não vale a pena falar, recebemos Hipólito. Hipólito é o ponto desta história.

Hipólito não era muito mais alto do que Tomás, mas parecia esculpido num bloco de granito. Andava com um gingado e plantando os pés a cada passada. Tinha uma pistola automática tão grande que lhe batia no meio da perna. Dizia sempre "Salud" com uma inflexão alteada, como se estivesse dizendo alguma coisa aos galgos. A bons galgos que conhecem seu ofício. Entendia de motores, sabia guiar um carro e se lhe dizíamos para apresentar-se às seis da manhã, chegava sempre dez minutos antes.

Batera-se no assalto aos quartéis de Montana, nos primeiros dias da guerra, e nunca fora filiado a qualquer partido político. Era um sindicalista havia vinte anos, filiado na Unión Socialista, a UGT. Quando lhe perguntei em que acreditava, respondeu que acreditava na República.

Foi o nosso motorista em Madri e na frente durante o bombardeio de dezenove dias a que esteve sujeita a capital, uma coisa tão feia que é quase impossível escrever alguma coisa a respeito. Todo esse tempo mostrou-se tão sólido quanto a rocha em que parecia ter sido talhado, tão maciço quanto um bom sino e tão regular e pontual quanto o relógio de um ferroviário. Ele fazia-nos compreender por que Franco não conseguira conquistar Madri quando tivera uma oportunidade.

Hipólito e os outros como ele teriam lutado de rua em rua, de casa em casa, enquanto algum deles continuasse vivo; e os últimos teriam lançado fogo à cidade. Eram duros e eficientes. Eram da raça dos espanhóis que outrora tinham conquistado o Mundo Ocidental. Não são românticos como os anarquistas nem têm medo de morrer. Só que nunca falam nisso. Os anarquistas são propensos a falar demais na morte, tal como os italianos.

No dia em que tivemos mais de 300 granadas despejadas sobre Madri, com as ruas principais atulhadas de destroços fumegantes, de tijolos pulverizados e vidros estilhaçados, Hipólito estacionou o carro no abrigo de um edifício numa travessa paralela à do hotel. Parecia um local seguro e, depois de se deixar ficar sentado no meu quarto, enquanto eu trabalhava, acabou por sentir-se entediado e anunciou que ia descer e esperar no carro. Não saíra havia dez minutos quando uma granada de seis polegadas atingiu o hotel na junção do andar principal e do passeio. Penetrou fundo e não explodiu. Se tivesse explodido, não sobraria o bastante de Hipólito e do carro para bater uma foto. Eles estavam a menos de dois metros do local onde a granada caíra. Olhei pela janela, vi que ele estava bem e desci as escadas.

— Como está se sentindo? — perguntei, quase sem fôlego.

— Muito bem — disse ele.

— Leve o carro mais para o fim da rua.

— Não seja bobo — respondeu Hipólito. — Nem daqui a mil anos cairia outra nesse mesmo lugar. Além disso, não explodiu.

— Mas leve o carro mais para o fim da rua, não ouviu?

— Ei, o que se passa com você? Ficando excitado, ahn?

— É preciso ser razoável.

— Trate do seu trabalho — disse ele. — Não se preocupe comigo.

Os pormenores desse dia são um pouco confusos, visto que depois de dezenove dias de bombardeio maciço e constante, alguns dias fundem-se em outros; mas, à uma hora da tarde, o bombardeio cessou e decidimos ir ao Hotel Gran Via, seis quadras abaixo, para almoçar. Eu dispunha-me a ir a pé por um caminho muito tortuoso e extremamente seguro que planejara de antemão, utilizando os ângulos de menor perigo, quando Hipólito disse:

— Aonde é que vai?

— Comer.

— Entre no carro.

— Está doido.

— Vamos, entre. Seguiremos a Gran Via. Está tudo calmo. Eles também estão almoçando agora.

Entramos quatro no automóvel e rodamos pela Gran Via. Estava repleta de vidros estilhaçados. Havia grandes buracos nos passeios, de todos os lados. Tinha edifícios arrasados, semidestruídos, e tivemos de contornar um montão de entulho e pedras de cornijas para entrar no hotel. Não havia vivalma na rua, que sempre fora uma combinação de Quinta Avenida e Broadway de Madri. Mas havia muitos mortos. E o nosso era o único automóvel.

Hipólito levou o carro para uma rua lateral e comemos todos juntos. Ainda comíamos quando Hipólito terminou e foi para o carro. Já se ouvia de novo o som das explosões que, no porão do hotel, improvisado em restaurante, ecoavam como uma trovoada distante, e quando acabamos o almoço de sopa de feijão, fatias de salsichão, finas como folhas de papel, e uma laranja, e subimos para a saída, as ruas estavam cheias de fumaça e nuvens de poeira. Ao longo do passeio, novos trechos de concreto tinham sido pulverizados. Fui até a esquina chamar o carro. Havia entulho disseminado por toda a rua, por causa de uma granada que acabara de explodir no edifício da outra esquina. Vi o carro. Estava todo coberto de poeira e caliça.

— Meu Deus, eles acertaram o Hipólito! — exclamei.

Ele jazia imóvel com a cabeça recostada no assento do motorista. Corri para ele, sentindo-me verdadeiramente amargurado. Afeiçoara-me muito a Hipólito.

Hipólito dormia.

— Julguei que estivesse morto — disse eu. Ele despertou e tapou um lento bocejo com as costas da mão.

— *Qué va, hombre* — respondeu Hipólito. — Estou habituado a dormir depois do almoço, sempre que tenho tempo.

— Nós vamos até a taverna do Chicote — disse eu.

— Será que ele tem bom café por lá?

— Excelente.

— Então vamos.

Tentei dar-lhe algum dinheiro quando saí de Madri.

— Nada quero de você — disse ele.

— Vamos, homem. Aceite. Compre qualquer coisa para a família.

— Não — teimou ele —, não quero nada. Escute aqui, passamos juntos um bom pedaço de tempo e gostamos, não foi?

Vocês podem apostar em Franco, ou Mussolini, ou Hitler, se quiserem. Mas eu aposto meu dinheiro em Hipólito.

A MORTE DE RASPÃO

Correspondência para a NANA, 30 de setembro de 1937

MADRI – Costuma-se dizer que nunca se ouve aquilo que nos atinge. Isso é verdade no que diz respeito às balas, pois se você as ouve é porque já passaram. Mas o vosso correspondente ouviu a última granada que atingiu este hotel. Ouviu-a quando disparou da bateria, depois ouviu-a assobiando, com o rugir crescente de um trem de metrô, até colidir na fachada e inundar o quarto com uma chuva de vidros quebrados e estuque pulverizado. E enquanto o vidro ainda tilintava, despencando das janelas arrancadas dos gonzos e das bandeiras das portas, e ficávamos de ouvido à escuta para a próxima, dávamo-nos conta de que, finalmente, estávamos de volta a Madri.

Madri está tranquila agora. Aragão é a frente ativa. Travam-se poucos combates ao redor de Madri, exceto a colocação de minas, contraminas, incursões às trincheiras inimigas, barragens de morteiros, num impasse de constante guerra de cerco que tem seus fulcros em Carabanchel, Usera e Cidade Universitária.

Essas localidades são muito pouco bombardeadas. Alguns dias passam sem bombardeio e o tempo está tão belo que as ruas se enchem de povo. As lojas estão abarrotadas de roupas, joalheria, lojas de artigos fotográficos, negociantes de quadros e antiquários, todos de portas abertas, e as tavernas regurgitam de fregueses.

A cerveja escasseia e o uísque é praticamente impossível de obter. As vitrines dos armazéns estão repletas de imitações espanholas de todos os cordiais, uísques e vermutes. Tais produtos não se recomendam para uso interno, embora eu empregue uma coisa chamada "Milords Ecosses Whisky" como loção facial pós-barba. Arde um pouco mas é um excelente desinfetante. Creio que seria possível curar com ele o pé-de-atleta, mas é preciso ter muito cuidado para não deixar cair salpicos no terno, porque come a lã.

A multidão é alegre e efusiva, e os cinemas, com suas frontarias protegidas por sacos de areia, ficam apinhados todas as tardes. Quanto mais nos aproximamos da frente, mais o povo se mostra alegre e otimista. Na frente, propriamente dita, o otimismo atinge um tal ponto que o vosso correspondente, contra a sua sensata opinião, acabou sendo induzido a ir nadar num ribeiro que formava uma terra-de-ninguém na frente de Cuenca. Isso aconteceu anteontem.

Era um curso de águas rápidas, muito frias e completamente dominadas pelas posições fascistas, o que me deixava ainda mais gelado. De fato, ficara tão gelado pela ideia de nadar num rio em semelhantes circunstâncias que quando realmente entrei na água, até que a achei agradável. Mas ainda mais agradável quando saí e fui para trás de uma árvore.

Nesse momento, um oficial do governo que fazia parte do grupo de nadadores otimistas alvejou uma cobra-d'água com sua pistola, liquidando-a ao terceiro tiro. Isso provocou uma reprimenda de um outro oficial não tão completamente otimista que fazia parte do grupo e que lhe perguntou o que pretendia ele com aquele tiroteio, que as metralhadoras fascistas se voltassem todas para nós?

Não matamos mais cobras nesse dia, mas vi três trutas na corrente que deviam pesar mais de dois quilos cada; pesadas, robustas, que saltavam para abocanhar os gafanhotos que lhes atirei, logo mergulhando em remoinhos tão profundos que parecia que tínhamos jogado um paralelepípedo dentro da água. Em toda a extensão do ribeiro, ao qual nenhuma estrada ia dar antes da guerra, não parei de ver trutas; pequenas, nos trechos mais rasos, e as maiores nos fundões e à sombra das margens. É um rio pelo qual vale a pena lutar, mas um pouco frio demais para nadar.

Nesse momento, uma granada pôs em chamas um edifício na mesma rua do hotel onde estou datilografando estas notas, a menos de uma quadra de quem sobe. Um menino está chorando na rua. Um miliciano pegou-o ao colo e tenta reconfortá-lo. Ninguém foi morto na nossa rua e as pessoas que tinham começado a correr abrandaram o passo e sorriem nervosas. Aqueles que não correram olham para os outros com um ar superior e a cidade onde estamos agora vivendo chama-se Madri.

A QUEDA DE TERUEL

Correspondência para a NANA, 23 de dezembro de 1937

FRENTE DE TERUEL – Estávamos acaçapados na crista de uma serra, com uma coluna de infantaria espanhola sob o fogo de metralhadoras e rifles. A fuzilaria era tão intensa que, se levantássemos a cabeça dos pedregulhos onde estava aninhada, era mais do que certo que enfiaríamos a cara numa daquelas coisinhas invisíveis que fluíam por cima de nós, numa torrente de silvos e zumbidos, se antes o pop-pop-pop das metralhadoras postadas numa crista em frente da nossa não tivesse provavelmente arrancado a tampa da cabeça deste vosso correspondente. Sabíamos que isso eram favas contadas porque já acontecera bem perto de nós.

À nossa esquerda estava começando um ataque. Os homens, dobrados para a frente, de baionetas caladas, avançavam no primeiro e desajeitado galope que logo modera assim que se inicia a penosa escalada para um assalto serra acima. Dois homens foram feridos e abandonaram a linha. Um deles tinha a expressão surpreendida de um homem ferido pela primeira vez, que não percebe como a coisa pode fazer tais estragos e não doer. Os outros sabiam que ele não iria durar muito. Tudo o que eu queria era uma pá com que pudesse fazer um pequeno parapeito onde enfiar a cabeça. Mas não havia qualquer pá, nem mesmo uma baioneta, dentro de um raio de ação que eu pudesse atingir rastejando.

À nossa direita estava a grande massa amarela do Mansueto, a fortaleza natural, com os contornos de um encouraçado, que defende Teruel. Na nossa retaguarda, a artilharia do governo espanhol estava atirando e, depois do estampido surdo, vinha aquele ruído de rasgar seda e então o súbito repuxo das granadas altamente explosivas martelando a terra esfacelada das fortificações de Mansueto.

Tínhamos descido pela garganta da estrada de Sagunto, até nove quilômetros de Teruel, e saído do carro. Depois caminhamos pela estrada até o Quilômetro Seis e aí estava a linha da frente. Permanecemos no local um pouco, mas era numa depressão do terreno e não conseguia-se ver muito bem. Escalamos até uma encosta, com o intuito de melhorar a vista, mas fomos alvejados com rajadas de metralhadora. Mais abaixo de nós, um oficial foi morto e levaram-no de volta, lentamente, estendendo-o numa maca, o rosto cinzento. Quando eles trazem de volta os mortos nas macas é porque o assalto ainda não começou.

Como o volume de fogo que estávamos atraindo era desproporcional ao gozo da paisagem, arremetemos para a crista onde se encontravam as posições avançadas do centro. Daí a pouco também deixará de ser um lugar agradável, embora a vista fosse esplêndida. O soldado que estava deitado ao meu lado via-se em apuros com o rifle. Emperrava após cada tiro e mostrei-lhe como devia correr o ferrolho, dando-lhe uma pancada seca com uma pedra. Depois, subitamente, ouvimos aclamações que percorriam toda a linha e pudemos ver, na encosta da serra em frente, os fascistas abandonando, a correr, a primeira linha deles.

Corriam naquela passada ágil, impetuosa e intencional que revelava não ser uma fuga em pânico mas uma retirada e, para cobrir essa retirada, os seus postos avançados de metralhadoras varreram literalmente a nossa crista com fogo nutrido. Nesses momentos desejei com veemência ter uma pá de semear à mão. Depois vimos as tropas do governo avançando com firmeza pela encosta acima. Acompanhei-as durante todo esse dia e, ao cair da noite, estávamos seis quilômetros adiante do local onde o primeiro ataque fora desfechado.

Durante o dia, observamos as tropas do governo escalarem Mansueto. Vimos os blindados avançarem com as tropas para atacar uma granja fortificada a pouco mais de cem metros de onde estávamos, os veículos postados em fila, paralelamente à casa, e metralhando as janelas, enquanto a infantaria arremetia de cabeça baixa para transpor o terreiro e arrombar as portas com granadas de mão. Durante a ação estivemos agachados na

GUERRA CIVIL ESPANHOLA, 1937-1939

duvidosa proteção de um cômoro revestido de capim alto e os fascistas despejaram granadas de oitenta milímetros dos seus morteiros de trincheira na estrada atrás de nós e nos terrenos de cultivo à nossa volta, chegando com um súbito zumbido, um baque e a atroadora explosão. Uma delas caiu numa das ondas de assalto e um homem correu para fora do centro aparente da fumaça, descrevendo um semicírculo, primeiro naturalmente, depois num recuo desordenado, até que se refez e investiu para a frente, a fim de juntar-se à linha de assalto. Um outro homem jazia onde a fumaça começava assentando.

Nesse dia a fumaça não se dissipava no ar. Depois do frio glacial, das nevascas e da ventania que soprara durante cinco dias, esse era um dia de veranico e as explosões das granadas desabrochavam verticalmente e abatiam-se, lentas, ficando a pairar à flor do solo. E todo o dia as tropas atacaram, foram sustadas, atacaram de novo. Como tínhamos vindo pela estrada, as tropas que esperavam ordens numa vala confundiram-nos com oficiais do Estado-Maior, pois nada existe de mais distinto do que roupas civis numa frente de batalha, e gritaram:

— Quando é que vamos atacar? Digam-nos quando podemos partir!

Sentamo-nos atrás de um renque de árvores, confortáveis árvores de grossos troncos, e vimos os seus ramos tosquiados nas pernadas mais baixas. Observamos os aviões fascistas de nariz apontado para nós e buscamos abrigo numa ravina, ainda a tempo de os vermos descrever meia-volta e irem despejar suas cargas de bombas nas linhas governamentais, perto de Concud. Mas continuamos em movimento o dia todo, acompanhando o firme e implacável avanço que as tropas governamentais estavam fazendo. Escalando serranias, atravessando a estrada de ferro, capturando o túnel, atingiu-se o cume do Mansueto e descemos pela vertente oposta até a estrada, percorrendo-a até a curva do quilômetro dois. Finalmente, após as derradeiras faldas da serra, ficamos à vista da cidade, cujos sete campanários de igrejas e as casas impecavelmente geométricas se recortavam com nitidez contra o sol poente.

O céu do fim da tarde estivera cheio de aviões governamentais; os caças pareciam revolutear e arremessar-se vertiginosamente como andorinhas e, enquanto observávamos sua delicada precisão através do binóculo, na esperança de presenciar um combate aéreo, dois caminhões barulhentos aproximaram-se e pararam, arriando os taipais para despejar uma companhia de moços que se comportavam como se estivessem a caminho de um jogo de futebol. Só quando vimos seu cinturão com dezesseis cartucheiras e as duas sacolas que cada um levava cruzadas a tiracolo foi que nos apercebemos do que eles eram: "dinamitadores".

— São muito bons — disse o capitão. — Observe quando eles atacarem a cidade.

Assim, num breve lusco-fusco do sol poente, com o relampejar das armas em toda a volta da cidade — como faíscas de um trólei, tão repentinas, mas ainda mais amarelas —, vimos aqueles garotos afastarem-se uns cem metros de nós e, protegidos por uma cortina de fogo dos rifles automáticos e das metralhadoras, deslizarem silenciosamente até a orla da cidade. Hesitaram por um instante, atrás de um muro, depois ouvimos o detonar das bombas, as súbitas línguas vermelhas e pretas; ei-los que saltaram o muro e adentraram cidade.

— E se os seguíssemos para a cidade? — perguntei ao coronel.

— Excelente ideia — respondeu ele. — Magnífica.

Caminhamos estrada abaixo, mas já estava ficando escuro demais. Aproximaram-se dois oficiais, reunindo e fazendo a chamada das unidades dispersas, e nós dissemos-lhes que ficaríamos com eles pois, no escuro, o pessoal poderia atirar precipitadamente e a contrassenha ainda não chegara. No aprazível crepúsculo outonal, seguimos a estrada em ritmo de passeio e entramos em Teruel.

A noite convidava aos sentimentos pacíficos e todos os ruídos pareciam incongruentes. Ainda na estrada passamos por um oficial morto que liderara uma companhia no assalto final. A companhia prosseguira em sua investida e esta é a fase que os mortos não têm maqueiros, de modo que o erguemos do chão, ainda mole e tépido, o levamos para a berma da estrada e deixamos lá, com sua grave expressão de cera, onde os tanques não os incomodariam, nem qualquer outra coisa, e continuamos para a cidade.

Em Teruel, fomos bajulados pela população em peso, deram-nos vinho, perguntaram-nos se não conhecíamos o seu irmão, tio ou primo que estava em Barcelona, e tudo aquilo era muito bonito. Nunca tínhamos recebido

GUERRA CIVIL ESPANHOLA, 1937-1939

a rendição de uma cidade em nossa vida e éramos os únicos civis no lugar. Ainda me pergunto o que pensaria aquela gente que nós éramos. Tom Delmer, correspondente de um jornal de Londres, parece um bispo, Herbert L. Matthews, do *New York Times*, tem o ar de Savonarola, e eu pareço, digamos, Wallace Beery de três anos atrás, de modo que toda aquela gente deve ter pensado que o novo regime seria, para começar, um tanto complicado.

Mas eles disseram que nós éramos o que estavam esperando. Disseram que tinham ficado escondidos em porões e em caves e em adegas, quando chegou a oferta do governo para evacuarem, pois os fascistas não os deixariam sair da cidade. Disseram também que o governo não bombardeou a cidade, apenas os alvos militares. Eles é que dizem isso, não sou eu.

Depois de ler nos jornais vindos de Nova York, em Madri, ainda no automóvel, que o general Franco deu ao governo um prazo de cinco dias para render-se, antes de iniciar a triunfante ofensiva final, parece um pouco incongruente que estejamos entrando em Teruel, esse grande baluarte rebelde a partir de onde pretendiam atingir o mar.

A DEBANDADA DOS REFUGIADOS

Correspondência para a NANA, 3 de abril de 1938

BARCELONA – Fazia uma deliciosa manhã de primavera quando partimos para a frente. Na noite anterior, ao entrarmos em Barcelona, o tempo estava pardacento, enevoado, sujo e triste, mas hoje o dia amanhecera luminoso e quente, as flores rosadas das amendoeiras coloriam os montes cinzentos e alegravam as filas de oliveiras, de um verde empoeirado.

Depois, nas cercanias de Reus, numa rodovia suave e retilínea com olivais de ambos os lados, o motorista gritou do assento suplementar: "Aviões, aviões!", e, com um guinchar de pneus, estacamos sob uma árvore.

— Estão mesmo por cima de nós — disse o motorista e quando este correspondente mergulhou de cabeça numa ravina olhou para cima por um canto do olho, espiando um monoplano baixar e fazer uma curva estolada; depois, evidentemente, decidiu que um único automóvel não compensava abrir as goelas às suas oito metralhadoras e afastou-se.

Mas enquanto observávamos suas manobras, ouvimos uma súbita explosão de bombas que nos fez tremer, e, à nossa frente, Reus, cuja silhueta se recortava contra os montes, a menos de um quilômetro, desapareceu numa nuvem de fumaça cor de tijolo. Abrimos caminho pela cidade, a rua principal bloqueada pelas casas destruídas e um condutor de água quebrado e, parando, tentamos convencer um polícia a liquidar um cavalo ferido mas o dono achava que, possivelmente, ainda valeria a pena salvá-lo, então prosseguimos na direção do passo montanhoso que leva à pequena cidade catalã de Falset.

Foi assim que o dia começou, mas ninguém que esteja ainda vivo pode dizer como terminará. Pois em breve começamos passando por carroças

GUERRA CIVIL ESPANHOLA, 1937-1939

carregadas de refugiados em debandada. Uma velha conduzia uma, chorando e soluçando, enquanto volteava um chicote. Foi a única mulher que vi chorar durante todo esse dia. Havia oito crianças numa outra carroça e um rapazinho empurrou uma roda quando chegaram a um trecho mais íngreme da estrada. Máquinas de costura, camas, colchões, utensílios de cozinha e trouxas de roupa, sacos de grão para os cavalos e as mulas, empilhavam-se nas carroças, e as cabras e ovelhas seguiam a reboque, presas por cordas aos taipais. Não havia pânico, apenas um caminhar lento e penoso estrada a fora.

Sobre uma mula que carregava uma pilha de roupas de cama ia empoeirada uma mulher que aconchegava nos braços um bebê de rostinho vermelho que no máximo tinha dois ou três dias. A cabeça da mãe oscilava ritmadamente para cima e para baixo com o movimento da alimária, e o cabelo azeviche do bebê estava cinzento de poeira. Um homem conduzia a mula pela arreata, olhando para trás de vez em quando, depois olhava para a frente de novo.

— Quando nasceu o bebê? — perguntei, quando o carro passou por eles.

— Ontem — respondeu o homem, orgulhosamente. O carro avançou. Mas toda aquela gente, não importa para onde mais olhasse, enquanto caminhava ou cavalgava suas pobres montadas, acabava sempre por olhar para o alto, observando o céu.

Depois, começamos a encontrar soldados que caminhavam desgarrados, sozinhos ou em grupos de três ou quatro. Alguns arrastavam seu rifle, outros não tinham armas. A princípio eram apenas alguns homens dispersos, mas, depois, já eram grupos numerosos e, finalmente, uma torrente contínua, com unidades inteiras e intatas. Mais adiante encontramos as tropas em caminhões, colunas marchando militarmente, veículos carregados de armas, grandes caminhões com tanques, com peças antitanques e peças antiaéreas, e sempre uma imensa coluna de gente a pé.

À medida que avançávamos, a estrada ia ficando congestionada com essa migração até que, por fim, já não havia estrada alguma; a população civil e a tropa afluíam, num denso caudal, por todos os velhos caminhos de gado à margem da estrada. Não havia pânico, apenas aquele movimento contínuo, e muitas das pessoas até pareciam alegres. Mas talvez fosse influência do dia. O dia estava tão bonito que a possibilidade de alguém morrer parecia ridícula.

Então começamos vendo gente que conhecíamos, oficiais que tínhamos encontrado antes, soldados de Nova York e Chicago que nos contaram como o inimigo rompera as linhas governamentais e tomara Gandesa, como os americanos ainda estavam lutando e defendendo a ponte de Mora, sobre o Ebro, e que estavam tentando cobrir esta retirada aguentando-se na cabeça de ponte na outra margem do rio, com a cidade ainda sob seu poder.

De súbito, a torrente de tropas adelgaçou e houve então um novo influxo; a estrada ficou de tal modo congestionada que o carro já não conseguia mais avançar. Pudemos ver o bombardeio a Mora, sobre o rio, e ouvir o ecoar maciço da fuzilaria. Depois surgiu um rebanho de carneiros e ovelhas para atravancar a estrada ainda mais, com os pastores tentando desesperadamente enxotar os animais da frente dos caminhões e dos tanques. Os aviões ainda não apareceram.

Mais adiante, a ponte ainda estava sendo defendida, mas era impossível avançar com o carro contra a maré humana coberta de poeira e suor. De modo que decidimos fazer meia-volta, rumo a Tarragona e Barcelona, percorrendo a estrada em sentido contrário. A mulher com o bebê recém-nascido embrulhara-o num xale e apertava-o contra o peito. Não pudemos ver a pequena cabeça empoeirada, porque estava recolhida sob o xale, enquanto a mulher continuava balouçando ao passo da mula. Seu marido conduzia a mula mas olhava agora atentamente para a estrada e não respondeu quando lhe acenamos. Algumas pessoas ainda perscrutavam o céu, enquanto se retiravam. Mas agora já estavam muito fatigadas. Os aviões ainda não tinham vindo, mas sobrava-lhes tempo e podiam permitir-se um pequeno atraso.

O BOMBARDEIO DE TORTOSA

Correspondência para a NANA, 15 de abril de 1938

TORTOSA, ESPANHA – À nossa frente, quinze bombardeiros Heinkel, protegidos por caças Messerschmidt, voavam fazendo círculos lentos, como abutres esperando a morte de um animal. Cada vez que passavam sobre determinado ponto, havia o baque surdo de bombas. Quando voltavam a ganhar altura sobre a vertente nua da montanha, mantendo sua rígida formação, cada terceiro aparelho da respectiva esquadrilha mergulhava, seus canhões cuspindo metralha. Ficaram nisso três quartos de hora, sem ser molestados, e o que eles estavam bombardeando e metralhando era uma companhia de infantaria que fazia um derradeiro esforço para agarrar-se à vertente e à crista nua da montanha, em pleno meio-dia dessa primavera quente, tentando desesperadamente defender a estrada Barcelona–Valência.

Por cima de nós, no alto céu sem nuvens, esquadrilha após esquadrilha de bombardeiros passavam roncando na direção de Tortosa. Quando despejaram a súbita trovoada de suas cargas, a pequena cidade do Ebro desapareceu numa crescente nuvem de poeira amarela. A poeira não tinha tempo de assentar porque chegava uma outra vaga de bombardeiros e, finalmente, ficou pairando como um nevoeiro amarelo em toda a extensão do vale do Ebro. Os grandes bombardeiros Savoia-Marchetti brilhavam como prata ao sol e, quando um grupo martelava o seu alvo indefeso, outro vinha substituí-lo.

Todo esse tempo, à nossa frente, os Heinkels continuavam descrevendo círculos e mergulhando, com a mecânica monotonia de movimentos que se pode apreciar numa tarde calma, durante uma corrida de bicicletas de seis dias. E, por baixo deles, uma companhia de homens mantinha-se abrigada atrás dos rochedos, em tocas apressadamente cavadas e em simples dobras do terreno, tentando sustar o avanço de um exército inteiro.

À meia-noite, o comunicado governamental admitiu que se travava luta em redor de San Mateo e La Jana, o que significava que a última grande posição defensiva, La Tancada, uma serra escarpada e rochosa que defendia a estrada para o mar desde Morella a Vinaroz, fora contornada ou tomada.

Às 4 horas da madrugada, rodando sob uma lua cheia que iluminava as rochosas montanhas catalãs, os pontiagudos ciprestes e os troncos esquálidos das árvores de copa rasa, rumamos para a frente de batalha. À luz do dia, passamos pelas velhas muralhas romanas de Tarragona e, quando o sol já começava esquentando, encontramos os primeiros grupos de refugiados.

Mais tarde, nos deparamos com soldados em retirada, que nos relataram a penetração inimiga e que duas colunas avançavam sobre Vinaroz, uma terceira sobre Ulldecona e uma quarta deslocava-se de Lacenia para La Galera, na direção de Santa Barbara, que fica a apenas 13 quilômetros de Tortosa. Era uma investida de quatro dedos apontando para o mar, a cargo da coluna de tropas navarras e mouras do general Aranda; e os oficiais informaram que Calig e San Jorge já tinham caído, as duas últimas povoações nas duas estradas que partem de San Mateo para o mar.

À uma hora desta tarde, a estrada ainda estava aberta, mas tudo indicava que seria cortada ou ficaria sob o fogo da artilharia antes do anoitecer ou quando as tropas de Aranda pudessem trazer suas peças para as posições adequadas. Entrementes, de onde este correspondente estava falando com um oficial do Estado-Maior, em Ulldecona, seus mapas abertos sobre um muro de pedra, podia já ouvir o crepitar das metralhadoras.

O oficial falava friamente, com calma e bastante polidez, enquanto as tropas de Aranda ultrapassavam San Rafael e havia apenas a crista de uma serra entre elas e nós. Era um soldado muito corajoso e competente, e estava reorganizando seu grupo de carros blindados, mas o nosso carro não era blindado e por isso decidimos regressar, passando por Santa Barbara Era uma pequena e simpática cidade, mas teria sido ainda melhor se Tor-

GUERRA CIVIL ESPANHOLA, 1937-1939

tosa não continuasse envolta em nuvens de fumaça, com os bombardeiros descarregando incansavelmente sobre ela as suas cargas.

Havia muitas razões impelindo-nos a passar por Tortosa para chegar a Barcelona, incluindo a vida, a liberdade e a conquista da felicidade. Assim, quando nosso carro chegou a Tortosa e um guarda avisou que os bombardeiros tinham feito a ponte ir pelos ares e não poderíamos passar, isso foi algo que já nos trazia preocupados havia tanto tempo e que se repetira já tantas vezes que quase não causou impressão alguma, exceto uma sensação de que "desta vez é que realmente entramos pelo cano".

— Vocês podem tentar a pequena ponte que estão construindo com algumas pranchas — disse o guarda.

O motorista arrancou bruscamente com o carro, sem querer ouvir mais nada, enfiou pelo meio de uma coluna de caminhões, driblando crateras de bombas em que dois caminhões poderiam desaparecer de vista, engolidos pela terra ainda calcinada de fresco, entrando-nos pelas narinas o cheiro irritante dos explosivos, e mandamo-nos para a pequena ponte. À nossa frente havia uma carroça tirada por uma mula.

— Você não pode passar por ali! — gritou o guarda para o camponês que conduzia a carroça, pesadamente carregada de cereal, utensílios domésticos, panelas, uma pipa de vinho, que a mula só a muito custo conseguia rebocar. Mas a mula não tinha marcha à ré e a ponte ficou bloqueada. De modo que o vosso correspondente foi empurrar as rodas da carroça, o camponês puxava com todas as suas forças pelas rédeas da mula, e a carroça rodou lentamente para a frente, seguida pelo automóvel, as rodas de aros de ferro da carroça esmagando as travessas de madeira que os rapazes estavam pregando a toda a pressa para abrirem a frágil ponte ao tráfego.

Os rapazes estavam trabalhando, martelando, pregando e serrando tão depressa e afanosamente quanto uma boa tripulação num navio sinistrado em alto-mar. E, à nossa direita, uma seção da grande ponte de ferro sobre o Ebro mergulhava nas águas do rio e um outro trecho desaparecera. O bombardeio maciço dos quarenta e oito aviões, utilizando bombas que, a julgar pelas crateras que tinham feito e pelo modo como reduziram edifícios inteiros a montes de entulho nas ruas, deviam ser de 200 a 400 quilos cada, tinha finalmente conseguido inutilizar a ponte de Tortosa. Na cidade, um caminhão de gasolina pegava fogo. Andar pelas ruas da cidade era como praticar montanhismo nas crateras da lua. A ponte ferroviária ainda está intata e uma ponte de pontões será indubitavelmente construída, mas é uma péssima noite para a margem ocidental do Ebro.

TORTOSA AGUARDA CALMAMENTE O ASSALTO

Correspondência para a NANA, 18 de abril de 1938

DELTA DO EBRO, ESPANHA – A vala de irrigação estava cheia de rãs da safra deste ano. À medida que avançávamos, chapinhando na água, elas dispersavam-se, pulando tumultuosamente. Uma linha de soldados, por trás dos trilhos de uma estrada de ferro, postara-se no talude de cascalho, tendo cada um deles cavado seu pequeno abrigo. Suas baionetas despontavam acima dos trilhos brilhosos, que, em breve, estariam enferrujados. Em todas essas faces havia a expressão de homens — rapazes convertidos em homens numa tarde — que esperam o momento de combate.

Do outro lado do rio, o inimigo acabara de tomar a cabeça de ponte e as últimas tropas tinham atravessado a corrente a nado, depois de a ponte de barcas improvisada pelos pontoneiros ter explodido. As granadas vinham agora da pequena cidade de Amposta, na outra margem do rio, varrendo a esmo o campo aberto e toda a extensão da estrada. Ouvia-se a dupla detonação dos canhões, depois o remoinho impetuoso cada vez mais próximo, como o rasgar de pano, e o súbito repuxo de terra castanha entre os vinhedos.

A guerra tinha aquela burrice sem pé nem cabeça e sem perigo que sempre tem quando a artilharia entra em ação, antes de haver uma observação adequada e o tiro estar rigorosamente regulado; e o vosso correspondente andou pelos trilhos para descobrir um lugar de onde pudesse observar o que os homens de Franco estavam fazendo, do outro lado do rio.

Por vezes, na guerra, há uma qualidade mortífera que faz do caminhar verticalmente, dentro de um certo raio de ação, uma rematada tolice ou uma fanfarronada. Mas há outros momentos antes de as coisas realmente começarem, em que é como nos velhos tempos, quando flanávamos pela arena antes de começar a tourada.

A montante da estrada de Tolosa, aviões mergulhavam e metralhavam. Os aviões alemães são absolutamente metódicos. Executam a rigor sua tarefa e se você fizer parte da tarefa deles, você está sem sorte. Se não estiver incluído na tarefa deles, poderá aproximar-se e observá-los, como se estivesse observando os leões a comer. Se as instruções deles são escaqueirar a estrada, no caminho de regresso à base, você não terá qualquer chance. Caso contrário, se deram por concluída a tarefa num determinado objetivo, vão se afastar como escrupulosos funcionários bancários, regressando tranquilamente à casa.

Dos lados de Tortosa, as coisas já pareciam bastante ruins, pelo modo como os aviões atuavam. Mas aqui, no delta, a artilharia ainda estava apenas esquentando. Cruzamos um trecho de estrada que, num outro dia, talvez pudesse custar-nos a vida e corremos para uma casa branca à beira de um canal que corria paralelo ao Ebro e de onde se dominava toda a cidade amarela, na outra margem, onde os fascistas estavam preparando o ataque.

As portas estavam todas aferrolhadas e não era possível trepar para o telhado, mas da vereda de terra batida, ao longo do canal, podíamos observar os homens deslizando entre as árvores para a margem verdejante do rio. A artilharia governamental estava assestada na cidade, provocando súbitas erupções de pedra esmigalhada nas casas e na torre da igreja, onde havia, evidentemente, um posto de observação. Apesar de tudo, não havia qualquer sensação de perigo.

Durante três dias permanecemos na outra margem do rio, enquanto as tropas do general Aranda avançavam, e a sensação de perigo, de encontrarmo-nos de chofre com a cavalaria, os tanques ou os carros blindados, era algo tão válido quanto a poeira que respirávamos ou a chuva que finalmente assentava a poeira e fustigava-nos o rosto no carro aberto. Fizera-se, por fim, o contato entre os dois exércitos inimigos e haveria uma batalha para dominar o Ebro; mas, após os dias de incerteza, esse contato chegara como um alívio.

Enquanto espiávamos, vimos um outro homem passando furtivamente por entre as árvores verdejantes da margem oposta, e depois mais três.

Então, de súbito, quando ficaram fora do nosso campo de visão, ouvimos o crepitar brusco e muito perto das metralhadoras. Com esse som, todo o perambular ocioso e descuidado, toda a qualidade de ensaio geral que precede a verdadeira batalha desapareceram. Os rapazes que tinham cavado abrigos para esconder a cabeça, atrás do talude da estrada de ferro, tinham razão e, daí em diante, o negócio era com eles. De onde estávamos, podíamos vê-los, bem protegidos, aguardando impassivelmente. Amanhã poderia ser a vez deles. Observamos as pontas aguçadas das baionetas espreitando sobre os trilhos.

A artilharia estava engrossando um pouco. Duas granadas caíram bem perto e, quando a fumaça se dispersou, esgueirando-se entre as árvores, apanhamos uma braçada de cebolas temporãs de um campo ao lado do caminho que leva à estrada real de Tortosa. Eram as primeiras cebolas dessa primavera e, pelando-as, notei que eram carnudas, brancas e não muito picantes. O delta do Ebro é uma terra muito rica e, onde crescem as cebolas, amanhã haverá uma batalha.

UM PROGRAMA PARA O REALISMO ESTADUNIDENSE

Ken, 11 de agosto de 1938

PERGUNTA: O que é a guerra?

Resposta: A guerra é um ato de violência cujo intuito é obrigar o nosso adversário a submeter-se à nossa vontade.

Pergunta: Qual é o objetivo primordial da guerra?

Resposta: A finalidade primordial da guerra é desarmar o inimigo.

Pergunta: Quais são os passos necessários para o conseguir?

Resposta: Primeiro, o poderio militar deve ser destruído, isto é, reduzido a um tal estado que não possa dar prosseguimento à guerra. Segundo, o país deve ser conquistado; pois no interior do país uma nova força militar poderá ser organizada. Terceiro, a vontade do inimigo deve ser subjugada.

Pergunta: Existem quaisquer meios de impor a nossa vontade ao inimigo sem preencher essas três condições?

Resposta: Sim. Existe a invasão, isto é, a ocupação do território inimigo, não com o intuito de conservá-lo, mas a fim de lhe impor o pagamento de tributos ou de devastá-lo.

Pergunta: Um país que permanece na defensiva pode ter esperanças de ganhar uma guerra?

Resposta: Sim. Essa intenção negativa, que constitui o princípio da defensiva pura, é também o meio natural para superar o inimigo pela duração do combate, isto é, levá-lo ao desgaste e à exaustão. Se o propósito negativo, isto é, a concentração de todos os recursos num estado de pura resistência, proporciona uma superioridade no duelo, e se essa vantagem é suficiente para compensar a superioridade numérica que o adversário possa ter, então a mera duração da luta bastará, gradualmente, para levar a força do adversário *a um ponto em que o objetivo político já não pode ser um equivalente*, um ponto em que, portanto, ele terá de renunciar ao duelo. Vemos, pois, que essa categoria de meios, o desgaste e a exaustão do inimigo, inclui o grande número de casos em que o mais fraco resiste ao mais forte.

Frederico, o Grande, durante a Guerra dos Sete Anos, nunca foi suficientemente forte para derrubar a monarquia austríaca. Se tentasse fazê-lo, à maneira de Carlos XII, ele próprio teria de sucumbir. Mas depois da sua habilidosa aplicação do sistema de economia de recursos ter mostrado às potências aliadas contra ele, numa luta de sete anos, que o desgaste real de energias excedia em grande quantidade o que tinham inicialmente previsto, fizeram a paz.

As respostas foram todas dadas por Clausewitz, que sabia muito bem o que respondia. São de leitura árida e penosa, mas há tanta besteira escrita, pensada e dita sobre a guerra, que é necessário reverter ao velho Einstein das batalhas para vermos o precedente militar pelo qual a República Espanhola continua lutando. Se estudarmos meticulosamente aqueles dois parágrafos de Clausewitz sobre o poder da defensiva, compreenderemos por que haverá guerra na Espanha por um bom tempo.

A guerra na Espanha já perdura há dois anos. Na China, a guerra já atingiu o seu primeiro ano. A guerra eclodirá na Europa, o mais tardar, no próximo verão.

Esteve prestes a eclodir em 21 de maio. É possível que isso aconteça agora, em agosto. Ou poderá ser protelada até o próximo verão. Mas virá.

E voltamos a perguntar: O que é a guerra? Dizemos que a guerra é assassínio, que é indesculpável, que é indefensável, que nenhum objetivo pode justificar uma guerra ofensiva. Mas o que disse Clausewitz? Ele chamou à guerra "uma continuação da política estatal por outros meios".

Mas quando virá, precisamente, essa nova guerra? Podemos estar certos de que todos os pormenores para a iniciar já estão planejados. Mas quando virá?

"Se duas partes se armaram para a luta, um sentimento de animosidade as levou por certo a isso. Ora, na medida em que continuarem armadas, isto é, não chegarem a termos de paz, esse sentimento deve forçosamente persistir. E só poderá ser levado a uma pausa, por uma parte ou outra, por um único motivo, que é o seguinte: *a expectativa de um momento mais favorável para a ação.*"

Isto é Clausewitz outra vez.

"O Estadista que, sabendo ter seus instrumentos a postos e considerando a guerra inevitável, hesita em atacar primeiro, é culpado de um crime contra o seu país."

Isto foi escrito por Von Der Goltz. E é algo que merece ser relido.

O Sr. Neville Chamberlain e os defensores da sua política no nosso Departamento de Estado recomendam atualmente, com grande insistência, que sejamos realistas.

E por que não seremos realistas? Não realistas de Chamberlain, que são, meramente, os expoentes de uma política britânica de expedientes, a qual será posta de lado assim que os britânicos estiverem armados, mas realistas como norte-americanos.

Vai haver uma guerra na Europa. Qual vai ser a nossa atitude, como realistas?

Primeiro, queremos ficar fora dela. Nada temos a ganhar numa guerra europeia, exceto a prosperidade temporária que ela acarretará.

Um modo de ficar de fora é não termos coisa alguma a ver com ela, não vender materiais bélicos para um lado nem para o outro. E se fizermos isso, os britânicos e os rapazes anglófilos do Departamento de Estado não deixarão de querer empurrar-nos para a guerra, de qualquer jeito; só que, nesse caso, não entraríamos por motivos sórdidos — seria pelos mais elevados e nobres ideais humanitários. O outro lado também vai querer nos influenciar, mas os britânicos são mais habilidosos e mais plausíveis.

Os alemães têm um gênio especial para irritar as pessoas, ofender as nações e fornecer pretextos. Os Hohenzol-lerns não prestavam, mas os nazistas ainda são muito piores e onde houve um *Lusitania*, da última vez, podemos calcular que haverá uma meia dúzia desta vez. Não podemos esperar que os selvagens que bombardearam Guernica e a população civil de Barcelona resistam a abrir uma brecha no *Normandie* e no *Queen Mary*. De modo que, quando a guerra começar, os americanos terão de experimentar os navios americanos, para variar. Ou então habituarem-se à ideia de ter de lutar pela French Line e a Cunard.

Não. Se quisermos ser realistas, teremos de decidir antecipadamente se vamos entrar na guerra ou não. Não faltarão os pretextos para metermo-nos nela. E vai haver uma guerra.

Vamos decidir, portanto, ficar de fora. Mas por que diabos ficar de fora e ir à falência? Se somos realistas, por que não vender para os dois lados tudo o que eles quiserem, tudo o que pudermos fabricar? Mas então vendam tudo isso à vista, contra metal sonante. Nada de créditos, para que não nos vejamos obrigados a ajudar um dos lados a vencer, a fim de que possa pagar o que nos deve e depois aguentarmos outra vez a velha farsa das dívidas de guerra.

Vai haver uma guerra na Europa. Por que não lucrar alguma coisa com ela, se somos realistas? Mas todas as vendas devem ser a vista e o pagamento em ouro.

Depois, para assegurarmo-nos de que não seremos arrastados para a guerra, nada será embarcado para qualquer país beligerante em navios norte-americanos. Nem qualquer navio norte-americano deve transportar materiais de guerra. Os países beligerantes que tiverem dinheiro para comprar, que enviem também seus próprios navios, paguem à vista o que levarem e se depois os seus navios forem afundados, o azar é deles. Quantos mais forem para o charco, melhor. Nesse ponto passaremos também a vender-lhes navios, igualmente à vista; cascos bons e baratos e de construção rápida, como produzimos na última guerra. Venderemos e construiremos o que quiserem, desde que nos paguem na hora. À vista junto com a encomenda; o navio é propriedade do país que compra desde o minuto em que for assente a sua quilha.

Depois, quando os rapazes da Gestapo sabotarem e incendiarem os estaleiros, tampouco será por isso que entraremos na guerra. Está tudo no seguro, entendem? Quanto mais sabotagem, melhor. E se os seus transatlânticos forem afundados também, não tem dúvida, construiremos para eles mais alguns. A dinheiro.

Os cavalheiros da Europa que briguem e, se nos pagarem à vista, veremos quanto tempo isso vai durar. Por que não sermos realistas, na verdade, Sr. Chamberlain? Por que não sermos realistas? Ou não vai querer se divertir um pouco?

UMA LUFADA REVIGORANTE NUMA HISTÓRIA DE COLEGAS

Ken, 22 de setembro de 1938

Encontrei esse cidadão no Flórida Hotel, em Madri, no fim de abril do ano passado. Foi ao entardecer, e ele chegara de Valência na noite anterior. Passara o dia em seu quarto escrevendo um artigo. Era um homem alto, com olhos lacrimejantes e madeixas de cabelo louro cuidadosamente atravessadas sobre o crânio calvo.

— O que tem achado de Madri? — perguntei.

— Está dominada pelo terror — disse esse jornalista. — É uma coisa que se sente aonde quer que você vá. Estão encontrando milhares de cadáveres.

— Quando foi que você chegou?

— Na noite passada.

— E onde viu os cadáveres?

— Ah, eles estão por toda a parte — respondeu ele. — Poderá vê-los de manhã cedo.

— Você saiu hoje de manhã?

— Não.

— Viu alguns cadáveres?

— Não, não vi. Mas sei que há montões deles.

— E que provas de terror você conseguiu?

— Ah, ele está aí. Não tem como negá-lo.

— Mas que provas viu por si mesmo?

— Ainda não tive tempo de vê-las pessoalmente, mas sei que não faltam.

— Escute aqui. — disse eu. — Você chegou a Madri na noite passada. Ainda não meteu sequer o nariz na cidade e vem dizer-nos, a nós, que vivemos aqui e trabalhamos aqui, que existe o terror na cidade.

GUERRA CIVIL ESPANHOLA, 1937-1939 311

— Você não pode negar que há terror — respondeu o especialista. — Por toda a parte se veem provas disso.

— Ah, pareceu-me que você dissera não ter visto prova alguma ainda.

— Não vi, mas sei que há — refutou o grande jornalista.

Expliquei-lhe então que havia meia dúzia de homens da imprensa vivendo e trabalhando em Madri e cuja missão era, se existisse terror, descobri-lo e noticiá-lo. Que eu tinha amigos na *Seguridad*, meus conhecidos dos velhos tempos e em quem podia confiar, e que sabia terem sido fuziladas três pessoas por espionagem neste mês. Fora convidado a presenciar a execução, mas estava fora, em missão na frente, e tive de esperar outras quatro semanas por outra execução. Que muitas pessoas tinham sido abatidas nos primeiros dias da rebelião pelos chamados "incontroláveis", mas há muitos meses que Madri era tão segura, bem policiada e livre de toda a espécie de terror como qualquer outra capital da Europa. Qualquer pessoa abatida pela polícia ou fuzilada pela tropa era enviada para o necrotério e ele poderia verificar por si próprio, como todos os jornalistas faziam.

— Não tente negar que existe terror — disse ele. — Você sabe muito bem que há.

Ora, o sujeito era correspondente de um grande jornal, pelo qual eu tinha o maior respeito, e só por isso não o esmurrei. Além disso, se esborrachássemos a cara de um sujeito como ele, isso só iria fornecer uma prova de que existe terror. O encontro ocorria também no quarto de uma jornalista norte-americana e creio, mas não posso afirmá-lo com certeza, que ele usava óculos.

A jornalista americana estava deixando o país e, nesse mesmo dia, ele entregou-lhe um envelope fechado, para que a senhora lhe fizesse o favor de servir de portadora. Não se entregam às pessoas envelopes fechados para levar para fora de um país em tempos de guerra, mas esse intrépido moço garantiu à nossa colega americana que o envelope continha apenas uma cópia a papel carbono de uma correspondência sua, já censurada, da frente de Teruel, que ele enviava para o seu escritório como duplicado a fim de assegurar-se de sua recepção.

No dia seguinte, a jornalista mencionou que levaria essa carta para ele.

— Não está fechada, não? — perguntei.

— Sim.

— É melhor que eu a leve à Censura, pois vou agora para lá e poupo-lhe esse trabalho. Você poderia meter-se em confusão.

— Em que confusão iria eu meter-me? É apenas uma cópia a carbono de uma correspondência que já foi censurada.

— Ele mostrou-a a você?

— Não.

— Não confie num homem que puxa o cabelo dos lados para tapar a careca — disse eu.

— Os nazistas puseram-lhe a cabeça a prêmio. Vinte mil libras pela sua captura — disse a jornalista. — Deve ser de confiança.

Bem, na Censura, acabou que o dito carbono de uma correspondência de Teruel não era cópia alguma de uma correspondência já censurada, e sim um artigo que afirmava: "Aqui em Madri lavra o terror. Milhares de cadáveres são descobertos etc." Era uma beleza. Convertia em mentirosos todos os correspondentes honestos em Madri. E esse cara escrevera aquilo sem dar um passo fora do seu hotel, logo no primeiro dia em que chegou. O único detalhe realmente feio era que a colega a quem ele entregara o envelope podia, segundo as leis da guerra, ter sido fuzilada como espiã, fosse o artigo encontrado entre os seus papéis ao sair do país. A correspondência era uma mentira e ele entregara-o a uma senhora que nele confiara para o levar do país para fora.

Nessa noite, num restaurante da Gran Via, contei a história a um grupo de correspondentes não políticos, trabalhadores laboriosos e honestos que arriscavam a vida diariamente em Madri e vinham negando a existência de terror na capital desde que o governo assumira o controle da situação e pusera cobro a todo o terror.

Ficaram muito irritados com esse estranho que chegara a Madri para fazer todos eles mentirosos e expor um dos mais populares correspondentes a uma acusação de espionagem por subtrair do país um noticiário falso.

— Vamos perguntar-lhe na cara se os nazistas realmente puseram um prêmio de vinte mil libras pela sua cabeça — sugeriu alguém. — Devíamos denunciá-lo pelo que fez. Devíamos liquidá-lo e se soubermos para onde mandar a cabeça dele, poderíamos remetê-la acondicionada em gelo.

GUERRA CIVIL ESPANHOLA, 1937-1939

— Não seria uma cabeça muito atraente, mas teria o maior prazer em levá-la eu próprio numa mochila — eu disse. — Já não vejo vinte mil libras desde 1929.

— Eu vou perguntar-lhe — ofereceu-se um conhecido repórter de Chicago.

Encaminhou-se para a mesa do homem, falou-lhe com toda a calma e regressou.

Todos nós ficamos de olhos pregados no homem. Estava tão pálido quanto a parte inferior de um linguado não vendido até as 11 horas da manhã, quando o mercado está prestes a fechar.

— Ele diz que não há prêmio algum pela sua cabeça — informou o repórter de Chicago, em sua voz tenuemente rítmica. — Diz que os chefes inventaram essa história.

Assim foi como um jornalista escapou de desencadear em Madri um terror estritamente pessoal.

Se uma censura não permitir a um jornalista que escreva a verdade, o correspondente pode tentar ir contra a censura, sujeitando-se à pena de expulsão, se for apanhado. Ou pode sair do país e escrever suas notícias sem censura. Mas esse cidadão, numa viagem relâmpago, ia deixar que outra pessoa corresse os riscos, enquanto ele recebia os créditos de jornalista destemido. A história mais notável, nessa altura, era a inexistência de terror em Madri. Mas isso era muito monótono para ele.

Teria interessado ao seu jornal, entretanto, pois, por muito estranho que pareça, acontece tratar-se de um jornal que há anos se interessa pela verdade.

CLARK'S FORK VALLEY, WYOMING

Vogue, fevereiro de 1939

No fim do verão, as grandes trutas estariam no meio da corrente; estavam abandonando as lagunas da parte superior do rio e descendo para passar o inverno nas águas fundas do canyon. Era maravilhoso pescar então com mosca nas primeiras semanas de setembro. As trutas locais eram lisas, brilhantes e pesadas, e quase todas saltavam quando abocanhavam a mosca. Se pescávamos com duas moscas, era frequente fisgarmos duas trutas grandes e, naquela corrente impetuosa, era necessário manobrá-las com a maior delicadeza.

As noites eram frias e, se acordávamos durante a noite, ouvíamos os coiotes. Mas não apetecia sair cedo para o rio porque as noites eram tão frias que gelavam a água e o sol tinha de banhar a corrente até quase o meio-dia para que as trutas começassem a procurar alimento.

Pela manhã cavalgávamos, ou ficávamos sentados diante da casa, tomando um banho de sol relaxados e observando a extensão do vale, onde o feno fora cortado, pelo que o prado ganhara uns tons castanhos suaves até a linha de faias e chorões oscilantes que bordejavam o rio e que, com o outono, amarelavam. E nas colinas que se erguiam no horizonte, a artemísia era agora de um cinza prateado.

Para a montante do rio estavam os dois picos do Piloto e do Dedo, onde poderíamos ir caçar o cabrito montês, mais para o fim do mês, e estirávamo-nos ao sol, maravilhando-nos diante do límpido perfil que as montanhas podem adquirir à distância, de modo que sempre as recordamos pela forma que nos mostram vistas de longe e não como as vertentes rochosas e ásperas que cruzamos, as cristas denteadas que escalamos e as estreitas

GUERRA CIVIL ESPANHOLA, 1937-1939

veredas por onde avançamos alagados de suor, ofegantes, com medo de olhar para baixo, até contornarmos aquele pico que, de longe, nos parecia tão macio e geométrico. Vencida a cumeada, chega-se a uma clareira para olhar então para baixo e ver um velho carneiro e três cordeiros pastando no mato de zimbro que formava como que uma taça verde encravada nas rochas fraturadas e irregulares do pico.

O velho carneiro era de uma cor entre pardo e vermelho-vivo, a garupa era branca, e quando erguia a cabeça viam-se-lhe os grandes chifres encaracolados. Foi a brancura do dorso que traiu a sua presença no denso tapete verde do zimbroal, quando nos recostamos num penedo, abrigados do vento, a uma légua de distância, perscrutando vagarosamente cada metro de altiplano pelas lentes dos nossos poderosos binóculos Zeiss.

Agora, sentados diante da casa, recordávamos aquele tiro pela vertente abaixo e os cordeiros, muito empertigados, de cabeça voltada para o corpo imóvel, esperando que o velho carneiro se levantasse. Eles não podiam ver-nos no socalco da cumeada, nem captar contra o vento qualquer ruído denunciador da nossa presença, e o tiro não lhes causara mais impressão do que o rolar de um pedregulho.

Recordamos o ano em que construímos essa nossa choupana de caça na cabeceira de Timber Creek e o grande urso-pardo que a desmantelava todas as vezes que nós íamos embora. A neve chegara tarde naquele ano e o urso não hibernava ainda, passando o outono a rebentar as choupanas dos caçadores e a destruir armadilhas. Mas era tão esperto que nunca conseguimos vê-lo durante o dia. Depois recordamos o encontro com os três ursos--pardos no altiplano da cabeceira de Crandall Creek. Ouvimos um estalar de galhos e pensamos que fosse uma corça saltando no arvoredo e ei-los, de súbito, na sombra cortada por um feixe de luz, correndo com desenvoltura em seu jeito bamboleante, o sol da tarde convertendo sua pelagem num prateado macio e eriçado.

Recordamos o alce trombeteando no outono, o macho tão próximo que podíamos ver seus músculos peitorais incharem quando ele levantava a cabeça e, mesmo assim, não lhe ver a cabeça metida na densa folhagem do bosque; mas ouvíamos aquele assobio crescente e prolongado, e a resposta que chegava de um outro vale distante. Pensamos em todas as cabeças que tínhamos abatido e recusamo-nos a atirar, tão contentes com a presença viva de todos eles.

Ah, e recordávamos as crianças aprendendo a montar; como o conseguiram com diferentes cavalos e como adoravam o campo. Revemos esta paisagem tal como ela era quando aqui viemos pela primeira vez, e o ano em que tivemos de ficar quatro meses, depois de termos trazido o primeiro automóvel que jamais penetrara nestas paragens pelas estradas enlameadas, esperando que o frio endurecesse a terra o bastante para podermos tirar o carro do lodaçal onde ficara atolado. Sim, podíamos agora relembrar todas as caçadas, e todas as pescarias, e as cavalgadas no sol do verão, e a poeira das manadas de gado a caminho do mercado, o cavalgar silencioso pelas montanhas, no frio outonal penetrante, atrás do gado disperso pela cordilheira, encontrando-o tão espavorido quanto os veados e tão quieto, apenas mugindo ruidosamente, quando era tocado para descer em manada para a planície.

Depois chegava o inverno; as árvores agora nuas, a neve soprando com tanta força que nos cegava, a sela molhada, depois gelada e dura quando descíamos da montanha, abrindo uma trilha pela neve, tentando mexer as pernas para não enregelarem e o forte, reconfortante, sabor do uísque quando chegávamos ao rancho e mudávamos de roupa à luz do fogo da grande lareira. É uma boa terra.

IV

A SEGUNDA GUERRA MUNDIAL

HEMINGWAY ENTREVISTADO POR RALPH INGERSOLL

PM, 9 de junho de 1941

Esta entrevista com Ernest Hemingway foi registrada no seu quarto de hotel, alguns dias depois de ele regressar a Nova York de uma viagem ao Extremo Oriente, em 1941. O Sr. Ingersoll, editor do hoje extinto jornal PM, encarregara Hemingway de ir ao Extremo Oriente para observar pessoalmente se uma guerra com o Japão era inevitável ou não. A entrevista serviu de introdução a uma série de artigos assinados por Hemingway. Foi revista e corrigida pelo autor após ter sido transcrita e, por conseguinte, poder-se-ia chamar-lhe uma entrevista autenticada.

ERNEST HEMINGWAY partiu para a China em janeiro. Nunca estivera no Oriente. Foi para ver com os próprios olhos como estava decorrendo a guerra de Chiang Kai-shek contra o Japão; até que ponto eram verdadeiras as notícias de que a posição chinesa estava ameaçada pelo perigo de uma guerra civil; qual seria o efeito do então iminente Pacto Russo-Nipônico e, o mais importante de tudo, qual era a nossa própria posição no Oriente. Qual era a nossa posição tanto como uma das principais potências antifascistas e como uma nação de 130 milhões de pessoas com vitais interesses comerciais em outras partes do mundo — ou não seriam vitais? —, mas caso fossem, estariam realmente ameaçados?

Hemingway queria apurar por si próprio — e para vocês e para mim — qual o padrão de acontecimentos que poderia levar-nos a uma guerra contra o Japão e qual a sequência de circunstâncias que poderia talvez manter o Japão em seu lugar no Pacífico, sem termos de guerreá-lo.

A maioria das pessoas conhece Ernest Hemingway como o romancista Nº 1 dos Estados Unidos. Sua fama como romancista é tão grande, de fato, que obscurece duas outras reputações, cada uma das quais lhe granjeou enorme prestígio internacional.

Muito antes de ser romancista, Ernest Hemingway era um notável correspondente de guerra. Fez a cobertura da luta no Mediterrâneo durante a Primeira Guerra Mundial, e de toda a guerra da Espanha — na qual a presente guerra foi travada em miniatura.

De suficiente gabarito para distinguir-se da sua reputação como correspondente de guerra é a sua reputação como especialista em assuntos militares. É um estudioso da guerra em sua totalidade, de tudo o que diga respeito à guerra, desde o embasamento de uma metralhadora às táticas e manobras, desde o moral civil até a organização industrial para a guerra. Tudo isso ele estudou ao longo de vinte anos.

Assim, quando Ernest Hemingway partiu para a China, não foi como um visitante casual mas como um estudioso e um especialista — acompanhado de um prestígio que lhe tornou possível visitar frentes de batalha que não tinham sido até agora visitadas por jornalistas estrangeiros e falar, numa base excepcional, com as pessoas que estão dirigindo a guerra no Oriente.

Quando Ernest Hemingway partiu para o Oriente, *PM* fez com ele o seguinte acordo: que se as operações fossem desencadeadas, ele permaneceria em campo para fazer a sua cobertura por telegrama, mas se não se registrassem ações de envergadura, ele faria notas mas não escreveria para o jornal enquanto não completasse o seu estudo, quer dizer, enquanto não estivesse na posse de todos os elementos e dispusesse de tempo e perspectiva para analisar tudo o que vira e ouvira, produzindo um relato de valor mais duradouro do que a correspondência cotidiana.

É esse relato que começaremos a publicar a partir de amanhã.

Entrementes, falei com Hemingway sobre sua viagem. Aqui se informa onde ele esteve, o que fez e o que viu — o *background* do qual seu relato é uma consequência direta.

Ernest Hemingway partiu para a China com a sua esposa, Martha Gelhorn. A Sra. Hemingway levava credenciais como correspondente da revista *Collier's,* onde seus artigos já estavam sendo publicados. Os dois voaram para Hong Kong pelo *Clipper* da *Pan American.*

A SEGUNDA GUERRA MUNDIAL 321

Hemingway permaneceu um mês em Hong Kong, onde podia falar não só com os chineses mas com os seus adversários. Os japoneses entram e saem de Hong Kong com a maior liberdade — de fato, celebraram o aniversário do Imperador em seus fraques e com um brinde formal. Os serviços de informação naval e militar britânicos estão lá, assim como os nossos próprios serviços de informação militar e naval. A oposição comunista local também, do mesmo modo que os pacifistas chineses que fazem o jogo do Japão.

Perguntamos a Hemingway como estavam as coisas em Hong Kong. Disse ele que o perigo paira há tanto tempo sobre a colônia que já se converteu inteiramente num lugar-comum. A população ajustou-se perfeitamente à tensão reinante. Disse que a cidade era muito alegre. O elemento estabilizador em qualquer colônia britânica são as mulheres britânicas, que mantêm a vida numa base formal. Mas todas elas tinham sido evacuadas e, de um modo geral, o moral era elevado, e a moral, baixa.

— Há, pelo menos, 500 milionários chineses vivendo em Hong Kong... guerra demais no interior, terrorismo demais em Xangai, para o gosto de um milionário. A presença dos 500 milionários provocou uma outra concentração... de moças bonitas provenientes de toda a China. Os 500 milionários são os donos delas todas. A situação entre as moças menos bonitas é muito triste, visto que a posição britânica é não existir prostituição na colônia e, portanto, o seu controle não é problema. Isso permite a existência de cerca de 50.000 prostitutas em Hong Kong. A sua superabundância nas ruas, à noite, quando acorrem em verdadeiros enxames, é uma das características inevitáveis dos tempos de guerra.

Quantos soldados existem em Hong Kong é, evidentemente, um segredo militar. Hemingway sabe o número exato. Esse é o tipo de censura que *PM* não tenta infringir. Mas Hemingway informa que Hong Kong está "excelentemente defendida".

— No caso de ataque, o problema de Hong Kong seria o abastecimento. Existem na colônia 1.500.000 pessoas que terão de ser alimentadas. Ainda mais grave — prossegue Hemingway — seria o problema de recolhimento das imundícies, pois Hong Kong ainda não dispõe de caixas de descarga nem de canos de esgoto. As imundícies são recolhidas nas fossas por *coolies*, durante a noite, que as vendem como adubo para as granjas. No caso de um *blackout* as imundícies acumular-se-iam nas ruas e uma epidemia de cólera seria inevitável. Isto é sabido de todos porque duas noites de exercícios de *blackout* foram o bastante para deflagrar uma epidemia de cólera na cidade.

"Atualmente, porém — continuou Hemingway —, a comida é abundante e boa, e encontramos em Hong Kong alguns dos melhores restaurantes do mundo, tanto europeus como chineses. Também há corridas de cavalos, críquete, *rugby* e futebol."

Após a estada de um mês em Hong Kong, Hemingway e a esposa voaram para Nam Yung num avião das linhas aéreas chinesas. Esse voo fê-los sobrevoarem as posições japonesas. De Nam Yung, os Hemingway seguiram por terra para Shaikwan, quartel-general da 7ª Zona de Guerra.

A frente chinesa está dividida em oito zonas de guerra. Hemingway escolheu a 7ª Zona porque "queria realizar um estudo intensivo do que é uma típica zona de guerra chinesa e a 7ª possui, em última análise, a maior potencialidade ofensiva".

Então ele estudou a completa organização de uma zona de guerra chinesa, desde o quartel-general até os corpos de exército, divisões, brigadas, regimentos e escalões mais avançados.

O exército que Hemingway visitou é um exército Kuomintang. Ou seja, o exército regular chinês, e não do Exército Comunista chinês. Os exércitos comunistas têm acolhido muito bem os jornalistas e já se escreveu profusamente a seu respeito. Mas pela primeira vez um jornalista americano realizou um trabalho de fôlego na frente com o Exército Regular.

Interrogamos Hemingway sobre essa situação. Disse ele:

— O exército chinês conta com 300 divisões, sendo 200 de primeira classe e 100 secundárias. Cada divisão é formada por 100.000 regulares. Dessas 300 divisões, três são comunistas. A área defendida pelos comunistas é de extrema importância e eles têm lutado maravilhosamente bem. Mas as outras 297 divisões, que ocupam mais ou menos uma área igual por divisão, nunca foram visitadas. Enquanto os comunistas têm recebido muito bem os correspondentes, o Exército Regular chinês impõe uma censura muito rigorosa. Era impossível obter salvos-condutos e os correspondentes não eram autorizados a visitar os escalões mais altos.

A SEGUNDA GUERRA MUNDIAL

Hemingway disse que queria visitar o Exército Regular porque as tropas comunistas já tinham sido excelentemente descritas por profissionais como Edgar Snow, Agnes Smedley e outros.

As notícias sobre o exército do Kuomintang são importantes não só porque não têm recebido publicidade alguma até hoje, mas porque o Kuomintang compreende a grande massa de tropas de que nós, nos Estados Unidos, teremos de depender para manter as divisões japonesas ocupadas na China enquanto nos preparamos para defender o Pacífico.

Hemingway passou um mês na frente, vivendo com as tropas, acompanhando-as para toda parte. Viajou primeiro rio abaixo, em sampanas, depois a cavalo e, finalmente, a pé. Durante 12 dias de chuva contínua, ele e a Sra. Hemingway nunca conseguiram vestir roupas secas.

Descobriram também quitutes raros, como vinho de cobra e de pássaro. Hemingway descreveu o vinho de cobra como "um vinho especial de arroz com um certo número de pequenas cobras enroladas no fundo da garrafa. As cobras estão mortas, é claro — explicou Hemingway —, e ficam na garrafa para fins medicinais. O vinho de pássaro é também um vinho de arroz, mas no fundo da garrafa há uma porção de cucos mortos".

Hemingway gostou mais do vinho de cobra. Diz que cura a queda de cabelo e trouxe algumas garrafas para seus amigos mais necessitados.

Após um mês na frente, os Hemingway regressaram de sampana, automóvel e trem para Kweilin. Essa viagem não fora programada, mas por toda a parte aonde iam, durante dois meses, lhes era dito que Kweilin era o mais belo lugar da China. E relatam que, de fato, é o mais belo lugar que eles viram.

— Há em Kweilin milhares de miniaturas de montanhas que se parecem a uma gigantesca cordilheira mas têm apenas uns cem metros de altitude. Muitas das encantadoras cenas que vemos nas pinturas e gravuras chinesas, e que pensamos serem o produto da imaginação de um artista, são realmente reproduções quase fotográficas de Kweilin. Também aí existe uma famosa gruta que é atualmente usada como abrigo antiaéreo. Abriga 30.000 pessoas.

Para seguir daí para Chungking, fizeram arranjos para serem transportados por um avião de carga que ia levar um carregamento de papel-moeda para a capital. O avião era um Douglas DC-3 — o tipo que serve na maioria das linhas aéreas da China —, e todos os outros assentos estavam ocupados por pilhas de papel-moeda.

Todas as linhas aéreas da China são propriedade de uma companhia chamada CNAC, ou China National Aviation Corp. O governo chinês tem 51% do capital, e a Pan American Airways, os outros 49%, e é a responsável pelo setor operacional. Disse Hemingway:

— Usam os DC-2 e DC-3 e velhos biplanos Condor que só podem voar em trajetos curtos onde as montanhas têm mais de 2.000 metros de altitude. Há voos de passageiros de Hong Kong para Chungking três vezes por semana. Mas a ideia de comprar passagens para esses voos é um mero exercício acadêmico, pois a lista de espera estende-se por muitos meses e eles só levam em consideração as prioridades.

Quando lhe pareceu que a prioridade não viria a tempo, Hemingway alugou um monomotor Vultee. Mas então a prioridade chegou rapidamente.

Quando os Hemingway chegaram a Chungking, já tinham aprendido muita coisa a respeito da China. Passaram algum tempo com Chiang Kai-Shek e, numa entrevista que ocupou uma tarde inteira, a Sra. Chiang Kai-Shek serviu de intérprete. Mas Hemingway conta que quando a conversa era sobre assuntos militares, o Generalíssimo entendia as expressões militares em inglês. Ele foi apresentado ao ministro das Finanças da China, o Dr. Kung, ao ministro da Educação, ao ministro das Comunicações, ao ministro da Guerra, assim como a vários generais e membros do Estado-Maior.

— Chungking — relata Hemingway — não sofreu qualquer bombardeio sério de 25 de agosto a 3 de maio. Não há bombardeios a Chungking durante o inverno por causa da escassa visibilidade.

Achou os hotéis em Chungking excelentes: comida abundante e água quente. De fato, em qualquer parte da China aonde ia encontrou sempre os alimentos sendo vendidos sem restrições, mesmo nas pequenas cidades. Em momento algum viu qualquer dos indícios que é costume quando se está perdendo a guerra por escassez de comida. E em momento algum viu coisa que se parecesse com as condições que observara na Espanha.

A SEGUNDA GUERRA MUNDIAL

— Mas — acrescenta Hemingway — a comida na China é cara. Além disso, é um país tão gigantesco que há regiões onde a situação alimentar está ficando precária, em consequência de uma seca local ter destruído as colheitas. E os meios de comunicação são tão ruins que é difícil enviar abastecimentos de outras regiões do país. Essa situação predomina atualmente na província de Shansi, em sua região meridional, e em outras partes das províncias do Norte. Mas, de um modo geral, a situação alimentar este ano está muito boa. Perguntamos a Hemingway o que querem as pessoas dizer quando regressam e afirmam que a situação econômica da China é "muito ruim".

Eis a sua resposta:

— Quando as pessoas chegam à China, procedentes dos Estados Unidos e notam sintomas de inflação monetária, pensam que está indo tudo por água abaixo, quando a situação, na realidade, é muito boa, considerando que a China está no seu quarto ano de guerra. A inflação não é pior do que a que ocorre em qualquer outro país que lute durante quatro anos. No quarto ano da última guerra nenhum país europeu estava em melhor situação.

Acha Hemingway que a China "tem de fazer algumas reformas monetárias radicais, mas, principalmente, impedir que os japoneses lhe comprem seu dinheiro. Os japoneses vendem seu próprio dinheiro a descoberto e compram dinheiro chinês... Agora que os Estados Unidos estão garantindo a moeda chinesa. Não creio que seja muito difícil estabelecer um controle. A minha opinião pessoal é que, por fim, a China terá de ajustar a sua moeda a um padrão de arroz. O arroz é o ouro da China e somente uma moeda baseada num padrão-arroz impedirá a espécie de inflação em que as pessoas não são capazes de comprar alimentos."

A primeira vez que os Hemingway foram a Chungking, ficaram lá oito dias, falando constantemente com as mais diversas pessoas. Hemingway jantou, almoçou e tomou o café da manhã com gente do governo.

Após oito dias, voou para Chengtu, a fim de visitar a Academia Militar chinesa, onde Chiang Kai-shek treina seus oficiais e cadetes. E inspecionou as escolas de Aeronáutica e os novos aeródromos que estão sendo construídos nesse distrito. Também aí, como hóspede da Academia Militar, teve a oportunidade de estudar todo o sistema militar chinês.

— A Academia Militar — disse ele — está em plena atividade. Foi criada pelo general alemão Alexander Von Faulkenhausen e os seus professores são chineses treinados pelos alemães.

Hemingway voou de regresso da West Point chinesa a Chungking e depois tomou outro avião rumo ao sul, sobrevoando a estrada da Birmânia. Viu os caminhões indo nas duas direções nessa estrada.

Perguntei-lhe se eram verdadeiras as notícias de que a estrada fora destruída por bombardeios.

— Algumas pontes foram — disse ele —, mas os chineses montaram um sistema muito eficiente de barcaças para substituí-las. A estrada tem sido regularmente bombardeada, Kunming o é praticamente todos os dias, mas o bombardeio das pontes não é eficaz, em parte por causa das barcaças, e em parte porque eles reconstroem as pontes com uma rapidez impressionante.

— A organização de controle do trecho chinês da estrada da Birmânia — continuou Hemingway — está atualmente a cargo de uma comissão que inclui o Dr. Harry Baker, ex-diretor da Cruz Vermelha Americana na China. Se o Dr. Baker não for manietado pelos seus colegas da comissão, será capaz de realizar muitas reformas de tráfego.

De Lashio, que, como os leitores poderão ver pelo mapa, está localizada nos confins da estrada da Birmânia, Hemingway viajou de carro para Mandalay e de lá até Rangun de trem. Durante todo o percurso, estudou o problema da estrada da Birmânia e deu-nos a seguinte panorâmica da situação:

— A primeira parte do problema é trazer os materiais da costa até o princípio da estrada. Aí, são dois métodos viáveis de transporte. Um, pela estrada de ferro da Birmânia, outro, por via fluvial. Até agora, a maior parte do material tem seguido pela estrada de ferro, que é de propriedade birmanesa, muito invejosa do tráfego fluvial. Este é efetuado por uma organização chamada a Flotilha do Irrawaddy, que pertence a uma companhia de propriedade escocesa.

"O Irrawaddy é navegável até Bhamo. Convém observar no mapa por que Bhamo está ganhando grande importância. Em Bhamo está sendo concluída uma estrada de ligação com a da Birmânia. Você vai ver que ela não só reduz uma boa parte do trajeto pela estrada da Birmânia, e justamente o trecho mais difícil e montanhoso, como permite que as mercadorias sejam transportadas da costa até Bhamo sempre pelo rio. Com efeito, essa nova estrada, de Rangun até Bhamo pela água e de Bhamo por um novo percurso muito mais curto até um ponto bem adiantado da estrada da Birmânia, constitui um atalho quase impossível de ser danificado pelos japoneses.

"O velho percurso — continuou Hemingway — por estrada de ferro de Lashio a Kunming continua acessível e os carregadores também podem embarcar suas mercadorias por via fluvial de Rangun a Mandalay e daí para Lashio. Isso proporciona-lhes, portanto, duas vias de acesso. Mas uma terceira via de penetração está sendo desenvolvida. Utiliza primeiro a água e depois a estrada de ferro até uma localidade chamada Mitchina, que, se você está interessado no problema da estrada da Birmânia, deve tratar de descobri-la no mapa. Pois só assim poderá ver que, usando Mitchina como terminal ferroviário, um serviço de ponte aérea de Mitchina para Tali elimina mais de 800 quilômetros pela estrada da Birmânia, sobrando apenas uns 320 quilômetros a percorrer até Kunming.

"Esses 320 quilômetros, de Tali a Kunming, são de descida e não têm pontes nem gargantas que os japoneses possam converter em pontos de engarrafamento com os seus bombardeios. Num salto de 350 quilômetros, os aviões de carga não terão necessidade de se reabastecer de carburante na China.

"Assim — explicou Hemingway — os chineses dispõem do que equivale a três rotas alternativas de abastecimento pelo sul, não contando com o constante congestionamento de mercadorias ao longo de toda a costa chinesa."

Hemingway estudou esse tráfego e diz que é de enorme amplitude. Não escreve em pormenor sobre o assunto porque não quer fornecer informações aos japoneses.

Ora, se recordarmos que as rotas terrestres para a Rússia ainda estão abertas e que os chineses ainda estão recebendo fornecimentos da Rússia, como Hemingway explica num de seus artigos, poderemos dar-nos conta, pela primeira vez, do enorme problema que os japoneses têm de enfrentar para interromper as comunicações chinesas.

— As interrupções japonesas na Estrada, em relação às interrupções causadas por ineficiência, suborno e burocracia, estão numa proporção de um para cinco. Quer dizer, considerando o percurso total de Rangun até Chungking, a ineficiência, o suborno e a burocracia causam cinco vezes mais estragos e dificuldades do que os bombardeios japoneses. É esse o problema que o Dr. Baker tem de resolver.

Ficamos surpreendidos por essa proporção e pedimos a Hemingway que nos explicasse melhor o assunto.

— Todos os projetos na China andam muito depressa — disse ele —, enquanto o dinheiro não entrar em cena. Os chineses fazem negócios há muitos séculos e quando as coisas são consideradas uma questão de negócio, andam com uma terrível lentidão. O Generalíssimo pode ordenar que se faça determinada coisa, uma coisa na qual não entre dinheiro, e ela será feita, praticamente, num abrir e fechar de olhos. Mas no mesmo instante em que passar a ser uma questão financeira, é imediatamente freada. Ninguém é pessoalmente responsável por isso. É o antiquíssimo hábito chinês de espremer, de sacar o maior proveito de tudo o que puderem. Houve casos de motoristas de caminhões venderem a gasolina que estavam transportando pela estrada da Birmânia a empresas particulares. Houve casos de despejarem a carga em qualquer lado para transportarem passageiros por conta própria. Vi fardos de pneus serem atirados dos caminhões que transportavam carregamentos completos deles, os quais eram, evidentemente, recolhidos mais tarde pelos cúmplices dos motoristas.

— Não existe um policiamento eficiente na estrada. É claro que todos os carregamentos deviam ser checados ao entrarem na estrada, passar por pontos de fiscalização ao longo do percurso e checados de novo ao saírem. Isso é uma das coisas que a comissão do Dr. Baker tem de organizar. Depois da abertura da estrada as coisas andam desorganizadas. Certas pessoas, explorando companhias de transporte fora da China, não exerciam um controle eficiente de suas organizações no percurso da estrada. O Generalíssimo deu-se perfeitamente conta da importância do problema. Alguma coisa terá de ser feita a esse respeito.

Hemingway disse-nos que a situação na Birmânia não melhora as coisas.

E explicou:

— A Birmânia é uma terra completa e profundamente entregue à burocracia. Tudo acontece numa lentidão impressionante. Se um adido militar vai a Rangun para obter um carregamento de abastecimentos e levá-lo até Kunming, perde pelo menos dois dias em Rangun só para tratar da papelada. É pior do que a França, antes da queda. A administração está exclusivamente a cargo de birmaneses, que combinam as piores características do indiano inglesado e do funcionário francês de antes da queda. Por outro lado, os britânicos, não os birmaneses, eram eficientes e uniformemente solícitos e prestimosos. A censura era realista e inteligente.

Perguntamos a Hemingway o que sentira visitando lugares de ressonância romântica, como Mandalay e Rangun. Disse que Rangun era uma cidade colonial britânica, "trinta e cinco graus à noite e quarenta e cinco graus de dia, durante os meses quentes em que aí estivemos. Os peixes voadores não estavam com ânimo para exibições. Kipling falava de um lugar mais ao sul, Moulmein, abaixo de Rangun, perto da foz do rio".

Hemingway foi até Rangun, onde ficou uma semana, voando de regresso a Hong Kong, via Lashio e Kunming. Passou mais uma semana naquela colônia britânica antes de regressar aos Estados Unidos. A Sra. Hemingway prosseguiu viagem para Batávia e as Índias Orientais Holandesas, enquanto Ernest Hemingway trabalhava em Manila, entre dois Clippers. Ela chegou à capital filipina a tempo de regressar com o marido aos Estados Unidos no Clipper seguinte.

No momento em que estas linhas são escritas, Ernest Hemingway está terminando seu último artigo para *PM*. Fizemos-lhe uma última pergunta:

— Que nos diz dos arsenais chineses? Se, por qualquer motivo, as rotas de abastecimento fossem cortadas, eles poderiam continuar a luta?

— Visitei arsenais perto de Chungking — disse ele —, e vi que estão fabricando armas ligeiras e munições para essas armas. Nesse aspecto estão autoabastecidos. Além disso, muito material pode chegar-lhes às mãos pelas linhas japonesas. As guerrilhas têm feito passar caminhões através das linhas nipônicas desmantelando-os completamente, até as menores peças possíveis, e carregando-os a mão, cada peça separadamente. O representante de uma companhia americana de automóveis, em Hong Kong, está fornecendo caminhões à China Livre, através das linhas japonesas, com uma sobretaxa de 450 dólares para despesas de entrega.

Hemingway tem mais notícias sobre os mais recentes progressos da luta de guerrilhas.

As notícias do Oriente têm sido confusas e contraditórias para a maioria das pessoas. Supostamente, a Rússia estende a mão da amizade ao Japão e, ao mesmo tempo, continua embarcando os mais diversos suprimentos para a China.

Os Estados Unidos fornecem à China um crédito de 100 milhões de dólares e, ao mesmo tempo, vende gasolina ao inimigo da China. O que é que se passa, afinal?

Hemingway explica-nos. Descreve-nos as consequências prováveis de cada iniciativa que tomamos agora e de cada lance japonês.

Mostrou-nos como a Rússia estava fazendo um lance tortuoso nesse gigantesco jogo de xadrez da China que qualquer parceiro poderia ganhar.

Devem os Estados Unidos lutar contra o Japão? Hemingway disse-nos por que considera isso uma questão de oportunidade. O tempo é nosso aliado. Quanto ao Japão, o tempo está-lhe fugindo e ninguém, nem mesmo os japoneses, sabe quando chegará o derradeiro momento estratégico. Ou se deverá desvencilhar-se da China, a qualquer preço, antes de nos desafiar. Se a Grã-Bretanha cair, vai ser um sinal para o Japão prosseguir nas suas conquistas agressivas em outras direções. E isso poderá muito bem significar a guerra com os Estados Unidos.

Se a Inglaterra se fortalecer o nosso país e puder manter a esquadra no Pacífico, uma guerra entre os Estados Unidos e o Japão talvez nunca aconteça. E Hemingway acrescenta que, nesse caso, poderíamos vencer o Japão sem disparar um tiro.

Contudo, nenhuma entrevista como esta — nenhum artigo — pode transmitir ao leitor o impacto total, pode reunir as várias peças que constituem o padrão completo desse quadro tremendamente significativo que Hemingway elaborou.

O PACTO RUSSO-NIPÔNICO

PM, 10 de junho de 1941

HONG KONG – No dia em que o Pacto de Neutralidade nipo-soviético foi assinado em Moscou, o Dr. H.H. Kung, primeiro-ministro e ministro das Finanças de seu cunhado, o Generalíssimo Chiang Kai-shek, estava jantando com o Sr. Paniuskin, embaixador soviético em Chungking.

— Ouvimos dizer que vão assinar um pacto — disse o estadista chinês.

— Sim, é verdade — respondeu o embaixador soviético.

— Qual será o efeito desse pacto na ajuda russa à China?

— Nenhum — replicou prontamente o embaixador soviético.

— Irão retirar tropas da fronteira manchu?

— Reforçaremos nossas divisões estacionadas no local em questão — disse o embaixador, e o chefe dos conselheiros militares soviéticos na China, um tenente-general, acenou afirmativamente a cabeça, numa anuência silenciosa às palavras do diplomata.

Na altura em que aconteceu esse episódio, não me senti muito inclinado a escrever a tal respeito, porque os diplomatas raramente transmitem más notícias à mesa de jantar e era possível que notícias muito diferentes chegassem em breve de Moscou. Mas, depois disso, ouvi diretamente do Dr. Kung e da Sra. Chiang Kai-shek que a ajuda russa continua chegando e que nenhum oficial soviético do Estado-Maior, instrutor de aviação ou conselheiro militar foi até hoje retirado do exército do Generalíssimo.

Minha mulher e eu almoçávamos com a Sra. Chiang Kai-shek no dia em que o pacto foi anunciado e, durante a conversa, ela disse:

— Mas como saberemos se eles retiram realmente a ajuda ou não?

— Se eles pretendessem retirar a ajuda — disse eu, recordando-me de como as coisas tinham acontecido na Espanha —, a primeira coisa que fariam seria ordenar o regresso à base dos conselheiros militares, instrutores e oficiais de Estado-Maior. Enquanto eles aqui permanecerem, isso significa que a ajuda é mantida e continuará como antes.

Na semana passada, uma carta da Sra. Chiang Kai-shek continha estes três parágrafos:

"Estou cumprindo a minha promessa de informá-lo sobre a reação do Generalíssimo ao pacto de neutralidade entre a URSS e o Japão."

"O Generalíssimo declara que esse pacto não terá o menor efeito sobre a determinação da China de continuar sua resistência nacional. Começamos sozinhos e, se necessário, acabaremos da mesma maneira. O que outras nações, amigas ou não, podem ou não fazer, não terá qualquer influência. Lutaremos até a vitória. A Mongólia Exterior e a Manchúria são partes integrantes da China e os povos dessas regiões sentem-se indissoluvelmente ligados ao Governo Nacional, que não reconhece nenhuma alienação territorial nem tenciona fazê-lo, aconteça o que acontecer."

"Até este momento, não há qualquer indicação de que a URSS pretenda retirar seus conselheiros da China ou cessar de fornecer-nos equipamentos bélicos."

A União Soviética tem prestado à China maior ajuda do que qualquer outra nação. Forneceu aviões, pilotos, caminhões, artilharia, gasolina, instrutores militares, assim como oficiais do Estado-Maior soviético que atuam como conselheiros militares. Emprestou ao governo de Chiang Kai-shek algo equivalente a 200 milhões de dólares.

A maior parte desse gigantesco empréstimo foi negociada numa base de trocas, sendo reembolsado mediante fornecimento de chá, volfrâmio (minério de tungstênio) e outros produtos. Os russos foram inflexíveis ao negociar as condições de preço para os produtos de compensação e, atualmente, os chineses estão tendo problemas para conseguir comprar chá aos preços combinados com a Rússia. Mas continuam fazendo entregas.

A animosidade entre os comunistas chineses e o governo central é tão viva, de um lado e do outro, que fiquei perplexo, no começo, ao encontrar oficiais soviéticos servindo ainda como conselheiros nos exércitos de

Chiang Kai-shek e ao ver que a ajuda soviética à China ainda prosseguia sem quebra de ritmo. Enquanto eu estava na frente com tropas do Exército Central chinês, encontrei oficiais soviéticos e novos aviões russos acabados de chegar, de bombardeio e caça. No clube de oficiais onde vivi, em Chengtu, na província setentrional de Tzechuã, os números nas portas de todos os quartos eram em russo e as várias iguarias que tínhamos para o desjejum, incluindo o cacau e a manteiga enlatada, tinham vindo de Vladivostok e Chita.

Essa rota de Vladivostok estava usando a Estrada de Ferro Transiberiana para levar as mercadorias até Chita. De Chita a Urga, todos os transportes eram feitos por caminhão e ônibus. De Urga a Ninghsia, caravanas de camelos faziam o transbordo da carga até o terminal rodoviário chinês, onde tudo era carregado de novo em caminhões para o seu destino final, Chungking ou Chengtu.

Não era permitido aos visitantes estabelecer contatos com os conselheiros militares russos, instrutores do exército e instrutores-pilotos, mas deparei com três oficiais russos na zona da frente, numa estrada lamacenta e intransitável onde todos os transportes tinham ficado bloqueados. De maneira que resolvi cumprimentar um deles que eu já conhecia de vista com um "Como vão as coisas, Tovarich?". Foi decidido, evidentemente, depois desse encontro, que já não fazia sentido algum esconder de mim a presença dos russos e, daí em diante, o assunto foi sempre discutido com a maior franqueza. Por conseguinte, tive uma boa oportunidade de comparar as opiniões dos oficiais generais e dos escalões inferiores chineses sobre os vários conselheiros militares estrangeiros sob cujas ordens tinham combatido.

Quase unanimemente, colocam os alemães em primeiro lugar, como soldados e oficiais de Estado-Maior, e os russos em segundo. As queixas contra os russos resumem-se a que raramente realizam uma ação ofensiva, em grande ou pequena escala, com uma força suficiente.

Para simplificar a explicação, vamos usar homens em termos de dinheiro: se uma posição era comprável por 50 cêntimos, os russos tentariam adquiri-la por dez cêntimos. Não o conseguindo, acabariam por ter de pagar US$1,15, pois já não existia qualquer elemento surpresa. Por outra parte, se uma posição valia 50 cêntimos, os alemães entrariam de estalo com US$1,50. Depois dela tomada, descobrimos frequentemente que só um quarto de US$1,50 tinha sido gasto.

Os generais chineses, se se convencerem de que sabemos do que estamos falando, mostram-se extraordinariamente sinceros, falando sem subterfúgios, de um modo inteligente e articulado. Passei algum tempo observando várias manobras militares britânicas. A atmosfera na frente chinesa, com os homens que combateram os "senhores da guerra" durante cinco anos, os comunistas durante dez e os japoneses quase quatro, era tão diferente da atmosfera do oficialato britânico quanto o vestiário de uma boa equipe profissional de futebol pode ser diferente do de uma equipe de amadores de Batatais de Cima.

Um general chinês perguntou-me o que os britânicos, em Hong Kong, pensavam deles. Cavalgávamos juntos há um par de dias, depois do polido formalismo inicial. Havíamos bebido muito de vinho de arroz juntos e ficávamos até tarde debruçados sobre o mapa.

— O general quer realmente saber o que eles pensam?

— Sim, quero...

— O general não ficará ofendido?

— Claro que não.

— Bem, não temos os chineses em grande conta, você sabe, não é verdade, meu caro? — Tentei reproduzir as expressões características deles. — Johnny é um bom sujeito, sim, muito bom sujeito e tudo isso. Mas é absolutamente um desastre na ofensiva, você sabe, meu caro. Não temos confiança nele para que passe alguma vez à ofensiva. De verdade, nenhuma. Não. Muito chocante, não lhe parece? Não podemos confiar em Johnny.

— Johnny? — indagou o general.

— É Johnny Chinaman... — expliquei eu.

— Muito interessante — disse o general. — Muito interessante.

E prosseguiu:

— Não dispomos do que se possa chamar artilharia. Nem de aviões. Ou muito poucos. O senhor sabe isso, é claro. Acha que os britânicos desencadeariam uma ofensiva sem artilharia nem apoio aéreo, em qualquer frente? Ou em qualquer circunstância?

Eu ia responder, mas o general interrompeu-me:

— Não. Não o fariam. Vou contar uma história chinesa. Uma nova história chinesa. Não uma velha história chinesa. Sabe por que os oficiais do Estado-Maior britânico usam monóculo?

— Não sei, não.

— Ah! — disse o general. — É uma piada chinesa muito recente. Eles usam esse vidrinho num só olho para não verem mais do que podem compreender.

— Contarei isso àquele oficial, quando o vir — disse eu.

— Muito bem, conte-lhe. Diga-lhe que é um pequeno recado de Johnny, está bem?

FORNECIMENTO DE BORRACHA DAS ÍNDIAS ORIENTAIS HOLANDESAS

PM, 9 de junho de 1941

RANGUN – Uma coisa é tão óbvia na atual situação do Extremo Oriente quanto o toldo de enferrujada chapa ondulada que recoze sob o pesado sol metálico da Birmânia, fora da janela do hotel, enquanto escrevo estas linhas. Essa coisa é que um norte-americano viajando no Oriente e estudando a situação estratégica, econômica e política deve distinguir entre os pretextos para a guerra para a qual estamos nos armando aqui e as causas básicas dessa possível guerra.

Se lutarmos com o Japão, o pretexto para a luta será que o Japão atacou as Filipinas, ou as Índias Orientais Holandesas ou a Malaia Britânica.

Mas a verdadeira razão para entrarmos em combate com os japoneses será que, se eles avançarem para o sul, no Pacífico, estarão atacando o controle do abastecimento mundial de borracha. Quatro quintos dos fornecimentos de borracha do mundo provêm da área que o Japão pretende invadir e seriam precisos sete anos, pelo menos, para organizar em alguma outra região a produção de borracha suficiente para substituir a da área que o Japão controlaria se pudesse conquistar Cingapura.

Nenhum norte-americano que dirige seu carro, fala num telefone, joga golfe, viaja de avião, de trem ou de ônibus, poderá continuar fazendo essas coisas por muito tempo se nossos suprimentos de borracha forem cortados.

Uma outra razão básica para opormo-nos a um avanço nipônico para o sul é que, se o fizer, o Japão ganharia o controle do que os Estados Unidos necessitam para manter a sua indústria e defender-se na guerra. Quase todo o quinino do mundo vem de Java, nas Índias Orientais Holandesas. O quinino, na área onde as forças militares e navais norte-americanas terão de operar para defender o hemisfério ocidental da agressão nazista, no caso de uma vitória nazista sobre a Inglaterra, é tão importante quanto as munições de guerra.

O estanho, o tungstênio para as máquinas-ferramentas, o antimônio para a fabricação do metal Babbitt, o óleo de tungue com suas múltiplas aplicações, o cânhamo de Manila para as marinhas de guerra e mercante, o cromo e o manganês, necessários ao rearmamento, tudo isso são materiais estratégicos imprescindíveis à condução da guerra pelos Estados Unidos e que o Japão controlaria se avançasse com êxito para o sul.

Se os Estados Unidos lutarem contra o Japão, será para impedi-lo de que nos prive dessas necessidades. Mas a principal razão que nos levaria a defrontar o expansionismo nipônico seria a necessidade de garantirmos os fornecimentos de borracha. Privados de borracha, os Estados Unidos jamais poderiam construir ou manter o exército mecanizado que se torna hoje uma necessidade primordial para a defesa nacional.

A estratégia militar é inseparável da econômica e como é do interesse da Alemanha que os Estados Unidos e a Inglaterra fiquem privados dos suprimentos vitais que recebem da área do mar do Sul da China, a Alemanha instigou e empurrou o Japão para essa área. A Alemanha também deseja desviar todas as unidades navais norte-americanas e britânicas possíveis do Atlântico para o Pacífico, a fim de se oporem ao Japão, enquanto a Alemanha desenvolve o seu esforço contra a Inglaterra. A Alemanha deseja ainda manter o grosso da esquadra americana no Pacífico e conter tantas divisões imperiais, tantos navios e aviões quanto puder na área do Pacífico. A ameaça japonesa contra Cingapura, periodicamente acentuada, cumpre essa finalidade.

Mas o Japão tem de avançar para o sul, quer a Alemanha queira ou não, por um outro motivo. O Japão não tem ferro bastante para fabricar armamentos e munições. Não tem petróleo o bastante para refinar a gasolina e os óleos combustíveis para os seus aviões e navios de guerra. Neste momento, o Japão depende dos Estados Unidos, da Grã-Bretanha e das Índias Orientais Holandesas para a obtenção de petróleo e para a gasolina, produtos vitais para fazer a guerra, e uma grande parte do seu minério de ferro vai das Filipinas.

O Japão criou uma reserva de petróleo e gasolina que alimentará sua força aérea e sua esquadra durante um ano de guerra. Se os Estados Unidos e a Grã-Bretanha lhe cortarem a gasolina e o petróleo, o Japão será forçado a avançar para o sul imediatamente, rumo aos campos petrolíferos, ou então começar a gastar suas reservas de guerra.

Naturalmente, o Japão não iniciará seu avanço no dia em que os fornecimentos de combustíveis lhe forem negados. Organizar tal operação exige tempo. Mas teria de começar a pôr em movimento suas forças para desencadear essa operação ofensiva e a consumir suas reservas no mesmo minuto em que lhe forem cortados os abastecimentos de gasolina e petróleo.

Portanto, os Estados Unidos e a Grã-Bretanha dispõem de uma grande vantagem estratégica sobre o Japão. Podem forçá-lo a avançar na direção dos campos petrolíferos, quando quiserem. Também podem, continuando a fornecer gasolina e petróleo ao Japão em quantidades progressivamente decrescentes, por causa de suas próprias necessidades de conservação de combustíveis para as suas exigências de defesa nacional, forçar um decréscimo nas reservas japonesas de combustível, sem precipitar uma ação por parte do Japão.

O JAPÃO DEVE CONQUISTAR A CHINA

PM, 13 de junho de 1941

RANGUN – Os Estados Unidos e a Grã-Bretanha, se quiserem proteger sua borracha, seu tungstênio, estanho e outros produtos essenciais à guerra, devem decidir primeiro em que ponto se oporão ao avanço nipônico para o sul.

O Japão já penetrou afoitamente na Indochina e introduz-se politicamente na Tailândia, preparando seu avanço para Cingapura. Mas nesses países não existe petróleo.

A primeira fonte petrolífera que o Japão pode alcançar pelo mar, sem atacar as principais defesas britânicas e holandesas em Cingapura, Sumatra e Java, está em Bornéu. É provável que os nipônicos tentem todos os meios, com exceção da guerra, para se apoderarem desse petróleo em Tarakan e Balikpapan dos holandeses. Ainda ninguém sabe o que o Japão ofereceria em troca. Mas quando o Japão for para o sul à conquista do petróleo, será o momento em que os Estados Unidos e a Grã-Bretanha terão de se opor se quiserem evitar outra Munique, onde à Alemanha foi dado tudo o que ela precisava para invadir os Países Baixos e a França.

O Japão sem ferro nem petróleo (seus fornecimentos próprios de petróleo vêm da ilha Sacalina, que divide com a Rússia) é tão vulnerável, economicamente, quanto a Itália. Privado de combustíveis, não poderá lutar mais de um ano. Mas se obtiver o petróleo de Bornéu e controlar o ferro das Filipinas, o Japão ficará reforçado em muito maior grau do que a Alemanha foi com o brinde da Tchecoslováquia.

Quanto mais tempo for consentido aos Estados Unidos para se rearmarem, para fortificarem Dutch Harbor, no Alasca, as ilhas de Midway, Wake e Guam, dotadas de bases aéreas para os grandes bombardeiros que poderão então percorrer as rotas dos Clippers para atingirem seus objetivos no Pacífico, mais o avanço nipônico para o sul se tornará perigoso.

Era perfeitamente possível ao Japão avançar para os campos petrolíferos e controlar os fornecimentos mundiais de borracha no passado, que foi quando o Japão teve a sua grande oportunidade de converter-se numa potência mundial atacando a Malaia antes de as suas defesas ficarem organizadas. Este ano, com as defesas britânicas e holandesas organizadas, seria muito arriscado para o Japão tentar a marcha para o sul. Dentro de mais dois anos, quando nossos preparativos estiverem concluídos, o Japão pode ser totalmente destruído se tentar esse avanço.

O Japão não pôde avançar para o sul quando era fácil porque das 52 divisões do seu exército, 37 estavam empenhadas na China, nove na Manchúria e na Coreia, e apenas oito disponíveis no Japão, Formosa, Ilha de Hainan e Hanói, na Indochina Francesa.

O Japão teve a sua oportunidade para avançar para o sul contra os despreparados ingleses e holandeses, mas suas melhores tropas estavam empenhadas na invasão da China e as suas divisões de elite enfrentavam os russos na Manchúria.

Agora, o Japão firmou um Pacto de Neutralidade com a Rússia Soviética, o que presumivelmente permitirá que liberte suas divisões da Manchúria e as envie à conquista do sul. Mas fá-lo-á?

O interesse da Rússia é ver o Japão avançar para o sul e estrepar-se. A União Soviética sabe, no entanto, que quanto mais tempo o Japão levar na execução desse avanço, mais certo é que entrará pelo cano. Não nos parece que os russos tenham grande vontade de enviar os japoneses para o sul agora mesmo, a toda a pressa.

O único meio de que o Japão dispõe para avançar imediatamente para o sul é conquistar a China, fazer a paz com ela ou firmar um acordo verdadeiramente operante com a Rússia. Sem uma destas coisas, o Japão terá de esperar e preparar-se para aproveitar todas as vantagens da situação confusa que fatalmente surgiria se a Alemanha invadisse vitoriosamente a Inglaterra.

O Japão está, em definitivo, preparando-se para um avanço de envergadura na direção sul. Com qual das coisas necessárias para esse avanço pode o Japão contar? Poderá contar com qualquer delas ou com nenhuma?

AJUDA NORTE-AMERICANA À CHINA

PM, 15 de junho de 1941

RANGUN – Há duas coisas com que se pode contar na atual conjuntura do Extremo Oriente. Por atual entendo o período que abrange esta primavera e o início do verão, com a Inglaterra defendendo-se.

Primeiro: O Japão perdeu, temporariamente, sua grande oportunidade de fazer a paz com a China. No ano passado houve uma grande pressão em Chungking a favor das negociações de paz. Atingiu o seu ponto culminante em dezembro. Mas a ajuda que a China acredita vir a receber dos Estados Unidos adia a consolidação dos movimentos pró-paz.

Segundo: Os Estados Unidos podem contar com a retenção na China de 37 das 52 divisões do exército japonês, por um prazo de seis a dez meses e por um pouco menos do preço de um encouraçado. Isto quer dizer que por 70 a 100 milhões de dólares o exército chinês manterá amarradas todas essas tropas nipônicas.

Passados esses seis a dez meses, se os resultados anteriores significarem alguma coisa, os Estados Unidos terão de fornecer pouco mais ou menos o preço de um segundo encouraçado para manter os japoneses amarrados na China por um outro período igual. Entrementes, os Estados Unidos se armam. A garantia contra o risco dos Estados Unidos terem de lutar no Extremo Oriente antes de possuírem uma esquadra para a cobertura de dois oceanos que possa destruir qualquer inimigo no Leste e, portanto, nem precisarem talvez lutar, é realmente barata por esse preço de duas belonaves. É sempre bom lembrar que uma esquadra suficientemente poderosa impõe a sua vontade sem ter de disparar um tiro.

Entrementes, os grupos pró-paz em Chungking farão toda a pressão que puderem sobre o Generalíssimo Chiang Kai-shek, para convencerem-no a dispersar todas as unidades comunistas chinesas. O mecanismo seria ordenar o licenciamento das tropas do 8º Exército, que se encontra em ordem de marcha, argumentando sua desobediência às ordens militares. Se elas se recusassem a debandar, como aconteceria, sem dúvida, seriam atacadas. Como essa tática foi bem-sucedida contra o outro exército comunista, o novo 4º Exército, o mais certo é o Generalíssimo ser instantemente aconselhado a repeti-la.

Como os Estados Unidos estão interessados em manter unidas todas as facções políticas da China na luta contra o Japão, podemos contrabalançar a atividade dos grupos pró-paz informando ao Generalíssimo que os Estados Unidos não estão interessados em apoiar uma guerra civil na China. Sérias fricções entre as tropas comunistas e o Governo Central já existem há aproximadamente dois anos e por ano e meio a frente popular foi pouco mais que uma ficção alimentada para consumo externo.

Como o Governo Central recebe seu principal apoio financeiro de duas potências, os Estados Unidos e a Rússia Soviética, se essas duas potências disserem que não financiarão uma guerra civil, esta não acontecerá.

O Generalíssimo quer derrotar os japoneses. Ninguém precisa aconselhá-lo ou encorajá-lo nesse ponto. Enquanto ele estiver vivo e enquanto vir uma possibilidade humana de prosseguir na guerra, não haverá paz com o Japão. Ele pode continuar a guerra enquanto for adequadamente financiado e as suas comunicações se mantiverem abertas para que os suprimentos lhe cheguem às mãos.

Poderão faltar alimentos, poderá haver motins contra o elevado custo de vida, já que inflação de quase quatro anos de guerra resultou em um aumento dos preços. Haverá inúmeras histórias de fraudes, desonestidade e concussão nos altos escalões e haverá muitas histórias de comprovada ineficiência. Mas o Generalíssimo continuará a luta contra os japoneses, sob quaisquer dificuldades que se lhe deparem, desde que continue a receber o dinheiro e os equipamentos bélicos de que precisa.

Quem tentar fomentar a guerra civil na China ou divulgar os escândalos, afirmando que a ajuda à China será apenas malbaratada, faz o jogo do Japão.

No presente, a Alemanha nada pode dar à China. Não tem dinheiro para grandes financiamentos e não pode enviar suprimentos bélicos. Mas promete à China a lua para depois da guerra.

O exército do Generalíssimo foi treinado pelos alemães. A Alemanha portou-se como boa amiga na China e os alemães são admirados e gozam de simpatias entre os chineses. Se os Estados Unidos financiarem e ajudarem a China, Chiang Kai-shek continuará indefinidamente sua luta contra os japoneses. Se a ajuda norte-americana for relaxada ou suspensa, a tentação do Generalíssimo será firmar uma paz temporária com o Japão e confiar na ajuda alemã para reatar a luta quando a Alemanha estiver em posição de lhe dar essa ajuda.

O Generalíssimo é um líder militar disfarçado de estadista. Isto é importante. Hitler é um estadista que recorre à força militar. Mussolini é um estadista incapaz de empregar a força militar. Os objetivos do Generalíssimo são sempre militares. Durante dez anos, seu objetivo foi destruir os comunistas. Foi raptado sob auspícios comunistas e concordou em renunciar à luta contra os comunistas, passando a lutar contra os japoneses. Desde então, seu objetivo tem sido derrotar o Japão. Ainda não renunciou a tal finalidade. Creio que, no íntimo, também não renunciou ao seu outro objetivo.

Quando dizem que um homem é um militar e não um estadista, apresentam-nos todos os seus discursos para provar que estamos errados. Mas já é tempo de saber que os discursos dos estadistas não são escritos, na maioria das vezes, pelos estadistas.

Discute-se muito se a China é ou não uma democracia. Nenhum país em guerra permanece democrático por muito tempo. O fato de ainda existirem alguns vestígios de democracia na China, depois de todo este tempo de guerra, é uma prova que o país merece nossa admiração.

Os conflitos entre os comunistas chineses e o Governo Central só serão solucionados quando o Governo Central e a União Soviética concordarem sobre as fronteiras exatas e a esfera de influência do que virá a ser então a China Soviética. Entrementes, os comunistas chineses tentarão conquistar o máximo de território que puderem e o Governo Central sempre alimentará a esperança de nunca ter de enfrentar o fato de que uma parte maior ou menor da China será fatalmente uma república comunista. O Governo Soviético apoia o Generalíssimo com dinheiro, aviões, armamentos e conselheiros militares. Apoia-o para que faça a guerra ao Japão.

Os comunistas chineses estão mais ou menos entregues a si mesmos. A Rússia pôs dois cavalos correndo na China contra os japoneses. O seu titular é o Generalíssimo. Mas os russos sabem que nunca foi desvantajoso ter dois bons cavalos num páreo. De momento, a Rússia calcula vencer o páreo contra os japoneses com o Generalíssimo. Calcula poder contar com os comunistas chineses para o placê. Terminado esse páreo, o seguinte será muitíssimo diferente.

A POSIÇÃO DO JAPÃO NA CHINA

PM, 16 de junho de 1941

RANGUN – O Japão perdeu, temporariamente, a sua melhor oportunidade de fazer a paz com a China.

A segunda coisa com que se pode verdadeiramente contar, no Extremo Oriente, é que o Japão jamais conseguirá conquistar a China.

A forma mais simples de explicar o presente impasse militar é a seguinte: o Japão conquistou toda a planície, onde a sua superioridade em aviões, artilharia e formações mecanizadas lhe deu uma tremenda vantagem, e terá agora de enfrentar os chineses nas regiões montanhosas, em sua maioria, sem estradas, onde os chineses defrontam os japoneses em condições mais iguais.

Os chineses possuem um gigantesco exército de 200 divisões de primeira linha (mais de dois milhões de homens) que estão muito bem armadas para o tipo de guerra que estão travando agora. Ainda têm mais um milhão de homens em divisões não tão bem equipadas; têm as três divisões comunistas e, provavelmente, 500.000 irregulares comunistas que estão perfeitamente treinados na guerra de guerrilhas.

A China conta com amplos suprimentos de rifles, munições, excelentes metralhadoras pesadas e ligeiras, rifles automáticos e ampla provisão de munições fabricadas em arsenais chineses para todas essas armas. Cada batalhão chinês tem uma companhia de morteiros, equipada com seis morteiros de 81 milímetros, extremamente eficazes num raio de ação de dois quilômetros e com um alcance máximo de tiro de três quilômetros. Isto não é conversa fiada. Vi esses morteiros serem usados muitas vezes na frente e são excelentes armas, usadas com grande perícia.

Esse morteiro de 81 milímetros é o francês Brandt. Os chineses são capazes de atirar com ele uma granada sobre um losango colocado a dois quilômetros de distância, e nas montanhas isso é uma enorme compensação para a falta de artilharia. Estão fabricando também um morteiro de 82 milímetros que é quase uma cópia exata do Brandt. Tem praticamente a mesma precisão de tiro, mas o seu alcance máximo é inferior em uns duzentos metros ao francês.

Nas divisões regulares, a disciplina é extrema, calcada sobre o modelo prussiano. A pena de morte começa com o roubo, interferências com a população civil, insubordinação, e por aí vai, com todos os crimes habituais de um exército. Tem também algumas inovações, com o fuzilamento de todo o pelotão se os seus comandantes avançarem e o pelotão não mostrar muita vontade de mexer as pernas com a mesma desenvoltura, e outros progressos na arte de convencer um soldado de que a morte poderá chegar pela frente, mas é coisa certa por trás.

Se considerarmos ideal a ideia alemã de exército, as melhores tropas governamentais chinesas andam muito perto dele. Conhecem o ofício de soldado, marcham rapidamente, comem pouco em comparação com os soldados europeus, não temem a morte e têm a fina flor das qualidades desumanas que fazem de um homem um bom soldado.

O serviço médico chinês é lamentável. Uma das maiores dificuldades é causada pela aversão dos médicos a estarem próximo do teatro de luta. A argumentação deles é que leva imenso tempo e custa muito dinheiro fazer um médico e, portanto, é injusto e irracional esperar que um produto tão raro e dispendioso fique exposto ao possível extermínio por projéteis inimigos. Por consequência, quando os feridos chineses chegam a ver um médico, teria sido muitas vezes mais misericordioso dar-lhes um tiro final no momento em que caíram. O Dr. Robert Lim tem se esforçado imensamente por modificar essa concepção do papel dos médicos na guerra. Mas o serviço de saúde do exército chinês ainda está muito longe de ser perfeito.

As tropas do Governo Central não têm tido publicidade. Os comunistas têm acolhido favoravelmente os bons escritores e receberam boa cobertura de todos eles, muito tendo sido escrito sobre o seu exército. Outros três milhões de homens morreram enfrentando o Japão sem o destaque da imprensa apropriado.

Quem disser que as tropas do Governo Central não constituem uma força defensiva magnificamente disciplinada, bem treinada, dotada de bons oficiais e excelentemente armada, é porque nunca as viu na frente de batalha.

São necessárias muitas coisas antes de elas poderem passar a uma ofensiva de grande envergadura. Também se defrontam com certos problemas graves. Mas podem apostar o que quiserem, independentemente daquilo que ouçam, em como, se o Governo Central contar com dinheiro para pagar, alimentar e continuar armando suas tropas, os chineses não serão derrotados pelo Japão este ano, nem no próximo ano, nem no ano seguinte. Se vocês quiserem saber a minha opinião definitiva, tendo observado o terreno de luta, os problemas envolvidos e as tropas que sustentam o combate, os japoneses nunca derrotarão o exército chinês, a menos que este seja traído. Enquanto os Estados Unidos estiverem pondo o dinheiro para pagar e armar esse exército e o Generalíssimo estiver no comando, não creio que ele seja vencido. Mas se deixarmos de apoiá-lo ou se alguma coisa acontecer a Chiang Kai-shek, eu não daria um tostão por esse exército, que rapidamente se desintegraria por si próprio.

Os principais obstáculos para que o exército chinês passe à ofensiva em grande escala são a falta completa de uma força aérea adequada e competente e a escassez de artilharia pesada.

AS NECESSIDADES AERONÁUTICAS DA CHINA

PM, 17 de junho de 1941

RANGUN – As opiniões divergem muito sobre a Força Aérea chinesa. Eu os vi voarem, visitei suas escolas de treino e falei com os americanos e russos que treinaram os aviadores chineses. Alguns dizem que são excelentes. Outros afirmam que são terríveis. Nenhum povo da Terra, exceto o espanhol, é mais presunçoso do que o chinês, e a presunção é grave inconveniente para um piloto. Impede-o de progredir.

Recentemente, começaram a ser treinados como pilotos rapazes do povo, em vez dos grã-finos que tinham o monopólio. O curso de treino não é adequado e não existem aviões bastantes para os brevetados, de modo que realmente nada se pode provar. Mas, de qualquer maneira, não são tão presunçosos quanto aquele tipo de aviador que deseja estabelecer o fato de ser um indivíduo superior por saber voar e, uma vez que o faça, não deseja nada além disso.

Há pouco tempo, os japoneses surgiram sobre um dos aeródromos chineses da província setentrional de Tzechuã com caças de longo raio de ação. Dezesseis pilotos de caça chineses, em aparelhos russos E 15-3, uma conversão do nosso velho Boeing P 12 com uma nova asa triangulada e trem de aterrissagem retrátil, levantaram voo para enfrentá-los. Alguns dias antes, esses mesmos pilotos chineses tinham impressionado o representante do presidente Roosevelt, Dr. Lauchlin Currie, com sua formação de voo. Mas quando o negócio esquentou foi uma história muito diferente e os japoneses abateram as 16 máquinas que tinham decolado. Os caças chineses abandonaram a formação e dispersaram-se, e os japoneses, mantendo a sua formação, limitaram-se a perseguir metodicamente cada um dos aparelhos inimigos solitários, depois do bando ter sido afastado.

Qualquer ajuda americana aos chineses no ar teria de incluir pilotos. O envio de aviões deixa-os felizes e fá-los continuarem na briga, mas nunca os colocará em condições de passarem com êxito à ofensiva.

A China pode resistir indefinidamente com o equipamento que tem se for financiada e o Generalíssimo vir uma chance final de vitória quando o Japão se envolver numa guerra com a Grã-Bretanha e os Estados Unidos. Mas a China não poderá defrontar os japoneses numa operação ofensiva.

Existem cerca de 4.000 oficiais chineses de artilharia, supostamente competentes. Muitos deles conservam-se em posições de Estado-Maior por causa da falta de peças para seguirem para a frente. Quase todos receberam treino alemão e são oficiais muito bons, de fato. Outros são de duvidosa proficiência. Existem, pelo menos, dois planos chineses de ofensiva que seriam realizados com êxito se lhes fosse fornecida artilharia.

Há uma excelente probabilidade de que o Japão não tente avançar para o sul este ano, mas, antes disso, tentará derrotar a China mediante duas grandes ofensivas finais. Tendo perdido a oportunidade de fazer a paz com a China, o Japão deve já ter compreendido que nunca poderá invadir o sul vitoriosamente enquanto tiver o grosso de suas forças retido na China, a qual não pode ser esmagada economicamente se continuar recebendo injeções financeiras periódicas dos Estados Unidos.

O problema do Japão é cortar as principais vias de penetração da China, pelas quais recebe toda a ajuda dos Estados Unidos e da Rússia. Se não procurar avançar para o sul, tentará indubitavelmente lançar-se para o norte, rumo a Sian, para cortar as comunicações entre a Rússia e a China.

A outra ofensiva nipônica deve partir de Laokai, na fronteira da Indochina francesa, ou de algum ponto mais a leste, dirigindo-se igualmente para o norte, a fim de cortar a estrada da Birmânia em Kunming. O corte dessas duas estradas amputaria as linhas vitais de acesso à China dos dois países que a mais estão ajudando. São esses os dois movimentos que se podem esperar este verão, no caso de o Japão não investir para o sul. Ambos são extremamente difíceis e os chineses dispõem de uma adequada reserva móvel para fazer-lhes frente.

Neste momento, parece que o Japão não avançará para o sul, a menos que a Alemanha desencadeie uma invasão da Inglaterra. Não é crível que um ataque alemão ao Suez provoque uma confusão suficiente para incitar os japoneses a tomarem essa iniciativa. A impressão que tenho é que o Japão não se arriscará a uma guerra com a Inglaterra e os Estados Unidos, enquanto não vir essas duas potências tão atarefadas que não possam opor--se-lhe adequadamente.

OS CHINESES CONSTROEM UM AERÓDROMO

PM, 18 de junho de 1941

MANILA – Nelson Johnson, o último embaixador norte-americano em Chungking, que viveu tanto tempo na China que falava como um venerando estadista chinês e jamais considerava uma perspectiva inferior a 3.000 anos, disse-me, enquanto contemplávamos do verdejante relvado do terraço da embaixada dos Estados Unidos, observando as águas rápidas do Iang-tzé, a massa imponente da ilha parda, sombria, socalcada, crivada de bombas, desfigurada pelo fogo, que era a capital da China em tempo de guerra:

— A China pode fazer tudo o que quiser.

Naquele momento, o comentário irritou-me profundamente. Diferente do embaixador Johnson, eu jamais vira a Grande Muralha e suponho que não seria capaz de pensar nela como alguma coisa que tinha acabado de ser construída alguns dias ou anos antes. Eu estava pensando em termos imediatos: Quanto custaria, em dinheiro, amarrar quantas divisões nipônicas na China? Quais eram as possibilidades ofensivas para o exército chinês? Poderia ser reduzida a fricção entre os comunistas e o Kuomintang, a fim de encontrarem uma base comum para a luta contra os japoneses? Quantas peças de artilharia eram absolutamente necessárias e como poderiam chegar às mãos dos chineses? E quantos oficiais artilheiros estavam em condições de manejá-las, se e quando elas chegassem? E muitas outras coisas.

Quando Nelson Johnson fez aquela observação, fruto da profundidade de seus conhecimentos e sabedoria, fiquei moderadamente estarrecido. Não me parecia que isso ajudasse grande coisa na solução imediata de tantos e tão graves problemas. Dois dias depois voei para a província setentrional de Tzechuã, onde as caravanas descem do Tibete e caminhamos entre Lamas vestidos de amarelo e vermelho nas ruas empoeiradas da velha cidade de altas muralhas; a poeira sopra em nuvens densas e pardacentas, arrastadas pelo vento frio que desce das montanhas cobertas de neve, e é preciso usar um lenço atado ao rosto e refugiarmo-nos numa loja de um cinzelador de artigos de prata sempre que as caravanas passam. Foi aí, no norte, que descobri o que o embaixador Johnson queria dizer e vi algo que me fez compreender o que seria ter cavalgado manhã cedo, indo do sul, pelo deserto afora, e encontrar de súbito o grande acampamento e o trabalho que prosseguia febrilmente quando os homens construíram as pirâmides.

Começou com a conversa do Generalíssimo a respeito das Fortalezas Voadoras. Com alguns desses grandes quadrimotores Boeing, os chineses poderiam sobrevoar o Japão a uma altitude onde a antiaérea e os caças nipônicos não poderiam incomodá-los e levar ao Japão o terror que ele vinha espalhando de uma ponta à outra da China há quatro anos. Não havia chineses qualificados para poderem ser aprovados como pilotos das Fortalezas Voadoras, mas nenhum dos presentes levantou essa questão. Era uma coisa que poderia, presumivelmente, ser resolvida depois. Alguém assinalou, porém, não existir em toda a China um único aeródromo no qual um Boeing B17 pudesse pousar.

Nesse ponto da conferência, o Generalíssimo tomou uma nota.

— Quanto eles pesam? — perguntou.

— Por volta de 22 toneladas — respondeu alguém, com razoável precisão.

— Não será mais? — indagou o Generalíssimo.

— Não. Mas verificarei.

No dia seguinte teve o início a construção do aeródromo.

Chen Loh-kwan, de 38 anos de idade, diplomado em engenharia pela Universidade de Illinois e chefe do Departamento de Engenharia da Comissão Aeronáutica, recebeu instruções para ter pronto em 30 de março um aeródromo capaz de receber Fortalezas Voadoras. Havia um "ou então" na ordem, mas Chen Loh-kwan, que já construíra tantos aeródromos num abrir e fechar de olhos para o general que, se alguma vez levassem a cabo

A SEGUNDA GUERRA MUNDIAL

o "ou então", isso teria sido provavelmente a solução mais simples para as centenas de milhares de problemas que ele resolvera e continuava resolvendo. Loh-kwan nunca se preocupou com os "ou entões".

Tinha de construir de 8 de janeiro a 30 de março um campo de aviação com uma pista de dois quilômetros de comprimento por 150 metros de largura e com um capeamento final de macadame, numa espessura de metro e meio para suportar os gigantescos bombardeiros quando pousam ou levantam voo.

A tarefa de Chen Loh-kwan consistia em nivelar um campo de mil acres sem ferramentas de espécie alguma: primeiro, remover 1.050.000 metros cúbicos de terra a mão, e transportá-la em cestos a uma distância média de quilômetro e meio. Concluído o terrapleno, ele deu início à construção da pista, propriamente dita, com uma camada de pedra britada de um metro de espessura, depois uma camada de areia grossa regada com água, depois outra camada de pedra. A pedra era toda transportada em cestos do leito de um rio que corria entre quinhentos e mil metros de distância. Essas fundações da pista foram capeadas com mais três camadas. Uma delas era uma camada de cascalho e argamassa. Por cima, uma camada de concreto. E no fim de tudo, numa superfície lisa como uma mesa de bilhar, havia uns três centímetros de argila moída com dois centímetros e meio de saibro.

Há um talude de drenagem em toda a volta da pista, a qual suportará, quando eu a vi, cinco toneladas de carga por pé quadrado e o pouso e decolagem de bombardeiros tão grandes quanto os novos B 19.

Chen Loh-kwan construiu, isto é, construiu os moldes para os cilindros e vazou-os, 150 rolos compressores de três toneladas e meia a dez toneladas, em concreto, para alisarem e darem o acabamento final ao seu trabalho. Eram todos puxados por homens. Uma das coisas mais sublimes que eu já vi foi essa tração humana.

Ele trouxe água de quinze quilômetros de distância por duas valas abertas até o local da obra, para evitar o transporte de água durante a construção. Os trabalhadores misturaram todo o concreto e argamassa, amassando-os com os pés.

Sessenta mil trabalhadores estiveram transportando, simultaneamente, os 220.000 metros cúbicos de saibro e cascalho das margens do rio, a mais de duas léguas de distância. Trinta e cinco mil trabalhadores britavam pedra, por outro lado, com pequenos martelos manuais. Num dado momento, estiveram em uso 5.000 carrinhos de mão e 200.000 cestas e baldes, pendentes de varas. Cada uma dessas varas era vergada até o ponto de quebra por uma dupla carga ao ombro de homens que trabalhavam em turnos de 12 horas.

O governador da província de Tzechuã forneceu 100.000 trabalhadores a Chen Loh-kwan. Eles chegavam em turmas de 800, de dez diferentes distritos da província. Alguns tiveram de marchar 15 dias. Eram pagos na base da remoção de 1,25 m de terra por dia e por cada homem. Calculou-se que essa tarefa valia um quilo de arroz. O trabalhador recebia três quintos disso em arroz e o saldo em dinheiro, o que equivaleria a cerca de US$ 2,30 por dia no total, ou US$ 1 em dinheiro e o restante em arroz.

A primeira vez que vi os trabalhadores, era uma nuvem imensa de poeira descendo a estrada com um exército de homens andrajosos, descalços, rosto macilento, marchando no pó levantado pelo vento e cantando enquanto avançavam, seminus em seus farrapos flutuantes.

Passamos por um outro bando que congestionara a pequena praça de uma aldeia e cantava, trocava gracejos e fanfarronadas, e comprava a comida para a noite. Subimos então a uma colina e vimos o campo.

Olhando para o vasto terrapleno, pareceu-nos, à primeira vista, algum antigo campo de batalha, com as bandeiras desfraldadas ao vento e as nuvens de pó rolando onde mais de 80.000 homens labutavam. Depois, podia-se distinguir a longa pista de macadame esbranquiçado e as turmas de 100 homens que a estavam alisando, puxando os rolos de 10 toneladas para cima e para baixo.

No meio de toda aquela poeira, do martelar dos homens que britavam pedra, corria, como uma corrente subterrânea, um constante sussurro de cânticos, semelhante à rebentação das ondas numa grande barreira de recifes.

— O que é que eles cantam? — perguntei.

— É uma canção que cantam para sentirem-se felizes — explicou-me o engenheiro.

— E o que é que ela diz?

— Diz que trabalham o dia todo e a noite toda para fazerem isso. Trabalham dia e noite. A pedra é grande, mas eles fazem-na pequena. A terra é macia, mas eles a endurecem.

— E o que mais?

— A terra era áspera e irregular, eles fazem-na lisa e macia. Fazem a pista suave como o metal e os rolos são leves em seu ombro. Os rolos não têm peso porque todos os homens os puxam unidos.

— O que estão cantando agora?

— Agora fizemos o que podíamos fazer. Agora virão as Fortalezas Voadoras. Agora-fizemos-o-que-podíamos-fazer! Agora virão as Fortalezas Voadoras!

— Vocês podiam mandar alguém que soubesse pilotá-las — disse um outro engenheiro.

Era um homem muito prático, habituado a construir aeródromos sem ferramentas e sem falsas ilusões.

— O senhor compreende — disse ele, olhando para a majestosa pista varrida pela ventania, onde os cânticos eram como o quebrar das vagas — que há certas coisas que nós próprios podemos fazer...

O prazo de entrega aproximava-se e o aeródromo estaria pronto na data que fora fixada.

VIAGEM PARA A VITÓRIA

Collier's, 23 de junho de 1944

Ninguém se lembra da data da Batalha de Shiloh. Mas o dia em que tomamos a praia de *Fox Green* foi o seis de junho e o vento soprava forte de noroeste. Quando avançávamos para a terra na luz cinzenta da manhã, as barcaças de aço, em forma de caixões de 36 pés de comprimento, recebiam maciços chaparrões de água verde que caíam no capacete de campanha dos soldados apinhados ombro a ombro, na rígida, embaraçada, inconfortável, solitária companhia de homens que vão entrar em combate. Havia caixotes de TNT com flutuadores de borracha em torno para mantê-los à tona da água na rebentação, empilhadas no bojo de aço do LCV (P), e havia montes de bazucas e caixas de granadas de bazucas metidas em sacos plásticos à prova d'água, que recordavam as capas de chuva transparentes que as colegiais usam.

Todo esse equipamento também tinha seus tubos de borracha atados à volta, como cintos salva-vidas, e os homens envergavam esses mesmos tubos de borracha cinzenta presos sob os sovacos.

Quando a barcaça se erguia na crista de um vagalhão, a água verde ficava branca e abatia-se violentamente sobre os homens, as armas e os caixotes de explosivos. Podíamos ver à nossa frente a costa da França. As antenas cinzentas e os braços das gruas dos transportes que despejavam no mar as lanchas de assalto pairavam agora atrás de nós e, espalhadas por todo o litoral, as barcaças vogavam rumo à França.

No instante em que o LCV (P) subiu na crista de outra onda vimos a silhueta acaçapada dos cruzadores e de dois enormes encouraçados enfileirados ao largo. Vimos os relâmpagos ofuscantes de suas peças e a fumaça escura que era vomitada contra o vento e logo se dissipava.

— Qual é o seu rumo, timoneiro? — gritou da proa o tenente Robert Anderson, de Roanoke, Virgínia.

— Vinte e dois, meu tenente — respondeu o timoneiro, Frank Currier, de Saugus, Massachusetts. Era um moço de rosto magro, sardento, com os olhos pregados na bússola.

— Então siga o rumo vinte e dois, raios! — disse Anderson. — Não vamos ficar passeando por este maldito oceano, hein?

— Estou fazendo vinte e dois, meu tenente — disse o timoneiro, pacientemente.

— Bom, então faça, homem! — gritou Andy. Ele estava nervoso, mas a tripulação da barcaça, que fazia seu primeiro desembarque debaixo de fogo, sabia que esse oficial conduzira seus LCV (P) a salvo até a praia nos desembarques da África, da Sicília e de Salerno, e confiava nele. — Não se aproxime daquele LCT! — gritou ele, ao passarmos pelo feio casco de aço de uma lancha de desembarque de tanques, com os seus veículos fustigados pelo mar e a tripulação e os soldados protegendo-se atabalhoadamente do banho de espuma.

— Estou fazendo vinte e dois — disse o timoneiro.

— Isso não quer dizer que tenha de abalroar tudo o que encontrar pela frente no oceano — replicou Andy. Era um moço bonito, de faces ligeiramente encovadas, com muito estilo e uma espécie de petulância fácil, natural. — Sr. Hemingway, quer fazer o favor de ver se consegue enxergar com o seu binóculo que tipo de bandeira é aquela?

Tirei o meu velho binóculo Zeiss de um bolso interior, onde o tinha embrulhado numa grossa meia de lã, junto com um pedaço de tecido para limpá-lo, e assestei-o na bandeirola. Foi só o tempo de a enfocar e uma vaga deixou o binóculo escorrendo água.

— É verde! — gritei.

— Então estamos num canal limpo de minas — disse Andy. — Está tudo bem. Hum, timoneiro, que se passa com você? Não é capaz de ficar nos vinte e dois?

Eu tentava enxugar as lentes do binóculo mas era inútil, do modo como a espuma nos fustigava o tempo todo; embrulhei-o de novo, para outra tentativa mais tarde, e observei o encouraçado *Texas* bombardeando a orla costeira. Estava agora navegando à nossa direita e despejando suas salvas por cima da nossa cabeça, à medida que nos aproximávamos da costa francesa, que se mostrava cada vez mais nítida no que era, ou não era, um rumo de 220 graus, dependendo de quem merecesse o nosso crédito, o tenente Anderson ou o timoneiro Currier.

As colinas baixas eram cortadas por vales. Havia uma cidade numa delas, de onde se erguia a torre de uma igreja. E havia um bosque que descia até a praia. À direita de uma das praias havia uma casa. Em todos os promontórios o tojo ardia, mas o vento do noroeste mantinha a fumaça perto do chão.

Nossos soldados, os que não estavam cadavéricos de enjoo, tentando heroicamente dominá-lo, lutando por mantê-lo seguro nas entranhas antes de irem correndo debruçar-se da amurada de aço da barcaça, contemplavam o *Texas* com olhares de surpresa e felicidade. Sob o capacete de aço, pareciam lanceiros da Idade Média em cujo auxílio, em plena batalha, acorrera um estranho e inacreditável monstro.

Um súbito relâmpago, como o da explosão de um alto-forno, das peças de 14 polegadas do *Texas,* seguido de uma língua de fogo que se estendia até bem longe do costado da belonave. Depois a fumaça castanho-clara formava uma nuvem e, com a fumaça ainda subindo em densos rolos, o sopro do tiro atingia-nos, fazendo o capacete dos homens vibrar. Repercutia em nossos tímpanos como um soco desferido com uma luva pesada e seca.

Então, na encosta verde de uma colina que se enxergava agora nitidamente, brotaram dois repuxos de terra e fumaça gigantescos e pretos.

— Olha o que eles estão fazendo a esses alemães — ouvi um soldado dizer sobre o ronco do motor. — Aposto que não vai sobrar um vivo — acrescentou ele, reconfortado.

Foi a única coisa de que me lembro ter ouvido de um G. I. durante toda a manhã. Eles falavam por vezes uns com os outros, mas eu não conseguia ouvi-los com o roncar que o Diesel de alta rotação e 225 HP fazia. A maioria, porém, mantinha-se silenciosa, sem trocar palavra. Não vi um só deles sorrir, depois que nos afastamos da linha das belonaves, que continuavam vomitando fogo. Tinham visto o misterioso monstro que os estava ajudando, mas ele agora desaparecera, como que tragado pelas águas, e ei-los sozinhos de novo.

Descobri que se ficasse de boca aberta desde o instante em que visse o relâmpago das peças até depois do sopro, a vibração nos ouvidos era eliminada.

Senti-me aliviado quando avançamos e saímos da linha de tiro do *Texas* e do *Arkansas*. Outros barcos ficaram atirando por cima de nós o dia inteiro e nunca ficamos livres do súbito impacto do bombardeio naval, cada vez que uma das peças disparava. Mas os grandes canhões do *Texas* e do *Arkansas*, que ressoavam como se estivessem atirando para o céu trens ferroviários inteiros por trilhos invisíveis, estavam agora muito distantes, enquanto nos acercávamos cada vez mais da praia. Já não faziam parte do nosso mundo ao avançarmos inexoravelmente sobre o mar pardacento, coroado de flocos de espuma branca, para onde, à nossa frente, a morte estava sendo distribuída em pequenas, íntimas e rigorosamente administradas doses. Eram como o reboar de uma trovoada em uma outra região e cuja chuva nunca chega a atingir-nos. Mas estavam desmantelando as baterias da costa, para que os contratorpedeiros pudessem aproximar-se depois das praias, quando tivessem que dar cobertura direta aos desembarques.

Agora, à nossa frente, podíamos ver a costa em completo detalhe. Andy abriu o mapa de silhueta, com todas as praias e suas principais características fielmente reproduzidas, e voltei a tirar o binóculo do bolso, pondo-me a limpá-lo e secá-lo sob a proteção da aba do meu impermeável. Até onde conseguíamos ver, havia lanchas e barcaças de desembarque avançando no mar cinzento. O sol escondera-se e a fumaça soprava em toda a extensão da costa.

O mapa que Andy desdobrara sobre os joelhos compunha-se de dez lâminas unidas por grampos e marcadas de Apêndice Um a Anexo A. Cinco folhas diferentes estavam grampeadas juntas e, enquanto eu observava Andy abrir o seu mapa, que se estendia, quando inteiramente desdobrado, até ao dobro do que um homem podia abranger com os braços esticados, o vento apanhou-o e a seção que mostrava *Dog White, Fox Red, Fox Green, Dag*

Green, Easy Red e uma parte do Setor *Charlie*, drapejou duas vezes alegremente no vento e voou pela borda afora.

Eu havia estudado meticulosamente esse mapa e decorado a sua maior parte, mas uma coisa é tê-lo na memória e outra é vê-lo concretamente no papel, poder verificar e ficar certo.

— Tem algum mapa pequeno, Andy? — gritei. — Um daqueles só de uma lâmina, com *Fox Green* e *Easy Red*?

— Nunca tive disso — respondeu Andy. Todo esse tempo avizinhávamo-nos da costa da França, que parecia cada vez mais hostil.

— É o único mapa? — perguntei, perto de seu ouvido.

— Só esse — disse Andy —, e acaba de desintegrar-se. Em que praia você acha que estamos?

— A torre da igreja parece com a de Colleville — respondi. — Deve ser em *Fox Green*. Depois, aquela casa como a assinalada em *Fox Green* e o bosque que vem até a água numa linha reta, como em *Easy Red*.

— Está certo — disse Andy. — Mas creio que nos desviamos demais para a esquerda.

— Essas são as características, não há dúvida. Tenho-as na cabeça, mas pode haver recifes. Os recifes começam para a esquerda de *Fox Green*, onde principia a praia de *Fox Red*. Se estou certo, então *Fox Green* ter de ser à nossa direita.

— Há uma lancha de controle aqui por perto — disse Andy. — Já saberemos em que praia estamos.

— Não pode ser *Fox Green* se tem recifes — insisti.

— Ok — respondeu Andy. — Saberemos isso por uma lancha de controle. Rume para aquele PC, timoneiro! Não, não é para aí, homem! Não está vendo? Ultrapasse-o. Nunca o alcançaremos a essa velocidade.

E realmente nunca o alcançamos. Afocinhávamos nos vagalhões em vez de os cortarmos de través e a lancha distanciou-se de nós. O LCV (P) deslocava-se lentamente com a carga de TNT e o peso de sua carcaça de aço de trinta e oito polegadas e em vez de erguer-se facilmente sobre as ondas afocinhava e a água era jogada sobre nós em catadupas.

— Que vá para o inferno! — disse Andy. — Perguntaremos a esse LCI.

O LCI (*Landing Craft Infantry*) é a única barcaça para operações anfíbias que parece ter sido feita para andar no mar. Tem quase as formas de um navio, ao passo que o LCV (P) parece uma banheira de ferro e a lancha LCT é como uma gôndola de carga. Para onde quer que olhássemos à nossa volta, o oceano estava repleto desses barcos, mas muito poucos aproavam na direção da costa. Avançavam para a praia, depois davam uma guinada e voltavam. Na própria praia, diante de nós, havia linhas do que me pareceram tanques, mas o meu binóculo ainda estava molhado demais para funcionar com eficiência.

— Onde é a praia *Fox Green*? — Andy pôs as mãos em concha e gritou para o LCI que vinha passando por nós, carregado de tropas.

— Não consigo escutar! — gritou alguém. Não tínhamos megafone.

— Estamos diante de que praia? — berrou Andy.

O oficial no LCI fez que não com a cabeça. Os outros oficiais nem mesmo olharam para nós. Estavam de olhos concentrados na praia.

— Aproxime-se mais, timoneiro! — disse Andy. — Vamos, encoste mais!

A nossa barcaça acelerou e colocou-se, costado a costado, a par do LCI, depois desligou o motor, quando a outra já se esgueirava de novo para a frente.

— Onde é a praia de *Fox Green*? — gritou Andy, com o vento levando suas palavras para longe.

— À sua direita, siga em frente! — gritou um oficial.

— Obrigado! — Andy olhou à popa para os outros dois barcos e gritou para Ed Banker, o sinaleiro: — Eles que se aproximem mais! Faça-os vir para mais perto!

Ed Banker deu meia-volta e esticou os braços, os dedos indicadores espetados e movendo-se para cima e para baixo.

— Estão se aproximando, meu tenente — disse ele.

Olhando para trás, podíamos ver as outras barcaças pesadamente carregadas galgando as ondas que eram verdes agora, o sol saíra, e voltando a afocinhar no cavado das ondas.

— O senhor está muito molhado? — perguntou-me Ed.

— Encharcado até aos ossos.

— Eu também — disse Ed. — A única coisa que eu ainda não tinha molhado era o umbigo. Agora também já está.

— Isto tem de ser *Fox Green* — disse eu a Andy. — Reconheço onde acabam os recifes. Toda a praia para a direita é *Fox Green*. Aí está a igreja de Collevile. E a casa na praia. E o Vale de Ruquet, em *Easy Red*, para a direita. É *Fox Green*, com certeza absoluta.

— Checaremos quando estivermos mais perto. Você realmente acha que é *Fox Green*?

— Tem de ser.

À nossa frente, as várias lanchas de desembarque estavam todas atuando da mesma maneira confusa: avançavam, retrocediam e ficavam fazendo círculos.

— Há alguma coisa errada — disse eu a Andy. — Está vendo os tanques? Estão todos postados ao longo da rebentação. Não avançaram nem um milímetro pela praia adentro!

Nesse instante irrompeu uma labareda de um dos tanques, com densos rolos de fumaça preta e chamas amarelas. Mais adiante, um outro tanque explodia, começando a arder furiosamente. Na orla da praia, estavam acaçapados como grandes sapos amarelos ao longo da rebentação. Quando me levantei, debruçado na ponte, observando a inesperada cena, mais dois tanques começaram a pegar fogo. Os primeiros estavam tomados por fumaça cinzenta e o vento empurrava-a praia afora, em nuvens baixas e alongadas. Quando eu tentava enxergar se havia alguém dentro da praia, adiante da linha dos tanques imobilizados junto à rebentação, um dos blindados em chamas explodiu, com um relâmpago, envolto nas espirais de fumaça cinzenta.

— Vem aí uma lancha com que poderemos checar — disse Andy. — Timoneiro, rume para aquele LC, ali! Sim, aquele! Vamos, depressa, não o deixe fugir!

Era uma lancha preta, de aspecto veloz, com duas metralhadoras montadas e balouçando fortemente enquanto se afastava da praia, o motor quase desligado.

— Sabem que praia é esta? — gritou Andy.

— *Dog White* — foi a resposta.

A SEGUNDA GUERRA MUNDIAL 363

— Tem certeza?

— Praia *Dog White* — repetiram da lancha preta.

— Vocês checaram? — perguntou Andy.

— É a praia *Dog White* — replicaram da lancha, a hélice agitou bruscamente a água, provocando um redemoinho de espuma branca, e eles ganharam velocidade e afastaram-se às pressas.

Eu estava agora verdadeiramente desencorajado, pois à nossa frente, em terra, estavam todas as características que decorara das praias de *Fox Green* e *Easy Red*. A linha de recifes que marcava a extremidade esquerda da praia de *Fox Green* era nitidamente visível. Todas as casas estavam onde deviam estar. A colina da igreja de Colleville mostrava-se exatamente como na silhueta. Estudara os mapas, as silhuetas, os dados sobre os obstáculos na água e as defesas durante uma manhã inteira e recordo-me de ter perguntado ao nosso comandante, o capitão W.I. Leahy, do navio-transporte *Dorothea M. Dix,* se nosso ataque era manobra tática de despistamento.

— Não, em absoluto — respondera ele. — É um ataque mesmo. Por que fez essa pergunta?

— Porque essas praias são altamente defensáveis.

— O Exército vai limpar os obstáculos e as minas nos primeiros trinta minutos — disse-me o capitão Leahy. — Vamos abrir canais pelas defesas da praia para facilitar o acesso das lanchas de desembarque.

Desejaria poder escrever a história completa do que significa levar uma barcaça de transporte por um canal aberto num campo de minas; a precisão matemática da manobra; os detalhes infinitesimais, a precisão cronométrica e a pontualidade de frações de segundo destinada a todas as coisas, desde o momento em que é içada a âncora até o momento em que as lanchas são arriadas à vista da costa e depois o roncar de todas elas, entre remoinhos de espuma no mar encapelado, reunidas num vasto semicírculo de onde a pouco e pouco se desgarram, na primeira vaga de assalto.

A história de todo o trabalho coletivo subentendido em tal operação terá de ser escrita, mas, para que não se perdesse detalhe algum, seria preciso um livro, e isto é simplesmente o relato do que se passou num LCV (P) no dia em que assaltamos a praia de *Fox Green*.

Nesse momento, ninguém parecia saber onde era a praia de *Fox Green*. Eu tinha certeza de que estávamos defronte dela, mas a lancha de patrulha dissera que estávamos na praia *Dog White*, que deveria estar a pouco mais de quatro quilômetros à nossa direita, se realmente estivéssemos onde sabia que estávamos.

— Não pode ser *Dog White*, Andy — disse eu. — Aqueles são os recifes onde começa *Fox Red*, à nossa esquerda.

— O homem disse que era *Dog White* — respondeu Andy.

Numa lancha repleta de tropas, um homem com uma barra branca vertical pintada no capacete olhava para nós e abanava a cabeça. Tinha as maçãs do rosto salientes e uma expressão neutra, vagamente intrigada.

— O tenente diz que conhece o local e que estamos em *Fox Green* — gritou Ed Banker, voltando a cabeça para nós. Falou de novo com o tenente, mas não pudemos ouvir o que eles diziam.

Andy gritou por sua vez para o tenente e este acenou a cabeça para cima e para baixo.

— Diz que estamos em *Fox Green* — confirmou Andy.

— Pergunte-lhe onde é que ele quer desembarcar — disse eu.

Nesse instante, uma outra pequena lancha de patrulha, com vários oficiais, veio direto a nós do lado da praia e um oficial estava de pé com um megafone.

— Há aqui alguma barcaça para o avanço sobre *Fox Green*?

Encontramos uma barcaça para essa operação e o oficial gritou-lhe que seguisse atrás da lancha deles.

— Aqui é *Fox Green*? — perguntou Andy.

— É. Está vendo aquela casa arruinada? A praia de *Fox Green* são os primeiros mil cento e trinta metros para a direita dessa casa.

— Podemos aproar à praia?

— Não tenho como informar isso. Terá de perguntar a uma lancha de controle da praia.

— Mas não poderíamos entrar?

— Não tenho autoridade para dar-lhe instruções a esse respeito. Terá de perguntar à lancha de controle da praia.

— Onde está ela metida?

A SEGUNDA GUERRA MUNDIAL 365

— Por aquelas bandas, em algum lugar a encontrará.

— Podemos entrar onde um LCV (P) tenha estado, ou um LCI — disse eu. — Tem fatalmente de estar limpo onde eles entraram e podemos avançar na esteira de um deles.

— Trataremos de encontrar primeiro a lancha de controle — disse Andy. E lá fomos, aos pinotes mar afora, esquivando-nos entre as lanchas e barcaças de desembarque que àquela altura já constituíam um tráfego denso como um enxame ao longo das praias.

— Não consigo achá-la — disse Andy. — Não está aqui. Deve estar mais perto da praia. Temos de entrar. Já estamos atrasados. Vamos entrar.

— Pergunte-lhe onde é que ele tem de entrar — disse eu.

Andy falou com o tenente da lancha ao lado da nossa. Eu não conseguia ouvir coisa alguma sob o ruído do motor e apenas via os lábios do tenente movendo-se enquanto falava.

— Ele quer seguir em frente para desembarcar e ocupar aquela casa em ruínas — informou-me Andy.

Metemos de proa à praia. Quando entrávamos, o motor a plena força, a lancha patrulheira deu uma guinada e veio até nós.

— Encontraram a lancha de controle? — perguntou o oficial do megafone.

— Não!

— O que vão fazer?

— Vamos entrar — respondeu Andy.

— Bem, então boa sorte! — disse o megafone. As palavras chegaram-nos lentas e solenes como uma elegia. — Boa sorte para vocês todos, rapazes!

Os votos abrangiam Thomas E. Nash, o mecânico de Seattle com um sorriso bonachão a que faltavam dois dentes. Abrangiam Edward F. Banker, sinaleiro, de Brooklyn, e Lacey T. Shiflet, de Orange, Virgínia, que teria sido o artilheiro se na barcaça houvesse lugar para canhões. Abrangiam Frank Currier, o timoneiro, de Saugus, Massachusetts. Abrangiam Andy e eu. Quando ouvimos o tom lúgubre daquela bênção de despedida, todos ficamos sabendo como as coisas estavam realmente sombrias naquela praia.

Enquanto avançávamos, subi para a ré, a fim de observar o cenário contra o qual investíamos. O binóculo já estava seco e pude examinar meticulosamente toda a orla do litoral. A praia avançava para nós a uma velocidade medonha e o binóculo fazia-a vir ainda mais depressa.

Na praia, à esquerda, onde não havia a proteção de quaisquer rochas sobranceiras ao terreno arenoso, inteiramente recoberto de calhaus e seixos polidos, a primeira, segunda, terceira, quarta e quinta vagas de homens mantinham-se deitadas por terra, imóveis, onde tinham desembarcado, parecendo outros tantos fardos que tivessem dado à costa na faixa plana e pedregosa entre o mar e a primeira linha de cobertura, que não tinham podido alcançar. Para a direita, havia um espaço aberto onde a saída da praia ia dar num vale arborizado que subia, do mar terra adentro. Era aí que os alemães esperavam apanhar caça grossa e, depois, vimos que o conseguiam.

Para a direita dessa clareira, dois tanques ardiam nas falésias da praia, uma fumaça cinzenta depois das primeiras e violentas labaredas amarelas e dos rolos de fumaça preta.

Cada vez mais próximos, localizei dois ninhos de metralhadoras. Um abria fogo intermitente das ruínas da casa desmantelada, à direita do pequeno vale. A outra estava duzentos metros mais para a direita e, possivelmente, a quatrocentos metros da praia, numa posição frontal.

O oficial em comando das tropas que transportávamos ordenara que aproássemos diretamente à praia em frente da casa arruinada.

— Para ali — disse ele. — É para ali que vamos!

— Andy — disse eu —, todo aquele setor está na enfiada das metralhadoras. Agora mesmo vi abrirem fogo duas vezes sobre aquela lancha encalhada.

Uma barcaça LCV (P) oscilava adernada contra as estacas de defesa, como uma banheira abandonada, cinzenta e imprestável. Eles abriam fogo sobre a linha de rebentação, levantando breves repuxos de água.

— É para onde ele disse que queria ir — respondeu Andy. — É para onde temos de ir, não?

— Não vai ser nada agradável — disse eu. — Vi as duas metralhadoras abrirem as goelas e vão varrer tudo.

— É para onde ele quer ir — repetiu Andy. — Timoneiro, siga em frente!

— Foi para a popa e fez sinais para as outras barcaças, de braço esticado, o dedo hirto para cima e para baixo. — Aproximem-se mais! Vamos, mais rápido! O que se passa com vocês, molengões? Não podem chegar mais perto? — falava Andy, sua voz inaudível perdendo-se no roncar dos motores, lembrando um avião prestes a decolar. — Aproximem-se mais! Timoneiro, leve-a perpendicular à praia! Não desvie o rumo em que vai, está ouvindo?

— Sim, meu tenente.

Neste ponto, entramos na zona batida pelos dois ninhos de metralhadoras e abaixei a cabeça, sob o crepitar e o zunir cortante que se ouvia por cima da barcaça. Depois saltei para o compartimento chapeado de aço da popa onde o nosso artilheiro estaria se tivéssemos quaisquer peças de fogo. As metralhadoras estavam levantando repuxos de água a toda a volta da barcaça e uma granada antitanque provocou um repuxo que se desfez em espuma em cima de nós.

O tenente estava falando, mas não consegui ouvir o que ele dizia. Andy ouviu-o.

— Dê a volta e tire-a daqui, timoneiro! — gritou Andy. — *Leve-a daqui para fora!*

Quando a barcaça rodopiou, girando sobre a popa, e se afastou em plena aceleração, as metralhadoras cessaram fogo. Mas um ou outro tiro individual continuou esborrachando-se de encontro aos costados de aço ou cuspindo na água à nossa volta. Levantei de novo a cabeça, com alguma dificuldade, e observei a praia.

— Ainda por cima não estava limpa — disse Andy. — Viam-se perfeitamente as minas atadas a todas aquelas estacas.

— O melhor seria bordejar até encontrarmos um local mais hospitaleiro para saltar em terra — sugeri. — Se nos mantivermos fora do alcance das metralhadoras, não acredito que eles atirem com qualquer coisa mais potente, porque somos apenas um LCV (P) e eles têm alvos mais atraentes do que nós.

— Buscaremos um lugar — disse Andy.

— O que é que ele quer agora?

Os lábios do tenente mexiam outra vez. Moviam-se muito lentamente e como se não tivessem qualquer ligação com ele ou com o seu rosto.

Andy desceu para debruçar-se da amurada e ouviu-o melhor.

— Quer ser transbordado para um LCI que acabamos de passar e que é onde está o comandante dele.

— Podemos desembarcá-lo um pouco mais longe, em *Easy Red*.

— Quer ver o comandante dele — disse Andy. — Aquele pessoal na lancha preta é da sua unidade.

Afastando-se da costa e jogando muito na ressaca, um LCI (Lancha de Desembarque de Infantaria) aproximou-se de nós e, ao passar costado a costado, vi as chapas de aço dilaceradas, adiante da cabine de pilotagem, onde uma granada alemã de 88 mm as perfurara. Sangue escorria dos bordos reluzentes da bocarra para o mar, a cada balanço da lancha. O porão e a amurada tinham estado repletos de homens enjoados que receberam a granada em cheio e os mortos jaziam agora alinhados diante da cabine do piloto. Nosso tenente trocou palavras com outro oficial, enquanto espinoteávamos nos vagalhões, paralelamente ao casco preto e ferido, e depois afastamo-nos.

Andy tinha ido até a proa falar com ele e regressara. Sentamo-nos na popa e observamos dois destróieres que se avizinhavam, vindos das praias de leste, todos os canhões voltados para terra e martelando os alvos nos promontórios e colinas além das praias.

— Ele diz que não devemos entrar ainda. Para esperar — disse Andy. — Vamos sair do caminho dos destróieres.

— Quanto tempo vamos ter de esperar?

— Diz que não há nada a fazer ali agora. O pessoal que devia ter ido à nossa frente ainda não desembarcou. Disseram-lhe para esperar.

— Então é melhor não nos afastarmos muito, para o termos sempre à vista — disse eu. — Tome o binóculo e olhe a praia, mas não diga alto o que vir.

Andy olhou. Devolveu-me o binóculo e abanou a cabeça silenciosamente.

— Deixe-a ficar cruzando mais à direita para vermos o que estão cozinhando nessa ponta — disse eu. — Tenho certeza de que poderemos entrar por ali quando ele quiser. Tem certeza de que lhe disseram que não podia entrar?

A SEGUNDA GUERRA MUNDIAL

— Foi o que ele disse.

— Fale com ele e esclareça o negócio, Andy.

Andy voltou.

— Ele diz que seria melhor se não entrássemos agora. Parece que estão removendo primeiro as minas para que os tanques possam avançar e que ainda não há por onde a infantaria possa penetrar até a linha de proteção. Diz que o comando falou que o negócio está um pouco entupido e é preciso ficar ao largo ainda algum tempo.

Um destroier estava alvejando à queima-roupa, com as peças na alça zero, as casamatas de concreto de onde nos tinham metralhado na primeira tentativa de desembarque, e à medida que os canhões disparavam, ouvíamos as sucessivas detonações e víamos a terra saltar quase ao mesmo tempo que as cápsulas vazias de bronze golpeavam o convés de aço.

Os canhões de 125 mm do destroier estavam pulverizando a casa destruída à beira do pequeno vale, de onde a outra metralhadora estivera atirando.

— Vamos nos aproximar o máximo que conseguirmos e ver se achamos um bom lugar — disse Andy. — Parece que a lata-velha está fazendo bom serviço — acrescentou ele, apontando com a cabeça para o destroier.

— A velha lata mandou pelos ares o que os estava aguentando lá em cima — respondi —, e já vejo alguma infantaria ganhando terreno. Dê uma olhada no binóculo.

Lentamente, laboriosamente, como se cada homem fosse um Atlas carregando o mundo nos ombros, a infantaria avançava para o vale à nossa direita. Não fazia fogo. Progredia com calma pelo vale acima, feito uma coluna de carregadores exaustos, no fim de um dia de marcha, percorrendo o caminho oposto ao de casa.

— A infantaria atingiu a crista da colina, na extremidade do vale — gritei para o tenente.

— Ainda não nos querem — disse ele. — Foram peremptórios. Ainda não querem que entremos.

— Deixe eu ver o binóculo, Hemingway — disse Andy. Depois devolveu-o. — Vejo ali alguém assinalando com uma bandeira amarela e há uma lancha em dificuldades, segundo parece. Timoneiro, avante a toda força e não me saia da rota!

Avançamos para a praia a toda velocidade, Ed Banker olhou à sua volta e gritou:

— Tenente Anderson, as outras barcaças também estão vindo!

— Faça-as voltar! — ordenou Andy. — *Faça-as voltar!*

Banker deu meia-volta e fez sinais para os barcos. Teve dificuldade em fazê-los entender, mas, finalmente, as grandes vagas que eles faziam, cortando a água na nossa esteira, diminuíram e vimo-los distanciarem-se da nossa popa.

— Fê-los retrocederem? — indagou Andy, sem tirar os olhos da praia, onde podíamos ver um LCV (P) meio submerso e encalhado nas estacas minadas.

— Sim, meu tenente — respondeu Ed Banker.

Uma LCI avançava de proa para nós, afastando-se da praia depois de ter rondado algum tempo em círculos, tentando varar. Quando passou junto à nossa barcaça, um homem gritou pelo megafone:

— Há feridos naquela lancha e ela está afundando!

— Podemos abordá-la?

As únicas palavras que escutamos claramente do megafone, quando a voz era arrebatada pelo vento, foram "ninho de metralhadoras".

— O que foi que ele disse? Que havia ou não havia um ninho de metralhadoras? — perguntou Andy.

— Também não consegui ouvir.

— Aproxime-se dele, timoneiro! Encoste o quanto puder! — ordenou Andy. — *Alô, disse que havia um ninho de metralhadoras?*

O oficial inclinou-se para o megafone:

— Um ninho de metralhadoras está atirando nos nossos rapazes! Eles estão afundando!

— Avante, timoneiro! — disse Andy. — Rumo à praia!

Era difícil abrir caminho entre as estacas eriçadas que tinham sido cravadas na rebentação como obstruções, pois tinham minas de contato atadas que pareciam dois grandes pratos de tortas ligados face a face. Davam a ideia de terem sido pregadas na estacaria e depois montadas. Tinham aquela feia e neutra cor cinzenta amarelada que é a preferida para quase tudo na guerra.

Não sabíamos quantas estacas com minas haveria por baixo de nós, mas as que podíamos ver eram afastadas à mão e assim fomos abrindo caminho até a lancha que afundava.

Não era fácil içar para bordo o homem que havia sido baleado no baixo ventre, pois não havia espaço para arriar a rampa de desembarque, do modo como estávamos cercados de estacas, num mar agitado.

Não sei por que os alemães não nos alvejaram, a menos que o destroier tivesse silenciado a casamata da metralhadora. Ou talvez esperassem que as minas nos lançasse pelos ares. Por certo a armação das minas tinha sido trabalhosa, e os alemães talvez quisessem vê-las em ação. Estávamos ao alcance de uma peça antitanque que já nos alvejara antes, e todo o tempo em que estivemos manobrando e abrindo caminho entre as estacas fiquei esperando que ela abrisse fogo.

Quando finalmente conseguimos baixar a rampa, pela primeira vez, bem encostados à outra LCV (P), mas antes dela submergir por completo, vi três tanques rolando pela praia com uma imensa lentidão. Os alemães deixaram-nos avançar até a clareira, onde o vale se alargava e desembocava na praia: o terreno era completamente plano e oferecia um perfeito campo de tiro. Então vi um pequeno repuxo de água logo atrás do tanque da frente. Depois irrompeu fumaça do tanque da frente, do lado oposto ao que era visível da barcaça, e vi dois homens surgirem na torre; eles deram um mergulho e aterrissaram de mãos e joelhos nos seixos da praia. Estavam bastante perto e pude ver seus rostos, mas não saíram mais homens do tanque quando este começou a pegar fogo furiosamente, até virar numa tocha incandescente.

A essa altura já tínhamos a bordo o ferido e os sobreviventes da outra barcaça, a rampa içada, e tentávamos fazer o caminho de saída entre as estacas. Quando ultrapassamos as últimas estacas e Currier abriu as goelas ao motor, fazendo-se ao largo, um outro tanque entrou em chamas.

Transportamos o moço ferido para o destroier. Içaram-no para bordo numa rede metálica e receberam os sobreviventes. Entrementes, os destroieres tinham vindo quase até a praia e estavam mandando pelos ares todas as casamatas com seus canhões de 150 mm. Vi um pedaço de alemão, com cerca de um metro de comprimento e um braço acoplado, projetar-se nos ares, no meio de um repuxo de terra e cimento, após a explosão de uma das granadas do destroier. Isso recordou-me uma cena de Petruchka.

A infantaria já progredira pelo vale acima, à nossa esquerda, e ultrapassara a crista da colina. Não havia agora motivos para ficar de fora. Aproamos num bom lugar da praia e pusemos as nossas tropas, e o seu TNT, suas bazucas e o seu tenente em terra firme. E acabou-se.

Os alemães ainda estavam atirando com as peças antitanques, deslocando-as de um lado para o outro do vale, sustando o fogo até escolherem o alvo que queriam. Seus morteiros ainda disparavam granadas em tiro mergulhante, ao longo das praias. Eles tinham deixado homens para trás, como franco-atiradores, para alvejarem os nossos soldados nas praias e embaraçarem as operações de desembarque; e quando partimos, finalmente, era evidente que todos esses homens iriam manter-se de tocaia até o anoitecer, pelo menos.

As lanchas e barcaças pesadamente carregadas que antes pareciam afundar-se nas vagas rumavam agora, céleres, em direção à terra. Os famosos trinta minutos para abrir canais por obstáculos minados ainda eram um mito e agora, com a preamar, era uma viagem desafiadora, com todas as estacas submersas.

Tínhamos perdido seis barcaças das vinte e quatro LVC (P) que haviam largado de Dix, mas muitas das tripulações e das tropas que eram nelas transportadas puderam ser recolhidas e estavam distribuídas por outros barcos. Fora um assalto frontal, à plena luz do dia, contra uma praia minada e defendida por todos os obstáculos que a imaginação militar podia conceber. A praia fora defendida tão teimosa e inteligentemente quanto poderia ser feito por qualquer exército. Mas todos os barcos de Dix tinham desembarcado suas tropas e equipamentos. Nenhum barco se perdera por inépcia na arte de marinharia. Todos tinham sido vitimados pela ação do inimigo. E a praia havia sido conquistada.

Há muita coisa que não escrevi. Poderíamos escrever durante uma semana inteira e, apesar disso, não faríamos justiça a todos os que atuaram numa frente de 1.130 metros. A guerra real nunca é como a guerra no papel, nem os seus relatos são uma reprodução fiel de como as coisas se passam. Mas se vocês querem saber como aconteceram as coisas a bordo de um LCV (P), no Dia D, quando ocupamos as praias de *Fox Green* e *Easy Red*, no dia seis de junho de 1944, então isto está tão próximo quanto me foi possível chegar dos acontecimentos.

LONDRES COMBATE OS ROBÔS

Collier's, 19 de agosto de 1944

O *Tempest* é um avião grande e anguloso. É o caça mais rápido do mundo, sóbrio, resistente como uma mula. Atribuem-lhe a velocidade de 400 milhas por hora e é capaz de, quando mergulha, ultrapassar o seu próprio som. Onde residíamos, a sua missão era interceptar os aviões sem piloto e abatê-los no mar ou em campo aberto, quando eles se aproximavam, com seu roncar resfolegante, de Londres.

A esquadrilha voava das 4 horas da manhã até a meia-noite. Havia sempre pilotos a postos nas carlingas dos caças para decolarem assim que as pistolas luminosas os sinalizavam e havia sempre um certo número de aviões em patrulha permanente no ar. O mais rápido tempo que cronometrei para um deles levantar voo, desde o momento em que soou o "pop" da pistola luminosa, que despejava um duplo arco brilhante entre a área de dispersão e a porta da cabine de informação, foi de 57 segundos.

Quando era disparado o sinal luminoso, ouvia-se um uivo seco da demarragem e o guincho crescente do motor, e esses pássaros famintos, esguios e de longas pernas estremeciam bruscamente, saltavam e subiam com o barulho gritante e áspero de duzentas serras circulares mordendo o topo de um tronco de mogno. Decolavam com o vento de cauda, com o vento de través, com qualquer vento e independente do clima, e apoderavam-se de um retalho de céu, arremetendo contra ele enquanto suas longas pernas se dobravam e desapareciam sob o ventre.

Quem vive rodeado de aviões tem amor a uma porção de coisas, mas não há mulher alguma, nem cavalo algum, nem antes nem depois, que seja mais atraente e gracioso do que um grande avião, e os homens que os amam lhes são fiéis, ainda que os tenham trocado por outras coisas. Um homem só tem uma virgindade a perder em caças e se a perde para um avião gracioso e atraente, seu coração ficará marcado para sempre. E um P-15 pode fazer muito no coração de um homem.

Mustang é um bom nome para um avião barra-pesada, mau, robusto e rebelde como um potro, que seria um bom amigo de Harry Greb se Greb tivesse um motor no lugar do coração. *Tempest* é um nome efeminado saído de Shakespeare, que é um grande nome em qualquer lugar, mas deram-no a um avião que é uma espécie de cruzamento de *Man o' War*, o grande craque, e Tallulah Bankhead, no melhor ano que ambos possam ter tido até hoje. Foram anos realmente bons e não poucos homens foram depenados pelos banqueiros de apostas por terem visto um potro que tinha o pescoço levantado e arrogante de *Big Red*, mas nenhuma de suas outras qualidades. E houve muitas outras vozes ásperas depois, mas nenhuma que se portasse tão bem correndo por sobre o oceano ocidental.

Assim que temos essa esquadrilha de *Tempests*. Esgotavam-se as expressões técnicas para as perturbações meteorológicas quando se mencionava o nome deles. E durante o dia todo ficavam abatendo essa nova e abominável arma inimiga, e um dia após outro. O comandante da esquadrilha é um homem estupendo, alto, de poucas palavras, à maneira de um leopardo, com olheiras sob os olhos e a estranha expressão sanguínea de um homem cujo rosto fora devastado pelas chamas. E contou-me a história de suas proezas muito calma e honestamente, recostado na mesa de madeira da cantina dos pilotos.

Ele sabia que era verdade e eu sabia que era verdade; ele era muito exato, muito preciso, ao recordar meticulosamente como tinha sido, porque fora um dos primeiros a abater esses aviões sem piloto e descreveu tudo nos ínfimos detalhes. Não gostava de falar de coisas pessoais, mas estava certo, evidentemente, ao falar bem do avião. Depois contou-me uma outra espécie de caça para abatê-los. Se não provocavam sua explosão no ar, tinham de derrubá-los.

— É uma espécie de bolha gigantesca de fogo que se desprende deles — explicou. "Bolha" era uma palavra muito temerária, e ele foi mais usado ainda e arriscou uma outra palavra. — É mais como o gigantesco desabrochamento de um abscesso de ar...

Estávamos ambos embaraçados por essa desenvoltura expressiva e quando eu imaginava mentalmente a bolha desabrochando, toda a tensão foi dissipada por um norte-americano que voava na mesma esquadrilha.

— Eu derrubei um em cima de uma estufa de plantas — disse ele — e os vidros subiram a muitas centenas de milhares de quilômetros. O que é que eu vou dizer ao cara que é o dono dessa estufa, quando nos encontrarmos hoje à noite na taverna?

— Você não pode adivinhar exatamente onde é que eles vão cair — disse o comandante da esquadrilha, falando timidamente, pacientemente, com uma estranha ansiedade, por trás da máscara purpúrea que sempre substituiria doravante seu antigo rosto. — Eles voam com uma tremenda rapidez, você sabe.

O comandante de brigada aérea entrou na cantina, impetuosamente feliz. Era atarracado, com muito estilo e uma linguagem dura e desbocada. Soube depois que tinha vinte e seis anos. Vira-o saltar de um avião antes de saber que ele era o comandante da brigada. Não o mostrava então nem o mostrava agora, enquanto falava. A única maneira para se perceber que ele era o comandante da brigada era pelo modo como os outros pilotos diziam *Sir*. Eles diziam *Sir* aos dois comandantes de esquadrilha, um dos quais era um belga de expressão dura e o físico de um campeão de ciclismo e o outro era o homem tímido e bonito que vivia atrás do rosto destruído. Mas eles endereçavam um *Sir* ligeiramente diferente ao comandante da brigada, que não se mostrava afetado por isso.

A censura, em tempo de guerra, é uma coisa muito necessária. É especialmente necessária a respeito dos aviões porque, até um novo modelo de avião cair nas mãos do inimigo, nenhuma informação deve ser dada sobre a sua velocidade, dimensões, armamento e outras características, pois tudo isso fornece elementos que o inimigo quer e precisa conhecer.

É o seu desempenho, suas características e aparência física que levam um homem a amar um avião e que, diga-se a verdade, incute emoção a um artigo sobre eles. Tudo isso está fora, porém, deste artigo. Espero que o inimigo nunca abata um *Tempest* e que o *Tempest* nunca saia da lista secreta e que tudo o que eu sei, tudo o que me interessou por ele, só venha a ser publicado após o fim da guerra.

Todas as informações sobre as táticas empregadas na caça aos aviões sem piloto estão igualmente interditadas, assim como as conversas que poderiam levar o leitor a saber como se sentem os homens que se entregam à tarefa de abatê-los. Pois não é possível registrar essas conversas sem veicular as táticas. De modo que não há muita coisa que preste neste artigo, exceto o amor entre um rapaz e o seu avião.

Está escrito em linguagem seca, sem artifícios, porque se refere a uma unidade de combate que fala de forma simples e sem artifícios. A única exceção era o comandante de esquadrilha, fragmentos de cuja conversa comigo são aqui transcritos. Algumas unidades da RAF usam uma linguagem muito rude e outras falam tão urbana e corretamente como no filme *Alvo para esta noite*. Eu gosto ("gostar" é uma palavra muito branda para expressar as emoções sentidas) de ambas as espécies e, algumas vezes, se fosse possível escrever alguma coisa interessante que o censor pudesse conscientemente deixar passar, gostaria de poder mostrar ambas as espécies. Mas por enquanto é isto o que consegui.

Escrever sob censura é necessário e legítimo em tempo de guerra e todos censuramos a nós próprios quando pensamos que o que escrevemos poderia revestir-se de algum interesse para o inimigo. Mas escrever sobre aviação na base de tentativas de incluir colorido, detalhes e emoções tem certas analogias com o escrever sobre esportes.

É assim como se, nos velhos tempos, encontrássemos Harry Greb fazendo o seu desjejum na cama com rações duplas de ovos com presunto e purê de batata, às nove horas na manhã do dia em que tivesse de lutar contra Mickey Walker. Greb, colocado na balança, pesava exatamente 6 quilos mais do que os 80 que teria de ter às duas horas dessa mesma tarde. Ora, vamos supor que você tinha visto reduzirem-lhe o peso com massagens e exercícios de arrasar e muitos outros meios radicais, e conduzirem-no de novo à balança, sem forças para caminhar e quase sem forças para soltar uma praga.

Vamos supor, então, que você o vira comer e entrar no ringue pesando exatamente o mesmo peso com que saltara da cama nessa manhã. Suponhamos, finalmente, que você presenciou o grande, esmagador, impetuoso combate que ele fez, suas maravilhosas entradas e esquivas, sua implacável, sangrenta, feroz, arrebatadora esgrima, seu belo jogo de pernas e de cintura, e depois de tudo isso tivesse de resumir o combate nestes termos: "Um dos nossos pugilistas, chamado Greb, defrontou-se a noite passada com M. Walker. Mais pormenores serão divulgados em seu devido tempo."

Se isto parece uma história maluca, recorde-se que estão cruzando os céus, a toda a hora, esses aviões sem piloto que, em voo, parecem umas feias flechas de metal com um batoque esguichando fogo, viajando a uma velocidade de mais de 600 quilômetros, transportando, na altura em que escrevo estas linhas, cerca de 1.000 quilos de explosivos no nariz, fazendo um ruído semelhante ao de uma descomunal motocicleta, e que, neste exato momento, sobrevoam o local onde escrevo.

Um dos meus mais estimados colegas disse-me, em Nova York, que não regressava ao teatro de operações da Europa porque tudo o que pudesse escrever agora seria mera repetição do que já escrevera. Neste ponto, estou autorizado a declarar ao meu estimado colega que o perigo de repetição numa história é um dos riscos mais insignificantes com que os seus antigos companheiros se defrontam atualmente.

Ora, se o leitor estiver acompanhando atentamente o desenvolvimento desta correspondência, coisa que eu não estou fazendo, devido a uma certa dose de dificuldades criadas pelas vidraças das janelas, que ficaram subitamente opacas, terá deduzido que nos encontramos algures no sul da Inglaterra, onde um grupo de caças *Tempest* abateu, em sete dias, uma boa porção de aviões sem piloto. Muita gente chama a essas novas armas bombas voadoras, bombas robôs, bombas zumbidoras, entre outros nomes chocados no cérebro dos mais inventivos sujeitos da Fleet Street, mas até agora não ouvi nenhum dos que as combatem, entre os muitos que conheço, referirem-se a Joe Louis como Punhos Zumbidores ou coisa parecida. De modo que continuarei referindo-me a essa arma como avião sem piloto nesta correspondência liberada pelo vosso editorialista especial de aviação sem piloto, e o leitor poderá dar-lhe qualquer dos nomes extravagantes que desejar, mas só quando estiver sozinho.

No dia anterior àquele em que o vosso especializado correspondente começou estudando o ângulo de intercepção, ele ou eu (creio que eu, embora algumas vezes ele não pareça ser o homem certo no lugar certo, e cheguei

A SEGUNDA GUERRA MUNDIAL 379

mesmo a pensar em largar tudo e voltar para casa e escrever livros de capa plastificada) saía num dos quarenta e oito bombardeiros *Mitchell* — isto é, oito esquadrilhas de seis bombardeiros cada — para bombardear uma das plataformas de onde os aviões sem piloto são lançados.

Essas plataformas podem ser identificadas até por um principiante, não só por causa da quantidade de bombardeiros *Mitchell* que ficam descrevendo círculos em torno delas, mas pelo fato de que, ao aproximarmo-nos demais, vimos grandes anéis de fumaça preta surgirem ao longo do caminho percorrido pelo nosso aparelho. Esses anéis de fumaça são denominados *flaks* e tais *flaks* [explosões da artilharia antiaérea] são responsáveis por aquele velho eufemismo sobre "dois dos nossos aparelhos não regressaram à base".

Bem, nós (isto é, o comandante de Brigada Aérea Lynn, que é uma boa companhia num avião e que tem exatamente a mesma voz no intercomunicador quando Kees, o bombardeiro, fechava o punho na alavanca de descarga e ouvia "Bombardear". Bombardear... Bombardear...) descarregamos a carga de bombas nessa plataforma com a proverbial precisão milimétrica. Eu tinha uma bela visão de conjunto da plataforma, que parecia ser uma gigantesca construção de concreto deitada de lado ou de barriga (segundo fosse vista antes ou depois de lhe passarmos por cima) num bosque e completamente cercada de crateras de bombas. Havia duas pequenas nuvens que não pareciam solitárias como aquelas nuvens do verso "Eu vagueava solitário, qual branca nuvem..."

Havia muitos anéis de fumaça preta numa linha reta entre nós e a posição ocupada pelos outros *Mitchells* à nossa direita, que pareciam imobilizados no ar, e apenas fazer parte de uma fotografia de propaganda dos fabricantes. Então, com os anéis de fumaça formando-se ao longo do bojo do aparelho, o seu ventre abriu-se — tal qual como nos filmes — fazendo força contra o deslocamento de ar e as bombas caíram todas de lado, como se fossem oito longos gatinhos de metal soltando-se apressadamente da barriga da mãe.

Todas as máquinas estavam fazendo a mesma coisa, embora não fosse possível ver senão o que o nosso fazia. Depois regressamos com toda a pressa, aquela mesma pressa com que qualquer cidadão pode desejar voltar para casa. É isso um bombardeio aéreo. Ao contrário de muitas outras coisas, o melhor vem depois. Suponho que seja um pouco como frequentar um colégio. Não é tanto o que se aprende. São as pessoas maravilhosas que lá se conhece.

O vosso correspondente especializado em aviões sem piloto nunca frequentou o colégio (aqui chamam-lhe universidade) e, em vez disso, está agora frequentando a RAF e a principal matéria de seus estudos é tentar compreender o inglês num radiotelefone. Cara a cara com um britânico, posso entender quase tudo o que ele diz. Posso falar, ler e escrever claramente em canadense, tenho noção de escocês e sei algumas palavras de neozelandês. Entendo o bastante de australiano para jogar cartas e pedir uma bebida, ou para abrir caminho num bar cheio de gente. Domino o sul-africano quase tão bem, como idioma falado, quanto o basco. Mas o inglês que se fala no radiotelefone é um radioso mistério.

Prestando bem atenção, com o ouvido colado ao receptor do intercomunicador de um bombardeiro, consigo apreender quase tudo. Quando se pressiona o botão na manche, aquele que isola a conversa do que se diz na carlinga, de modo que é possível manter aqueles longos e íntimos bate-papos do gênero:

— Com quem será que está falando aquele bastardo?

— Não sei. Deve ser o mesmo "boche" que na noite do Dia D ficou todo o tempo dizendo "Voltem, voltem, a operação foi cancelada".

— Quem será que ele apanha no nosso comprimento de onda?

Retiro o polegar do botão e dou de ombros. Esse gênero de conversa eu entendo perfeitamente, mas quando os ingleses autênticos falam em inglês autêntico uns com os outros, de um avião para o outro e entre eles e a torre de controle, tive de estudá-lo arduamente como se fosse um dever para casa, quando o professor lhe dá um ponto de cálculo algébrico e você ainda não passou da aritmética. Na verdade, ainda não consigo entender muito bem o inglês no telefone comum, de modo que, tendo sido devidamente doutrinado na política de boa vizinhança, digo sempre "Sim" e faço-os repetirem a hora a que o carro virá me buscar de manhã para levar-nos a algum aeródromo de onde partiremos para mais uma missão.

A SEGUNDA GUERRA MUNDIAL 381

Isto explica muitas das curiosas surtidas em que o vosso correspondente especializado em aviões sem piloto está participando. Ele não é um homem com uma ânsia perpétua de buscar o perigo nos céus ou de desafiar as leis da gravidade; é, simplesmente, um homem que, não entendendo muito bem a natureza das propostas ao telefone, devido a uma audição defeituosa, se encontra constantemente envolvido na destruição desses monstros de rabo chamejante, em seus covis infernais, ou na sua intercepção em pleno ar, a bordo desse extraordinário avião de 650 quilômetros horários, o *Mosquito*.

No momento, o vosso editorialista especializado em aviões sem piloto pôs fim a todas as chamadas telefônicas de qualquer espécie, com a finalidade de tentar escrever e atualizar a história, antes de alguém propor alguma coisa tão surpreendente e tão generosa ao vosso correspondente, da natureza de uma nova operação de guerra, que ele acabe por faltar aos seus deveres para com o grande livro que registrará tudo o que aconteceu até esta data. Contudo, antes de os telefonemas serem interrompidos, duas ou três propostas encantadoras foram recebidas e eu soube que, em certos setores, corre a opinião livremente expressa neste diálogo:

— Ernie é um poltrão. Com uma oportunidade de subir num tapete absolutamente mágico, trancou-se no quarto e ficou fazendo, vocês querem saber o quê?

— O quê? — perguntaram num tom horrorizado.

— Escrevendo!

— Por Deus! O velho não está bom da bola!

A BATALHA DE PARIS

Collier's, 30 de setembro de 1944

EM 19 de agosto, acompanhado do cabo Archie Pelkey, de Canton, estado de Nova York, parei no posto de comando do regimento de infantaria da Divisão, numa floresta de Maintenon, para pedir informações sobre o setor da frente a cargo desse regimento. Os G2 e G3 desse regimento indicaram-me onde os seus batalhões estavam situados e informaram-me que as suas guardas avançadas estavam num ponto perto de Epernon, na estrada para Rambouillet (37 quilômetros a sudoeste de Paris), onde a residência de verão e o pavilhão de caça do presidente da França estão localizados. No posto de comando regimental fui também informado de que se travava uma luta violenta nos arredores ele Rambouillet. Eu conhecia muito bem as estradas e toda a região que abrange Epernon, Rambouillet, Trappes e Versailles, já que percorrera de bicicleta, a pé e de automóvel, durante muitos anos, essa parte da França. É pedalando uma bicicleta que se melhor conhece uma região, pois se tem de suar para galgar as colinas e respirar fundo quando as desce.

De maneira que as recordamos tal como são, ao passo que de automóvel só uma ladeira muito íngreme ou uma curva muito fechada desperta a nossa atenção, e não se ganha uma lembrança tão exata de uma região por onde viajamos como ao percorrê-la de bicicleta. Na linha avançada do regimento encontramos alguns franceses que tinham acabado de regressar de Rambouillet de bicicleta. Eu era a única pessoa nesse posto avançado que falava francês e eles informaram-me de que os últimos alemães tinham abandonado Rambouillet às três horas dessa madrugada, mas as estradas de acesso à cidade estavam minadas.

A SEGUNDA GUERRA MUNDIAL   383

Pus-me a caminho de regresso ao quartel-general do regimento com essa informação, mas, depois de ter feito uma parte do caminho pela estrada de retorno a Maintenon, decidi que era melhor ir buscar o francês para que o interrogassem e colhessem informações mais precisas. Quando atingi de novo o posto avançado, encontrei dois carros cheios de guerrilheiros franceses, a maior parte dos quais nus da cintura para cima. Estavam armados de pistolas e duas metralhadoras Sten que tinham recebido de paraquedas. Acabavam de chegar de Rambouillet e a história que me contaram da retirada alemã corroborava a informação que o outro francês me dera.

O cabo Pelkey e eu conduzimo-los então ao posto de comando regimental, o nosso jipe à frente do carro deles, onde traduzi as informações sobre a cidade e o estado em que os alemães tinham deixado a estrada às autoridades competentes.

Voltamos depois ao posto avançado para aguardar o fim da tarefa de limpeza de minas e a chegada de uma patrulha de reconhecimento que aí deveria juntar-se a nós. Após uma breve espera e não tendo aparecido ninguém, os guerrilheiros franceses começaram a ficar impacientes. A coisa mais óbvia parecia ser avançar até o primeiro campo de minas e postar aí uma sentinela para evitar que qualquer veículo americano avançasse e fosse cair em cheio na zona minada.

Estávamos a caminho de Rambouillet quando se juntou a nós o tenente Irving Krieger, de East Orange, em Nova Jersey, da companhia antitanque do regimento de infantaria. O tenente Krieger era atarracado, extremamente robusto e jovial. Pude ver que os guerrilheiros ficaram favoravelmente impressionados com ele e, logo que o viram trabalhando na localização e remoção de minas, passaram a dedicar-lhe uma cega confiança. Quando se trabalha com tropas irregulares, só o exemplo pode conseguir uma disciplina real. Enquanto acreditarem no chefe bater-se-ão sem quebra de ânimo, se forem bons elementos. No mesmo instante em que deixarem de acreditar nele ou na missão a cumprir, desaparecem.

Aos correspondentes de guerra é proibido comandar tropas, e eu conduzira, simplesmente, esses guerrilheiros ao comando do regimento de infantaria, a fim de transmitir suas informações. De qualquer modo, o dia estava lindo e quando seguíamos a estrada que suavemente conduz a Rambouillet, com as grandes árvores de copa achatada de ambos os lados e o muro do parque à nossa esquerda, vimos o caminho bloqueado à nossa frente.

Primeiro, havia um jipe despedaçado à nossa esquerda. Depois, havia dois tanques bem pequenos alemães, que eles usavam como armas autopropulsadas antitanques. Um deles estava no meio da estrada, apontando diretamente para a colina por onde estávamos descendo, na direção das árvores caídas que bloqueavam a estrada. O outro estava do lado direito da berma da estrada. Cada um tinha cerca de uma tonelada de TNT em seu bojo e eram telecomandados de um posto colocado atrás da barreira na estrada. Se uma coluna blindada descesse a estrada, um desses tanques robôs podia ser enviado diretamente contra ela estrada acima. Se os blindados guinassem para a direita, como forçosamente fariam, por causa do muro da esquerda, os tanques de bolso persegui-los-iam automaticamente, para os atingirem de flanco. Pareciam horrendos sapos agachados na estrada. Havia um outro jipe destruído junto da barricada e também um caminhão, igualmente desmantelado.

O tenente Krieger investiu pelo campo de minas, que estava disseminado ao redor de duas grandes árvores atravessadas na estrada, como um garoto procurando o seu nome nos embrulhos dispostos sob uma árvore de Natal. Sob a sua orientação, Archie Pelkey e os guerrilheiros transportavam as minas para uma vala. Soubemos pelos franceses que os alemães tinham aniquilado nesse ponto uma patrulha americana de reconhecimento. Tinham deixado o carro blindado, que seguia na frente, passar a encruzilhada de Rambouillet e depois abriram fogo contra o caminhão e os dois jipes com peças antitanques e metralhadoras, matando sete homens. Os alemães retiraram então as minas americanas do caminhão e espalharam-nas pelo terreno.

Os franceses tinham sepultado os norte-americanos no campo à margem da estrada onde tinham sido emboscados e enquanto limpavam o campo de minas, mulheres francesas surgiram, colocaram flores nas campas e rezaram ajoelhadas. Nenhuma patrulha de reconhecimento aparecera ainda, mas os homens do tenente Krieger já tinham chegado e ele estava agora em comunicação pelo rádio com o regimento.

A SEGUNDA GUERRA MUNDIAL 385

Entrei na cidade com uma patrulha de guerrilheiros franceses e vimos para que ponto os alemães se tinham retirado e qual era a sua força. Passei essa informação ao tenente Krieger e, assim que soubemos que não existia qualquer força de cobertura entre nós e os alemães, que contavam, como soubemos depois, com dez tanques, pelo menos, à saída da cidade, foi decidido restabelecer o campo de minas e deixar aí uma guarda adequada para cortar a estrada caso os alemães retornassem. Felizmente, apareceu uma patrulha de reconhecimento comandada pelo tenente Peterson, de Cleveland, Ohio, e nossas preocupações momentaneamente desapareceram.

Nessa noite, nossas guerrilhas francesas enviaram patrulhas ao longo das principais estradas que saem de Rambouillet, a fim de darem cobertura à força de reconhecimento do tenente Peterson, que defendia o centro da cidade. Choveu violentamente durante a noite e os guerrilheiros franceses estavam encharcados e exaustos pela manhã. Na tarde anterior tinham vestido os uniformes de campanha abandonados no caminhão em que os componentes da unidade de reconhecimento tinham sido emboscados e mortos.

A primeira vez que penetramos na cidade, todos — menos dois — estávamos nus da cintura para cima e a população não nos acolheu com nenhum entusiasmo. Da segunda vez que os acompanhei, todo o mundo estava devidamente uniformizado e as aclamações foram consideráveis. Na terceira vez que atravessamos a cidade, os homens estavam uniformizados e envergavam capacete de aço; fomos ovacionados delirantemente, beijados profusamente e tratados torrencialmente à champanha. Estabelecemos nosso quartel-general no Hotel du Grand Veneur, que tinha uma excelente adega.

Na manhã do segundo dia regressei ao posto de comando do regimento de infantaria para relatar como estava a situação em Rambouillet e a natureza da força alemã que operava entre Rambouillet e Versailles. Agentes da *gendarmerie* francesa e guerrilheiros com uniformes de gendarmes tinham entrado e saído de Versailles e as informações chegavam de hora em hora dos grupos da Resistência francesa. Tinham informações exatas dos movimentos de tanques alemães, das suas posições de artilharia e das baterias antiaéreas, a força numérica e o dispositivo das tropas alemãs.

Essa informação era a todo momento atualizada e complementada. O coronel que comandava o regimento de infantaria pediu-me para ir ao quartel-general da divisão, onde fiz um relato do que estava acontecendo em Rambouillet e dessa cidade para lá, e foram obtidas mais armas para a Resistência francesa, provenientes do material alemão capturado em Chartres.

Regressei a Rambouillet e soube que o tenente Peterson avançara com a sua unidade de reconhecimento pela estrada de Versailles e que um destacamento de cavalaria blindada chegara em seu apoio. Era muito encorajador ver tropas na cidade e saber que havia alguma coisa entre nós e os alemães, pois já tínhamos conhecimento de que havia três tanques *Tigre* entre os quinze tanques com que os alemães estavam operando na área ao norte de Rambouillet.

Durante a tarde chegou muita gente à cidade. Oficiais dos serviços britânico e americano de informações regressavam de missões ou esperavam ordens para iniciar outras, alguns correspondentes de imprensa, um coronel de Nova York que era o oficial americano de maior patente na cidade e o capitão-tenente Lester Armor, da Reserva Naval dos Estados Unidos, todos estavam na cidade quando as duas unidades blindadas de reconhecimento receberam ordens de que as missões estavam canceladas e foram informadas do ponto para onde deveriam se retirar.

Essa retirada deixou a cidade sem tropas entre ela e os alemães. A essa altura já conhecíamos a força exata dos alemães e a sua tática. Estavam deslocando tanques numa área entre Trappes e Neauphe-le-Vieux e bloqueando a estrada de Houdon para Versailles. Fariam seus tanques interceptar a estrada principal entre Rambouillet e Versailles em vários pontos, usando estradas secundárias, e patrulhavam toda a área a leste, até Chevreuse e St. Rémy-les-Chevreuses com tanques ligeiros e ciclistas.

Nessa noite, depois de as unidades estadunidenses de reconhecimento serem retiradas, a força que defendia Rambouillet ficou composta de patrulhas compostas de regulares e guerrilheiros, equipados com granadas antitanques e armas ligeiras. Choveu muito durante a noite e houve uma parte da noite, entre as 2 e as 6 da madrugada, que foi a mais solitária que já conheci na vida. Não sei se o leitor entende o que significa ter tropas bem à sua frente e depois vê-las retirarem-se e ser deixado com uma cidade, uma grande e bela cidade, completamente ilesa e cheia de excelentes pessoas, em suas mãos. Nada havia no livro editado para servir de guia aos correspondentes de guerra através das complexidades das questões militares que abordasse essa situação; por conseguinte, foi decidido dar a melhor cobertura possível à cidade, e se os alemães, observando a retirada das forças norte-americanas, progredissem para estabelecer contato, proporcionar-lhes o necessário contato. Assim se fez.

Nos dias posteriores, os tanques alemães rondaram as estradas à nossa frente. Fizeram reféns em várias aldeias. Capturaram homens das forças francesas da Resistência e fuzilaram-nos. Andaram por onde lhes agradava. Mas durante todo esse tempo foram seguidos de perto por guerrilheiros franceses em bicicletas, que voltavam com informações precisas sobre os seus movimentos.

Um mesmo homem só podia atravessar uma vez a mesma região, a menos que dispusesse de um motivo legítimo para andar de um lado para outro. Caso contrário, os alemães suspeitariam dele e fuzilariam-no sem mais explicações. As pessoas que sabiam até que ponto a nossa força era reduzida, que tinham realizado missões, eram mantidas sob prisão a fim de que, regressando a território nas mãos do inimigo, não pudessem ser forçadas a falar se fossem capturadas pelos alemães.

Um polonês muito jovem desertou da unidade blindada alemã à nossa frente. Enterrou o uniforme e a pistola-metralhadora e infiltrou-se através das linhas em roupas interiores e com um par de calças que encontrara numa casa bombardeada. Trouxe boas informações e foi posto a trabalhar na cozinha do hotel. A segurança estava, nessa altura, num estado muito rudimentar, pois todo mundo que dispunha de uma arma fazia patrulhamento, mas recordo-me de que o coronel ficou consideravelmente chocado quando o cozinheiro entrou na sala de jantar, que servia de posto de comando, e pediu licença para mandar o prisioneiro ir buscar pão na padaria. O coronel foi obrigado a recusar o pedido. Mais tarde, o prisioneiro pediu-me para enviá-lo sob escolta armada a desenterrar sua arma, para poder combater com as nossas forças. Esse pedido também foi recusado, lamentavelmente.

Durante esse período de guerra não ortodoxa, um tanque alemão rodou por uma estrada secundária e acercou-se cinco quilômetros da cidade, matando um policial que saíra de ronda e um dos nossos guerrilheiros locais. Todos os presentes nesse episódio mergulharam numa vala e começaram atirando no tanque, o qual, tendo estabelecido contato, retrocedeu. Os alemães, nesse período, exibiram uma lamentável tendência para lutar exclusivamente de acordo com os manuais. Se tivessem jogado o compêndio fora, poderiam ter entrado cidade adentro e estar bebendo os excelentes vinhos do Hotel du Grand Veneur, e até ir ao ponto de tirar seu polonês da cozinha e fuzilá-lo na mesma hora ou metê-lo de novo num uniforme.

Vivia-se uma estranha vida no Hotel du Grand Veneur, nesses dias. Um velho que tínhamos visto uma semana antes, durante a conquista de Chartres, e que viajara de carona no nosso jipe até Epernon, foi falar-nos para dizer que acreditava haver informações muito interessantes a descobrir na floresta de Rambouillet. Isso, como correspondente de guerra, não era de nossa conta. Mas o acompanhamos por uma estrada até dez quilômetros ao norte da cidade e ele obteve completas informações sobre um campo de minas e posições antitanques na estrada, logo à saída de Trappes. Enviamos uma patrulha, que verificou a informação. Foi então necessário deter o velho, pois ele queria partir em busca de mais informações e sabia demasiado sobre a nossa situação atual para que pudéssemos correr o risco de ele ser capturado pelos alemães e dar, a contragosto, com a língua nos dentes. De modo que foi juntar-se na cozinha ao moço polonês sob custódia protetora.

Tudo isso devia ter sido tratado pelo Serviço de Contrainformação. Mas não tínhamos disso na cidade, nem mesmo qualquer funcionário dos Assuntos Civis. Recordo-me de ouvir o coronel dizer:

— Ernie, se ao menos tivéssemos aqui alguém do CIC ou mesmo um sujeitinho dos Assuntos Civis! Transmita essas informações aos franceses.

Tudo era comunicado aos franceses. Quase sempre, mas nem sempre, eles voltavam a transmitir-nos tudo com a maior solicitude.

Nessa época, eu era tratado pelos guerrilheiros como "Capitão". É uma patente muito baixa para um sujeito com quarenta e cinco anos de idade e por isso, na presença de estranhos, eles costumavam se dirigir a mim como "Coronel". Mas mostravam-se um pouco perturbados e preocupados com a minha baixa patente, e um deles, cujo negócio no último ano fora receber minas e fazer explodir caminhões de munições e carros do Estado-Maior dos alemães, perguntou-me confidencialmente:

— Meu capitão, como é que na sua idade e seus muitos anos de serviço, e com todos os ferimentos que recebeu (causados por uma colisão com um caminhão-pipa em Londres), ainda é capitão?

— Rapaz — disse-lhe eu —, não pude subir de patente pelo simples fato de que não sei ler nem escrever.

Finalmente, uma outra unidade de reconhecimento do exército americano chegou a Rambouillet e foi tomar posições na estrada para Versailles. A cidade recebia, pois, uma força de cobertura e nós pudemos dedicar todo o nosso tempo a enviar patrulhas ao território ocupado pelos alemães e a checar exatamente o dispositivo de defesa alemão, a fim de que, quando se fizesse o avanço sobre Paris, a força que recebesse tal encargo dispusesse de informações rigorosamente exatas para agir de acordo.

Os acontecimentos de maior destaque desse período e dos quais me recordo, além de ter levado um susto daqueles uma porção de vezes, ainda não são publicáveis neste momento. Por vezes, acho que gostaria de poder descrever as ações do coronel, tanto de dia como de noite. Mas não posso ainda escrever a respeito.

Eis do que constava nessa época a chamada frente.

Descíamos a vertente de uma rodovia, rumo a uma aldeia com um posto de abastecimento de gasolina e um café. À nossa frente, mais adiante, há uma aldeola com um campanário de igreja, do outro lado da estrada fronteira ao café. Desse ponto pode-se ver uma longa subida na rodovia, para trás de nós, e um longo trecho plano da rodovia, à nossa frente. Dois homens ficam postados na estrada com binóculos de longo alcance. Um vigia a estrada para o norte, o outro, para o sul.

Isso é necessário porque os alemães estão à nossa frente e à nossa retaguarda. Duas moças caminham pela estrada, na direção da cidade que está sob poder dos alemães. São moças bonitas e calçam sapatos de tacões vermelhos. Um guerrilheiro aproxima-se de mim e confidencia:

— Essas moças dormiam com os alemães quando eles aqui estavam. Elas vão agora para as linhas alemãs e podem dar-lhes informações.

— Detenham as duas! — gritou alguém.

Nesse instante ouviram-se exclamações:

— Um automóvel! Um automóvel!

— Deles ou nosso?

— Deles!

Dito isso, todo mundo se espalhou com rifles e pistolas-metralhadoras, correndo para os fundos do café e do posto de abastecimento, enquanto alguns cidadãos prudentes refugiavam-se nos campos circunvizinhos.

Um jipe alemão veio pela estrada fronteira ao posto de abastecimento e começou atirando com uma peça de 20 mm. Todo mundo abre fogo contra o veículo que descreveu rapidamente meia-volta e retrocedeu pelo mesmo caminho. Quando está prestes a desaparecer, é alvejado pelos cidadãos mais prudentes, que viram muito corajosos quando o jipe bate em retirada. Total de baixas: dois entusiastas que caíram dentro do café com suas respectivas taças de vinho na mão e sofreram ligeiros cortes.

As duas moças que, como se apurou, falavam tão bem o alemão quanto tinham sido ardorosas fãs dos alemães, foram retiradas de uma vala e levadas para um local seguro, para serem recambiadas para a cidade. Uma delas disse que tudo o que tinha feito fora ir nadar com os alemães.

— Nua? — indagou um guerrilheiro.

— *Mais* non, *Monsieur* — respondeu ela. — Eles sempre foram muito corretos.

A moça tinha na sua bolsa numerosos endereços alemães e outros artigos que não lhes granjeavam a estima da população local, e foram remetidas para Rambouillet. Não houve histeria, nem espancamentos, nem cortes de cabelo por parte da população local. Os alemães ainda estavam demasiado próximos para isso.

Três quilômetros para a esquerda um tanque alemão entrou numa cidadezinha onde encontrou três guerrilheiros que se dedicavam a acompanhar-lhe os movimentos e que foram reconhecidos pelo tripulante do tanque, que já os tinha visto diversas vezes.

Um desses era um homem que, quando lhe perguntei se realmente vira o tanque, respondeu: "Capitão, eu toquei nele." Foram os três fuzilados e seus corpos colocados à margem da estrada. Uma hora depois, um guerrilheiro que estava na cidade trouxe-nos a notícia. Isso produziu um certo abalo e torna mais difícil recambiar os alemães que estão sendo constantemente capturados nas florestas, das unidades que conseguiram escapar de Chartres, para serem interrogados.

Aparece um velho e informa que sua mulher está guardando cinco alemães com uma pistola. Essa pistola fora entregue a ele na noite anterior, quando avisara que os alemães estavam indo da floresta à sua casa para comer. Esses não são os alemães que se encontram organizados e lutando à nossa frente, mas das unidades pulverizadas pelo avanço aliado e que se dispersaram na floresta. Muitos deles estão tentando reunir-se ao grosso das forças alemãs para continuar combatendo. Outros estão ansiosos para renderem-se, desde que saibam como fazê-lo sem o risco de serem mortos.

Foi enviado um carro para apanhar os cinco alemães que a velhota mantém sob a mira da pistola.

— Podemos matá-los? — pergunta um dos componentes da patrulha.

— Só se forem das SS — responde um guerrilheiro.

— Tragam-nos aqui, para serem interrogados e transferidos para a Divisão — digo eu. O carro arrancou.

O moço polonês, que tinha a cara de Jackie Cooper quando Jackie Cooper era um garoto, está limpando copos na sala de jantar do hotel e o velho fuma seu cachimbo e pergunta a si próprio quando será solto para sair de novo em missão.

— Meu Capitão — disse o velho —, por que não me deixam exercer alguma função útil, em vez de ficar aqui de braços cruzados no jardim deste hotel, enquanto Paris está em jogo?

— Você sabe demais para corrermos o risco de vê-lo nas mãos dos alemães — disse eu.

— O garoto polonês e eu poderíamos fazer uma missão muito útil e eu liquidava-o se ele tentasse escapar.

— Ele não pode fazer qualquer missão útil. Só poderá ser enviado com as tropas.

Ele diz que regressará às linhas alemãs de uniforme e obterá qualquer informação que seja preciso.

— Vamos parar com histórias da carochinha — disse eu ao velho. — E como não há aqui mais ninguém para guardar o pequeno polonês, você fica responsável por ele.

Nesse ponto, recebemos uma vasta soma de informações que tinham de ser examinadas e datilografadas e foi-me necessário sair numa patrulha até St. Rémy-les-Chevreuses. Havia notícias de que a Segunda Divisão Blindada Francesa do general Leclerc aproximava-se rapidamente de Ramuillet pela estrada de Paris e queríamos dispor de todas as formações possíveis sobre as posições alemãs.

COMO CHEGAMOS A PARIS

Collier's, 7 de outubro de 1944

Jamais poderei descrever as emoções que senti à chegada da coluna blindada do general Leclerc ao sudeste de Paris. Tendo acabado de regressar de uma patrulha que me apavorou até o tutano e tendo sido beijado por todos os piores elementos de uma cidade que imaginaram ter sido libertados graças à nossa entrada fortuita, fui informado de que o próprio general estava um pouco mais abaixo na estrada e ansioso por ver-nos. Acompanhado por um dos principais figurões do movimento da Resistência e pelo coronel B, que a essa altura já era conhecido em toda Rambouillet como um bravo oficial e um *grand seigneur*, e que sustentara a cidade bravamente, avançamos com certa solenidade para o general. Suas palavras de acolhimento (impublicáveis) viverão para sempre em meus ouvidos.

— E agora sumam daqui, execráveis criaturas — disse o bravo general, falando, com efeito, numa voz um pouco acima de um murmúrio, e o coronel B, o rei da Resistência e este vosso correspondente de operações blindadas retiraram-se.

Mais tarde, o G-2 da divisão convidou-nos para jantar e eles movimentaram-se no dia seguinte com base nas informações que o coronel B reunira para eles. Mas, para o vosso correspondente, aquele foi o ponto alto do ataque a Paris.

Na guerra, a minha experiência tem sido de que um general rude é sempre um general nervoso. Nessa altura não formulei tal dedução, mas parti com uma outra patrulha onde podia guardar o meu nervosismo a bordo de um jipe e os meus amigos tentariam esclarecer o tipo de resistência inimiga que poderíamos encontrar no dia seguinte entre Toussus-le-Noble e Le Christ de Saclay.

Tendo apurado o tipo de resistência que seria de esperar, regressamos ao Hotel du Grand Veneur, em Rambouillet, onde passamos uma noite turbulenta. Não me lembro do que provocou exatamente essa intranquilidade mas talvez fosse o fato de o estabelecimento estar transbordando de gente, incluindo, em dado momento, dois policiais militares. Ou talvez fosse o fato de termo-nos adiantado demais ao nosso suprimento de vitamina B1 e as devastações do álcool estarem afetando os nervos dos mais calejados guerrilheiros que tinham libertado demasiadas cidades num prazo excessivamente curto. De qualquer modo, eu estava irrequieto e creio, sem exagero, poder afirmar honestamente que aqueles a quem o coronel B e eu nos referíamos como a "nossa gente" também estavam intranquilos.

O chefe guerrilheiro, verdadeiro líder combatente da "nossa gente", disse:

— Queremos ocupar Paris. Para que diabo é esta demora?

— Não há demora, chefe — respondi. — Tudo isto faz parte de uma operação gigantesca. Tenha paciência. Amanhã conquistaremos Paris.

— Assim espero — disse o chefe guerrilheiro. — Minha mulher já está à minha espera há algum tempo. Quero entrar em Paris de qualquer jeito para vê-la e não vejo a necessidade de esperar um tempão para que cheguem mais uns tantos soldados.

— Tenha paciência.

Nessa noite decisiva dormimos. Podia ser uma noite decisiva, mas o dia seguinte seria, certamente, um dia ainda mais decisivo. Minhas previsões de uma batalha realmente séria no dia seguinte foram perturbadas por um guerrilheiro que chegou ao hotel altas horas da noite e me despertou para informar que todos os alemães que podiam fazê-lo estavam dando o fora de Paris. Sabíamos que haveria luta no dia seguinte por causa da força de cobertura que o exército alemão deixara na sua retaguarda. Mas não previa qualquer batalha violenta, uma vez que já estávamos ao corrente do dispositivo alemão e poderíamos atacá-lo ou contorná-lo segundo fosse mais conveniente; e garanti aos guerrilheiros que, se eles fossem apenas um pouco pacientes, teríamos o privilégio de entrar em Paris com soldados à nossa frente, em vez de ficarem atrás de nós.

Esse privilégio não os atraía de maneira alguma. Mas um dos chefões da luta clandestina insistiu para que assim fizéssemos, pois, como ele disse, seria uma atitude de mera cortesia consentir que as tropas nos precedessem. E quando atingimos Toussus-le-Noble, onde se registrou um choque violento, mas curto, com o inimigo, foram dadas ordens interditando aos guerrilheiros e correspondentes de guerra avançarem mais enquanto a coluna não tivesse passado.

No dia em que avançamos sobre Paris chovia torrencialmente e todos estávamos empapados até os ossos uma hora depois de abandonarmos Rambouillet. Passamos por Chevreuse e St. Rémy-les-Chevreuses, onde anteriormente fizemos missões de patrulhamento e éramos conhecidos dos habitantes locais, de quem recolhemos informações e com os quais embarcamos consideráveis quantidades de armanhaque para apaziguar o descontentamento dos guerrilheiros, que não pensavam em outra coisa senão entrar em Paris. Durante esses dias, descobri que a apresentação de uma excelente garrafa de qualquer espécie de bebida alcoólica era o único meio de pôr termo às discussões.

Depois de atravessarmos St. Rémy-les-Chevreuses, onde fomos entusiasticamente ovacionados pelo proprietário da *charcuterie* local, que participara em operações anteriores e cujo pileque ainda não tinha se dissipado até então, cometemos um ligeiro erro ao precedermos o avanço da coluna para uma aldeia chamada Courcelle. Fomos informados de que não tinham passado quaisquer veículos à nossa frente e, para grande desgosto dos nossos que desejavam avançar pelo que consideravam ser o caminho mais curto para entrar em Paris, retrocedemos para St. Rémy-les-Chevreuses, a fim de juntarmo-nos à coluna blindada que avançava para Châteaufort. Nosso regresso foi recebido com alarme considerável pelo *charcutier*. Mas quando lhes explicamos a situação, voltou a aclamar-nos com transbordante entusiasmo e, despachando rapidamente dois tragos, avançamos resolutamente para Toussus-le-Noble, onde eu sabia que a coluna teria de travar combate.

Nesse ponto, eu sabia que a oposição alemã devia estar imediatamente à nossa frente e também à nossa direita, em Le Christ de Saclay. Os alemães tinham cavado e feito explodir uma série de obstáculos defensivos entre Châteaufort e Toussus-le-Noble, além do entroncamento de estradas. Passado o aeródromo de Buc tinham peças de 88 que dominavam todo o trecho de estrada. À medida que nos aproximávamos de onde os tanques estavam operando, em redor de Trappes, eu ficava cada vez mais apreensivo.

Os blindados franceses operaram maravilhosamente. Na estrada para Toussus-le-Noble, onde sabíamos que havia alemães com metralhadoras nas medas de trigo, os tanques desdobraram-se e cobriram ambos os nossos flancos; vimo-los rolarem à nossa frente, por searas de trigo ceifado e empilhado, como se estivessem em manobras. Só vimos os alemães quando eles se adiantaram de mãos ao alto, depois de os tanques terem passado. Era um magnífico emprego dos blindados, essas crianças problemáticas da guerra, e era uma beleza vê-los manobrando.

Quando topamos com os sete tanques e as quatro peças de 88 que os alemães tinham além do aeródromo, os franceses dominaram estupendamente a luta. A sua artilharia estava colocada mais atrás, numa outra seara de trigo, e quando os canhões alemães — quatro dos quais tinham sido trazidos durante a noite e estavam disparando inteiramente a descoberto — abriram fogo na coluna, a artilharia mecanizada francesa martelou-se implacavelmente. Não era possível ouvir, com os obuses alemães que chegavam, os disparos das 20 mm e o crepitar das rajadas de metralhadora sobre nossa cabeça, mas o chefe guerrilheiro francês que correlacionara todas as informações sobre o dispositivo alemão gritou em francês ao meu ouvido:

— O contato é uma beleza. Estão mandando a carga toda para onde nós dissemos. Uma beleza.

Era uma beleza um tanto excessiva para mim, que nunca fui um grande apreciador de contatos, e bati com a cara no chão quando um obus 88 explodiu na estrada. O contato é um negócio muito barulhento e como a nossa coluna ficou detida nesse ponto, os guerrilheiros mais esforçados e ativos ajudaram a reconstruir a estrada que ficara reduzida a mingau pelo fogo dos blindados. Isso os ajudava a manter o espírito distraído do contato que se desencadeara à nossa volta. Encheram os buracos enlameados com os tijolos e as telhas de uma casa destroçada, e passavam de mão em mão os pedaços de concreto e de alvenaria da casa. Chovia torrencialmente todo esse tempo e quando o contato terminou, a coluna tinha dois mortos e cinco feridos, um tanque havia pegado fogo e tínhamos destruído dois dos sete tanques inimigos e silenciado todas as peças de 88.

— *C'est un bel accrochage* — disse-me, jubilosamente, o líder guerrilheiro.

Isso significa, mais ou menos "Foi uma bela abordagem" ou "Fisgamo--los sensacionalmente", procurando mentalmente o significado exato de *accrochage*, que é o que acontece quando dois carros dão uma trombada de frente um no outro.

— Uma beleza! Uma beleza! — gritei.

Após o que um jovem tenente francês que não tinha o ar de ter participado em muitas *accrochages*, mas que, tanto quanto apurei, era muito capaz de ter entrado em centenas delas, me disse:

— Quem diabo é você e o que está fazendo aqui na nossa coluna?

— Sou um correspondente de guerra, *Monsieur* — respondi.

— Não deixem os correspondentes de guerra avançar enquanto a coluna não tiver passado toda! — gritou ele. — E especialmente não deixem este passar!

— Ok, meu tenente! — disse o PM. — Ficarei de olho nele.

— E ninguém dessa gentinha da guerrilha! — ordenou o tenente. — Ninguém sai daqui enquanto a coluna não passar.

— Meu tenente — disse eu —, a ralé sumirá do mapa assim que esta pequena *accrochage* tiver acabado e a coluna avançar.

— O que quer isso dizer... Esta pequena *accrochage*? — indagou ele, e suspeitei de que uma ponta de hostilidade se denunciava em seu tom de voz.

Como não avançaríamos mais com a coluna, optei nesse ponto por uma ação evasiva e desci pela estrada até um bar. Numerosos guerrilheiros ocupavam as mesas, cantavam alegremente e passavam o melhor de seu tempo com uma atraente moça espanhola de Bilbao, a quem eu já encontrara nas famosas rondas de patrulha nas cercanias da cidade de Cognières. Chamávamos-lhes patrulhas de ida e volta porque essa cidade costumava ser conquistada aos alemães sempre que um de seus veículos saía dela e voltavam a ocupá-la quando nós desaparecíamos na estrada, de regresso à base. Essa moça acompanhava as guerras e antecedia a chegada das tropas desde os quinze anos, e tanto ela como os guerrilheiros não estavam ligando nada para a *accrochage*.

Um chefe guerrilheiro chamado C disse:

— Tome um trago deste excelente vinho branco.

Bebi um longo trago pela garrafa e resultou ser um licor altamente alcoólico com sabor de laranjas e chamado *Grand Marnier*.

Passou uma maca com um ferido.

— Olhem só — disse um guerrilheiro —, esses militares estão constantemente sofrendo baixas. Por que é que não autorizam a gente a avançar de um modo mais sensato?

— Ok, ok. — disse um outro guerrilheiro, em uniforme de campanha dos G.I., com a braçadeira dos *francstireurs* na manga. — Já não se lembra dos camaradas que foram ontem fuzilados na estrada?

Um outro interrompeu:

— Mas hoje vamos entrar em Paris.

— Vamos voltar e ver se conseguimos passar por Le Christ Saclay, de acordo? — sugeri. — A lei já chegou por aqui e não vai deixar-nos dar um passo enquanto a coluna não tiver passado. As estradas estão muito lamacentas e cheias de buracos por este lado. Talvez pudéssemos passar com os automóveis, mas o caminhão o mais certo seria ficar atolado e estragar tudo.

— Poderíamos tentar avançar por uma estrada secundária — disse o chefe guerrilheiro C. — Desde quando é que somos obrigados a seguir atrás das colunas, hein?

— Acho que o melhor é dar a volta por Châteaufort. Talvez possamos ir muito mais depressa por lá.

No cruzamento da estrada em Châteaufort encontramos o coronel B e o comandante A, que se tinham distanciado de nós antes de toparmos com a tal *accrochage* e contamos-lhe a beleza de contato que havia lá na estrada. A artilharia ainda fazia fogo no campo de medas de trigo e os dois bravos oficiais tinham encontrado almoço numa casa de lavoura. Soldados

A SEGUNDA GUERRA MUNDIAL 399

franceses da coluna estavam queimando caixotes vazios da munição gasta pela artilharia e nós aproveitamos para despir a roupa ensopada e secá-la ao calor das fogueiras. Prisioneiros alemães começavam chegando em magotes e um oficial francês da coluna pediu-nos que enviássemos alguns guerrilheiros até onde se encontrava um grupo de alemães que tinha acabado de render-se no campo de trigo. Trouxeram-nos de volta em bom estilo militar, todos os prisioneiros vivos e em bom estado.

— Isto é o que se chama uma besteira, meu capitão disse o mais velho do bando guerrilheiro. — Alguém vai ter de alimentar toda essa gente, agora.

Os prisioneiros disseram que eram escriturários nos serviços administrativos alemães de Paris e só tinham sido trazidos e colocados em posição à uma hora dessa mesma manhã.

— O senhor acredita nessa conversa? — perguntou o veterano guerrilheiro.

— É possível — disse eu. — Eles não estavam aqui.

— Toda esta bobagem militar me dá nojo — respondeu o veterano guerrilheiro. Tinha quarenta e um anos de idade e um rosto magro, anguloso, olhos azuis e um sorriso estranho, mas requintado. — Onze homens do nosso grupo foram torturados e fuzilados por esses alemães. Fui espancado por eles e liquidar-me-iam como um cão se soubessem quem eu era. E agora pedem-nos que os guardemos cuidadosa e respeitosamente.

— Eles não são seus prisioneiros — expliquei. — Foram os militares que os capturaram.

A chuva converteu-se numa garoa fina e, pouco depois, o céu despejou. Os prisioneiros foram recambiados para Rambouillet no grande caminhão alemão que o chefe da Resistência estava justificadamente ansioso por retirar da coluna. Deixando com o PM da encruzilhada um recado sobre onde o caminhão poderia voltar a juntar-se a nós, rodamos no encalço da coluna.

Apanhamos os tanques numa estrada secundária do lado da principal rodovia Versailles–Paris e acompanhamo-los através de um vale densamente arborizado e depois ao longo de campinas verdejantes onde havia um palácio. Vimos os tanques dispersarem-se de novo, como cães de guarda em torno de um rebanho em marcha. Tinham entrado em combate uma vez, quando retrocedemos para ver se a estrada por Le Christ Saclay estava livre, e passamos por um tanque carbonizado e três soldados alemães mortos. Um destes fora atropelado e espalmado de um modo que não deixava dúvidas sobre o poder de um veículo blindado quando usado de determinada forma.

Na rodovia nacional Versailles–Villacoublay, a coluna ultrapassou as ruínas fumegantes do aeródromo de Villacoublay, rumo à encruzilhada de Porte Clamart. Aí, enquanto a coluna fazia alto, um francês veio correndo e informou que havia um pequeno tanque alemão na estrada que conduzia à floresta. Devassei a estrada com o meu binóculo, mas nada consegui ver. Entrementes, o veículo alemão, que não era um tanque, e sim um carro blindado ligeiro equipado com uma peça de 20 mm e uma metralhadora, fez meia-volta na floresta e investiu estrada acima, alvejando a encruzilhada. Todo mundo começou atirando nele, mas conseguiu safar-se sob a proteção das árvores. Archie Pelkey, meu motorista, alvejou-o duas vezes, mas não podíamos ter a certeza de que fora atingido. Dois homens foram baleados e transportados, para receberem os primeiros socorros, até a esquina de um edifício, cujo ângulo os punha a salvo do tiroteio. Os guerrilheiros estavam felizes, agora que a fuzilaria recomeçara.

— Temos um bom trabalho à nossa frente. Um bom trabalho — disse o guerrilheiro de face angulosa e olhos azuis. — Estou contente que ainda tem alguns desgraçados espalhados por aí.

— Acha que ainda teremos alguma oportunidade de combater? — perguntou o guerrilheiro chamado C.

— Com certeza — respondeu ele. — Tem de haver alguns na cidade.

Meu objetivo de guerra, nesse momento, era entrar em Paris sem ser baleado. Tínhamos andado com o nariz de fora havia muito tempo, o que não era das coisas mais aconselháveis para manter um físico ileso. Paris ia ser conquistada. Protegi-me em todos os combates de rua, nos abrigos mais sólidos que pudesse encontrar, e com alguém cobrindo as escadas atrás de mim quando nos abrigávamos em casas ou na portaria de edifícios de apartamentos.

Daí em diante, o avanço da coluna ia ser digno de se ver. À nossa frente estava uma barreira de árvores caídas. Os tanques contornavam-na ou arredavam-na às marradas, como elefantes fazendo rolar troncos de árvores.

Vimos os tanques arremeterem contra uma barricada de motocicletas velhas e prosseguirem sua marcha esmagando tudo o que havia pela frente, arrastando, emaranhados em suas lagartas, os para-lamas dos calhambeques, até se desprenderem aos poucos pela estrada, numa semeadura de sucata. Os blindados, que podem ser tão vulneráveis e tão dóceis em terrenos arborizados, onde são presa das armas antitanques, das bazucas e de quem não tiver medo de abordá-los, seguiam derrubando tudo feito elefantes embriagados numa aldeia nativa.

À frente e à nossa esquerda, um depósito alemão de munições estava em chamas e os projéteis multicores da antiaérea estouravam no meio do crepitar contínuo das explosões das granadas de 20 mm. Os maiores projéteis começaram explodindo quando o calor aumentou e o espetáculo dava a impressão de um bombardeio. Não pude localizar Archie Pelkey, mas depois descobri que ele avançara para o depósito de munições em chamas, pensando tratar-se de um combate.

— Não havia ninguém, Papa — disse ele. — Era apenas um depósito que foi pelos ares.

— Nunca se afaste sozinho sem avisar — disse eu. — Como saberia se queríamos avançar ou não?

— Ok, Papa. Desculpe, Papa. Tem razão, Papa. Só que eu não fui sozinho, Sr. Hemingway. Fui com o meu *frère*... Aquele que é meu irmão... Porque ele me disse que aquilo era briga das boas.

— Ah, caramba — disse eu. — As guerrilhas estragaram você.

Andamos pela estrada onde o depósito de munições estava explodindo, com Archie, que tinha cabelo ruivo claro, seis anos no exército regular, quatro palavras de francês, a falta de um dente da frente e um *frère* numa unidade guerrilheira; ria gostosamente com a barulheira que as munições de grosso calibre faziam quando estouravam.

— A coisa pegou bem, Papa — gritou ele. Sua expressão era de completa felicidade. — Disseram-me que Paris é uma cidade bacana, Papa. Já esteve lá?

— Sim.

Rodávamos por uma descida da estrada. Eu conhecia todo o percurso e sabia o que veríamos quando saíssemos da curva seguinte.

— *Frère* estava me contando alguma coisa a respeito de quando a coluna foi detida, mas não consegui perceber — disse Archie. — Tudo o que entendi é que deve ser uma terra bacana... bacana mesmo. Era qualquer coisa a respeito de ele ir para *Paname*. Isso tem alguma coisa a ver com o Panamá?

— Não, Arch — disse. — Os franceses chamam *Paname* a uma coisa de que gostam muito.

— Ah, é isso? *Compris* — disse Archie. — Como alguma coisa que podemos chamar a uma garota bonita sem ser realmente o nome dela. Certo?

— Certo.

— Não consegui perceber o que o estupor do *frère* estava querendo explicar — comentou Archie. — Suponho que é como chamarem-me Jim. Todo o pessoal da unidade me chama Jim, e o meu nome é Archie.

— Talvez eles gostem de você.

— É uma boa unidade. A melhor unidade que já vi. Disciplina, não tem nenhuma. Tenho de admitir isso. Bebendo o tempo todo. Tenho de reconhecer isso. Mas que gente para brigar! E ninguém está ligando se vai morrer ou não. *Compris?*

— Sim, Archie.

Nada mais pude dizer então, pois senti uma estranha sensação de que minha garganta estava fechando e tive de limpar os meus óculos porque, diante de nós, pardacenta e sempre bela, estendia-se agora a cidade que eu mais amo em todo o mundo.

O PRACINHA E O GENERAL

Collier's, 4 de novembro de 1944

O trigo estava maduro, mas não havia gente para ceifá-lo e os trilhos dos tanques cortavam a seara até onde os tanques estavam, na orla de uma colina que teriam de atacar no dia seguinte. Nada existia entre nós e os alemães nesse terreno arborizado e na colina. Sabíamos que eles tinham alguma infantaria e entre quinze e quarenta blindados. Porém a divisão progredira tão rapidamente que a outra divisão à sua esquerda não conseguira acompanhá-la no avanço e toda essa região que contemplávamos agora, olhando as colinas acolhedoras, os vales de suaves contornos, as casas de lavoura e as granjas com seus pomares e campos de cultivo, e os edifícios de paredes cinzentas e telhados de ardósia da cidade, com sua pontiaguda torre de igreja, era apenas um flanco inteiramente desguarnecido. Toda essa paisagem era mortal.

A divisão não tinha ido além de seu objetivo. Atingira-o e as elevações do terreno onde agora nos encontrávamos eram o ponto exato onde devia parar. Vinha fazendo o mesmo, dia após dia, semana após semana, após um mês de avanço. Ninguém se lembrava mais de dias isolados e a história, que é feita no dia a dia, nunca foi percebida, fundindo-se num grande borrão de cansaço e poeira, de cheiro de gado morto, de cheiro de terra esventrada pelo TNT, do som triturante dos tanques e escavadeiras, do som de fuzilaria de rifles automáticos e metralhadoras, o fogo entrecortado e seco das pistolas-metralhadoras alemãs; e o crepitar rápido e nervoso das armas ligeiras alemãs... E esperando sempre pela chegada dos outros mais atrasados.

Agora, nessa tarde de verão na qual não há uma nuvem no céu, ficamos espraiando a vista pelos campos onde a divisão lutaria amanhã. Era um dos primeiros dias de tempo realmente bom. O céu azul permitia-nos observar nossos aviões martelando os tanques alemães à nossa frente e esquerda. Minúsculos e prateados ao sol, os P-47 aproximavam-se em pares sucessivos e faziam círculos no ar antes de abandonar a formação para o bombardeio de mergulho. Quando desciam, crescendo-lhes o focinho e revelando a ameaçadora robustez de seu arcabouço, rosnando enquanto investiam a pique sobre as suas presas, víamos o relâmpago e a fumaça das bombas e ouvíamos o baque surdo da sua detonação. Depois, os P-47 erguiam-se de novo, novamente circulavam para mergulhar outra vez, castigando, deixando atrás deles uma fina e alongada cauda de fumaça esbranquiçada, enquanto martelavam os alvos com suas grandes peças de 50 mm. Houve um grande clarão luminoso nas árvores do bosque sobre o qual os aviões picavam e depois altearam-se grossos rolos de fumaça escura. E os aviões subiram e mergulharam mais uma vez, martelando, castigando, castigando sempre.

— Pegaram um tanque dos boches — disse um tripulante de um blindado da nossa divisão. — É menos um desses desgraçados.

— Consegue vê-lo com o binóculo? — perguntou-me um outro tripulante, que envergava o capacete especial da divisão blindada.

— As árvores tapam tudo deste lado — respondi.

— É claro — disse o tripulante. — Se usássemos coberturas como esses malditos *krauts*, muitos mais dos nossos rapazes chegariam a Paris ou Berlim ou sei lá aonde é que vamos.

— Para casa — disse um outro homem. — É para onde vamos. É o único lugar a que me interessa ir. E é para onde eu vou. Para casa, e quanto antes, melhor. Todos esses outros lugares são zonas interditas, de qualquer jeito. Nunca chegamos a cidade nenhuma.

— Calma, rapaz — interrompeu um outro soldado. —Não seja tão apressado.

— Me diga uma coisa, correspondente — interpelou um outro soldado. —Há uma coisa que não entendo. Você vai me explicar, não é? O que é que você está fazendo aqui, se não precisa estar aqui? É só pelo dinheiro?

— Claro — respondi. — Dinheiro graúdo. Montes de dinheiro.

— Isso não faz sentido para mim — disse ele, cheio de seriedade. — Entendo que um cara faz aquilo que tem de fazer. Mas por dinheiro... Hum, não faz sentido, não. Dinheiro nenhum no mundo serviria para fazer isto que ando fazendo.

Uma granada alemã de alto poder explosivo, com detonação retardada, explodiu no ar à nossa direita, deixando uma baforada de fumaça preta em suspenso.

— Esses miseráveis *krauts* atiraram esse troço alto demais — disse o soldado que não faria o que estava fazendo por todo o dinheiro deste mundo.

Nesse instante, a artilharia alemã começou bombardeando a colina à nossa esquerda, onde um dos batalhões do primeiro dos três regimentos de infantaria da divisão estacionava acima da cidade. A vertente da colina saltava em repuxos de terra escura das múltiplas explosões.

— A seguir vão atirar na gente — disse um dos homens dos tanques. — Ali onde estão têm uma boa visão sobre nós.

— Deite-se ao comprido junto à traseira do tanque se eles começarem a atirar — aconselhou o homenzarrão do tanque que dissera ao outro camarada para ter calma.

— Esse negócio parece-me muito pesado — respondi. — E se tiver de fazer marcha a ré a toda pressa?

— Eu darei um berro para que você se mande daí para fora, tá? — disse ele sorrindo.

O nosso 105, atrás de nós, abriu fogo de contrabateria e o canhoneio alemã parou. Um Piper Cub sobrevoava-nos lentamente, em círculos apertados. Um outro voava mais para a direita.

— Eles não gostam de atirar quando esses Cubs andam lá por cima — explicou o grandalhão do tanque. — Os aviões localizam o relâmpago das detonações e então nossa artilharia faz-lhes chover o inferno em cima ou os bombardeiros aparecem num abrir e fechar de olhos.

Permanecemos no mesmo lugar por algum tempo, mas a artilharia alemã só abria fogo a intervalos sobre a colina defendida pelo batalhão. Não íamos atacar.

— Vamos retroceder para ver aonde é que o restante do comando de combate já chegou — disse eu.

— Ok — respondeu Kimbrough, que guiava a motocicleta alemã capturada em que nos deslocávamos. — Vamos.

Dissemos "Até logo" ao pessoal do tanque e retrocedemos pela seara de trigo até onde estava a motocicleta, montamo-la, eu no assento traseiro, e enfiamos na poeira da estrada que os blindados tinham revolvido e transformado em nuvens espessas de pó cinzento. O *sidecar* levava um sortido variado de armamento, equipamento fotográfico, equipamento de reparação, uma miscelânea de produtos alemães engarrafados, granadas de mão, várias armas automáticas, tudo pertencente ao cabo (hoje sargento) John Kimbrough, de Little Rock, Arkansas.

Poderia ter facilmente servido de mostruário para a propaganda do sonho do guerrilheiro bem armado e eu me perguntava muitas vezes como Kim pensava desembaraçar-se no caso de termos de entrar numa ação não evasiva, durante essas incursões por território cuja posse ainda era altamente duvidosa. Embora ele seja um homem extremamente versátil e por muito que eu respeite a sua capacidade de improvisação, sentia-me algumas vezes estarrecido ante a perspectiva de vê-lo manejando mais de três pistolas-metralhadoras, uma variedade de pistolas, uma carabina e ainda uma metralhadora ligeira alemã, simultaneamente, sem dispersar sua potência de fogo. Mas, enfim, decidi que ele devia estar pensando em armar toda a região, à medida que penetrávamos mais e mais o território inimigo. E veio a acontecer que isso funcionou às maravilhas numa ocasião e merecia mais um galão novinho em folha no uniforme do meu previdente e, como eu então pensava, ligeiramente superarmado companheiro.

Voltamos à cidade que tinha sido ocupada nessa tarde pela estrada e parei diante do café que ficava frente à igreja. A estrada estava coalhada de blindados que circulavam com seu ronco metálico de ferragens entrechocando-se; o ruído de um tanque esmorecia no estrépito crescente, de aço torturado, do tanque seguinte. Passavam com sua torre aberta e as tripulações retribuindo maquinalmente os acenos com que os garotos das aldeias acompanhavam cada tanque. Um velho francês num chapéu de feltro preto, uma camisa passada, gravata preta e um terno preto empoeirado, com um ramo de flores na mão direita, mantinha-se de pé no adro da igreja, sobranceiro à estrada, e saudava formalmente cada blindado com as flores.

— Quem é aquele velho diante da igreja? — perguntei à mulher que era a proprietária do café, enquanto nos ajuntamos à porta vendo passar a coluna blindada.

— É um pouco biruta — disse ela —, mas muito patriota. Está ali plantado desde que as primeiras tropas chegaram hoje de manhã. Não almoçou. Duas vezes a família dele veio buscá-lo, mas recusou-se a sair dali.

— Também saudava os alemães?

— Ah, não! — exclamou a madame. — É um homem de extremo patriotismo, mas há muitos anos, o senhor entende que ele está um tanto esquisito...

A uma das mesas, estavam sentados três soldados com uma garrafa de cidra, meio vazia, e três copos.

— Aquele feitor de escravos! — dizia um deles, que tinha a barba por fazer, era alto, magro, e a quem a bebida soltara a língua. — Aquele maldito feitor de escravos. A cem quilômetros da frente e matará todos nós, todos!

— De quem você está falando? — perguntou Kimbrough ao soldado.

— Aquele feitor de escravos! O general!

— A que distância daqui você disse que ele está? — indagou Kimbrough.

— A cem quilômetros, nem menos um centímetro. Cem quilômetros em que morremos todos. Estamos todos mortos. Não sabia disso? E pensa que ele está ligando, aquele feitor de escravos?

— Você quer saber a que distância ele está, meu chapa? Neste momento, não chega a três quilômetros, sabia? — disse Kimbrough. — Talvez até já tenha passado à nossa frente. Passamos por ele na estrada há poucos instantes.

— Ah, você é um deslumbrado — disse o soldado da barba por fazer. — O que diabos sabe você da guerra? Aquele estuporado feitor de escravos está a cem quilômetros daqui, nem menos um centímetro, é o que eu lhe digo. E olhe bem para mim! Eu cantava com boas orquestras... Boas, estupendas orquestras. E a minha mulher engana-me. Não preciso prová-lo. Ela mesma se encarregou de me informar. E ali está no que eu acredito, ali mesmo!

Apontava para o outro lado da rua, por cima dos tanques, onde o francês de meia-idade ainda erguia as suas flores para cada blindado que passava.

Havia um padre em hábitos pretos atravessando o pequeno cemitério ao lado da igreja.

— Em quem é que você acredita? Naquele francês? — perguntou um outro GI.

— Não, eu não acredito naquele francês — respondeu o soldado que cantara com boas orquestras. — Acredito no que aquele padre representa. Acredito na Igreja. E a minha mulher foi-me infiel não uma vez, mas uma porção de vezes. Não lhe vou dar o divórcio porque é *naquilo* que acredito. E foi por isso que ela não assinou os papéis. E por isso não sou bombardeiro. Frequentei a Escola de Bombardeiro e ela não assinou os papéis e neste mesmo minuto ela está sendo infiel a mim!

— Ele também sabe cantar — disse-me um dos soldados. — Ouvi-o cantar uma noite destas e canta bem, não há dúvida.

— Não posso dizer que odeio a minha mulher, não senhor — continuou o soldado que cantara com boas orquestras. — Se ela está me sendo infiel agora, neste minuto, enquanto estamos aqui e acabamos de ocupar esta cidade, a verdade é que não posso dizer que a odeio, embora ela tenha arruinado a minha vida e tenha impedido que eu fosse bombardeiro. Mas odeio o general. Odeio esse feitor de escravos e seu coração tenebroso.

— Deixem-no chorar — disse um dos soldados. — Isso fará com que ele fique aliviado e sinta-se melhor.

— Escutem, rapazes — disse um terceiro GI. — Ele está com um problema doméstico e está numa fossa daquelas, entendem? Mas vou dizer a *vocês* uma coisa. Esta foi a primeira cidade aonde entrei. Na infantaria, a gente conquista uma terra atrás de outra e, a maioria das vezes, passa ao lado delas, e quando regressamos são zonas interditas e estão cheias de PMs. Até agora ainda não vi um policial militar nesta cidade, exceto o que regula o trânsito na esquina. Não está certo, honestamente, que nunca se possa entrar numa cidade.

— Mais tarde... — comecei a dizer. O soldado que cantara com boas orquestras interrompeu.

— Não vai haver mais tarde — disse ele. — Aquele feitor de escravos acabará matando a todos nós. Tudo o que ele está fazendo é ficar famoso, mas não sabe que os homens são seres humanos.

— Ele pode decidir tanto quanto eu ou você se devemos estar na linha da frente ou em qualquer outro lado — cortou Kimbrough. — Você, afinal de contas, não sabe o que é um general de divisão. Não sabe que ele recebe suas ordens, como você e eu recebemos?

— Está bem. Você vai então tirar-nos da linha da frente, tá? Se você sabe todo esse negócio, então *você* vai tirar-nos da frente. Quero voltar para casa. Se estivesse em casa talvez nada disso me acontecesse. Talvez a minha mulher nunca me tivesse sido infiel. De qualquer modo, nada disso já me interessa. Não me importa coisa nenhuma.

— Então por que não cala essa boca? — perguntou Kimbrough.

— Vou fechar a boca, está bem — disse o cantor de orquestra. — E não direi o que penso do general que me está matando todos os dias.

Nessa noite regressamos tarde ao quartel-general avançado da Divisão. Após deixarmos os soldados no café da cidade recém-conquistada, acompanhamos a coluna blindada até onde ela fora detida por um campo de minas, um bloqueio da estrada e uma barragem de artilharia antitanque.

Na Divisão, alguém me informou:

— O general quer vê-lo.

— Vou cair fora.

— Não. Vá vê-lo. Ele está muito preocupado a seu respeito.

Encontrei-o no carro-reboque, estendido na cama de campanha num velho uniforme de lã cinza. Seu rosto, que ainda era atraente quando relaxado, estava pálido, contraído e refletia um cansaço ilimitado. Apenas seus olhos brilhavam de vivacidade.

— Estava preocupado com você — disse o general, em sua voz quente e afável. — Por que tardou tanto?

— Esbarramos com alguns blindados e tivemos de dar uma grande volta para regressar.

— Por onde?

Informei-o.

— Conte-me o que viu hoje na unidade tal e tal (mencionou o nome das unidades de infantaria empenhadas em combate).

Contei-lhe.

— O pessoal está muito cansado, Ernie — disse ele. — Deviam ter um descanso. Até uma boa noite de sono ajudaria. Se eu lhes pudesse dar quatro dias... Só quatro dias. Mas é sempre a velha história.

— Você também está extenuado — disse eu. — Durma um pouco. Não vou atrapalhá-lo.

— Não deviam existir generais cansados. Especialmente, jamais deviam existir generais desgostosos. Não estou tão fatigado quanto eles.

Nesse instante, soou o telefone e ele atendeu, respondendo com o nome de código para o GOC da divisão.

— Sim — disse ele. — Sim. Como está, Jim?... Não. Meti-os na cama pela noite. Quero que durmam um pouco... Não. Começo o ataque de manhã mas não vou desencadear assalto algum. Pretendo contorná-la. Não acredito em assaltos a cidades, você sabe. Já devia saber isso... Não. Acredito chegar mais longe do que isso... Sim. Está certo.

Saiu da cama de campanha e dirigiu-se ao enorme mapa de parede, ainda com o telefone na mão. Observei seu corpo sólido e atlético, sem sombras de barriga, recordando o general de parada que ele fora antes da sua divisão ter entrado em ação.

Continuou falando ao telefone:

— Jim?... Sim. O único osso que você terá pela frente, realmente, é aquele negócio em forma de folha de trevo, entende? Terá de trabalhar um pouco por aí. Você deve saber que se tem falado um pouco de certa coisa... Sim. Eu compreendo. Ora, se isso acontecer e quando você me alcançar, poderá contar com toda a minha artilharia, se for preciso... Sim. Absolutamente. Está certo, é isso mesmo... Não. É claro que penso isso mesmo. Caso contrário não o diria... Está bem... Bom... Boa noite.

Desligou. Seu rosto estava cinzento de exaustão.

— Era da Divisão à nossa esquerda. Fizeram um bom trabalho, mas estão progredindo com muita lentidão na floresta. Quando nos alcançarem e passarem à frente, teremos quatro dias de repouso... Pelo menos é o que suponho. A infantaria está terrivelmente precisada disso. Ficarei muito satisfeito se lhes der.

— E agora devia também repousar um pouco — disse.

— Tenho de trabalhar agora. Afaste-se das estradas solitárias e se cuida, Ernie.

— Boa noite, general. Estarei aqui amanhã cedo.

Todo mundo pensava que a Divisão ia ser rendida por quatro dias e no dia seguinte falava-se muito de chuveiros, clubes móveis, belas garotas da Cruz Vermelha, incluindo Whitney Bourne, que era do cinema e fizera um filme chamado *Crime sem paixão*, e todos estavam muito impressionados com a perspectiva, ignorando o ano em que o filme foi produzido. Mas as coisas não correram dessa maneira. Pelo contrário, houve um contra-ataque alemão de grande envergadura e, no momento em que escrevo estas linhas, a Divisão ainda está na frente de batalha.

A GUERRA NA LINHA SIEGFRIED

Collier's, 18 de novembro de 1944

Uma porção de gente lhes contará como foi ser o primeiro a pôr o pé na Alemanha e como se rompeu a Linha Siegfried, e uma porção de gente estará completamente equivocada. De modo que estas linhas não serão retidas pelo censor enquanto todas as reivindicações estiverem sendo passadas pelo crivo. Não reivindicamos coisa alguma. Nada de reclamações, estão vendo? Já perceberam? Nada de reclamações. Eles que decidam e então veremos quem foi o primeiro a chegar. Quer dizer, a primeira unidade. Não primeiras pessoas.

A infantaria abriu uma brecha na Linha Siegfried. Romperam-na numa manhã fria e chuvosa quando nem os corvos voavam e muito menos a Força Aérea. Dois dias antes, no último dia antes de o tempo ficar borrascoso, tínhamos chegado ao fim da correria. Fora uma bela corrida de Paris a LeCateau, com furiosos combates em Landrecies, que poucos viram e ainda menos sobraram para recordá-los. Depois, foi o ataque e a passagem forçada nos desfiladeiros da Floresta das Ardenas, numa paisagem semelhante à das ilustrações para os contos de fadas dos Irmãos Grimm, só que um pouco mais sombria.

Depois, a corrida continuou pelo terreno ondulado e arborizado. Por vezes, encontrávamo-nos a menos de meia hora da retaguarda das forças mecanizadas do inimigo em retirada. Outras vezes, a distância encurtava para uns escassos cinco minutos de diferença. Algumas vezes, ultrapassamos o inimigo e, do ponto de reconhecimento, ouvíamos as peças de 50 martelando atrás de nós e os canhões Wump de 105 mm alvejando os destruidores de tanques e o amálgama de ruídos da fuzilaria inimiga, e a palavra de ordem chegava em seguida:

— Tanques e blindados de meio rastro na retaguarda da coluna. Passe a palavra.

Depois, subitamente, a correria cessou e encontramo-nos numa colina fora da floresta, e todas as colinas ondeantes e todas as florestas que se desdobravam à nossa frente eram a Alemanha. Do fundo do vale subiu o estrondo familiar e ressonante quando a ponte foi para os ares e, para além da nuvem de fumaça preta e dos destroços atirados pela explosão, vimos dois blindados inimigos de meia-lagarta rasgando a estrada branca que conduzia às colinas alemãs.

A nossa artilharia estava levantando nuvens de fumaça e poeira amarelada à frente deles. Um meia-lagarta derrapou e foi tombar atravessado na estrada. O outro parou na curva, depois de tentar duas vezes escapar da morte feito um animal ferido. Uma granada ergueu um repuxo de poeira e fumaça ao lado dele e quando a nuvem se dissipou vimos os corpos estirados no leito revolto da estrada. Aí acabou a caça aos ratos e descemos por uma vereda do bosque, passando o rio a vau e saindo na outra margem. Estávamos na Alemanha.

Cruzamos as antiquadas e vazias casamatas de concreto que muita gente infortunada iria supor que era a Linha Siegfried e subimos nessa noite a um bom altiplano. No dia seguinte, passamos a segunda linha de fortins de concreto que guardavam os entroncamentos de estradas e os acessos à Muralha Oeste, e nessa mesma noite atingimos outra elevação, diante da Muralha Oeste, prontos para o assalto da manhã.

O tempo estava péssimo. Chovia, fazia frio e um vento quase ciclônico soprava em rajadas que nos penetrava até os ossos. À nossa frente erguia-se a escura cortina de florestas da cordilheira Schnee Eifel, onde vivia o dragão; e tínhamos deixado, na primeira colina atrás de nós, um palanque alemão para revistas militares, construído para que os oficiais de alta patente, quando presenciavam as manobras, pudessem confortavelmente verificar que a Muralha Oeste jamais seria ultrapassada. Estávamos penetrando-a justamente no ponto que os alemães escolheram para demonstrar, em batalhas simuladas, que a muralha era inexpugnável.

O restante desta história é contada nas palavras do capitão Howard Blazzard, do Arizona. Poderá dar a vocês uma pequena ideia do que acontece em combate.

— Nessa noite levamos a Companhia L para aquela cidade, com a missão de ocupá-la. Estava praticamente deserta. Seis boches, apenas, e foram abatidos. (*Refere-se à cidade ou, melhor dizendo, à vila de onde o ataque fora desencadeado essa manhã, galgando a colina e atravessando uma área nivelada até um campo de trigo, com o trigo ceifado e empilhado em medas, para lançar o assalto às principais fortificações da Muralha Oeste, situadas na densa floresta de pinheiros da sombria colina que se erguia em frente.*)

"O coronel, de Washington, D.C., reuniu os três comandantes de batalhão, e o S-2 e o S-3, e planejou a penetração para a manhã seguinte. Ficou previsto que onde a ruptura ia ser feita (*notem a expressão "ia ser feita", não ia ser tentada"*) contaríamos com uma companhia de tanques e uma de TD (Destruidores de Tanques), mas só nos deram um pelotão de blindados (cinco tanques). Fora previsto que teríamos doze TD, mas só nos deram nove. Você se lembra como as coisas estavam nessa altura, a escassez de gasolina e todo esse negócio.

"Bom, o plano ficou assim (*há uma grande diferença em combate entre o modo como as coisas são planejadas e o modo como as coisas realmente acontecem... Uma diferença tão grande como entre o que se supõe que a vida vai ser e o que ela acaba sendo*): A Companhia L, que ocupara a cidade na noite anterior, iria guarnecer o flanco direito, e eles fariam o ataque de fixação, abrindo fogo frontal.

"A Companhia K iniciara a marcha cedo, antes das seis da manhã, sob a proteção dos tanques e TDs. Enquanto começavam a escalada da colina, os TDs entraram na cidade e, por fim, aí por volta do meio-dia e meia, formamos o pelotão de tanques. Cinco. Apenas cinco no total.

"Ora, a Companhia I estava tão atrasada que não pôde juntar-se a nós. Você se lembra do que aconteceu nesse dia. (*Muita coisa, muita coisa aconteceu.*) Então o coronel decidiu retirar uma companhia do Primeiro Batalhão e lançá-la no ataque, de modo que ficamos com três companhias para o assalto.

"Isso aconteceu por volta da uma da tarde. O coronel e eu subimos pela bifurcação da esquerda para observar o início do ataque. Começou muito bem. A Companhia K avançou na cobertura dos tanques e TDs, com muitos homens empoleirados nos carros, galgou a colina, atingiu a crista e desapareceu. Como devia ser. Quando alcançou aquela crista, a Companhia L, à sua direita, abriu fogo com metralhadoras e morteiros de 60 mm e todo esse fogo era para desviar a atenção do inimigo da Companhia K.

"Os tanques e TDs dominaram a colina e as peças antiaéreas inimigas abriram fogo primeiro. (*Os alemães usavam as peças antiaéreas, que disparam quase tão rapidamente como as metralhadoras, para fazer fogo direto contra as tropas atacantes.*) O 88 que sabíamos estar ali reservava o seu fogo. Quando o *ack-ack* das antiaéreas e das metralhadoras começou varrendo a colina, os nossos homens saltaram dos tanques, como deviam, e começaram correndo pelo campo afora, até que ficaram no descampado, aquela grande faixa de terreno desabrigado quase ao chegar à floresta.

"Por essa altura, abriram realmente as goelas ao 88... a todos os 88 e mais as antiaéreas. Um TD bateu numa mina à esquerda daquela pequena vereda que vai dar na floresta, lembra-se? Os tanques aceleraram para dar cobertura aos homens detidos pelo canhoneio inimigo. Com um TD e um desses tanques perdidos, o pessoal começou todo a recuar. Você sabe como é, quando eles começam a recuar.

"Começaram então a recuar, atravessaram outra vez o descampado, arrastando alguns feridos. Outros vinham coxeando. Você sabe o aspecto que eles têm quando batem em retirada. Então os tanques e os TDs retrocederam também, e os homens agora já voltavam em grande número. Não podiam manter-se naquele terreno descoberto e os que não estavam feridos puseram-se a gritar que mandássemos médicos para os que estavam baleados. E você sabe como isso mexe com os ânimos de todos.

"O coronel e eu estávamos sentados perto da casa. Podíamos ver a luta e a estupenda maneira como eles tinham partido ao assalto. Pensávamos que eles tivessem passado sem grandes problemas, e afinal começou aquele bolo. Pela vereda, subiam quatro tripulantes de um tanque, arrastando-se a pé e gritando e berrando como tinham sido todos escorraçados.

"Eu estava no Terceiro Batalhão há muito tempo e disse então ao coronel: 'Meu coronel, posso ir ali abaixo e enxotar aqueles bastardos, conquistar a posição e mandá-los com o rabo entre as pernas? E ele respondeu: 'Você é S-2 em funções de estado-maior e vai ficar aqui onde está? Isso deixou-me de orelha murcha. Senti-me realmente infeliz.

"Ficamos sentados mais uns dez ou quinze minutos e os feridos continuavam retrocedendo em desordem, e nós ali estávamos e pensei que íamos perder aquela maldita batalha. Então o coronel disse: 'Vamos até lá. Esta coisa tem de andar para a frente. Aqueles bonifrates não vão enguiçar o ataque?

"Então começamos subindo a colina e íamos passando por pequenos grupos... Você lembra-se como eles se amontoavam, estonteados... E sabe a cara que o coronel fazia, ele com a .45 em mãos e pisando duro pela colina acima. Há uma espécie de *plateau* no topo da colina, onde começa a descida pela vertente oposta. Protegidos por esse pequeno *plateau*, estavam todos os tanques e os TDs, com a Companhia K formada numa espécie de linha de escaramuças, todos eles parecendo mortos e sem ânimo para atacar.

"O coronel chegou ao *plateau* onde todos os homens tinham se jogado por terra e disse: 'Vamos pegar aqueles boches e não quero que deixem um só vivo, estão ouvindo? Vamos limpar aquilo e acabar com este negócio.'

"Levantou a .45 e disparou três ou quatro vezes na direção donde vinha o fogo dos boches e gritou: 'Raios os partam, mas aqueles boches não vão rir da gente por muito tempo! Vamos, a pé, rapazes! Aqui não vai ficar ninguém parado!' Eles estavam desanimados pra burro, mas o coronel continuou falando e explicando para eles o negócio e não tardou a reunir alguns deles. Em quinze minutos estavam quase todos em marcha. Assim que começaram avançando outra vez, o coronel, eu e Smith (*sargento James C. Smith, de Tullahoma, Tennessee*) colocamo-nos à frente deles e o ataque estava firme e investimos para a floresta. A coisa estava feia na floresta, mas os rapazes não cederam desta vez.

"Quando penetramos na floresta (*a floresta era de abetos densamente plantados e as explosões das granadas arrancavam-lhes pedaços e derrubavam-nos, e as estilhas das árvores dilaceradas eram como damos na penumbra da floresta, e os homens gritavam e praguejavam e chamavam-se uns aos outros para expelir a maldição da obscuridade reinante no arvoredo, e matavam boches, continuando a investida*), vimos que era muito espessa para os tanques e eles foram postar-se na orla. Começaram disparando para dentro do arvoredo, mas tivemos de mandá-los parar porque a Companhia K progredira muito bem e havia o risco de bombardearem nossa gente.

"O coronel, eu e Smith continuamos avançando e encontramos uma clareira onde podíamos meter um TD. Ora, o ataque ia progredindo que era uma beleza e, de súbito, vimos um *bunker* ao nosso lado e eles começaram a atirar em nós. Concluímos que havia boches lá dentro. (*O bunker estava completamente camuflado pelos abetos plantados em cima dele, e tinha grama por cima; era um fortim subterrâneo no estilo da Linha Maginot, com ventilação automática, portas à prova de concussão, casernas subterrâneas a cinco metros de profundidade para os homens, dispositivos especiais para a saída, de modo que os atacantes pudessem passar por ele e os seus ocupantes cair então pelas costas sobre o inimigo, e a guarnição era composta de cinquenta soldados da SS, cuja missão era deixar o ataque passar e então fazerem uma surtida de surpresa, abrindo fogo pela retaguarda.*)

"Estávamos sozinhos o coronel, eu, Smith e Roger, um rapaz francês que nos acompanhava desde St. Poix. Nunca soube o sobrenome dele, mas era um francês maravilhoso. O melhor rapaz que eu vi até hoje para lutar. Aqueles boches do *bunker* começaram a atirar em nós. Decidimos então avançar na direção deles, e a única solução era fazê-los sair daquele troço. Havia uma frecha canhoneira num dos lados do fortim, mas não podíamos enxergá-la, com tanta árvore por cima. Eu tinha só uma granada, pois não esperava termos de fazer o que estávamos fazendo. Aproximamo-nos até uns dez metros da casamata, ainda sem ver a abertura que ela tinha embaixo, rente ao chão. À primeira vista, tudo aquilo parecia um inofensivo outeiro arborizado.

"Continuaram disparando intermitentemente por algum tempo. O coronel e Smith estavam à direita. Roger avançava direto para a frecha canhoneira. Não era possível ver de onde partiam os tiros.

"Gritei a Roger que se abaixasse e, nesse instante, eles balearam-no. Vi então onde estava a maldita frecha e lancei a granada para enfiá-la pela abertura, mas você sabe como elas são chanfradas do lado de fora e a granada bateu no concreto e ricocheteou. Smith arrastou o francês pelos calcanhares para um lugar mais abrigado, pois o rapaz ainda estava vivo. Numa trincheira enviesada à esquerda do *bunker* havia um boche que se levantou e Smith despachou-o com a carabina. Para ter uma ideia da rapidez com que tudo isso aconteceu basta dizer que a granada explodiu então e todos nós mergulhamos.

"Começamos a receber ao mesmo tempo uma porção de bala do terreno fronteiro à floresta... O terreno que tínhamos atravessado para entrar no arvoredo... E Smith disse: 'Meu coronel, é melhor o senhor meter-se naquele buraco porque os boches vêm aí.'

"Estavam atirando das medas de trigo no campo fronteiro à floresta e naquela estreita faixa de mato rasteiro. Pois era daí que os boches estavam atirando, o que devia ser a nossa retaguarda.

"O coronel abateu um boche com a sua .45. Smith despachou mais dois com a carabina. Eu estava na traseira da casamata e liquidei o que estava atrás de nós, do outro lado da estrada, a uns quinze metros. Tive de alvejá--lo três vezes antes de pô-lo por terra, mas não o matei bem porque quando o TD apareceu, finalmente, ele estava estendido mesmo no meio da estrada e, vendo o TD avançar para cima dele, escabujou no chão para sair do caminho do carro mas não conseguiu desviar-se a tempo e o TD passou-lhe por cima, deixando-o achatado como folha de papel.

"O resto dos boches decidiu escapar e não tivemos realmente muito trabalho com o bando. Uma vez por outra vinha assobiando uma bala de grande distância. Sabemos que matamos mais três e ferimos alguns enquanto fugiam.

"Não tínhamos mais granadas e os bastardos que continuavam dentro do *bunker* não saíram quando gritamos que se rendessem. O coronel e eu

A SEGUNDA GUERRA MUNDIAL 419

ficamos esperando que eles saíssem e Smith afastou-se para a esquerda e encontrou um TD, trazendo-o com ele. Era o TD que esborrachara na estrada o boche que eu alvejara três vezes com aquela velha pistola alemã.

"Os boches não queriam sair quando lhes falamos, de modo que levamos o TD para diante da porta de aço, que já tínhamos então localizado, e o velho canhão Wump mandou seis salvas que rebentaram com a porta e você tinha que ter os escutado gritar que queriam sair. Você tinha que ter os escutado gritar, e gemer, e gemer, e berrar '*Kamerad! Kamerad!*'

"O TD tinha o canhão apontado para a porta e eles começaram saindo e juro que nunca vi uma nojeira daquelas. Cada um deles estava ferido em cinco ou seis lugares diferentes, por causa dos estilhaços de concreto e aço. Já tinham saído dezoito e ainda continuávamos ouvindo lá dentro os gemidos deploráveis e os gritos aterrorizados. Havia um camarada com as duas pernas decepadas pela porta de aço. Desci para ver como estavam as coisas e encontrei uma bolsa com duas garrafas de uísque, um par de caixas de charutos e uma pistola para o coronel.

"Um dos prisioneiros estava em boa forma; bom, não estava numa forma realmente boa, mas podia andar. Era um graduado. O restante estava deitado por terra, todos gemendo, feridos, e havia alguns mortos.

"Esse graduado indicou-nos onde estava o *bunker* seguinte. Nessa altura já sabíamos que aspecto eles tinham e éramos capazes de localizá-los quando víamos qualquer elevação do terreno. De modo que levamos o TD pela estrada abaixo, uns setenta metros, até esse segundo *bunker*... Você sabe qual era... E ordenamos àquele pássaro que os intimasse em alemão a renderem-se. Você devia ter visto esse boche. Era da *Wehrmacht*, o exército regular, e não se fartava de repetir: "*Bitty, SSS*." Queria dizer que os SS é que eram os maus da companhia e que o matariam se ele lhes pedisse para se renderem. Gritou-lhes que saíssem e os caras não saíram. Nem respondiam sequer. Então colocamos o canhão Wump diante da porta, como da outra vez, e intimamo-los a saírem, mas nenhum deles apareceu. Fizemos dez disparos de canhão e eles começaram a sair... Os que sobravam deles. Era um rebanho enlameado, sujo e triste de ver. Todos eles estavam extremamente feridos.

"Eram da turma SS, todos eles, e na estrada, um por um, puseram-se de joelhos. Esperavam que os fuzilássemos. Mas fomos obrigados a decepcioná-los. Tinham saído doze. O restante estava feito em pedaços dentro do *bunker*, todos feridos sem salvação possível. Havia pernas, braços e cabeças espalhados por todo o maldito lugar.

"Tínhamos agora uma porção de prisioneiros e ninguém para guardá-los, exceto o coronel, eu, Smith e o canhão Wump, de modo que nos sentamos até que as coisas se esclarecessem. Daí a pouco apareceu uma patrulha do serviço de saúde e o médico observou o rapaz francês, Roger. Ele não se mexia e quando começaram a tratá-lo disse: *'Mon colonel, je suis content.* Estou contente por morrer em solo alemão.'

"Puseram-lhe uma etiqueta que dizia *'Francês Livre'* e eu disse: 'Para o diabo com essa droga', e mudei a etiqueta para *'Companhia L'*.

"Sempre que penso nesse estupendo moço francês, sinto vontade de matar mais boches..."

A história tem muito mais que contar. Talvez isto seja o bastante por hoje. Poderia contar-lhes o que a Companhia I fez, o que os outros dois batalhões fizeram. Poderia escrever para vocês, se me quisessem ainda suportar, o que aconteceu no terceiro, no quarto e nos outros quatorze *bunkers*. Todos eles foram conquistados.

Se quiserem saber alguma coisa, arranjem alguém que lá estivesse para lhes contar. Se desejarem, e eu ainda me lembrar, terei muita satisfação em contar-lhes qualquer dia como as coisas realmente se passaram naquela floresta nos dez dias seguintes; como foram os contra-ataques e também a respeito da artilharia alemã. É uma história muito, muito interessante, se for capaz de recordá-la direito. Provavelmente, possui até elementos épicos. Com certeza chegará o dia em que será vista inclusive no cinema.

Provavelmente presta-se ao tratamento cinematográfico, pois estou recordando agora o coronel, quando me disse:

— Ernie, senti-me muitas vezes como se estivesse vendo um filme da categoria B e ficava dizendo entre dentes: "É aqui que eu entro."

A única coisa que provavelmente será difícil de arranjar em condições para figurar no filme é a tropa SS, seus rostos tisnados pela concussão,

A SEGUNDA GUERRA MUNDIAL 421

sangrando pelo nariz e pela boca, ajoelhando-se na estrada, agarrados ao estômago, quase sem forças para se desviar dos tanques, embora o cinema talvez seja capaz de representar tudo isso de um modo até mais realista. Mas uma situação como essas é da culpa exclusiva dos engenheiros que, quando planejaram essas portas à prova de concussão, não esperavam que aparecessem canhões Wump de 105 mm e disparassem à queima-roupa pelos fundos.

Esse detalhe não lhes foi dado quando receberam as especificações. E algumas vezes, observando essas tristes cenas e como preparativos tão elaborados foram por água abaixo, tenho a impressão de que, em primeiro lugar, teria sido melhor para a Alemanha não ter começado esta guerra.

V

DEPOIS DAS GUERRAS, 1949-1956

O GRANDE RIO AZUL

Holiday, julho de 1949

As pessoas perguntam-lhe por que vive em Cuba e você responde que é porque gosta. É muito complicado explicar as madrugadas nas colinas sobranceiras a Havana, onde todas as manhãs são frescas e revigorantes, mesmo durante os mais quentes dias de verão. Não é preciso dizer-lhes que uma das razões para viver em Cuba é porque podemos criar os nossos próprios galos de briga, treiná-los e levá-los a combater onde houver rivais dignos deles, e que tudo isso é perfeitamente legal.

Talvez elas não gostem de brigas de galos, afinal de contas.

Não é preciso falar-lhes dos estranhos e belos pássaros que frequentam a granja o ano inteiro, nem de todas as aves migratórias que passam por aí, nem daquela codorniz que vem de manhã cedo beber na piscina, nem dos diferentes tipos de lagartos que vivem e caçam no abrigo coberto de folhas de bananeira que existe na extremidade do lago, nem das dezoito espécies diferentes de mangas que crescem na longa encosta que nos leva à casa.

Não lhes fala a respeito do clube de tiro logo abaixo, indo pela estrada, onde costumávamos participar em campeonatos de tiro aos pombos, ganhando bom dinheiro, com Winston Guest, Tommy Shevlin. Thorwald Sanchez e Pichon Aguilera, e onde havia partidas contra os Brooklyn Dodgers, quando eles tinham o fino dos atiradores, como Curt Davis, Billy Herman, Augie Galan e Hugh Casey. Talvez elas achem que o tiro aos pombos está errado. A rainha Vitória assim pensava e proibiu a prática na Inglaterra. Talvez estejam certos. Talvez seja cruel atirar nos pombos. Certamente é um esporte deprimente para os espectadores. Mas com aves realmente velozes e robustas, ainda é o melhor esporte participante que conheço para fazer apostas; e onde vivemos é legal.

Poderia dizer-lhes que vivo em Cuba porque só preciso calçar sapatos quando tenho de ir à cidade e posso abafar com papel a campainha do telefone da linha coletiva, de modo que não é preciso responder, e trabalho aqui, nessas frescas madrugadas incomparáveis, melhor do que jamais trabalhei em qualquer outra parte do mundo. Mas isto são segredos profissionais.

Há muitas outras coisas que não se contam a essas pessoas. Mas quando elas nos falam a respeito da pesca do salmão e quanto lhes custa pescarem o Restigouche, então, se elas não tiverem falado demais de quanto isso lhes custa, e falarem bem, ou enternecidamente, da pesca do salmão, pode-se-lhes confessar que a maior de todas as razões para viver em Cuba é o grande e profundo rio azul, de três quartos de milha a uma milha de fundo por sessenta a oitenta milhas de largo, que podemos atingir em meia hora a contar da porta da nossa casa na granja, atravessando uma bela paisagem; quando o rio está calmo, oferece-nos a mais estupenda pesca que conheci até hoje.

Quando a Corrente do Golfo está correndo bem, é azul-escura e tem remoinhos ao longo de suas orlas. Pescamos num iate de cruzeiro de quarenta pés, com uma ponte volante equipada no tejadilho com todos os aparelhos de controle, enormes toleteiras capazes de içar o que vier a uma isca de dez libras, no verão, e pescamos com quatro canas.

Por vezes guardamos *Pilar*, o barco de pesca, no porto de Havana, outras vezes, na doca de Cojimar, uma aldeia de pescadores a dez quilômetros para leste de Havana, onde há um porto de abrigo que é muito seguro no verão e sobremodo inseguro no inverno, quando predominam as nortadas e os noroestes. O *Pilar* foi construído para ser uma boa máquina de pescar e um sólido barco de mar alto, capaz de suportar o pior dos tempos, ter uma autonomia de cruzeiro de quinhentas milhas e abrigar sete pessoas. Transporta trezentos galões de gasolina em seus tanques e quase cem litros de água. Num prolongado cruzeiro, pode admitir mais uma centena de galões de gasolina em pequenos tambores, na sua cabine da proa e a mesma quantidade suplementar de água em garrafões. Com a carga completa, desloca ainda tonelada e meia de gelo, mais ou menos.

O estaleiro Wheeler, de Nova York, construiu o casco do *Pilar* e modificou-o de acordo com as nossas especificações; depois disso, fizemos várias modificações no barco. É realmente um barco robusto, suave em qualquer espécie de mar, e tem uma popa baixa, equipada com um grande cabrestante de madeira para içar os grandes peixes. A ponte volante é tão sólida e tão reforçada que se pode pescar tranquilamente sentado no teto da cabine.

Normalmente, quando se pesca ao largo de Havana, atiramos a linha com uma pluma japonesa a que se chama "calamar" e uma tira de pele de toucinho no anzol, enquanto estamos nos afastando ainda do porto. Isso é para o camarupim, que se alimenta ao redor dos barcos de pesca ancorados ao longo do canal, do lado do morro do Castelo e Cabañas, e para o peixe-lua, que se encontra frequentemente na foz do canal principal e além da barra, onde os pescadores de fundo apanham o vermelho e a cioba logo passando o morro.

Essa isca é pescada com uma guia de doze pés de arame de piano nº 10, de um carretel 6/0 cheio de linha de trança de quinze fios e uma ponteira Tycoon de nove onças. O maior camarupim que apanhei com esse equipamento pesava sessenta quilos. Fisgamos alguns que eram muito maiores, mas os perdemos para navios que saíam ou demandavam o porto, lanchas portuárias, barcos de quitandeiros e correntes de âncora das traineiras fundeadas. Pode-se praguejar e ameaçar as lanchas e batéis quando se tem um grande peixe no anzol e os barcos vogam de proa à linha, ameaçando cortá-la. Mas nada se pode fazer quando um grande navio-tanque, um cargueiro ou um transatlântico desce o canal. Assim, costumamos soltar a linha somente quando vemos que o canal está desimpedido e nada se aproxima; ou depois das sete horas da noite, quando os navios, em geral, não entram no porto, devido às taxas portuárias adicionais que são cobradas a partir dessa hora.

Saindo do porto, instalo-me no leme, na ponte volante, observando o tráfego e espiando a linha que corre para trás na esteira branca do *Pilar,* à medida que nos afastamos, vendo os amigos ao longo do cais, vendedores de loteria que conhecemos há anos, policiais a quem oferecemos peixe e, por seu turno, nos fizeram favores, peixeiros que perdem tudo o que ganharam acotovelando-se no recinto de apostas do *fronton* de *jai-alai,* e amigos que passam de automóvel pela avenida à beira-mar, que nos acenam e a quem respondemos acenando mas não podemos reconhecer àquela distância, embora eles possam ver o *Pilar* e quem está na sua ponte muito claramente, a linha segue pescando o tempo todo.

Para além das avenidas, estão os parques e os edifícios da velha Havana e, do outro lado do canal, passamos pelas vertentes alcantiladas e as muralhas da fortaleza de Cabañas, a pedra a que o tempo deu tonalidades amarelas e vermelho desmaiado, e onde a maioria dos nossos amigos já passou algum tempo, numa ou outra época, como prisioneiros políticos; e depois cruza-se o promontório rochoso do morro, com "O'Donnell, 1844" inscrito na esguia e branca torre do farol e então, duzentos metros além do morro, quando a corrente está boa, vemos o grande rio azul.

Por vezes, quando se sai das águas cinza-esverdeadas do porto e a proa do *Pilar* corta as águas azul-escuras, um cardume de peixes-voadores alça-se ao longo das amuras e ouvimos o ruído sibilante que fazem ao sair da água.

Se são peixes-voadores do tamanho normal não querem dizer grande coisa como sintoma, a menos que se veja algum alcatraz em ação, mergulhando em perseguição deles quando levantam voo; mas se são os grandes peixes-voadores a que chamam *baianos*, de asas pretas e com o peso variando entre um quilo e um quilo e meio, que saem da água como se tivessem sido disparados e que, no fim de sua ascensão em flecha, abrem então as asas para dar ao voo um novo impulso e repetem essa manobra uma e outra vez, isso é um bom sinal. Porque ver os *baianos* voando é um sintoma de peixe tão bom quanto ver os próprios peixes.

Nessa altura, Gregório, o arrais, já lançou a linha de carne. A linha de carne é um novo truque de que lhes falarei mais tarde porque uma vez na água, e Gregório quer desenrolá-la depressa para cobrir essa mancha de fundo antes de sairmos da curva de cem braças, ele terá de lançar também as iscas das canas postadas nas toleteiras, pois o marlin frequenta esse fundo quando a corrente está viva e a água é azul e límpida.

Gregório Fuentes é o arrais do *Pilar* desde 1938. Faz cinquenta anos este verão e saiu para o mar, à vela, de Lanzarote, uma das menores ilhas Canárias, quando tinha apenas quatro anos de idade. Conheci-o em Dry Tortugas, quando era patrão de uma traineira e estávamos ambos detidos ali por um violento vendaval de nordeste, em 1928. Fomos a bordo de seu barco para arranjar algumas cebolas. Queríamos comprar-lhe as cebolas, mas ele ofereceu-as, e também algum rum, e recordo-me de ter então pensado que ele tinha o barco mais asseado de quantos eu já vira. Agora, dez anos após, eu sabia que ele era mais propenso a ter o barco limpo, a pintar e envernizar, do que a pescar. Mas sabia também que era mais amigo de pescar do que de comer ou dormir.

Tivemos um grande arrais, antes de Gregório, chamado Carlos Gutierrez, mas alguém m'o roubou enquanto estive ausente na Guerra Civil de Espanha. Tive uma sorte maravilhosa em descobrir Gregório, e seus profundos conhecimentos da arte de navegar salvaram o *Pilar* em três furacões.

Até agora, dando três pancadinhas na madeira, nunca tivemos de apresentar qualquer notificação à companhia de seguros, ao abrigo da apólice contra todos os riscos marítimos de que se beneficia o *Pilar*; e Gregório foi o único homem que permaneceu a bordo de um barco pequeno em outubro de 1944, durante um ciclone que soprou a 280 quilômetros por hora e que jogou lanchas da Marinha e outras pequenas embarcações sobre as avenidas litorâneas e as colinas em redor do porto. Gregório também ficou a bordo do *Pilar* no ciclone de 1948.

Já ao largo, tendo deixado o porto bem para trás, Gregório lançou toda a linha de carne e ocupa-se agora em lançar também as iscas das toleteiras; faz um bom dia e somos acompanhados por peixes-voadores que a brisa empurra para leste. O primeiro marlim pode ser avistado dez minutos após deixarmos o ancoradouro e tão próximo do morro, que ainda podemos ver as cortinas nas janelas do farol.

O marlim avança atrás do grande engodo branco de madeira que corre em zigue-zague, navegando entre as duas linhas de dentro. Ou mostra-se em perseguição a uma das iscas das toleteiras, que pula à toa fora da água. Ou pode correr velozmente ao longo de uma das amuras, deixando um rastro na água escura, ao visar a pena-guia.

Quando vemos o marlim da ponte, ele parece-nos primeiro pardo e depois vermelho-escuro quando salta na água, e suas nadadeiras peitorais afastadas do corpo, de uma cor azul-arroxeada, parecem asas estendidas quando desliza rasando a superfície. Visto no mar, dá-nos mais a ideia de um gigantesco pássaro submarino do que de um peixe.

Gregório, se o vir primeiro, gritará a plenos pulmões: "Peixe! Peixe, Papá, peixe!"

Se o virmos primeiro, largamos a roda do leme ou entregamo-la à Mary, nossa esposa, e vamos até a casa da proa, dizendo "Peixe" a Gregório com a maior calma possível, o qual por essa altura também já o terá visto. Debruçamo-nos e ele entrega-nos a cana visada pelo marlin, ou, se este persegue o engodo, Gregório passa-nos a cana com a pena-guia e o pedaço de toucinho como isca.

Muito bem, ele vem atrás do engodo e fazemos a pena correr na água. Gregório mantém o engodo, um pedaço de madeira cilíndrico, com as extremidades pontiagudas, de meio metro de comprimento, com um chanfro na cabeça, para que possa mergulhar e dançar enquanto é rebocado, a boa distância do marlim. O peixe investe velozmente, tentando abocanhá-lo. O bico sai da água sempre que se aproxima do engodo. Mas Gregório continua mantendo-o fora de seu alcance. Se o puxasse demais, o peixe poderia desistir e mergulhar. De modo que joga com o engodo tal qual um toureiro pode jogar a capa diante de um touro, mantendo-o apenas fora do alcance mas sem nunca negar-lhe a possibilidade de alcançá-lo. Enquanto Gregório continua negaceando, começo a dar linha.

Mary diz:

— Não é uma beleza? Oh, Papa, veja aquelas listras e que cor! E a cor das barbatanas. Veja só, que coisa bonita!

— Estou vendo — respondo. Temos agora a pena-guia junto do engodo e Gregório, assim que a vê, puxa rapidamente o engodo para fora da água, deixando agora o marlim a sós com a pena-guia. Aquela coisa grande e branca que ela vinha perseguindo e que se comportava como um peixe aleijado, desapareceu. Mas, oculto sob a pena, ali está uma lula, seu alimento favorito.

O bico do marlim irrompe da água e atinge a pena; vemos sua boca aberta e abaixamos a cana, que mantínhamos o mais alto possível, de modo que, com a folga, a pena desaparece num ápice nas goelas do peixe. A boca fecha-se e o marlim dá uma volta rápida, mostrando-nos todo o flanco listrado e reluzente ao descrever a curva.

Quando volta a cabeça, castigamo-la, em golpes duros, uma e outra vez, para fixar o anzol. Depois, se o marlim corre para fora, em vez de saltar, golpeamo-lo mais três ou quatro vezes, com bruscos puxões na cana, para ter a certeza de que o anzol ficou bem cravado, pois o marlim poderia estar apenas segurando a guia, o anzol e tudo entre os maxilares e fugir sem estar firmemente fisgado. Então ele sente o anzol na carne e salta — um salto tão portentoso que todo o seu corpo fica acima do mar. Salta na vertical, contorcendo-se. Salta de novo, agora rígido feito uma barra de prata, espalhando borrifos de água quando sai e provocando um repuxo, como o de uma granada que explode no mar, ao mergulhar outra vez. E salta, salta, umas vezes de um lado do barco, depois atravessando para o outro, tão veloz que conseguimos ver a barriga da linha ondeando na água, veloz como uma curva numa corrida de esquis.

Por vezes fica com a guia sobre o ombro (o calombo que tem logo atrás da cabeça) e tenta caçá-la, saltando continuamente na água e com uma tal vantagem no puxão, quando a linha está nessa posição, que é impossível fazê-lo estacar, de modo que Mary tem de levar o *Pilar* em marcha a ré e depois fazer uma volta, acelerando ambos os motores, para continuar a perseguição.

Perde-se muita linha ao fazer essa curva. Mas o marlim está saltando contra a fricção da barriga da linha na água, o que a mantém retesada; e, quando se recolhe linha no carretel para eliminar essa barriga e ficar com o peixe junto ao costado, recupera-se o controle da operação. O marlim tenta afundar agora, e descreve largos círculos, e então passamos a trabalhá-lo, aproximando-o gradualmente, mais e mais, e é a altura em que Gregório pode arpoá-lo, dar-lhe umas pauladas e içá-lo a bordo.

O ideal é que as coisas corressem assim; o marlim saltando, mergulhando, descrevendo círculos e nós o trabalhando devagar, trazendo-o gradualmente para junto do barco, depois arpoando-o e içando-o para bordo. Mas nem sempre as coisas são assim. Às vezes, quando é trazido para junto do barco, tudo recomeça: esgueira-se bruscamente, rumo a noroeste, saltando tão cheio de vigor, pelo menos é o que parece, como no primeiro instante em que foi fisgado, e é preciso correr de novo em sua perseguição.

Outras vezes, se é um grande marlim-listrado, consegue-se trazê-lo até dez metros do barco e não passa daí, nadando, de asas abertas, a qualquer velocidade e em qualquer rumo que decidamos seguir. Se preferirmos não nos mover, e peixe ficará saltando e mergulhando debaixo do barco. Se nos afastarmos, ficará quieto onde estava, recusando-se a avançar um centímetro sequer, tão robusto, para o seu peso, quanto qualquer outro peixe e mais teimoso que nenhum.

(Não me venham falar do peixe-diabo! Vocês nunca viram um deles lutar em águas de uma milha de profundidade nem enfrentar um equipamento como o que usamos contra o marlim-listrado. Nem sabemos como se comportaria um peixe-diabo depois de saltar quarenta e três vezes fora da água.

O peixe-diabo é esperto, muito conservador e também muito forte, é verdade. Esperto demais para saltar, mesmo que conseguisse. Pessoalmente, acho que não consegue. E o único peixe não saltador que tem patente de nobreza em nossos livros é o *wahoo*. Ele também *consegue* saltar, se quiser. O faz algumas vezes, quando morde a isca. Além disso, o peixe-diabo pode ser tão gordo e sofrer de tanta falta de fôlego, quando atinge os duzentos quilos, quanto alguns dos rechonchudos atuns da Nova Escócia. Mas a verdade é que não sai da água, o nosso famigerado peixe-diabo; com duzentos quilos, poderá ser a criatura mais forte que passeia pelo mar, o peixe mais forte que já existiu, tão forte que você nunca será capaz de fisgá-lo nem terá vontade de fazê-lo. Mas, aqui pra nós, você acha que ele saltaria? Muito obrigado. Compartilho dessa opinião.)

Esta dissertação em nada ajuda se tivermos entre as mãos um robusto macho de marlim-listrado e ele decidir que não quer ser puxado para perto do barco. É claro, pode-se folgar a linha e fazer com que ele se afaste, cansando-o. Mas o problema é que isso só tem utilidade para os tubarões, que nos agradeceriam a gentileza, pois é dessa maneira que eles preferem apanhar peixe. Gostamos de trabalhar com o marlim perto do barco e pescá-lo enquanto tem força. Arpoaremos um peixe em plena forma, que não está ainda exausto, se conseguirmos trazê-lo bastante perto.

Desde 1931, quando aprendi que assim se evita que o peixe seja atacado por tubarões, nunca mais perdi um espadarte, marlim nem atum para um tubarão, por muito infestadas que estejam as águas onde pesco. Tento dominá-los com eficiência, mas nunca com brutalidade. O segredo é nunca dar repouso ao adversário. Cada vez que descansamos, o peixe também descansa. Isso lhe dá uma oportunidade de recuperar forças ou de mergulhar a maiores profundidades; e aumenta as chances de que um tubarão o ataque.

Bom, digamos que temos agora esse marlim a uns dez metros, puxando com a força de um cavalo. Tudo o que se tem a fazer é aguentar. Trabalhá-lo até que sua energia diminua, mas aos poucos. Nunca se deve puxá-lo aos repelões. Isso apenas serviria para feri-lo ou enfurecê-lo, o que, em qualquer dos casos, fará com que ele puxe ainda mais forte.

O marlim-listrado tem a força de um cavalo. Tratemo-lo, pois, como a um cavalo. Mantenha-se a máxima resistência possível à sua força de tração e ele acabará por render-se e deixar-se puxar para o barco. Assim que estiver ao alcance, é hora de arpoá-lo, desferindo algumas pauladas por misericórdia e por segurança. E então poderá ser içado a bordo.

Não é preciso matar um cavalo para quebrar-lhe a resistência. Basta convencê-lo, e é isso mesmo que tem de se fazer com um peixe verdadeiramente grande e robusto, depois dos primeiros saltos, que correspondem ao escoicear de um cavalo selvagem. Para agir assim, o pescador tem de estar em boas condições físicas.

Existem agora apetrechos, e guias de pesca especializados em maneiras de usá-los fraudulentamente, pelos quais se assegura a quem for capaz de subir três lances de escada com um copo de leite em cada mão que poderá apanhar peixes de mais de duzentos e cinquenta quilos sem mesmo ter de suar muito.

Existem apetrechos à moda antiga com os quais se pode, de fato, apanhar grandes peixes em curto prazo, garantindo assim que eles não serão atacados pelos tubarões. Mas você terá de ser um pescador mesmo ou, pelo menos, em muito boa forma para usá-los. No entanto, serão esses os apetrechos que lhe proporcionarão a maior soma de sensações que um verdadeiro desportista pode desejar, pescando o marlim de tamanho médio. Não é preciso ser um atleta para isso. Basta que se esteja em boa forma. Se não estivermos, dois ou três peixes serão suficientes para nos pôr em condições. Ou talvez você decida que a pesca do marlim na Corrente do Golfo não é o esporte de seus sonhos.

Em quase todos os outros esportes que exigem vigor e habilidade, aqueles que os praticam devem conhecer-lhes as regras, possuir, pelo menos, uma certa aptidão e estar em condições físicas razoáveis. Na pesca em alto--mar, eles sobem a bordo em condições deploráveis, incapazes de enrolar 500 metros de linha no carretel, apenas a linha, entenda-se, nem é preciso que haja peixe fisgado na sua ponta. Entretanto, estão cheios de confiança de que podem pescar um peixe cujo peso será duas ou três vezes o peso desses otimistas.

São confiantes porque, de fato, já o conseguiram. Mas, que eu saiba, nunca foi conseguido honestamente por pescadores cem por cento inexperientes e sem treino, sem a assistência física de guias, contramestres, arrais e marinheiros, até serem inventados os atuais carretéis de suspensão, as canas inquebráveis e outras técnicas que possibilitam a qualquer pescador, por mais incompetente que seja, apanhar peixe graúdo, se ele for capaz de aguentar o pulso firme na cana e fazer girar a carretilha.

A Associação Internacional de Pesca Esportiva, sob os auspícios do Museu Americano de História Natural, tentou criar normas de pesca esportiva e homologar recordes de peixes apanhados, honesta e esportivamente, de acordo com essas normas. Obteve considerável êxito nesse e em outros quesitos. Mas enquanto os barcos fretados forem extremamente dispendiosos e tanto os guias quanto os pescadores a seu cargo quiserem, apenas, bons resultados, a pesca em alto-mar andará mais próxima de uma guerra total contra o peixe graúdo do que de um verdadeiro esporte. Evidentemente, nunca será considerado um duelo em igualdade de condições enquanto o pescador não tiver, tal como o peixe, um anzol enfiado na boca. Mas a insistência nesse ponto poderia desencorajar inteiramente os pescadores esportivos.

A educação quanto ao que se considera um grande peixe legitimamente pescado tem sido morosa, mas vai progredindo sempre. Hoje em dia, já são poucos os guias ou pescadores que arpoam ou atiram em peixe fisgado. Tampouco se usa muito o arpão volante.

O uso da linha de arame, a nossa linha de carne, é um modo de pescar implacavelmente mortífero e nenhum peixe apanhado dessa maneira teria possibilidade de figurar num registro esportivo. Mas usamo-la como recurso para descobrir a que profundidades se encontra peixe, quando não o vemos à superfície. É uma experiência científica, os resultados são meticulosamente anotados e o que essa linha apanhar é classificado em nossos livros como peixe comercialmente pescado. Seus resultados cuidadosamente registrados proporcionarão, sem dúvida, valiosas informações ao pescador comercial e o seu uso é justificado para tal fim. É também um modo muito violento de apanhar peixe graúdo, colocando o pescador que pratica — pescando de pé, não sentado numa cadeira — nas condições de que necessita para ser capaz de travar um duelo honesto com o peixe, usando um equipamento esportivo que permite ao peixe correr, saltar e mergulhar na plenitude de seus recursos e, mesmo assim, ser apanhado ao cabo de uma hora pelo pescador, se este souber como deve manobrar um peixe graúdo.

Lutar com um peixe realmente grande, com rapidez e sem ajuda, nunca repousando nem deixando o peixe descansar, é comparável a um combate em dez assaltos, em sua exigência de uma condição física impecável. Duas horas de luta sem repouso e sem dar tréguas ao peixe é comparável a um combate em vinte assaltos. A maioria dos pescadores honestos e eficientes que perdem grandes peixes, isso acontece porque o peixe os arrasa e não conseguem aguentá-lo quando ele decide, perto do final da luta, mergulhar e, mergulhando, morre.

Quando o peixe está morto, os tubarões o comem, se rondarem por perto. Se não for atacado pelos tubarões, trazê-lo à superfície, morto, de uma grande profundidade, é uma das mais difíceis fases da pesca de grandes peixes em águas profundas.

Tentamos arranjar apetrechos que proporcionassem o máximo de esporte com diferentes peixes, pequenos, médios, grandes e enormes, nos diferentes meses do ano em que eles aparecem. Como as épocas de muitos deles se sobrepõem, foi necessário estabelecer sempre uma margem de segurança na quantidade de linha. No fim deste artigo é descrito esse equipamento. Não terá a concordância dos puristas nem dos membros de alguns clubes de pesca com apetrechos leves; mas lembre-se que nós pescamos cinco meses por ano em águas até uma milha de profundidade, numa corrente que pode converter-se em mar cavado e bravo quando os alísios sopram contra e em águas que, de vez em quando, ficam infestadas de tubarões. Poderíamos pescar com apetrechos muito leves, creio eu. Isso nada provaria, pois muitos outros já o fizeram e apenas conseguiram perder o peixe, que foi morrer sem glória alguma nas profundezas do mar. O nosso ideal é apanhar peixe com equipamento que possa realmente dominá-lo e, ao mesmo tempo, permita-lhe saltar e correr com a maior liberdade possível.

Depois, inteiramente divorciada desse ideal, há a linha de carne. Trata-se de 800 metros de arame Monel, uma liga de cobre e níquel com uma resistência de oitenta e cinco libras, lançado de um velho carretel Hardy de seis polegadas e uma cana Hardy nº 5; esta linha fará mergulhar uma pena-guia até trinta e cinco braças, se lhe dermos bastante carretel, e se não houver peixe à superfície ela irá até onde ele estiver. Apanha tudo o que aparecer: *wahoo* fora da sua época, quando ninguém o pesca à superfície durante meses a fio; as grandes garoupas e badejos; enormes ciobas, lúcios vermelhos, peixes-luas; e apanha marlins quando eles estão bem fundo e não vêm à superfície de jeito algum. É com a linha de carne que nos sustentamos, enchendo a nossa unidade frigorífica, nos dias em que não há possibilidade de apanhar um único peixe pescando de corrico. A luta com a linha de arame — que realmente suporta uma tensão equivalente à de uma linha normal de trinta e nove fios mas é arame mesmo, não é linha — é rude, áspera, sujeita os músculos a dura prova, enfim, é tudo o que se quiser, menos fácil e agradável. Está na mesma classe da perseguição a novilhos de lide, cavalgar potros selvagens e outros esportes pouco delicados. O maior espadarte que pesquei em 1948, numa linha de carne, pesou 105 quilos. Apanhamo-lo quando já pescávamos de corrico por três dias e não tínhamos conseguido ver coisa alguma à superfície.

Agora estamos ansiosos por ver o que a linha de carne nos reservará durante os dias de agosto e setembro, quando há calmaria e o peixe graúdo refugia-se nas grandes profundidades, não subindo à superfície. Quando se fisga um marlim no arame, ele começa sacudindo a cabeça, depois bate-lhe com o grande bico em forma de esporão e finalmente procura desvencilhar-se puxando pela linha. Se não o consegue, decide vir à superfície para ver o que se passa. O que estamos ansiosos por saber é o que acontecerá se

DEPOIS DAS GUERRAS, 1949-1956

conseguir passar o arame sobre o ombro e começar a correr. Se for muito grande, poderá correr com arame e tudo. O nosso plano é tentar correr com ele. Há uma probabilidade de o conseguirmos, se o *Pilar* puder dar a volta bastante depressa. Isso ficará por conta de Mary.

Os peixes realmente grandes investem sempre para noroeste quando dão o primeiro arranco. Se você já voou alguma vez entre Havana e Miami e olhou para baixo, para o mar azul, e viu alguma coisa espadanando, como faria um cavalo que se despenhasse de um rochedo para dentro da água, e atrás desse chapear viu um barco preto com tetos e tombadilhos verdes, deixando uma esteira branca na sua passagem... Estes somos nós.

Se das alturas onde você voa os repuxos de água lhe parecerem grandes, e afastando-se para noroeste, então deseje-nos muita sorte, porque vamos precisar dela.

Entrementes, nossas esperanças sempre são de que o peixe venha comer à superfície, indo atrás de algum dos grandes peixes-voadores, e de que, sempre que haja algum convidado a bordo, a menos que ele ou ela tenha pescado antes, fisgue alguma coisa, para começar, de menos de setenta quilos. Qualquer marlim de quinze quilos para cima, com apetrechos adequados, dará a um pescador noviço toda a empolgação e todo o exercício que ele pode assimilar, e ao largo da costa setentrional de Cuba, na região do marlim, ele poderá levantar vinte ou trinta por dia, na época em que os cardumes correm bem pela corrente. O máximo que pesquei num dia foram sete. Mas Pepe Gomez-Mena e Martin Menocal apanharam doze num dia e eu detestaria apostar que esse recorde não será batido por eles, ou por algum bom esportista residente ou visitante que ame e conheça a pesca do marlim no grande rio que corre ao longo da costa norte de Cuba.

ESPECIFICAÇÕES DO EQUIPAMENTO DE ERNEST HEMINGWAY

Época do marlim-branco: *abril-maio-início de junho*

Guincho para a linha de pena-guia, para a pesca pela ré, com uma tira de toucinho no anzol:

Cana, ponteira de 270 ou 350 ml: 500 metros de linha n° 15 entrançada; guia de arame de piano n° 9 ou n° 10, 4 metros; anzol 8/0 ou 9/0 O'Shaughnessy, ou Mustad 8/0, o menor tipo de pena japonesa (branca), e uma tira de toucinho de 7 a 8 cm, presa no mesmo. (Isto provoca um belo movimento na água, na pesca de corrico. Dos marlins-brancos que fisgamos a proporção foi, em cada dez, de seis que vieram à pena, contra quatro que vieram às iscas).

Primeira cana (leve para iscas menores), das duas canas de toleteira:

Cana, ponteira de 415ml; carretel, 9/0; 600 metros de linha entrançada n° 18; guia n° 10 ou n° 11, de arame de piano, 4 a 5 metros; anzol Mustad 10/0.

Isca: tainha pequena, mugem, peixe-agulha, cavala, peixe-voador de tamanho pequeno ou médio, calamares frescos (choco ou lula em tiras).

Segunda cana da toleteira:

Ponteira de 415ml; carretel 9/0; 400 metros de linha entrançada n° 18, costurada a 150 metros de n° 21, do lado de fora, para quando o peixe está próximo do barco. Guia de arame de piano n° 11, 4 a 5 metros; anzol Mustad 11/0 ou 12/0.

Iscas: cavala grande, tainha média ou grande, peixe-voador ou calamar de bom tamanho.

A cana acima tem a finalidade de atrair qualquer peixe grande que acorra misturado no cardume de peixes menores.

Época do marlim-grande: *de julho a outubro*

(Peixes de 120 quilos até mais de 500 quilos.)

As penas-guias são as mesmas, visto que depois de o marlim-branco ter desaparecido, servem para apanhar os cardumes de atum, albacora, bonito e golfinho. Uma cana extra fica a postos, equipada com pena-guia, no caso de serem encontrados cardumes das espécies acima.

Canas de toleteira: ponteiras de 650 ou 700 ml. (As melhores que conheço, além da velha cana de bambu Hardy Hickory-Palakona n° 5, são as fabricadas por Frank Q'Brien, da Tycoon Tackle Inc. As suas canas são incomparavelmente as melhores que eu saiba serem fabricadas hoje.)

Carretéis: Hardy 12/0 ou 14/0 e dois Finor 14/0 para os convidados. Se os pescadores inexperientes quiserem apanhar peixe graúdo, necessitam da vantagem que o carretel Finor de velocidade variável lhes proporciona.

DEPOIS DAS GUERRAS, 1949-1956   439

Linha: todos os carretéis aguentarão bem sem bloquear com a boa linha Ashaway 36 ou 39, entraçada de linho. Usamos há muitos anos, testando-a, cortando-lhe os pedaços apodrecidos pelo sol e emendando-a com os novos comprimentos necessários.

As guias são 5 metros de cabo de aço inoxidável.

Anzóis: Mustad 14/0, fixados no gancho da haste para dar à ponta um impulso inicial ao fisgar.

Iscas: albacora e bonito, inteiros, até 4 quilos, e barracuda, inteiro, até 2/3 quilos. São as melhores. Como alternativa, a cavala grande, o choco, a tainha grande, o lúcio amarelo, o xerelete e o peixe-agulha. De todas as iscas, o bonito e a albacora foram por nós comprovados como as melhores para atrair marlins realmente grandes.

A linha de arame foi descrita no artigo.

O TIRO

True, abril de 1951

Estávamos acabando de almoçar à beira da piscina. Era um dia quente para Cuba, pois a brisa tinha parado de soprar. Mas na piscina, onde as árvores projetavam sua sombra estava fresco, e mais fresco ainda, quase fazendo frio, se mergulhássemos nela e nadássemos até a sua extremidade mais profunda.

Só vi os dois negros quando eles já estavam junto à mesa, colocada sob uma árvore para aproveitar a sombra. Eu estivera observando os reflexos dos bambus e dos álamos no espelho de água e quando ergui o olhar e vi os dois ao lado da mesa, dei-me conta de que cochilara. Eles tinham vindo por um trecho de terreno fora do meu ângulo de visão, mas devia tê-los visto ao chegarem à curva das cabines de chuveiro.

Um deles era grandalhão e robusto, com uma cara de que eu me recordava. O outro era o seu *guardaspaldas*, isto é, o homem que nos protege de levarmos um tiro pelas costas. Não precisa ser grande, muito grande, e está sempre postado um pouco atrás do homem que protege, e volta a cabeça com o ar de um extrema que, ao arrancar na direção do gol, trata de ver se algum adversário está suficientemente próximo para o rasteirar pelas costas. *Guardaspaldas* resume-se habitualmente nisso e fica com o mesmo gênero de pescoço dos pilotos de caça, se conseguirem viver muito tempo, no caso de haver uma verdadeira oposição de outros caças no ar.

Esse homem, que parecia um Joe Walcott em versão aumentada, tinha uma carta para mim. Era dele próprio. Ao que parecia, estava um tanto encalorado e precisava ir, o mais depressa possível, para uma certa república sul-americana. Fora injustamente acusado de ser um dos ocupantes

DEPOIS DAS GUERRAS, 1949-1956

do segundo de dois carros que tinham matado dois e ferido cinco no que é conhecido como o velho "um-dois". O primeiro carro passa diante da casa de amigos que se verificou previamente estarem em casa e a quem desejam fazer uma surpresa. Alvejam a casa, a título de cumprimento. Os amigos saem de roldão, ilesos e de armas na mão, em ar de desafio, e o segundo carro aparece logo com a força principal e varre-os a todos.

O homem fora falsamente acusado, conforme me explicou, de ser um dos maiorais do segundo carro. Já fora falsamente acusado muitas vezes. Mas afirmava ser amigo de um amigo meu que fora morto à bala na rua com trinta e cinco cêntimos no bolso, que jamais roubara um tostão e não tinha fortuna pessoal, apesar de ter ocupado um cargo governamental. Suponho que vocês sabem o que isso significa nos tempos que correm.

Esse amigo que fora morto a tiro tinha sido um zagueiro espetacular na equipe universitária local. Era o diretor de esportes da República quando morreu. Ninguém foi punido pelo assassinato. Segundo se dizia, o meu amigo tinha o dedo um pouco fácil no gatilho; mas jamais ouvi falar que ele tivesse matado a pessoa errada. De qualquer modo, quando o liquidaram, tinha trinta e cinco cêntimos no bolso, nenhum dinheiro no banco e estava desarmado.

De modo que tudo o que esse homem, que afirmava ser seu amigo e de cuja cara eu me lembrava, precisava era de 500 dólares. Disse-lhe que estava servido. Espero que ele não seja falsamente acusado de mais alguma coisa antes de emigrar.

Assim, com este fundo de bangue-bangue, vou escrever 2.000 palavras sobre uma caçada ao antílope; onde se caça um antílope que não pode ripostar.

Há duas maneiras de caçar o antílope americano, também conhecido como antilocabra. Bom, três maneiras talvez seja mais exato. Uma, é matar o antílope que passa o seu tempo rondando o pequeno pasto nos quintais da casa e já se considera um membro da família. É abatido no dia da abertura da época de caça por algum janota que veio não se sabe da onde, atraído para o Wyoming pela organização que anuncia "Antílopes Garantidos", e vasculhou previamente a região em busca de antílopes garantíveis. Na maior parte das vezes, o animal é baleado na barriga e faz um esforço inaudito para escapar com um buraco no ventre ou uma perna quebrada. Mas ele ali estava naquele pasto, meus senhores, e que magnífica decoração a sua cabeça vai fazer!

Depois, caçam-no nas planícies, naquela região acidentada entre Casper e Rawlins, Wyoming, com o apoio de carros de comando, que levam mais caçadores; jipes, nos quais só um punhado é capaz de caçar; veículos para transportar as armas, cheios de caçadores — tão incômodos quanto só esses calhambeques podem ser e sempre foram. Mas vocês, rapazes, estão no encalço dos antílopes, não é isso? E cada tiro está absolutamente garantido. Os carros colocarão vocês ao alcance dos ferozes animais e a pontaria pode ser boa ou ruim, tanto faz. Você sustém a respiração um pouco; coloca a ponta, ou as linhas cruzadas da retícula, um pouco para baixo, na altura do ombro, e aperta o gatilho. Homem, é um troféu, se você o mirou direito e escolheu o maior dos gamos e não derrubou uma corça, confundindo as orelhas com as hastes. Provavelmente, a bala atravessou-lhe as duas omoplatas e ainda está vivo, tentando levantar-se, olhando para você, quando o viu aproximar-se de faca na mão. Pelos olhos, você é capaz de adivinhar o que o antílope está pensando. "Que diabo fiz eu para merecer isto?"

Temos então a terceira maneira de caçá-los; em terreno montanhoso, a pé ou a cavalo, onde não há antílopes garantidos. O autor deste artigo, após longas meditações para chegar a uma conclusão, e confessando sua culpa em todos os aspectos que se considerem, crê ser pecado matar qualquer animal de caça não perigoso, salvo para obter carne. Ora, com os modernos métodos de congelação a baixa temperatura, pode-se conservar a carne em condições convenientes e o número de caçadores aumentou imenso. Aumentou tanto que você terá muita sorte se algum sujeito não lhe soltar em cima uma carga de chumbo, ou em cima do lombo do seu cavalo, pelo menos uma vez em cada três dias de caçada. Quando esse negócio começa só há uma resposta eficaz: mandar bala rapidamente, atirando baixo, pois o antílope, o veado e o alce não costumam ripostar a tiro e o sujeito que abriu fogo, por muito subdesenvolvido que seja no esporte, compreenderá esse princípio básico. E se você acertar no filho da mãe é apenas um acidente de caça, afinal de contas. Portanto não esqueça: se atirarem para o seu lado, responda logo na mesma moeda.

Não arvore bandeiras brancas. Eles são capazes de tomá-lo por uma águia de cabeça branca. Ou, se você acenar com a bandeira vermelha que usa enrolada em torno do Stetson, desde que esses picaretas passaram a andar à solta, são capazes de pensar que era uma raposa ou até um elemento subversivo. Mas, até agora, nunca vi um deles replicar quando respondo a tiro a uma gracinha dessas. Especialmente se alvejamos o lugar onde se calcula que devem estar aos pés dele.

É claro, um caçador poderá subir às montanhas com um megafone pendurado ao tiracolo e, quando o alvejarem, gritará simplesmente: "Queira fazer o favor de cessar fogo. Eu sou o animal que caminha só com duas pernas e paga imposto de renda e a época ainda não abriu para nós este ano, irmão caçador... Você está inteiramente enganado, rapaz."

Ou poderia abreviar o discurso e, mais esportivamente, gritar pelo megafone: "Desista, irmão no esporte, sou eu."

Mas enquanto não fornecerem os megafones adequados no momento em que se compram as licenças de caça, acho que ripostar rapidamente a qualquer confrade caçador que me alveje é ainda a melhor solução. Até porque pode muito bem acontecer que não seja um confrade de esporte. Pode ser um velho amigo ou algum companheiro de infância.

E agora falemos do antílope das montanhas.

Foi uma caçada muito divertida. Três dos meus filhos estavam comigo e um deles, Jack, que é capitão de infantaria em Berlim, é pescador; de modo que queria pescar salmão no Pahsimeroi. (Não tem salmão lá.) Dos outros dois, um atrasava a marcha o tempo todo e o outro juntou-se a Jack na Operação Salmão Ausente.

Calculamos que encontraríamos os grandes antílopes nas clareiras acima da linha do arvoredo. Alguém os vira por essas paragens... Ou os seus fantasmas. De qualquer modo, havia alguma coisa errada, definitivamente errada. Eles estavam em campo aberto; podiam ver-nos a uma légua, estavam nervosos e vigilantes.

Dormimos no vale, à margem do Pahsimeroi, na cabana de um sujeito conhecido como "Velhos Tempos". Isto aconteceu antes da era do DDT e das bombas inseticidas, e o "Velhos Tempos" criava mais insetos audaciosos e resistentes do que gado. Tratava Taylor Williams, que rondava a casa dos sessenta, por "Moço", e a mim, por "Guri".

— Escuta, Guri — disse ele. — Vocês vão dar uma boa volta a cavalo por aí e podem atirar à vontade e ficarei muito satisfeito se conseguirem alguma coisa. — E acrescentou: — Guri, se esses são realmente os teus rapazes, eles deviam beber alguma coisa, hein? — Uma pausa e indagou: — O que é que tens aí que se beba?

Tínhamos vindo de Sun Valley, Idaho, e estávamos um tanto amolecidos pela piscina, as noitadas em *The Ram* e as rodas do Ketchum; mas o "Velhos Tempos" deu um jeito nisso. Cavalgamos para o cume da cordilheira, onde podíamos espraiar a vista até as lonjuras de Middle Fork of the Salmon, sobre a mais bela paisagem de montanhas que até hoje contemplei. Descemos serranias, atravessamos serranias, de volta à clareira e logo às planícies do sopé. Os antílopes lá estavam o tempo todo; mas viam-nos a mais de um quilômetro e esgueiravam-se. Taylor estava montado num cavalo branco e o "Velhos Tempos" começou a referir-se a ele como "O moço do cavalo branco. Assusta de morte os antílopes".

A noite do primeiro dia, um sábado, era uma grande noite em Goldburg, onde havia uma mina de qualquer coisa e sempre uma esfuziante noite de sábado. Os rapazes foram dormir no carro, Taylor Williams, eu e um moço chamado *Wild Bill*, que esmurrava como Stan Ketchell com as duas mãos, fomos para Goldburg. O "Velhos Tempos" ficou em casa para cuidar de seus insetos.

Foi uma noite agitada, embora eu contornasse todas as brigas. Não fosse eu um homem pacífico, poderia ter brigado umas dez ou doze vezes. Taylor nunca briga porque já não está em idade de meter-se nessas coisas e eu esforço-me por nunca meter-me. Mas *Wild Bill*, que brigava por todos nós, deu de cara com o filho do delegado de uma cidade vizinha, o qual depusera certa vez num caso contra *Wild Bill*. Este chamou-o para fora e destroçou-o com um par de murros demolidores. *Wild Bill* sabia bater, disso não havia dúvidas. Cada vez que acertava o filho do delegado, podíamos ouvir alguma coisa dar de si. O menino lutou bem, mas aquilo não era sala de audiência. Finalmente, o filho do delegado deu de si como as outras coisas que tínhamos ouvido dar de si. Acalmamos prudentemente *Wild Bill*,

DEPOIS DAS GUERRAS, 1949-1956

prestamos os primeiros socorros ao rapaz do delegado e fomos para casa. A briga, de certo modo, aquietara a felicidade que reinava em Goldburg.

O dia seguinte foi como o primeiro dia. Só que eles, agora, nos olhavam a mais de três quilômetros, voltando a cabeça para trás, sobre seus belos ombros castanhos, e depois víamos as malhas brancas de seus quartos traseiros quando disparavam em seus rápidos e airosos saltos. Avançamos até o cimo da cordilheira. Bloqueamos numerosas clareiras, esperando que regressassem. Palmilhamos a montanha de uma ponta a outra, postando-nos em terreno coberto e acercando-nos, desmontados, das ravinas, arrastávamos até a orla dos alcantilados e devassávamos todo o terreno em redor com os binóculos.

Montamos de novo e começamos a descida da montanha, contorna-mo-la e subimos a seguinte. Nesta altura, já só havia Gigi, o meu caçula, que monta um cavalo como se sua mãe o tivesse largado em cima da sela; Taylor Williams, o veterano coronel do Kentucky que faria você cair morto a 300 metros com um rifle emprestado; o "Velhos Tempos", que tínhamos de conservar contra o vento e cujo cheiro, possivelmente, estava impelindo os antílopes para longe daquela região; e eu, escarranchado numa égua que tinha mais miolos do que eu. Era um velho animal de corrida.

Assim foi o segundo dia, e quando atingimos o terreno folheado, depois os seixos e cavalgamos na ponte de madeira, atravessando os campos de algodão, a lua já havia subido. Fazia uma bela noite no lugar de "Velhos Tempos" e era bom estar fora do cavalo e ouvir as histórias de pescador sem salmão, e tínhamos trazido alguns limões para fazer uísque *sour*. "Velhos Tempos" disse que nunca tragara misturas, mas que provaria essa uma vez.

— Que idade tem, "Velhos Tempos"? — perguntei.

— Filho — disse ele —, quando mataram o general George Armstrong Custer em Little Big Born eu já não era nenhuma criança.

Isso era obviamente impossível, de modo que perguntei ao "Velhos Tempos" quantos anos achava que Taylor tinha.

— É um rapaz ainda — respondeu.

— E eu? — perguntei.

— Você está começando a viver.

— E os meus filhos?

— É mentira. Não são seus filhos, exceto aquele que foi despejado numa sela e ficou colado a ela.

— De onde é você, "Velhos Tempos"?

— Só Deus sabe. Eu já esqueci.

— Já esteve em Montana?

— Claro.

— E no Wyoming?

— Estive lá na briga de Wagon Box, quando estávamos juntando madeira para o Forte.

Isso era impossível e então perguntei-lhe se conhecera Tom Horn.

— Tom? Ouvi o Tom, de pé à minha frente, antes de lhe enfiarem pela cabeça o capuz dos condenados. Não, eles não puseram o capuz em Tom. O que ele disse foi: "Senhores, tudo o que eu quero nesta vida é um par de botas e um bom trago. E perdoo a todos os meus inimigos. Amém!" Todo o mundo chorava, mas Tom nunca chorou. Ali estava ele, com um ar muito distinto, mas queria um par de botas bem pesadas e um trago decente para não resistir ao puxão da corda. É a pior coisa que pode acontecer a um homem, resistir à corda. Tenho visto enforcá-los desde que era rapaz, e é um negócio feio. Tanto para o que penduram como para os que estão vendo. É assim uma espécie de vingança legal.

//////

No dia seguinte partimos logo ao amanhecer, com os cavalos selados, as armas de caça nos coldres pendentes do arção e as mãos de *Wild Bill* doridas, e ele assim, meio sem graça, como que envergonhado. Sabíamos que o filho do xerife não tinha realmente estofo para briga e ele lembrou-se disso a meio da noite. Ficou com remorso, porque era um lutador e teria brigado com quem quer que fosse. Além disso, quebrara os queixos do filho do xerife e todos nós ouvimos perfeitamente o estalo. E agora tinha a mão dolorida e inchada, para lembrar-lhe a proeza. Não cavalgava conosco. Ficava cuidando da cabana e do curral, com os remorsos de quem quebra queixos.

Assim foi que partimos muito cedo, havia um pouco de neblina ao longo do vale e começamos subindo entre as urzes.

— Que lhe parece, coronel? — perguntei a Taylor.

Gigi adormecera na sela e deixava o cavalo fazer todo o trabalho por conta própria.

— Acho que os apanhamos — respondeu Taylor. — Ainda não atiramos neles e este é o terceiro dia. Eles estão ficando habituados à gente e alguns dos grandes antílopes já não fugirão. Agora não sabem o que é que somos e estão curiosos. Vão ficar porque querem descobrir direito.

Fizemos o de costume; atingimos a nossa altitude habitual, contornamos os penhascos, as ravinas e as clareiras, e depois começamos a descida, passando de monte em monte, ao longo da cordilheira.

Então levantamos um grupo que estava dormindo, ou comendo, numa clareira e só havia um caminho por onde podiam escapar. Saltei do cavalo e retirei a velha .30-06 do coldre. Vacilaram, antes de se lançarem em frente todos juntos. Então larguei correndo para onde eles tinham forçosamente de passar. Era a uns 200 ou 250 metros. Escolhi o maior antílope, quando o bando veio correndo em coluna para galgar a crista do cômoro e esgueirar-se do outro lado do bosque. Apertei tranquilamente o gatilho e a bala quebrou o pescoço do antílope. Foi um tiro muito feliz.

— Puxa, mocinho danado. Eu sabia. Eu sabia que você ainda seria alguém, qualquer dia destes — disse o "Velhos Tempos".

— Você sabe o que correu e a que distância atirou nele? Vou medir os passos — disse Taylor.

Não liguei, porque ninguém acredita jamais em histórias de caçadores e o prazer estava todo na corrida, em tentar aguentar o coração para que não saia pela boca quando arremetemos gingando o corpo entre penedos e árvores, e suster a respiração, e continuar correndo, e disparar no balanço, tocando suavemente no gatilho.

E é o fim da história dos antílopes.

O PRESENTE DE NATAL

Look, 20 de abril e 4 de maio de 1954

Nas últimas semanas estive substituindo o Sr. Denis Zaphiro, atuando como guarda de caça temporário na reserva de Emali-Laitokitok do Quênia. Na emergência, que é o nome impropriamente dado a um verdadeiro estado de guerra, foi-me possível, como guarda honorário de caça do Quênia, prestar serviços nessa posição. Infelizmente, os deveres que tinham de desempenhar não eram agradáveis, em muitos aspectos, à minha mulher.

Foi impossível, por exemplo, ir a Nairóbi e comprar qualquer espécie de presente de Natal, e as nossas relações conjugais foram frequentemente interrompidas e quase cortadas pelas constantes formas secundárias de emergência que se apresentavam. Esse tipo de emergência podia consistir na chegada de um masai, que fora levemente ferido na cabeça, no rosto e no peito pela lança de um outro masai, o qual tinha de ser localizado e detido. Podíamos estar na cama quando nos vinham notificar do incidente.

A emergência podia consistir na notícia da chegada de um bando de elefantes a uma das *shambas* vizinhas. Trata-se de uma situação que tem de ser cuidadosamente verificada e explorada, visto que os elefantes atravessam com frequência uma *shamba* sem intuitos maléficos e prosseguem tranquilamente seu caminho. É necessário seguir a pista dos elefantes e determinar para onde vão e por quê, uma obrigação que compete a quem, mesmo temporariamente, está investido elas funções de guarda de caça.

Há outras interrupções, como um leopardo que virou matador habitual das cabras nos aldeamentos indígenas das redondezas. Acho que, provavelmente, ele matou só uma cabra de propósito e, depois, com o clamor e a

DEPOIS DAS GUERRAS, 1949-1956

vozearia que provocou, o leopardo ficou mais ou menos histérico e matou mais dez cabras, uma atrás da outra.

Mas essa ação não foi aprovada pela gente que era dona das cabras, a qual desejava que esse leopardo fosse liquidado. Eu obtivera por compra — nada existe na África que seja dado — uma cabra que balia maravilhosamente durante o dia mas permanecia absolutamente silenciosa de noite, recusando-se assim a atrair um leopardo ou leopardos. Neste ponto, a Sra. Hemingway sugeriu que gostaria como presente de Natal, que eu não pudera adquirir em Nairóbi, pois as minhas obrigações de guarda tinham tornado Nairóbi inacessível, uma viagem aérea ao Congo Belga. Embora já tivesse percorrido o Tanganica até os confins de Mbeya, participasse de um safári subindo o grande rio Ruaha, e tivéssemos visitado várias regiões do Quênia em capacidade oficial, semioficial ou cômico-oficial, a Sra. Hemingway achava que não tinha visto ainda a África. Queria conhecer o Congo.

Eu nunca sentira qualquer desejo particular de visitar o Congo. Em vez de fazer essa viagem, preferia permanecer na reserva de Laitokitok, onde tínhamos um problema ainda não solucionado, o do leopardo, que não regressara à *shamba* nem tornara a matar cabras, mas cujas pegadas eram nitidamente visíveis no que tínhamos averiguado ser suas rondas mais ou menos semanais. Esse leopardo adquirira o hábito de dormir no capinzal em torno do Pântano Kimana, em vez de subir numa árvore. Vi-o uma vez numa árvore mas ele esgueirou-se como um lagarto e como chovia e eu estava de óculos o tiro nada quis com ele. É provável que o tivesse ferido e a região não era boa para segui-lo. Ele teria procurado refúgio entre os altos papiros.

Nessa altura, estávamos perseguindo constantemente esse leopardo, espiando as árvores onde ele repousava muitas vezes, durante o dia, e fora visto por batedores indígenas da reserva. Enquanto andava com os batedores, olhos atentos às árvores, tropecei numa cobra de quase três metros que prontamente bateu em retirada.

Isso foi considerado um incidente extremamente cômico pelos wakambas presentes. A atitude da cobra foi sumamente ignominiosa. Ela não ergueu a cabeça e mostrou o capelo, como competia a uma cobra digna, mas fugiu para uma densa moita à margem da pista. Um grande atirador, por avaliação própria, errei duas vezes a cobra com a pistola e, depois disso, começou o que é conhecido entre os wakambas como a Grande Batalha da Cobra. Fiz numerosos disparos e a cobra preferiu uma ação evasiva nos papiros. Embora desejasse muito permanecer na região, pensei que Miss Mary, minha esposa, tinha um ponto a seu favor no plano para visitar o Congo Belga (que é conhecido como um dos centros de civilização na África).

Da reserva de Laitokitok saímos em dois carros, um dos quais pertencia a meu filho Patrick, um residente de *John's Corner*, Caixa Postal Nº 6, Tanganica. O veículo fora canibalizado, isto é, todas as partes utilizáveis tinham sido removidas para reforçar um segundo veículo do mesmo tipo. Eu guiava o carro de meu filho Patrick, que, infelizmente, não podia estar conosco, pois estava internado no hospital de Iringa, Tanganica, com um acesso de febres. Esse veículo foi incapaz de atravessar um rio, devido à falta geral de um gerador que, afogado em água, parou de funcionar e foi rebocado para fora do rio pelo outro veículo do mesmo tipo que recebera os órgãos vitais do carro que eu guiava. Depois disso, rumamos para Kajiado.

De Kajiado, que nessa época não tinha aeródromo, prosseguimos até Nairobi e levantamos voo num Cessna 180 para o Congo Belga, na viagem presente de Natal da Sra. Hemingway. Saímos do aeroporto de Nairóbi--Oeste aproximadamente às onze e meia da manhã, tendo-nos atrasado em nossa partida, usualmente muito cedo, para aguardar a chegada de um amigo, portador de informações muito importantes.

Decolamos e seguimos um rumo que sobrevoava o lago Magadi, onde vimos a casa de vários amigos e o armazém local, e depois seguimos na direção das escarpas, a fim de localizar Denis Zaphiro, que estaria acampado nessa região. Conhecendo os hábitos e onde ele provavelmente estaria, localizamo-lo num local conhecido como Acampamento da Figueira, junto a um riacho de águas cristalinas que brota das escarpas. Era o acampamento onde Denis fora jogado no leito do rio duas vezes por um rinoceronte, e a sua localização estava mais ou menos radicada na minha memória. Foi fácil

DEPOIS DAS GUERRAS, 1949-1956

encontrá-lo seguindo o percurso de uma estrada ao longo da qual a construção de um canal para levar água até Magadi fora interrompida por um rinoceronte — um incidente em que tínhamos sido chamados a intervir. Essa estrada também estava gravada na minha memória e, acompanhando-a, seguimos até as escarpas e, depois de fazer uma volta de 40 graus, foi fácil localizar Denis e seu hóspede, Keith Caldwell, que é certamente um dos melhores caçadores da Grã-Bretanha. As coisas pareciam normais no acampamento e lançamos uma mensagem, desejando-lhes boa sorte, atendendo às circunstâncias.

Rumamos então para o Vale das Grutas, até um ponto onde Miss Mary, durante 17 dias, perseguira um grande leão de juba preta acompanhado de seu amigo, que era quase de igual categoria. Descobrimos o lugar onde esse leão tentara uma vez juntar-se ao nosso grupo ou, talvez, penetrar apenas em nosso acampamento para atravessá-lo e chegar às escarpas. Sobrevoamos então as escarpas e descobrimos onde tínhamos estado, discutindo animadamente os acontecimentos. Onde ele estivera era uma agradável clareira, vista do alto, e na minha opinião podíamos tê-lo matado sem grandes dificuldades.

Discutir esse tipo de acontecimentos num pequeno avião é uma coisa que se faz de um modo mais ou menos *staccato*.

— Você pode ver para onde foi o esplêndido animal e onde ele estava quando partimos — disse eu.

— Está bem — disse Miss Mary. — Você e os seus esplêndidos e fiéis companheiros talvez pudessem continuar até encontrar a fera, mas era impossível a qualquer pessoa em seu perfeito juízo avançar naquelas escarpas.

— *Ndio*, meu bem (*Ndio* quer dizer sim) — respondi eu. E afastamo-nos, continuando a descer o Vale das Grutas, até encontrarmos a bombordo um pequeno vulcão no qual eu estava havia muito interessado.

Tivemos uma boa visão do vulcão, que estivera recentemente em erupção, e depois distanciamo-nos da sua cratera, a fim de darmos uma olhada no lago Natron. Este lago é muito interessante, por causa de sua cor intensa, produzida por uma espécie de alga, e pela presença de uma grande manada de búfalos, que muito raro se afasta de suas margens. Os búfalos eram bem pretos e tinham, no caso dos machos, grandes chifres abertos. Esses chifres são impressionantes, mesmo vistos de longe.

O fundo do lago tinha uma cor vermelho-viva, com tonalidades de fucsina. Havia grande abundância de aves silvestres, incluindo bandos de flamingos; afastamo-nos então do lago Natron para explorar um vulcão extinto na vertente oeste das escarpas. Depois, tendo notado que, do ar, nada existe na cratera de um vulcão extinto que prenda permanentemente a atenção de uma pessoa, rumamos para a cratera Ngorongoro, que é um lugar muito popular, visitado frequentemente pelos turistas e densamente povoado de caça. Numa inspeção superficial dessa notável depressão, notamos muitos milhares de gnus, kongonis e vários tipos e espécies de antílopes. Não vimos nenhum leão.

Deixando a cratera Ngorongoro, sobrevoamos a planície de Serengeti, e indiquei a Miss Mary o lugar onde minha anterior e encantadora esposa, Miss Pauline, matara um esplêndido exemplar de leão jubado. O Sr. Marsh e eu também mostramos a Miss Mary o local onde eu, com uma espingarda caçadeira, matara um leão de bom tamanho e juba fulva e uma hiena, quando me dedicava a caçar patos selvagens. A hiena surgira do capim alto e, de certo modo, provocara sua sorte fatídica.

A hiena, embora um esplêndido ator no cinema e o melhor intérprete num filme a que sempre nos referimos como *As neves do Sr. Zanuck*, além de possuir uma voz extraordinária cuja falta sentimos quando permanecemos na metrópole de Nairíbi, é, em vários aspectos, uma personagem desagradável e antipática. De momento, estamos todos contra ela, depois que a vimos arrancar os genitais de um rinoceronte vivo que fora ferido por uma fêmea de elefante. Depois, essa hiena atacou, com o seu companheiro, o rinoceronte agonizante e passou a refocilar na ferida que a presa do elefante fizera em sua anca esquerda.

Assim invocando antigas recordações da morte do *físí*, que é o nome swahili para hiena, atingimos a pequena cidade de Muanza, onde descemos para reabastecer o avião. Não entramos na cidade, permanecendo junto da pista do aeródromo, porque o gerador do avião enguiçara, segundo todas as evidências, e foi necessário, para que o motor voltasse a arrancar, fazer as pás da hélice girar manualmente.

Sobrevoamos então o lago Vitória e cruzamos o território de Ruanda-
-Urundi. É uma região muito desolada da África e não conseguimos ver o
antílope de pelo preto que dizem abundar nessas paragens, mas vimos um
rinoceronte de aspecto extremamente idoso, que parecia nada ter de particular a fazer nessa altura do dia, fim da tarde, e quatro elefantes que pe-
rambulavam sem destino certo, nenhum dos quais tinha mais de 40 quilos
de marfim. Depois de Ruanda-Urundi, entramos numa região densamente
povoada onde as choupanas eram cônicas e onde a vida social parecia decorrer com razoável intensidade. Pudemos observar grupos de cidadãos
locais que pareciam divertir-se extraordinariamente. Por outras palavras,
uma quantidade deles parecia estar caindo de bêbeda.

Aterrissamos numa esplêndida pista junto à cidade de Costermansville,
situada à margem do lago Kivu. Existe na cidade um hotel de primeira
classe, com excelente comida e alojamentos, e uma vista magnífica sobre
o lago, que é um dos mais belos que eu vi até hoje. É impossível comparar
lagos com exatidão, mas acho que, com suas ilhas, margens recortadas, cor
de água, nada fica devendo ao lago Maggiore ou ao lago di Garda. É indubitavelmente muito mais belo do que o lago di Como e tenho a certeza de
que contém menos cadáveres, de seres humanos, pelo menos.

Pela manhã, que estava encantadora e radiante, o gerador foi reparado,
e o avião, revisado de uma ponta à outra. Decolamos rumo ao norte, sobrevoando o Santuário do Gorila, onde Carl Akeley refazia suas forças.

Passamos depois entre dois vulcões ativos e, por algum tempo, a atmosfera dentro do avião fez lembrar o cheiro que sai de um balão de barragem quando é atingido pelo fogo de uma antiaérea de 20 mm. Em outras
palavras, havia um forte odor sulfuroso que nos obrigou a abrir os respi-
radouros laterais das janelas. Esses vulcões expelem tanta fumaça que, provavelmente, qualquer fotografia que fizéssemos não prestaria para nada, de
maneira que nos afastamos e aproamos na direção noroeste para observar a
cordilheira Ruwenzori, conhecida nas minhas dissertações na *Life* e, de ouvido, por todas as moças amantes de safáris, como "As Montanhas da Lua".

Creio que essa designação original lhes tenha sido dada pelo falecido Sir
Rider Haggard. As "Montanhas da Lua" estavam, infelizmente, toldadas

por uma vasta camada de nuvens, como acontece frequentemente com as montanhas, e por isso não pudemos observá-las nem fotografá-las. Afastamo-nos, portanto, e rumamos para Entebbe, onde havia uma extensa e magnífica pista mas com escassa atividade, devido à aterrissagem desastrosa de um avião descrito pelos ingleses como o *Comet*.

A falta do *Comet*, em que a estrutura social de Entebbe está temporariamente baseada, foi sentida por todos. Esperamos de coração que os *Comets* possam em breve voar de novo, bebemos pelo seu rápido regresso às linhas aéreas no bar do aeroporto e dirigimo-nos ao excelente Hotel do Lago. Trata-se, de fato, de um lindíssimo hotel e a vista para o lago Vitória é soberba. A essa altura, já esperava que Miss Mary começasse perdendo a claustrofobia de que vinha sendo vítima enquanto estivera confinada à Reserva Masai e às vertentes do monte Kilimanjaro.

Esperamos no hotel até que a neblina se dissipasse e depois retornamos ao aeroporto, levantando voo para o lago Albert. O lago Albert é uma beleza de lago, e existem muitas aldeias de pescadores às suas margens ocidentais. Observamos os pescadores e seus variados métodos de pesca. Usavam redes e lançavam linhas que eram assinaladas por boias feitas de madeiras nativas. Os pescadores usavam canoas cavadas em troncos de árvores e, quando estavam recolhendo o peixe, vi um que me pareceu uma perca do Nilo de, pelo menos, uns cem quilos.

Era um peixe gigantesco e os pescadores estavam-no içando rapidamente para a margem, mostrando-se obviamente exultantes. Acenamos para eles, inclinando o avião sobre uma asa, e eles corresponderam. Era um peixe esplêndido, de verdade, e visto assim, de cima, ainda parecia melhor.

Seguimos por toda a margem ocidental do lago Albert e depois descemos o curso do Nilo de Vitória até as Quedas de Murchison. Pelo caminho, vimos numerosos hipopótamos e elefantes espalhados pelas margens e algo que eu nunca vira, manadas de elefantes e búfalos juntos. Pareciam dar-se todos muito bem naquela convivência, exceto um grande hipopótamo recentemente morto e que estava sendo devorado pelos crocodilos. Nessa região, os crocodilos pareciam ser ainda muito confiantes.

Antes, no sul de Tanganica, ao longo do grande rio Ruaha, a única visão que tínhamos conseguido de um crocodilo eram as ventas de um à tona da água. Mas acontece que aí os crocodilos eram intensamente caçados e tinham-se convertido em criaturas muito desconfiadas. Aqui, espalhavam--se pelas margens do Nilo, com a cabeça voltada para a terra e não para a água. Esperavam, possivelmente, que viesse alguma coisa até a água e, em todo o caso, sua presença era profusa. Contei dezessete de três metros e mais (recorde-se que o cálculo foi feito do ar e, portanto, não garanto o seu completo rigor — podiam ser muito mais compridos), mas havia alguns crocodilos grandes de verdade, juntos uns dos outros, semiocultos no matagal ou sob as árvores que bordejavam o rio. Além de muito compridos, também eram largos e robustos e não se mostraram perturbados pelo avião. Começamos nos perguntando se aquela região era razoavelmente inóspita e pouco frequentada.

As Quedas de Murchison são muito belas. É uma catarata que desce em vários níveis, em vez de uma queda abrupta, como a do Niágara.

Circulamos várias vezes sobre essas quedas, a uma altitude razoavelmente segura e depois, quando Miss Mary gastara dois ou três rolos de filme, que eu carregava na máquina e lhe passava, decidimos regressar a Entebbe, onde planejávamos fazer uma breve pausa e ver se os filmes tinham dado alguma coisa que prestasse. É preciso ter muito cuidado com eles, empacotá-los em material desidratante e fechá-los em caixas herméticas nessas latitudes. Quando nos afastamos das quedas, deparamo-nos com um bando de grandes aves que identifiquei como íbis pretos e brancos. Tínhamos visto esse mesmo bando quando subíamos o rio. Uma ave desse tipo pode facilmente atravessar o Plexiglas e eliminar o piloto de um avião deste tipo, ou o segundo-piloto. Como o assento do segundo-piloto era ocupado por Miss Mary, Roy Marsh mergulhou bruscamente para passar sob as aves, que observamos de baixo para cima, voando sobre a nossa cabeça, e tive a oportunidade de admirar suas manchas pretas e brancas e os longos bicos recurvos.

Nesse ponto, tendo-nos desviado da nossa rota sem culpa alguma de nossa parte, encontramos um cabo telegráfico de uma linha abandonada.

Esse telégrafo tinha sido abandonado quando da instalação de uma rede de postos de rádio e quase todo o fio fora retirado para benefício dos indígenas, que passaram a usá-lo em espirais decorativas que enroscavam nas orelhas. Sobrara essa pequena seção de cabo telegráfico, que estava inacessível aos indígenas — que são mais ou menos alérgicos às Quedas de Murchison. Essa atitude talvez fosse devida à presença das várias feras que tínhamos observado.

O avião batera com a hélice e a cauda no fio metálico. Ficou temporariamente sem controle e, depois, estava tão danificado que a aterrissagem era uma necessidade inadiável. Havia uma alternativa: ir para o que, no jargão da RAF, se chama "o charco", diretamente por baixo de nós. Contudo, o charco, que foi observado com atenção e já tinha sido explorado por Roy Marsh e por mim, abrigava tantos crocodilos que a sua escolha era pouco aconselhável naquelas circunstâncias. Além disso, como sabem, não é costume pousar um avião sem rodas retráteis na água. A água é uma das substâncias mais duras para pousar um avião e, a menos que se possa fazer uma aterrissagem de barriga, o empreendimento não é dos mais saudáveis. A ação das rodas fixas, ao entrarem em contato com a água, precipitará quase inevitavelmente o avião para a frente, afocinhando e dando uma cambalhota, de modo que o piloto e os passageiros irão encontrar-se de pernas para o ar e debaixo da água. Se essa água, ainda por cima, estiver infestada de crocodilos, a manobra é considerada, pelos que já desafiaram a lei da gravidade e disso têm alguma experiência, extremamente temerária.

Roy Marsh escolheu a mais simples e melhor solução: virar bruscamente para a sua esquerda, onde se podia ver terra firme. Essa terra estava coberta de denso matagal, mas um Cessna 180 pode aterrissar a uma velocidade de, aproximadamente, 40 quilômetros horários. Roy Marsh, tendo verificado que os flapes estavam em ordem, foi, aos poucos, perdendo altura e pousou o mais suavemente possível no mato mais macio de que dispúnhamos. O matagal era formado por árvores de tamanho mediano. Houve o ruído habitual de ferragens quebradas e retorcidas, audível numa aterrissagem forçada, mas todos saíram ilesos. Inspecionamos os estragos no avião e em

DEPOIS DAS GUERRAS, 1949-1956

Miss Mary, que nunca participara neste gênero de coisas. Durante algum tempo foi-me impossível encontrar-lhe a batida do pulso, embora em momento nenhum ela perdesse os sentidos. Eis um fenômeno que gostaria de mencionar no interesse da ciência. Quando, finalmente, o pulso foi localizado, registrei 155 batidas. Isso foi verificado por Roy e decidimos então que o aconselhável era abrir caminho, lentamente, para a parte mais elevada do terreno, a fim de evitarmos os elefantes que já começavam a comentar audivelmente a nossa intempestiva presença.

Acampamos no que nos pareceu um antigo acampamento de caçadores clandestinos de elefantes, uma vez que sua localização controlava duas pistas principais de trânsito dos paquidermes e tinha, atrás, uma pequena elevação do terreno coroada por um rochedo a pique, aonde nenhum elefante poderia ir. Roy e eu cortamos capim e fizemos uma cama para Miss Mary; colhemos madeira para uma fogueira e Roy foi até o avião pelo menos cinco vezes, a fim de transmitir o habitual sinal de *Mayday*, equivalente na gíria aeronáutica ao antigo SOS, o qual se tornou muito notório através da publicidade que lhe é feita pelos navios prestes a afundar. Falei em língua de chacal para Roy e ele respondeu em língua de beduíno. Os elefantes comentavam entre si cada vez que nós falávamos e, assim, Roy ficava sabendo onde eles estavam e a melhor maneira de os evitarmos. Decidimos, então, que os nossos objetivos resumiam-se, primordialmente, a sobreviver. Primeiro, cuidar de Miss Mary, que supúnhamos tão incólume quanto nós dois, ignorando nessa altura que ela tinha duas costelas quebradas, o que lhe causava muitas dores, de que nunca se queixou em momento algum. Segundo, conservar os nossos mantimentos, começando por racionar a única garrafa de água, as quatro garrafas de cerveja Carlsberg e a de Grand MacNish Scotch Whisky, que recomendo sem qualquer esperança de recompensa.

Decidimos que, depois de transmitidos e captados os sinais habituais para um avião acidentado, talvez tivéssemos de esperar muitos dias até sermos resgatados, pois o terreno não se prestava ao pouso de um avião e não existia qualquer pista nas proximidades.

Planejamos preparar uma pista de emergência onde um pequeno avião pudesse aterrissar. Racionamos a cerveja Carlsberg, que deveria ser consumida na proporção de uma a cada dois dias e repartida pelas três pessoas. Racionamos o Grand MacNish, que seria consumido à razão de um gole por noite. Pensávamos renovar a água nas Quedas Murchison, onde parecia existirem abundantes reservas de abastecimento.

Roy tinha uma lata de galão que antes contivera gasolina, mas era muito conveniente para transportar água da catarata. Isso deixava-nos sem o problema da água, exceto que tivemos uma demorada discussão, do gênero que ocorre sempre nos piqueniques desta natureza, sobre se a lata se dessoldaria quando a colocássemos no fogo para ferver a água. Essa discussão, a par da discussão geral de planos alternativos, foi um dos nossos principais recursos para passar a noite, até que apareceu uma manada de elefantes, talvez uns sessenta, que se acercaram, como de costume, no mais perfeito silêncio, exceto quando se comunicavam uns com os outros.

Miss Mary estava dormindo na cama de palha. Cobrira-a com o meu paletó e o meu impermeável, pois acreditávamos que ela estivesse em estado de choque, a que tinha, aliás, pleno direito. Eu ia deitar-me de tempos em tempos a seu lado, mas a minha preocupação era em manter a fogueira acessa, enquanto Roy dormia de *short* e camisa aberta. Não dispúnhamos de meios para calcular a temperatura, mas tenho a certeza de que era muito baixa, pois jamais sentira tanto frio em minha vida.

Contudo, eu estava muito mais bem equipado do que Roy, pois tinha uma camisa de flanela praticamente intacta e também calças compridas. Não tínhamos previsto um voo tão prolongado; estávamos todos com roupas leves, visto que, na África, geralmente é quente dentro de um avião. O nosso bate-papo sobre a lata de água foi interrompido por um elefante com enormes presas, que surgiu a uma distância de vinte metros, mais ou menos. Era evidente que seguia pela sua pista habitual, pastando ao longo da ravina, e decidiu parar a fim de investigar que fogueira era aquela. Levantou suas imensas orelhas, que me pareceu terem dois metros de ponta a ponta, cada uma, embora eu saiba, por ter visto muitos elefantes à luz do dia, que elas nunca atingem tais dimensões.

DEPOIS DAS GUERRAS, 1949-1956

Ergueu a tromba, que me pareceu ter mais de dez metros de comprimento, mas eu também sei que tais dimensões são impossíveis. Soltou então um ronco muito estranho e evidenciou desejos de juntar-se ao grupo. Roy e eu mantínhamos um rígido silêncio, incluindo a paralisação dos movimentos respiratórios, e esperávamos sinceramente que o elefante decidisse continuar tratando de seus negócios.

Realmente, foi o que ele decidiu. Durante a noite, as visitas de elefantes curiosos foram mais ou menos rotineiras, mas as únicas medidas defensivas tomadas por nós contra os paquidermes, que, diga-se de passagem, podem assumir proporções imponentes à luz do luar, foram a observação de um rigoroso silêncio e sustar qualquer som da respiração que pudesse ser tomado como ofensa por parte desses elefantes que, na realidade, eram os nossos anfitriões. Quem quebrar o completo silêncio, na presença dos nossos anfitriões, os elefantes, fica sujeito a ser admoestado com toda a moderação possível, se levarmos em conta a flagrante desproporção física entre eles e seus hóspedes. Miss Mary passou uma excelente noite e, conquanto sofresse dores terríveis, mostrou-se muito animada pela manhã. Perguntou o que havia para o desjejum, ficou surpreendida por não termos servido chá e devorou uma maçã não racionada.

Ao despontar o dia, Roy já tinha ido pegar água na catarata, a qual, com o estrondear contínuo das águas que se despenhavam, não nos deixava ouvir o ronco de qualquer avião que, indubitavelmente, sobrevoaria a região para localizar-nos. Muitas vezes pensei ter ouvido aviões e, pelo menos, uma vez tenho a certeza de que ouvi, mas o trovejar das quedas, que o vento trazia até nós e variava com a intensidade do vento, fazia com que fosse impossível ter a certeza absoluta.

Durante a manhã, enquanto Roy esteve ausente, mantive um sinal de fumaça para mostrar nossa localização a qualquer avião que passasse e, para isso, era necessário procurar madeira seca e morta. Queimamos madeira verde, quebrando pernadas de árvores e colocando-as na fogueira para alimentar a fumaça. Contudo, era necessário arranjar também troncos de bom tamanho de madeira seca para manter o fogo. Numa dada altura tornou-se impossível executar essa tarefa, pois cada vez que se quebrava um ramo seco, havia sempre um elefante para desafiar-nos. Entretanto, com o uso dos galhos reunidos, que foram postos numa pilha como reserva, e das raízes que foram arrancadas das nossas circunvizinhanças, conseguimos manter uma boa fogueira e fazer bastante fumaça.

Infelizmente, estávamos em concorrência com numerosos incêndios no matagal, alguns de tal extensão que um de nós chegou a confundi-los com o nascer da lua. Nesse ponto, tive um raro momento, assim espero, de irascibilidade e comentei:

— A nossa amada lua nascerá de tal e tal direção, por cima daquela colina, ou então não será a nossa lua.

Numa dessas viagens matutinas em busca de lenha, consegui finalmente afastar-me uns cinquenta metros para a esquerda do nosso acampamento, considerando que estávamos voltados para o rio e de costas para a colina. Os elefantes protestavam com veemência perante qualquer esforço que fizéssemos para obter madeira. Pastavam no capim verde e o estalido de quebrar ramadas secas irritava-os muito. Contudo, trabalhando cuidadosamente com o vento a nosso favor, consegui chegar a uma árvore que prometia bom suprimento de galhos secos. Nesse momento, ao ouvir um elefante protestar quando desgalhei uma pernada da árvore, olhei para onde partira o som de protesto e vi uma lancha branca avançando rio acima. Durante este safári, tivemos inúmeras miragens quando o sol se erguia a pino e à vista daquela lancha pensei que deveria, na primeira oportunidade, mandar fazer um exame aos meus olhos. Gritei para Miss Mary que uma lancha estava subindo o rio. Por essa altura, a lancha já sumira completamente e Miss Mary duvidou da veracidade da minha informação, mas em termos sumamente amistosos. Levei-a até o limite da zona de segurança contra os elefantes, que continuavam falando entre si, e a lancha voltou a surgir após uma curva do rio.

Era uma beleza de lancha, de linhas muito antiquadas, é certo, e descobrimos depois que fora a mesma lancha usada num filme chamado *The African Queen*, que tivera como protagonistas duas intrépidas criaturas africanas, uma delas chamada Katharine Hepburn, que tem a minha profunda admiração, e a outra, Humphrey Bogart, a quem jamais vi metido numa

DEPOIS DAS GUERRAS, 1949-1956

farra destas, na vida real. Contudo, ele teve uma interpretação muitíssimo convincente nesse filme e eu considerei a vista dessa lancha, naquele momento, como uma experiência sumamente agradável.

Acenamos para a lancha, que estava fazendo uma viagem que só se realizava uma vez por mês e, portanto, era uma chegada das mais fortuitas e um grupo de sujeitos começou a árdua jornada de ascensão da escarpada colina. Os sujeitos eram todos africanos, sendo um deles de extraordinária estatura, e tentei dirigir a escalada de modo que não encontrassem os elefantes. Isso foi conseguido mantendo-os do lado oeste da clareira.

Os elefantes, ao cheirar a presença de tanta gente, retiraram-se para as vizinhanças do avião espatifado. Nessa altura, segundo minhas observações, eles pareciam dispostos a dispersar. Tinham feito um reconhecimento completo do Cessna, que foi posteriormente confirmado por um piloto da BOAC, capitão R.C. Jude, que sobrevoara o avião, e eles pareciam considerá-lo propriedade sua. Como não o destroçaram por inteiro, talvez o respeitassem seu hóspede, exatamente como pareciam ter tomado conta de nós.

A Sra. Hemingway desceu do acampamento com os nossos amigos visitantes do vapor *Murchison*, o pretenso *African Queen* da fita; um dos tipos carregava na bandoleira um rifle de grosso calibre e tinha o ar de sujeito muito competente. Considerei que Miss Mary estava em boas mãos.

Fiquei no acampamento esperando o regresso de Roy Marsh, que devia chegar a qualquer momento. Depois de encher a lata com água das Quedas de Murchison, que todos nós considerávamos uma catarata deveras interessante, Roy voltaria ao acampamento a uma hora previamente combinada. Depois de olhar para o vapor *Murchison* e ver que Miss Mary já embarcara sã e salva, decidi abrir o Grand MacNish e preparar um uísque com água, usando a água — agora livre de racionamento — destilada da bateria do avião e que, refleti eu, era eminentemente consumível em face das circunstâncias. A única dificuldade para preparar a bebida era a ausência de copo ou qualquer outro recipiente. Portanto, tratei de beber rapidamente uma garrafa de cerveja, na qual, assim que ficou vazia, comecei a misturar o uísque e a água.

Essa operação foi interrompida pela chegada de uma manada de elefantes. Nenhum deles parecia alimentar intenções hostis, exceto um que, naturalmente, teria algumas recordações desse local onde o caçador clandestino costumava acampar. Era uma fêmea e talvez tivesse perdido ali um amante ou marido; de qualquer modo, estava, sem sombra de dúvida com uma postura hostil. Esticou as orelhas e aproximou-se. Iniciei uma pronta ação de retirada, investindo aos trancos e barrancos pela colina acima, galgando a quatro a sua vertente escarpada onde, com Miss Mary, tínhamos planejado realizar uma variação local do último reduto de Custer.

Roy e eu tínhamos previsto, no caso de um elefante ultrapassar os limites da aproximação normal, propulsar manualmente Miss Mary de modo a colocá-la no alto do rochedo.

A elefanta, porém, por alguma extraordinária razão que eu não conseguia devassar, visto que não tínhamos, em absoluto, molestado os elefantes, parecia ter-me tomado em grande antipatia — a mim, pessoalmente. Tentou escalar o declive na base do rochedo. Como este fora o escolhido para a defesa de Miss Mary e, portanto, era o mais seguro que se poderia exigir de um rochedo, escolhi uma porção de pedregulhos e, embora não seja canhoto, comecei a jogá-los com a mão esquerda contra a elefanta. A mão direita estava temporariamente imobilizada por um deslocamento do cotovelo e do ombro, durante a célebre escalada do rochedo. A elefanta era extremamente ruidosa em seus protestos por eu ter escolhido aquela posição inexpugnável.

Quando se está jogando coisas, do lado esquerdo, aos olhos de um elefante, é o olho direito que se atinge, isto é claro, se quem atira tiver a precisão de um lançador no beisebol. Atirei duas vezes com absoluta pontaria. A elefanta mantinha uma atitude agressiva e ergueu a tromba no que considerei uma atitude exagerada, pois por pouco me atingia, uma coisa a que eu sou muito sensível, ainda mais no que se refere a elefantes. Essa elefanta parecia estar tentando estabelecer contato, o que eu considerava ser, fiel às mais elevadas tradições militares de qualquer das armas a que eu tenha pertencido, altamente indesejável. A tromba da elefanta parecia, vista tão de perto, um objeto formidável e a coisa que observei a seu respeito foi que saía um cheiro muito forte da ponta e as duas narinas eram, definiti-vamente, rosadas por dentro. Tinha também um curioso dispositivo para dobrar-se na extremidade. Desejei estar de volta na laguna de Kimana, com a minha linda cobra. Os olhos de elefante são minúsculos, mas eu tentei alvejar o olho direito novamente e falhei. Depois visei o esquerdo e quando concluí que isso estava causando escassa impressão na elefanta, que não parara de falar no que parecia ser um tom descortês, consegui acertar-lhe com um pedregulho diretamente na boca.

Omitirei o diálogo entre mim e a elefanta, mas foi conduzido de ambos os lados, estou certo, de um modo bastante desagradável. Recordo ter dito à elefanta: "Dê o fora, você, paquiderme insuportável, antes que tenha de lidar com as consequências." A elefanta replicou em seu próprio idioma, do qual, nessa altura dos conhecimentos, eu já começava a ter algumas luzes.

Então eu disse: "Elefante, morra!" Era uma frase que lera nos relatos dos correspondentes sobre o que acontecera com os japoneses no final das hostilidades no Pacífico e, como eu não estava em posição de causar a morte de um elefante, foi muito semelhante ao caso dos japoneses que, não podendo defender-se, provavelmente proferiam essa declaração primeiro. A elefanta manteve, no entanto, a sua posição de, por assim dizer, malevo-lência potencial.

Verificando que as palavras e exortações não tinham qualquer efeito prático sobre o animal, reiniciei o lançamento de pedregulhos. Com a mão esquerda, consegui atingir a elefanta na boca uma em cada três vezes que ela erguia a tromba e dirigia-se para mim de maneira deveras grosseira.

Finalmente, ela decidiu suspender as hostilidades e juntar-se aos outros elefantes, nenhum dos quais parecia particularmente interessado, embora falassem muito entre eles e vários machos tivessem as orelhonas estendi-das, como se estivessem prontos e participar na ação, no caso da combativa fêmea não ganhar a decisão. Os elefantes são criaturas muito gentis e acho que essa elefanta que se comportou mal comigo não era de boa casta ou, em algum momento, foi maltratada. É difícil saber exatamente a opinião que um elefante tem sobre os seres humanos, visto que muitos foram feridos no passado por gente desastrada, inexperiente ou descuidada. De um sei eu que, ao ser abatido, enquanto estávamos no sul de Tanganica, tinha quatorze feridas diferentes, com os projéteis encravados na carne, enquanto as presas lhe eram retiradas, e a carcaça, esquartejada.

O homem que o matou desse jeito esperou que a carnificina terminasse para descobrir, se possível, a causa do enraivecimento do elefante. Evidentemente, o elefante, um animal admirável que, entretanto, pode tornar-se perigoso, ficara enraivecido por causa dos vários projéteis alojados em sua carne, seus ossos e medula; tinha dois encravados no crânio. Acho que se pode considerar isso suficiente para que qualquer animal sofra uma ligeira alteração em sua boa índole natural. Não sei o que teria acontecido àquela elefanta, mas é possível que tivesse sofrido a perda de algum membro da família no local em que antipatizou comigo.

Depois da partida dos elefantes, que prosseguiram sua marcha pela ravina, fui até o avião e daí fui juntar-me à Miss Mary a bordo do *Murchison*. Havia uma deliciosa reunião a bordo, que consistia num casal que estava celebrando suas bodas de ouro, a filha e o genro, e um jovem neto chamado Ian. Fotografamos o avião para documentar o acidente e construímos depois um aceiro a fogo para evitar que o Cessna fosse destruído por qualquer dos incêndios que lavravam então no mato.

No *Murchison*, descobrimos que o genro do casal em bodas de ouro era o Dr. McAdam, excelente cirurgião do Protetorado. Examinou Miss Mary e verificou que ela tinha duas costelas fraturadas, mas, em tudo o mais, seu estado era excelente, tendo-se recuperado rapidamente do choque.

Quando Roy Marsh chegou a bordo do *Murchison* e os componentes do grupo que tinham ido ver as quedas-d'água regressaram, soltaram-se as amarras, içou-se a âncora e seguimos rio abaixo, rumo ao lago Albert, tendo Butiaba como destino final. Era um consolo estar a bordo da lancha, muito limpa e com um excelente refrigerador, contendo garrafas de cerveja Tusker e numerosas marcas de chope.

Não se serviam bebidas alcoólicas, mas foi possível conseguir uma garrafa de gim Gordon do indiano que tinha a lancha a seu cargo, vendendo-a por um preço que eu considerei, e ele reconheceu, ser exorbitante. De acordo com as cláusulas de sua licença de navegação fluvial, ele podia ser-

DEPOIS DAS GUERRAS, 1949-1956 465

vir essa bebida a copo a um preço bastante razoável mas, na África, a dose média que é servida é de tão exígua proporção que não se pode comparar com as doses que se consomem nos safáris. Contudo, como ainda tínhamos o nosso dinheiro conosco, nessa altura, adquirimos uma garrafa desse gim, que mantive em reserva no caso de haver alguma necessidade para seu uso.

Tínhamos também conosco dois cachos de bananas. Um estava exatamente no ponto e o outro um pouco maduro demais. Tinham constituído a nossa principal reserva quando esperávamos ter de passar uma temporada na região das Quedas de Murchison.

A viagem rio abaixo foi verdadeiramente deliciosa. Em ambas as margens viam-se grandes hipopótamos e suas fêmeas com os filhotes, e havia numerosos crocodilos. Também foi possível, enquanto descíamos o rio, observar na margem esquerda vários elefantes que eu havia conhecido pessoalmente. Foi um prazer brindar a esses elefantes e beber à sua saúde com cerveja Tusker, a primeira cerveja gelada que nos era dado saborear há algum tempo. Foi agradável ver que os crocodilos não tinham sido perturbados pela queda do Cessna 180 e ainda permaneciam à beira da água, à sombra das árvores e com a cabeça voltada para a terra. Isso pareceu impressionar Roy Marsh, cuja missão tinha sido ir buscar água às margens do rio. O número máximo de crocodilos que contei foi dezessete num grupo. E vimos, talvez, uns quinhentos.

Ao longo do rio fomos encontrando sempre elefantes, umas vezes solitários, outras, em grupos de seis a vinte. Em virtude da cruel estiagem que dominava uma vasta região da África há dois anos, estávamos presenciando, provavelmente, a maior concentração de animais de caça que já se realizara ao longo de um curso de água. Geralmente, as feras e outros animais de caça desconfiam dos rios e preferem beber água em qualquer manancial ou poça ocasional formada pela acumulação de chuvas; mas, em virtude dos incêndios que lavravam no capinzal, os animais tinham sido forçados a concentrar-se ao longo do rio. Pareciam dar-se muito bem uns com os outros e o único incidente que presenciamos foi a morte do hipopótamo que já mencionei.

O rio deságua no lago Albert e converte-se num lençol de água acinzentado onde há muitas aves e podemos ver peixes saltando. A lancha, com toda a sua boa vontade, não fazia mais de sete nós e possibilitava, assim, a minuciosa observação das águas do lago e da distante linha costeira. Havia grandes concentrações de aves lacustres, pelicanos, andorinhas-do-mar e consideráveis bandos de patos, sobretudo marrecos e uma espécie a que se costuma chamar patos-do-lodo.

Estávamos todos muito contentes a bordo e Miss Mary, depois de ser examinada, pôde usar o banheiro que pertencia ao casal em bodas de ouro e que lhe foi gentilmente oferecido. Tomou um banho, descansou e dormiu; e Roy Marsh também se entregou a uma bem merecida soneca, enquanto o Dr. McAdam e eu discutíamos trivialidades. Chegamos a Butiaba, pequena aldeia pouco atraente, à beira do lago, que não oferece qualquer forma de alojamento, exceto, talvez, um hotel para asiáticos, como é costume dizer no Protetorado em referência a esses estabelecimentos de categoria muito duvidosa.

O comandante do vapor era um asiático e tinha longos pelos saindo de ambas as orelhas. Por alguma razão, possivelmente tribal, que sempre respeitamos, jamais cortava esses pelos, que tinham atingido um comprimento, se não invejável, pelo menos extraordinário, sem dúvida. Podia-se dizer até que se eriçavam como os de um ouriço, dando ao comandante a sua única e verdadeira distinção. Cresciam não só de dentro das orelhas, mas também no rebordo dos lóbulos. Ele pedira-nos como tarifa para transportar-nos cem xelins por cabeça. Como o Dr. McAdam fretara o barco e considerava que as pessoas socorridas podiam viajar sem despesas, a convite seu, protestou contra tal pagamento.

Estando familiarizado com as leis marítimas e sabendo que o capitão do barco estava perfeitamente dentro de seus direitos, apesar da quantidade exagerada de pelo que brotava de suas orelhas, paguei a soma exigida e o Dr. McAdam formulou um protesto formal por escrito. Expliquei ao Dr. McAdam, em torno de uma garrafa de Tusker, que se paga sempre o preço pedido e depois, quando se tem razão, a soma é devolvida. Isto foi subsequentemente comprovado pela recepção de um cheque de 300 xelins

DEPOIS DAS GUERRAS, 1949-1956 467

da East African Railways and Harbours, uma instituição eminentemente correta que empregava esse capitão com pelos ligeiramente crescidos dentro e fora das orelhas.

Em Butiaba, podíamos optar por passar a noite a bordo do *Murchison*, uma perspectiva que não julguei muito atraente para Miss Mary, visto que uma lancha ancorada paralelamente a um cais e com seus alojamentos para dormir lá nos confins do porão oferece escassa ventilação, ou seguirmos de carro até Masindi. Preferimos ir para Masindi. Contudo, encontramos um piloto que nos procurara o dia todo e estava ansioso por levar-nos e às nossas bagagens diretamente para Entebbe. Ele já havia reabastecido o avião, um Havilland *Rapide*, e estava pronto para decolar. A minha reação pessoal foi continuar para Masindi de automóvel, o que acabamos por fazer.

Contudo, quando se é convidado a subir, em nosso círculo social, conhecido como o Círculo Internacional dos Desportistas Rápidos, a sugestão é quase uma ordem. O capitão Reginald Cartwright, piloto do avião, fez um rápido reconhecimento da pista num caminhão. Era impossível observar seus progressos no reconhecimento, em virtude das nuvens espessas de poeira que o veículo levantava. Para mim, a pista de pouso mais parecia as colinas vermelhas de Dakota do Sul e tinha grandes valas, do formato de tábuas de lavar roupa, de um lado e outro do que tínhamos de considerar a pista de aviação.

Dentro do avião, o comandante Cartwright ocupou o lugar do piloto, Roy Marsh o assento de estibordo, eu o segundo assento de bombordo, para compensar o peso do capitão Cartwright, que nos queria a todos bem na frente e dera ordens para que não nos movêssemos daí. Quando tínhamos percorrido um terço da suposta pista, convenci-me de que não conseguiríamos decolar com êxito. Contudo, prosseguimos a toda a força de arranque que o avião era capaz de desenvolver, saltando de penhasco em penhasco e de precipício em precipício como um bode selvagem. Subitamente, esse objeto que era ainda descrito como um avião decolou com violência e encontrou-se no ar, embora a culpa não fosse sua. Esse estado de coisas existiu apenas por uma questão de segundos, após o que o avião *des-decolou* com a mesma violência, e houve o som habitual, com que já estávamos todos familiarizados nessa altura dos acontecimentos, de metal dilacerado.

Infelizmente, nesta segunda ocasião, observaram-se chamas provenientes do motor de estibordo, que pegou fogo. O tanque da asa direita, que estava cheio para garantir o considerável voo até Entebbe, também pegara fogo e, por causa do vento, as chamas estavam indo para a parte de trás do avião. Pouco existe num avião que seja inflamável, mas a gasolina que se derramava do tanque molhava todo esse lado do avião e queimava na direção em que o vento soprava.

Nesse momento, quando a queda do avião passou a Technicolor, recordei a velha norma de que num avião bimotor sai-se da mesma maneira que se entrou. Portanto, dirigi-me à porta por onde havíamos entrado e encontrei-a bloqueada, em virtude do material de que o avião era construído ter-se desconjuntado. Consegui arrombar a porta empenada e gritei para Roy Marsh:

— Está aberta! Miss Mary está ok?

— Ok, Papa, vai sair pela frente — respondeu Roy.

Eu abrira a porta graças à pressão exercida pela minha cabeça e ombro esquerdo. Assim que a vi escancarada, saltei para a asa esquerda do avião, asa essa que ainda não tinha pegado fogo, e contei Miss Mary, Roy e o piloto, que tinham abandonado o avião por uma abertura de emergência através da qual eu não poderia ter enfiado o meu corpanzil.

Falei-lhes e responderam que estavam são e salvos. Tratamos então de afastar-nos em boa ordem do aparelho. Algumas pessoas têm a impressão de que os aviões pegam fogo numa súbita explosão de chamas; no entanto, posso testemunhar honestamente que nunca vi uma caranguejola queimar mais lentamente. Devia ser uma espécie muito robusta de avião, pois só ficou completamente incandescente quando já nos encontrávamos a uma distância razoável.

Roy explicou que retirara Miss Mary do avião rebentando uma janela a pontapé. Ele e Miss Mary tinham, mais ou menos, as mesmas dimensões físicas. Roy saiu primeiro para assegurar-se da possibilidade de saída de Miss Mary e ajudá-la a extrair-se da fuselagem. Depois, auxiliou-a com um zelo digno das melhores tradições de qualquer aeromoça. Reggie escapuliu por uma janela quando não havia mais ninguém no avião e é assim que um sujeito *Ndege* deve comportar-se.

Esse negócio de *Ndege* é provavelmente incompreensível para os que não são membros desse grupo. *Ndege* significa pássaro e é o nome que os africanos destas redondezas também usam para avião. As pessoas que têm relações com aviões possuem certos sentimentos secretos e um grande saber irrevelado. Também têm normas éticas que não são publicamente declaradas. Se você é uma dessas pessoas, boa sorte. Se não é, logo será desmascarada. A pior coisa que se pode fazer, exceto pisar uma cobra de três metros de comprido, é fingir que se é *Ndege* quando não o é. Num país onde o *Ndege* é a forma normal de transporte, é impossível a qualquer sujeito pretender bancar o *Ndege* sem ser descoberto num piscar de olhos. Eu poderia escrever extensamente a esse respeito, mas, como disse um escritor muito melhor do que eu, o falecido Rudyard Kipling, isso é uma outra história.

Várias pessoas e numerosos jornais perguntaram-me o que se pensa na hora da própria morte, uma frase um tanto exagerada, aliás, e o que se sente ao ler o próprio obituário. Sendo um tipo *Ndege*, posso responder sinceramente que, no momento de um avião dar com o focinho em terra e (ou) pegar fogo, os nossos únicos pensamentos são sobre problemas de ordem técnica. A vida pregressa não aflui ao cérebro como um filme cinematográfico e os pensamentos são puramente técnicos. Talvez haja pessoas a quem a vida passada aflua em turbilhão ao cérebro, mas, até agora, nunca experimentei essa sensação na minha vida.

Depois de ter caído dum avião, com ou sem incêndio complementar, fica-se usualmente num estado que é descrito, de um modo um tanto vago, como choque. Numa aterrissagem forçada, em que a queda do avião deu-se de um modo comparativamente suave, o choque não é tão grande, mas creio que há sempre algum. Contudo, se já estivermos condicionados para isso, pela prática mais ou menos esportiva dessas bruscas aterrissagens, acabamos familiarizados com as sensações e podemos mais facilmente pô-las em ordem.

No caso de um avião que pega fogo ao decolar, o choque é consideravelmente maior e não é possível ordenar muito as ideias nesse momento; por conseguinte, tudo o que se pode fazer é tentar comportarmo-nos de uma maneira inteiramente normal. Isto é muito fácil de conseguir e ilude completamente as outras pessoas. Por exemplo, quando um avião cai e pega fogo, primeiro fica-se, automaticamente, à escuta da explosão das munições. Verifica-se se o aparelho transportava bombas, mas colocados a uma razoável distância e escutando os estampidos da munição. Nesse momento, composta de uma calma e digna postura e recebendo as congratulações efusivas de vários africanos superexcitados, que sacudiam vigorosamente o meu braço direito — o que eu deslocara —, ouvi os primeiros estampidos do que constituía a munição do aparelho em chamas.

Houve quatro pequenos estampidos consecutivos, representando a explosão das garrafas de cerveja Carlsberg que formavam a nossa reserva. Seguiu-se um estampido ligeiramente mais sonoro, que representava o fim da garrafa de Grand MacNish. Depois disso, ouvi distintamente uma explosão mais sonora mas ainda de pouca intensidade, que deduzi significar a garrafa de gim Gordon, a qual nem foi aberta. Estava fechada com uma tampa metálica e, portanto, a sua explosão é de maior potência do que a de uma garrafa de Grand MacNish, que é fechada apenas por uma rolha e, além disso, já estava consumida por metade. Fiquei esperando novas explosões, mas não houve nenhuma.

Abandonamos então a cena do acidente no carro de um jovem policial que consentira, amavelmente, em dar-nos carona até Masindi. No veículo, estava a encantadora esposa desse oficial da polícia, Miss Mary e eu, ajustando-nos à viagem de noventa quilômetros que foi realizada sem o apoio de álcool nem qualquer outra bebida. Foi a mais longa viagem de toda a minha vida e tenho certeza de que não pareceu curta a Miss Mary. Numa dada altura, comentei para ela:

— Miss Mary, vai poder aguentar sem pararmos em algum lugar acolhedor ou *dukka*, para um pequeno trago?

É costume administrar aos tipos *Ndege* um dedo ou dois de, preferivelmente, aguardente, após a queda e incêndio de um avião, se este despencou e ardeu no que é considerado um aeródromo amigo.

— Papa — respondeu Miss Mary. — Se você conseguir aguentar, eu também consigo, mas não vai ser fácil.

Demo-nos as mãos e fomos embora.

||

Na cena do nosso segundo acidente estivera, como chamamos na RAF, o caminhão do açougueiro. Chegara sob a responsabilidade de um médico africano extremamente cordial, profundamente comovido, mas tão animado que se esqueceu de que viera para administrar certos primeiros socorros. Concluída a nossa jornada até Masindi e após a usual recepção por numerosas pessoas ex-pesarosas e entusiastas que tinham visto um avião arder pela primeira vez em sua vida, conseguimos, enfim, ir para a cama.

Durante a noite, ouvi uma hiena uivando sem parar e fiquei me perguntando se ela não seria atraída pelo cheiro de cabelo e carne queimados. Fui verificar as entradas e saídas do nosso quarto de hotel, de um modo mais ou menos mecânico, e decidi que se esse mais ou menos abençoado animal desejava uivar, podia continuar seus exercícios vocais.

Miss Mary sofria agora muitas dores, por causa das costelas fraturadas, e passou mal durante a noite. Contudo, os uivos da fera tranquilizavam-na e faziam-na sentir que estava de volta aos bons e velhos tempos da Laguna Kimana, antes de ter aceito o presente de Natal de uma excursão no *Ndege.*

Pela manhã, vimos o médico africano que se mostrara tão exultante por termos escapado por um triz do consumido *Ndege* e receitou o que eu, talvez por uma questão de amizade e compreensão racial, não deveria descrever como remédios caseiros. Queria amarrar Miss Mary toda e cuidar-lhe das costelas. Teria sido, sem dúvida, uma interessante experiência para esse nobre clínico, mas eu não aprovei a ação.

Afinal de contas, nada se pode fazer a respeito de costelas quebradas, salvo esperar que isso aconteça no nono assalto de um combate de dez, em vez de ser logo no primeiro. Ligá-las significa apenas que a atadura de gesso terá de ser retirada, e mesmo para uma moça, cujo corpo é menos hirsuto do que o de um homem, a remoção do aparelho pode ser extremamente dolorosa. Como oferta à ciência, gostaria de dizer que os danos infligidos à pele quando as costelas são imobilizadas num aparelho de gesso são, em minha opinião amadurecida pela experiência, muito maiores do que o bem obtido por essa discutível prática.

Esse nobre clínico africano, pelo qual, diga-se de passagem, contraí uma talvez duradoura afeição, tosquiou então o meu crânio, de maneira sumamente eficiente, com uma tesoura. Não sei se optou por um corte em conformidade com padrões tribais ou se a tosquia foi puramente funcional. Em todo o caso, foi um trabalho eficiente e espetacular. Aplicou um antisséptico e depois um curativo, que consistiu, predominantemente, em várias tiras de esparadrapo que podiam ser descritas como moderadamente sensacionais.

Passou depois a tratar da perna esquerda, que, a essa altura, já estava supurando. Verificou o montante do que na África se chama *damu*, ou sangue, o qual fluía de todos os cinco orifícios clássicos do corpo humano, e anunciou, muito amavelmente, que poderíamos seguir viagem até Entebbe. Era esse o nosso objetivo, dado que Miss Mary expressara o desejo de permanecer algumas semanas para sua recuperação total. Também desejávamos recuperar quaisquer artigos de vestuário ou artigos de valor que pudessem ter ficado no hotel, pois não sabia se ainda estava em vigor o velho costume da RAF de saquear os pertences de qualquer tipo *Ndege* que não regressasse prontamente ao campo onde seu esquadrão estacionava, após ter sido presumivelmente abatido em terreno inimigo ou no que, em nossa primitiva ignorância, continua sendo mencionado como "o charco".

Em Masindi tínhamos conseguido obter um suprimento de gim Gordon. Não trabalho para o pessoal da Gordon e isto é um depoimento que ofereço gratuitamente e no que espero seja o meu perfeito juízo. Essa bebida é um dos maiores antissépticos do nosso tempo. A penicilina desfruta de uma popularidade temporária e há certas pessoas que usam sulfamidas. Existem outros antibióticos. Contudo, esses produtos talvez sejam de valia apenas temporária. O produto da Gordon tem seus méritos comprovados e pode-se contar com ele para fortalecer, anestesiar e, praticamente, cauterizar todas as lesões internas e externas. Não obstante, aqueles a quem nos referimos em wakamba como *Nangake* — os membros de uma tribo a quem ainda não é consentido beber cerveja — jamais deveriam ser encorajados a empregar essa bebida mágica, pois seus dotes de raciocínio podem vacilar; ela é capaz de levá-los a graves erros e, talvez, a cometerem crimes de violência e depravação sexual, os quais todos nós deploramos. Em outras palavras, não deixem as crianças beber gim.

Após os curativos, seguimos de automóvel de Masindi para Entebbe. É uma viagem monótona e poeirenta — consequência da contínua falta de chuvas no norte — e tem pouco para ver até chegar-se a Kampala, a Cidade das Sete Colinas, povoação extremamente simpática. Contudo, o percurso excede os duzentos quilômetros e permite tempo de sobra para reflexões.

Essas reflexões estão condicionadas pelo fato de que o chamado pensador sofreu uma concussão craniana de respeito e, portanto, não é inteiramente responsável pela qualidade de seus pensamentos. Esse tipo de concussão provoca o tipo de cogitações que, por vezes, tendem para a violência. Creio que essa violência é um fenômeno de concussão resultante do próprio comportamento violento do avião. Em todo o caso, é de deplorar e, desde já, nego qualquer responsabilidade pelos pensamentos que me passaram pela cabeça nessa altura, mas eis alguns deles.

Primeiro, desejei que o senador Joseph McCarthy (Republicano), do Wisconsin, tivesse estado conosco na queda dos dois aviões. Sempre tive uma certa curiosidade, como é costume as pessoas terem a respeito de todas as figuras públicas, em saber como o senador McCarthy se comportaria num perrengue desses. Sem dúvida, seria admirável, mas sempre tive essa fugaz curiosidade. Sem a sua imunidade senatorial, seria vulnerável às várias feras com quem teria de conviver? Esse pensamento perturbou-me durante uns quinze ou vinte quilômetros, com um certo grau de prazer, devo confessar.

Depois, com meu espírito alterado seguindo esse mesmo curso (se era possível chamar-lhe curso) de pensamento, cogitei se havia alguma coisa errada com o senador Joseph McCarthy (Republicano), do Wisconsin, que um .577 não pudesse curar radicalmente.

Lembrei-me então de Leonard Lyons, meu velho amigo, e sua experiência com o .577, quando, a título de experiência, deu vinte tiros no *stand* de provas do porão de Abercrombie & Fitch, em Nova York. Era velha munição e foi preciso determinar se ainda seria de confiança. Lyons, que é extremamente corajoso, mas de compleição um pouco escassa em peso, disparou o .577 e o coice levantou-lhe os pés do chão e projetou-o contra a porta de ferro situada ao fundo da carreira de tiro. Largou o .577 como se a arma estivesse em brasa mas saiu-se incólume da experiência e, por mais alguns quilômetros, recordei com gosto desse incidente e de outros que me aconteceram com Leonard Lyons e que, provavelmente, ele também recordará. Foram todos muito agradáveis.

Passei então a recordar, em meu estado de espírito ainda desordenado, o Sr. Toots Shor. Pensando em Shor pode-se facilmente percorrer muitos quilômetros com bom humor. Relembro a sua cortesia inexpugnável. Há quem suponha que Toots Shor é extremamente rude com todo mundo, mas duvido que ele tenha alguma vez proferido uma frase menos cortês. Pude reconstituir a fisionomia grave de Shor, o que, atendendo às circunstâncias, foi uma considerável proeza mental. Sua fisionomia assemelha-se muito à região acidentada que estávamos atravessando, inteiramente imprópria para a lavoura.

Neste ponto, abandonei com relutância meus pensamentos sobre o Sr. Shor e comecei a recordar um outro amigo meu, Joe Russell, popularmente conhecido por *Sloppy Joe*, que dirigia um *saloon* que era a réplica em Key West do *saloon* e restaurante gerido por Shor. Joe Russell foi meu sócio e amigo por muitos anos e em muitos empreendimentos arriscados. Gastei então alguns quilômetros mais recordando a maneira como morrera.

Depois, em sucessão, relembrei o grande privilégio que fora estar associado a George Brown, da Rua 57, Nº 225 Oeste, e os remanescentes agora felizes de meu cérebro invocaram momentos, na companhia de Brown, que dificilmente poderiam ser excedidos. Seguindo da Rua 57 diretamente para o sul, como é preciso fazer muitas vezes, recostado num táxi, a fim de não pegar um resfriado, depois de passar algum tempo na companhia de Brown, recordei com imenso prazer o Sr. Sherman Billingsley. Pensei que tenho muitas coisas em comum com ele e que lhe dedico uma afeição benevolente.

Depois, como não havia ordem no que eu pensava sobre esses cavalheiros, visto que fora atingido duramente na cabeça, pensei em Bill Corum e no aspecto que ele deveria ter quando era o mais jovem major do Exército americano.

Em seguida, pensei no aspecto que Ben Finney teria quando esteve nos Fuzileiros Navais, durante a Primeira Guerra. Conheci Finney na sua melhor época, quando foi o primeiro homem a percorrer o Cresta, em S. Moritz, Suíça, logo na primeira vez que tomou assento naquele estranho veículo empregado para fazer essa tremenda descida. Pensando no Sr. Finney e em sua lealdade como amigo, e como ele não é capaz de matar uma mosca mas não foge à briga quando é preciso, senti-me muito contente.

Como o meu espírito rondava algures entre a Rua 52 e a Rua 53, dei um pulo em minhas recordações até o Sr. Earl Wilson e sua cordial fidelidade durante um período de muitos anos. Pensei no Sr. Walter Winchell e como ele costumava ficar no bate-papo com Damon Runyon até altas horas da noite, quando Runyon ainda era um excelente companheiro e um homem vivo, não um Fundo. E eu tinha esperanças de que Walter e Lenny Lyons deixassem de brigar.

Nesta altura da viagem, meu cérebro tornara-se benevolente e cheio de boa vontade para com todos os homens. Pensei em muitos outros amigos, de suas enormes virtudes e seus defeitos ocasionais. O meu cérebro recusava-se a abordar minha própria vida passada, ao contrário do que era costume, e continuava enfocando outras pessoas, outros lugares, boas comidas e melhores bebidas.

Estávamos municionados com o produto dos Srs. Gordon e pensei sobre isso e sobre os prazeres que ele me proporcionara na vida. E foi esse pensamento que desencadeou as reminiscências de minha vida pregressa, mas consegui desviar-me do assunto, no qual havia uma certa dose de remorsos, e passei a examinar vários problemas econômicos e políticos, mas o meu cérebro mais uma vez se recusou a abordar tais questões.

Em momentos como este, acontecem certos fenômenos que talvez tenham seu interesse. Em lugar de uma bonita mulher na rua, veem-se duas bonitas mulheres. O cérebro parece ser algo nosso irmão, em vez de um órgão completamente integrado em nós próprios. A audição vai e vem e, por vezes, não se consegue ouvir o som de nossa própria voz; outras vezes, os ruídos tornam-se excessivamente agudos e intensos. Havia um zumbido constante entre o meu crânio e o meu ouvido esquerdo, e pedi a Miss Mary que olhasse e verificasse se por um acaso havia alguma exsudação de massa cinzenta.

— Papa — respondeu ela —, você sabe muito bem que não tem miolos e isso deve ser alguma forma de líquido com que você não está ainda familiarizado.

Miss Mary pode dizer piadas tão fortes quanto qualquer outra pessoa e, às vezes, muito mais fortes. É em virtude dessa qualidade que ela é tida em tão alto apreço pelo círculo do Sr. Toots Shor. Creio que não seria exagero afirmar que Miss Mary pode, com algumas palavras, fazer mais estragos do que Miss Maureen Connolly com a testa. Isto, na linguagem típica do nosso círculo de relações, é descrito como "Ela pode liquidá-lo". Suportando meu cérebro vacilante e Miss Mary, com suas costelas quebradas, sua indiscutível coragem e suas encantadoras piadas incisivas, chegamos a Entebbe. Até esse instante, nenhum de nós lera ainda o nosso obituário, que soube ter sido publicado em grande profusão antes da nossa chegada.

Em Entebbe, encontramos os jornalistas e os investigadores. Na verdade, foi pela ordem inversa. O equivalente britânico da nossa Administração da Aeronáutica Civil é extremamente meticuloso, visto que a perda de um *Ndege* envolve prejuízos para a companhia de seguros ou para a companhia proprietária do avião e, com a finalidade de averiguar se pode ser provada qualquer negligência por parte do piloto, o interrogatório é profundo e exaustivo. Eu esperava ser interrogado juntamente com o nosso piloto, Roy Marsh, de modo que pudesse refrescar a minha memória, que não estava ainda em condições perfeitas. Os investigadores, a quem me referi constantemente, no decurso da nossa conversa, como os inquisidores, eram homens muito proficientes. Logo viram que, dos dois, era eu o que estava

DEPOIS DAS GUERRAS, 1949-1956 477

em pior forma e, por conseguinte, podia cometer uma indiscrição durante o interrogatório; por isso mesmo decidiram ouvir-me primeiro. Marsh e o comandante Cartwright viriam depois, por essa ordem. Um interrogatório não é difícil quando se tem uma história verdadeira para contar, mas é preciso ter muito cuidado com os detalhes técnicos.

Creio ser essa a razão por que as pessoas, quando sabem que está iminente a queda do avião em que viajam, observam todos os pormenores com a maior minúcia. Também creio que os pormenores são registrados na mente com uma intensidade tão grande ou maior do que os meios de autoconservação. Isso é muito natural, pois quaisquer meios ditados pelo instinto de conservação que não sejam impecavelmente éticos seriam logo descobertos no interrogatório e, portanto, fazem-se três coisas.

Primeiro, tenta-se permanecer vivo para conservar vivos todos os passageiros, assim se evitando o que é classificado como "acidente fatal". O acidente fatal é muito malvisto e fazem-se todos os esforços para evitá-lo.

A segunda coisa a fazer é tentar executar tudo isso de maneira inteiramente ética, isto é, de acordo com a ética pessoal de cada um.

A terceira coisa que se faz, quando o avião cai, é dar à queda um aspecto aceitável para a companhia de seguros.

Para que o negócio tenha um aspecto aceitável para os seguradores, é preciso fazer esse triplo jogo com extrema rapidez e exatidão, e recordar depois tudo, incluindo, nos aviões maiores, coisas como o passo das hélices. Tínhamos excelentes fotografias que teriam corroborado todas as nossas declarações, mas, infelizmente, elas queimaram na queda do segundo avião. Portanto, foi uma questão de prolongado exame, exaustivo e completo, para apurar a veracidade e os conhecimentos técnicos do inquirido.

Durante muitos dias ninguém soube se tínhamos ou não passado no exame. Os Inquisidores foram sempre simpáticos e cordiais enquanto interrogavam, como é da tradição na Scotland Yard; mas, por volta do terceiro dia de interrogatório, começamos a notar um certo tom de afabilidade, mais do que a mera cortesia regulamentar.

Após o inquérito preliminar, recebemos a imprensa; melhor dizendo, recebi a imprensa enquanto Miss Mary foi para o seu quarto para um merecido repouso. Eu sentia também uma necessidade urgente de repousar, mas tentei dar aos jornalistas um relato nítido dos dois acidentes, com alguns detalhes possivelmente interessantes. Reservei os pormenores que vocês estão lendo. Nessa altura, não desejava sequer escrever coisa alguma sobre os dois acidentes mas, depois, tenho lido tantos relatos absurdos nos nossos vários necrológios, ainda mais na imprensa estrangeira, que achei preferível fazer uma descrição fiel e escrupulosa dos acontecimentos.

Foi interessante, enquanto falava com os jornalistas, notar que havia dois de cada um deles onde apenas um estava sentado e era esquisito estar falando e, ocasionalmente, não ouvir o som da própria voz. Algumas vezes, é um alívio não se ouvir o som da própria voz, se o sujeito for mais do tipo palrador do que do tipo silencioso e forte. Contudo, não ouvir o som da minha própria voz tornou muito mais simples falar com pessoas a quem nunca vira.

Roy Marsh prosseguira de avião até Nairóbi para apresentar o relatório à sua companhia e ser um pouco mais inquirido. Regressou a Entebbe com um Cessna 170, o irmão mais velho do 180 que tínhamos deixado em precárias condições junto das Quedas Murchison. No meio-tempo, e quase imediatamente após a nossa chegada a Entebbe, chegou também o meu filho do meio, Patrick, que fretara um avião nos Altiplanos Meridionais do Tanganica e voara até Entebbe via Muanza. Viera o mais depressa que era possível a qualquer homem e trazia com ele 14.000 xelins. Foi a primeira vez que qualquer dos meus filhos me apareceu sem estar limpo ou, nos períodos em que eu ficava sem notícias por algum tempo, para me pedir que arranjasse um jeito de ele voltar ao Exército ou um jeito de ele sair do xadrez. Por isso Patrick converteu-se, para mim, no herói desta história, tal como Miss Mary é a única e exclusiva heroína. Roy Marsh ocupava a cabeça do cartaz como herói, até a chegada de Patrick com os 14.000 xelins.

Reduzindo rapidamente o capital de Patrick, Roy Marsh e eu voamos no Cessna para Nairóbi, a fim de defrontarmos os Inquisidores, e deixei Patrick tomando conta de Miss Mary, decidindo-se que ele a acompanharia no avião da linha aérea regular. Em Nairóbi fomos muito bem recebidos e encontramos gente de exímia simpatia.

DEPOIS DAS GUERRAS, 1949-1956

Foi nesse ponto que comecei cultivando aquele estranho vício que, creio eu, poderia tornar-se sumamente destrutivo do equilíbrio geral de uma pessoa e causar-lhe, talvez, uma irremediável perda de status como indivíduo perfeita e socialmente ajustado. Sempre me comportei como pessoa ajustada, embora vários biógrafos de meia-tigela tenham procurado provar o contrário.

O estranho vício a que me referi é a leitura do próprio necrológio. A maioria dos obituários que li jamais poderia ter sido tão bem escrita por mim próprio, nem coisa que se pareça. Havia certas inexatidões e muitas coisas boas foram escritas que eu de maneira nenhuma merecia. Havia, contudo, algumas inexatidões flagrantes no relato da minha lamentável morte. Um jornalista, na imprensa alemã, afirmou que eu próprio tentara aterrissar o avião no cume do monte Kilimanjaro, a que chamamos "Kibo". Ao que parece, eu estava pousando esse avião na companhia de Miss Mary, num esforço para aproximar-me da carcaça de um leopardo sobre cuja morte escrevera uma história em 1934. Essa história intitulava-se *As neves do Kilimanjaro* e foi transformada num filme a que, infelizmente, não consegui assistir até o fim, de modo que não posso contar-lhes como acaba. Talvez o desfecho fosse eu espatifar um avião, acompanhado de Miss Mary, no mais alto cume do Kilimanjaro, que tem 5.967 metros ou 5.968 metros de altitude, inteiramente de acordo com qual dos topógrafos no qual o leitor quiser acreditar. Talvez ele estique e encolha.

Durante as nossas rondas de serviço na reserva de Laitokitok, uma das vertentes da montanha, sobrevoamos frequentemente seus flancos a uma altitude de, talvez, 4.000 metros. Eu não desejaria, em circunstância alguma, pousar um Cessna 180 no mais alto cume do Kilimanjaro, em meus "constantes esforços para cortejar a morte". Em primeiro lugar, seria muito difícil levar um Cessna até lá em cima, impossível encontrar terreno que permitisse o pouso e, finalmente, seria um longo caminho de regresso a Laitokitok.

É muito mais fácil descer do que escalar essa montanha.

Comprovei essa afirmação quando tive de caminhar uns trinta quilômetros montanha abaixo em perseguição — numa dada altura, uma perseguição muito discreta — a um leão que andava incomodando o pessoal daquelas paragens. A perseguição foi muito agradável e o leão escapou. A única parte trágica dessa história, em vez da maioria dos emocionantes detalhes que se ouvem a propósito do Rei dos Animais é que fomos forçados a caminhar outros 30 quilômetros montanha acima, até o ponto de onde tínhamos partido. Isso deixa-nos em excelente forma, mas de maneira nenhuma se parece com uma sessão de canastra depois do jantar, especialmente se você estiver suando por todos os poros, não tiver uma capa e começar chovendo a cântaros. Contudo, em Laitokitok, dissipei todos os sinais de fadiga com a ajuda do excelente produto dos Srs. Gordon, comprei uma camisa do tipo que há aos montes na *dukka* (loja de indiano) e são vendidas aos convertidos cristãos locais, que me parecem formar, todos eles, um bando uniformemente imprestável, que fica encostado pelas esquinas da rua de Laitokitok com os pés metidos em grandes sapatos apertados e usando roupas europeias, enquanto os demais andam confortavelmente vestidos, aptos a deslocarem-se com agilidade, e de pés descalços ou metidos em confortáveis sandálias.

Muitos destes últimos cidadãos, da variedade não convertida, tornaram-se amigos razoavelmente íntimos. Juntei-me a um venerando chefe da tribo Masai, para quem tínhamos matado um leão que andava armando bagunça no seu rebanho, bebendo com ele uma garrafa de cerveja que me ofereceu com muito carinho. Embora fizéssemos parte da Lei a Oeste de Pecos, não vi razão para não me juntar a um velho chefe, a quem conhecíamos muito bem, num par de copos de cerveja, pois ele era um homem de grande autoridade no seu distrito e, se eu recusasse beber com ele, o que representaria uma grave quebra de etiqueta, o chefe seria capaz de beber, em vez da Tusker, alguma dessas cervejas inferiores produzidas nas *shambas* circunvizinhas.

Entre essas cervejas domésticas encontram-se algumas que são excelentes e já as provei mais de uma vez. São muito mais saudáveis para aqueles masais que, infelizmente, contraíram o hábito de beber em excesso à sua saúde e à inatividade geral dos homens, pelo que já não se entregam a matar os leões que atacam as aldeias nem se metem em guerras. Os guerreiros, nesta região, viciaram-se numa beberagem fabricada na África do Sul e exportada para a colônia, e que é conhecida como *Golden Jeep Sherry*. É uma bebida que eu seria sempre forçado a recusar, fosse quem fosse que me oferecesse. Como força moral no país masai, tentei desencorajar o consumo dessa bebida a todo o custo — exceto bebendo-a.

Em breve, três outros líderes tribais juntaram-se ao chefe e a mim, e começamos discutindo a caça ao leão em geral e a caçada a um leão naquele dia em que numerosos guerreiros (morani) tinham sido iniciados nessa ciência ou esporte, que é muitíssimo mais agradável se o leão for corrido da região em vez de instalar-se nela.

Eu apurara, com a ajuda de meus próprios batedores, que estavam no flanco esquerdo, e o melhor batedor de todos os guardas da reserva, um velho ladrão de marfim, árabe da Ásia Menor, chamado Mehna pelos seus íntimos, o qual estava expiando um pecado razoavelmente grave que cometera, a direção que fora tomada pelo leão. Sentimo-nos todos muito aliviados de o Árabe Menor estar expiando esse pecado, que envolvia o consumo de *Golden Jeep*, concedendo-lhe a honra de ocupar o centro e manter-se na pista, que deveria percorrer o mais rapidamente possível, enquanto realizávamos uma manobra de flanco pela esquerda. Teríamos então de verificar se a pista fazia algum desvio ou apanhar o leão se este avançasse na direção do Árabe Menor. Se ele investisse na direção do Árabe Menor, teríamos de abatê-lo, se fosse humanamente possível.

É claro que o Árabe Menor também deveria tentar matá-lo, se o visse em seu trajeto. Comigo estavam os três melhores batedores wakambas, um deles com uma caçadeira calibre 12, o outro, com a minha grande arma, a .577, e o terceiro, com uma lança. Eu carregava a Springfield 30-06, com seis cargas Silvertip de 220 grãos. O flanco direito estava entregue a um jovem oficial de polícia que chegara havia seis meses da Inglaterra, o qual nunca estivera numa caçada ao leão, e tinha com ele o masai local que também participava pela primeira vez numa caçada ao leão.

Por conta de nossa natureza pecadora, mas não com intenções maldosas, antes, no espírito de bom e puro divertimento, esperávamos que o leão investisse para a direita. Mas ele não foi para a direita nem para a esquerda, preferindo avançar para a frente até que Mehna e a minha gente perceberam que ele se pusera a salvo. Num dado momento estivemos muito próximo do leão, mas este deitara-se e tinha repousado. Depois ganhou velocidade ou, como se diz no jargão *Ndege* ou aeronáutico, meteu carvão na fornalha. Isso foi determinado pela maior profundidade súbita das pegadas e o comprimento dos saltos. Depois passou a um trote firme. Seguimo-lo quando escapava pela vertente de uma colina, vendo-o galgá-la rapidamente e logo após perdemo-lo de vista. Enviamos então Mehna e ele localizou de novo o rastro, voltando para dizer-nos que o animal prosseguia em andamento veloz, abandonando a região. Cumprida a missão, regressamos montanha acima.

Essa montanha era aquela a que Earl Theisen, nosso fotógrafo no início da expedição, encontrando dificuldades para pronunciar a palavra Kilimanjaro e tendo esquecido a palavra Kibo, se referia sempre como "aquele grande monte que serviu ao Papa para ganhar muito dinheiro". No caminho de volta, escalando a vertente da montanha, os masais ficaram de súbito muito interessados em leões. De repente, começaram soltando alvoroçados gritos:

— Ele está ali! Ele está ali!

Eu, que estava empapado de chuva e de suor, ao mesmo tempo, sentia-me irascível, não tão irascível quanto Miss Mary pode ficar, quando ela deseja mostrar toda a sua irascibilidade com qualquer idiota, mas irascível, em todo o caso.

— Bom, então, meu bravo Morani, por que não vai lá dentro enxotá-lo?

Os masais consultavam-se entre si, com os wakambas todos rindo com gosto mas evitando que os masais os vissem. O Árabe Menor, tendo expiado suas culpas, estava agora de excelente humor. Sabendo que o leão não estava onde os masais diziam e desejando adquirir uma reputação de bravura, apanhou uma lança de um dos masais e avançou, batendo o mato e falando insultuosamente para o senhor ou senhora Simba, como se eles estivessem presentes. Obviamente, não havia nenhum Simba presente, mas, depois de uma dúzia desses "Está ali! Está ali!", comecei duvidando se

DEPOIS DAS GUERRAS, 1949-1956

não haveria realmente algum leão que não tínhamos visto, caso em que poderia ter resultado uma considerável e inopinada atividade. Então eu disse:

— Bom, continuemos para Laitokitok, onde os wakambas podem mitigar sua sede e os masais podem escorropichar um pouco de sua mistura de leite e sangue.

Eu sabia, é claro, que eles se atirariam como desalmados ao *Golden Jeep Sherry*, mas como estivera irascível quis mostrar-me educado, de modo que regressamos a Laitokitok e assim terminou essa caçada ao leão.

Na leitura dos nossos necrológios, foram incidentes como esse que me acudiram à memória e pensei que talvez um fiel relato dos dois acidentes e de como nos sentíamos antes, durante e após, fosse justificado.

Se os obituários alemães eram românticos e estavam repletos de *Götterdämmerung*, embora extremamente laudatórios, os italianos excediam-nos em muitos aspectos. Havia depoimentos sobre nós por pessoas que se descreviam como os nossos únicos e mais íntimos amigos e que conheciam o conteúdo mais recôndito do meu coração.

Como nem mesmo eu faço qualquer ideia do conteúdo mais íntimo do meu coração e, se o soubesse, não confiaria nisso nem um minuto, algumas dessas notícias necrológicas causaram-me grande surpresa. Na verdade, no que diz respeito ao conteúdo do meu coração, provavelmente um lugar muitíssimo sujo e fétido, dou preferência a um bom relatório eletrocardiográfico. Entretanto, fiquei profundamente comovido pela amizade que esses depoimentos revelavam.

Amamos a Itália sinceramente e, mais do que isso, temos profundo afeto por muitos italianos. Talvez por demasiados italianos, se individualmente considerados. Nenhum desses a quem verdadeiramente amamos escreveu os citados necrológios. Pelo contrário, estariam assistindo a uma missa de sufrágio e muitos dos velhos amigos não acreditariam que estávamos mortos enquanto não vissem o nosso corpo.

Quanto aos jornais britânicos, só os li pelos recortes que me enviou um amigo e as opiniões pareciam muito divididas.

O que me deu maior prazer foi ler em alguns jornais, não o *Times*, o *Observer* nem o *Guardian*, as descrições dos meus hábitos, caráter e circunstâncias exatas em que se deu a minha morte. Alguns desses artigos eram assinados por escritores de grande capacidade de imaginação. Resolvemos tentar, no futuro, corresponder à imagem que fora feita de nós.

Em todos os obituários, ou quase todos, era enfatizado que eu dedicara toda a minha vida em busca da morte. Poderá alguém imaginar que se um homem desejasse a morte toda a sua vida, não a encontraria antes dos 54 anos de idade? Uma coisa é estar nas vizinhanças da morte, saber mais ou menos o que ela é, e outra coisa muito diferente é querê-la para si. De fato, a morte é uma das coisas mais fáceis de encontrar que eu conheço. Você pode topar com ela a partir de um pequeno descuido numa estrada de tráfego intenso; pode encontrá-la num vidro cheio de Seconal ou em qualquer tipo de lâmina de barba; na sua própria banheira ou por uma imprudência no decorrer de uma batalha em que é mero observador. Há tantas maneiras de encontrar a morte, que é uma estupidez tentar enumerá-las todas.

Se você passou a vida tentando evitar a morte, com toda a prudência e astúcia possíveis, mas, por outro lado, não a deixou pôr as unhas de fora e a estudou como faria com uma bela prostituta que pudesse botá-lo para dormir, num sono profundo e permanente, sem mais problemas nem necessidade de trabalhar, você poderia dizer que a estudou, mas não a procurou. Pois você sabe, entre uma ou duas outras coisas, que se a procurasse tê-la-ia e, pela reputação dela, sabe que não deixaria de ser presenteado, pelo menos, com uma doença incurável. E está tudo dito quanto à constante busca da morte que me atribuíram.

Contudo, é uma teoria fácil de sustentar e compreendo que quando alguém tem de escrever apressadamente um necrológio será, por certo, uma solução rápida para um assunto complicado. O mais complicado assunto que conheço, desde que sou homem, é a vida de um homem. Tenho certeza de que a vida de uma mulher é muitíssimo complicada se ela tiver alguma ética. Ultimamente, pela minha leitura dos jornais, parece-me que a ética é um artigo em falta, mas sei que ela existe ainda nas pessoas que não perdem o seu tempo lendo os jornais nem procurando pensões alimentares; e sempre achei que era fácil ser homem, comparado com ser uma mulher que viva de acordo com os rígidos padrões que os homens criaram e a que obedecem. Nenhum de nós vive de acordo com os padrões rígidos nem com a boa ética que planejamos, mas não se poderá dizer que não tentamos.

No meio desses pensamento acabei dormindo e tive um sonho. Felizmente, sonho muito e a noite é quase tão divertida quanto o dia. Todos os meus sonhos são noturnos, pois até agora nunca tive aquela espécie de sonho diurno a que se dá o nome de divagações, dado que estou sempre atarefadíssimo observando ou divertindo-me e, mais recentemente, lendo os meus necrológios, um novo e absorvente vício.

Em meus sonhos noturnos, quando não são do gênero pesadelo que se tem depois de uma guerra em que outras pessoas são mortas, algumas vezes por culpa de quem sonha, sou quase sempre uma pessoa muito alegre e espertalhona, um tanto propensa aos mais óbvios tipos de heroísmo e, de modo geral, um tipo deveras atraente e simpático. Nos meus sonhos noturnos tenho sempre entre 25 e 30 anos, sou irresistível para as mulheres, cães e, numa ocasião recente, para uma leoa verdadeiramente bonita.

No sonho, essa leoa, que se tornou minha noiva, era uma das mais deliciosas criaturas com quem até hoje sonhei. Tinha algumas das características de Miss Mary e era capaz de tornar-se irascível. Numa ocasião, recordo que ela cometeu um ato extremamente perigoso. Isto é, perigoso para mim. Quando contei o sonho a Miss Mary e Denis Zaphiro, na manhã seguinte, durante o desjejum, pareceram apreciar muito o sonho, mas mostravam-se levemente chocados. Denis convidou-me para compartilhar com ele uma garrafa de cerveja, uma coisa que quase nunca faço no café da manhã, e sentei-me bebendo essa cerveja e recordando com grande prazer a noite que passara com a formosa leoa.

Um dos aspectos que recordo desse sonho é que a leoa ia caçar para mim, exatamente como faria para um macho da sua própria espécie; mas, em vez de termos de devorar a carne crua, ela cozinhava-a da maneira mais apetitosa que se possa imaginar. Usava unicamente manteiga para untar as costeletas de impala. Assava nas brasas o *filet mignon* e servia-o, sobre as ervas, de um modo digno do Ritz de Paris. Perguntou-me se queria alguma salada e, sabendo que ela era inteiramente não herbívora, recusei para ser cortês. Em todo o caso, não havia quaisquer hortaliças por perto.

É este o tipo de sonho que eu tenho mais ou menos com certa frequência, de modo que talvez vocês possam entender, e os freudianos interpretar, o seguinte sonho, que foi deveras estranho mas, como tenho o cérebro um tanto machucado, sobre o qual não fui realmente responsável. Foi um sonho muito estranho, como já disse, e posso recordar que um dos lados deslocados do meu cérebro ficou muito surpreendido com a linguagem usada pelos personagens.

Nesse sonho, eu andava descalço, numa noite de luar, com as minhas duas melhores lanças de caça, perseguindo uma alcateia de chacais. Eles só saem de madrugada e após o crepúsculo para atacar suas vítimas, embora possam aparecer de dia para farejar e localizar suas próximas vítimas. De noite, juntam-se em alcateias, normalmente debaixo de uma árvore, e por vezes consegue-se pegar um com uma lança, ou mesmo dois.

No sonho, e algumas noites antes na vida real, eu fizera uma aproximação muito cuidadosa, descalço, e matara um desses nocivos animais. Depois, no sonho, vi o Nobre Senador do Wisconsin, postado ao luar com sua lança. Reconheci-o pelas suas fotografias numa revista.

— Olá, senador — disse eu. — Como vão as coisas?

— O que é que você está caçando? — perguntou o senador, austeramente.

— Chacais — respondi alegremente, tendo acabado de pegar um.

— Eu caço subversivos — disse o senador.

— Já pegou muitos?

— Milhares deles — replicou. — Viu, por acaso, Cohn e Schine?

— Não — respondi. — Talvez estejam em Laitokitok.

É aí que se pode arranjar o bom *Golden Jeep Sherry*.

— Eles nunca bebem! — disse ele, em tom severo.

— Coitados — respondi. — Temos Pepsi-Cola no acampamento.

— Schine já não está comigo — disse o senador. Depois, pareceu cair em si e acrescentou: — Ou talvez tenha sido Cohn.

— Que azar, hein? — disse eu, batendo com o punho da minha lança no chão para demonstrar minha solidariedade. No sonho, as mãos do senador crisparam-se na haste da sua lança.

Tentando puxar conversa, perguntei então:

— O que foi que aconteceu a Huey Long, senador?

— A quem?

— Ao senador Long, democrata da Louisiana, grande amigo de meu amigo Seymour Weiss, que era dono do Roosevelt Hotel, em Nova Orleans.

— Ah... — resmungou o senador. Espetou também a sua lança no chão.

— O senador Long era um homem muito promissor — recordei. — Tinha muitos adeptos, parecia que tinha um grande futuro pela frente.

— Uma lamentável tragédia — disse o senador. Parecia um pouco alterado, sob a luz do luar. — Apesar de ele ser democrata — acrescentou.

Nesta altura, em virtude da minha concussão cerebral, o sonho virou um tanto fantástico.

— Importava-se de tirar as botas, para que a gente possa surpreender a alcateia? — pedi. — Eu já localizei o rastro dos chacais e o vento está de feição para surpreendê-los.

— Isto é um esporte infantil — respondeu o senador. Mas não estendeu o braço para retirar a sua lança de onde o cabo fora enterrado na terra. — Eu estou no rastro de todos os inimigos do autêntico modo de vida norte--americano.

— E eu atrás de chacais.

Então, pensei que talvez tivesse sido rude, ou impatriótico, ou desabrido, e disse, no sonho:

— Se encontrar alguns subversivos que ainda não estejam mortos ou de que as hienas ainda não tenham tomado conta, faça o favor de mandar-me recado e eu virei com os meus batedores. Não tenho certeza de que sejam capazes de encontrar o rastro de Cohn e Schine, mas garanto-lhe que são os melhores de todas estas redondezas. Podem seguir o rastro de um homem ou de um veículo daqui até Nairobi.

— Perdi Schine — disse o senador.

— Isso é o que se chama azar — respondi no sonho, profundamente impressionado. — Como foi que o perdeu?

— O Exército levou-o.

— Senador — disse eu no sonho —, aceite as minhas sinceras condolências. Que destino sombrio para um leal e intelectual estadunidense! Posso acompanhá-lo até o seu acampamento?

Neste ponto acordei, horrorizado com a monstruosidade do tipo de sonhos produzidos por uma concussão craniana devidamente autenticada. Depois comecei pensando como seria bom que, em vez de ter um fluido desconhecido escorrendo da juntura do meu ouvido esquerdo com o parietal, que ainda tinha um cheiro ligeiramente chamuscado, estivesse caçando descalço, à noite, sozinho com as minhas duas melhores lanças. A segunda dessas lanças foi-me oferecida por Miss Roshan, do armazém geral de Laitokitok. Se isto foi traição, aproveite-a o melhor que puder, refleti em meus sonhos.

Como vocês provavelmente sabem, a noite na África é completamente diferente do dia. Muito poucas pessoas veem a noite sem o auxílio dos faróis de um carro, que a desvirtuam, pois os faróis aterrorizam ou, ocasionalmente, põem furiosos os animais. Depois do pôr do sol e de se acender a fogueira do acampamento, o costume é ficar sentado algum tempo e, com o "caçador branco" e demais companheiros, discutir os acontecimentos do dia e os planos para o dia seguinte.

Você bebeu uns tragos, moderadamente, e depois banha-se numa banheira de lona cheia de água que foi esquentada na fogueira do churrasco. Depois disso, enfia um pijama e as botas contra mosquitos, e por cima disso um roupão, e vai até a fogueira, junto à qual bebe mais um trago e aguarda o jantar. Após comer, vai para a cama, que está coberta com um mosquiteiro, e dorme ou fica estendido de barriga para cima ouvindo os sons dos animais, até meia hora antes dos primeiros alvores da madrugada, quando é despertado pelo *boy* que traz o chá, localmente conhecido como *chai*. Se você não tem "caçador branco" e, consequentemente, não precisa observar os rituais nem estar sujeito à disciplina de ninguém, exceto a sua própria, é livre de fazer o que quiser com a noite à sua disposição. A noite é, na África, o período mais encantador.

Durante a noite, os animais transformam-se por completo. O leão que está quase sempre silencioso ao longo do dia dedica-se então à caça, espirra de tempos em tempos, rosna ou ruge. Ainda não consegui descobrir se ele está se comunicando com os seus iguais, que andam também caçando, ou se está tentando assustar a caça, que dorme tranquilamente à noite, obrigando-a a movimentar-se e, assim, denunciar sua posição. Também pode ser que ele ruja como é costume os irlandeses fazerem, de quando em quando, quando bebem em lugares públicos. Ou, ainda, que arrote por causa da dispepsia e grunha por causa da irritação que lhe causa a dificuldade em obter uma boa refeição.

As hienas seguem o leão e quando ele mata, ou a sua amiga leoa mata, podemos ouvir a conversa das hienas umas com as outras. É a altura em que se ouvem as chamadas gargalhadas de hiena. Sua nota normal à noite é muito agradável e eu creio que elas as usam para se comunicar com as outras hienas.

Quando se caça à noite, armado de lança, ouvem-se muitos outros sons. O gnu, que é um grande antílope cujo inventor se esforçou por dar-lhe uns ares de búfalo ou bisonte, emite ruídos terrificantes, no seu desejo de parecer um animal perigoso. De noite, você pode surpreender a silhueta reclinada do gnu e aproximar-se dele com extrema cautela, deferir-lhe um golpe na garupa com o cabo da lança. Ele pôr-se-á de pé num pulo e emitirá aquele terrível som. Nesse ponto, você poderá dizer-lhe:

— Ah, você estava aí, gnu, meu velho?

De noite, verá muitas raposas orelha-de-morcego. São uns animais lindos que vivem em tocas e quase nunca são vistos à luz do dia, alimentando-se de insetos e pequenos animais, à custa das quais Poor Tom, no *King Lear*, se mantinha. O Sr. Gene Tunney, estudioso de Shakespeare, pode fornecer-lhes a citação completa. A raposa orelha-de-morcego parece uma raposa autêntica, exceto pelas orelhas, que são, pelo menos, o triplo do tamanho das de Clark Gable, o ator, mas incomparavelmente menores do que as de um elefante.

Provavelmente ouvirão a voz de *chui*, o leopardo. Ele anda em sua faina, emitindo breves espirros e rosnadelas felinas, numa tão profunda voz de baixo que não pode ser confundida com a das demais feras. À noite, se você ouvir o Sr. Chui à sua espera, é muito conveniente que vire depressa à direita. Chui é uma fera muito séria. Terá seus defeitos, como toda a gente, mas tem grandes e terríveis qualidades, como fera.

Se ouvir o Sr. Chui e ele estiver caminhando ao longo de um curso de água ou numa área florestada, você poderá marcar o seu avanço pelo falatório dos babuínos que respondem aos grunhidos da fera com o que eu, pelo que entendo de língua de babuíno, julgo ser imprecações, insultos e advertências a todos os outros babuínos das redondezas para que se refugiem na parte mais alta da copa das árvores. De dia, regressando à base da excursão noturna com a lança, observo as copas das figueiras-bravas, ao longo da ravina, carregadas como se essas árvores dessem babuínos em vez de figos. Tinham sido colocados nessa incômoda e instável posição pela passagem do Sr. Chui.

Pensando nesses tempos e em como a noite pode ser uma beleza quando nos consentem que vagueemos ao deus-dará, saltei outros sonhos e decidi recordar o passado.

Esse passado nunca era a minha vida passada, na qual verdadeiramente me chateia pensar e é, muitas vezes, muito desagradável, por causa dos erros que cometi e das feridas que infligi a vários seres humanos envolvidos nesse triste negócio. Tentei pensar, antes, em outras pessoas, das belas proezas de pessoas e animais que conheci, e recordei longamente o meu cão *Black Dog* e os dois invernos que ele devia ter passado quando ficou sem dono em Ketchum, Idaho, perdido ou abandonado por algum motorista de veraneio. Todas as pequenas privações e agruras que tínhamos enfrentado me pareciam ser metidas num chinelo pela odisseia de Blackie.

Encontramos Blackie quando vivíamos numa cabana de caça, em Ketchum, e tínhamos dois gamos, mortos um por Mary e o outro por Patrick, pendurados na porta aberta do palheiro. Havia também uma fileira de patos selvagens pendurada fora do alcance dos gatos, assim como algumas perdizes, diferentes variedades de narcejas e outras belas aves de mesa. Parecendo-lhe que éramos pessoas de tão evidente solidariedade, Blackie decidiu abandonar a promíscua vida de pedinte e vagabundo e dedicar-se a nós como nosso cão permanente. A sua dedicação era exemplar, e seu apetite, enorme. Dormia junto à lareira e tinha modos perfeitos.

DEPOIS DAS GUERRAS, 1949-1956

Quando chegou a altura de sair de Ketchum e regressar a Cuba, vi-me diante de um grave problema moral, pois não sabia se um cão que envergava uma tão densa capa de pelagem, como a que ele desenvolvera para viver na neve, poderia ser levado para Cuba sem lhe causar insuportáveis sofrimentos. Mas Blackie resolveu esse problema quando nos viu começarmos a fazer as malas, entrando para o carro e recusando-se a sair, a menos que o pegássemos e atirássemos para fora. Mas ele logo saltava de novo para o assento do carro, olhando-nos com aqueles olhos que só possuem os *spaniels* e certas mulheres.

— Black Dog — perguntei. — Você é capaz de usar um abridor de latas?

Black Dog parecia ter dado uma resposta negativa e eu decidi contra a hipótese de o deixar ali com várias caixas de comida enlatada para cachorro. Além disso, falava-se também de um projeto de licenciamento de cães, o primeiro de que se tinha notícia em Ketchum. Trata-se de uma cidade onde, outrora, um homem não era considerado respeitável se não andasse na companhia de um cão. Mas ganhara vulto um movimento de reforma, liderado por várias congregações religiosas locais, o jogo fora abolido e estava mesmo de pé um movimento para interditar a entrada de cães em restaurantes, ainda que acompanhados pelos respectivos donos. Blackie sempre me puxava pela barra da calça quando passávamos diante de uma combinação de cassino e restaurante chamada *Alpine,* onde serviam o melhor bife na brasa de todo o Oeste. Blackie queria que eu encomendasse o gigantesco bife e era difícil passar pelo *Alpine* e chegar a um outro restaurante, chamado *Tram,* onde o bife também era bom mas muito menor. Decidimos levar Blackie para Cuba.

Gostaria de tê-lo levado conosco para a África, mas havia inúmeras dificuldades e eu receava que ele acabasse comido pelo Sr. Chui, que prefere o cão ao macaco ou a qualquer das outras coisas agradáveis ao dente que existem em abundância na África. Eu ignorava quais seriam os atrativos culinários do cão para o Sr. Chui, mas o fato comprovado é que, se tivermos um cão nas áreas onde houver leopardos com fartura, ficaremos depressa sem o cão. O Sr. Chui pode perfeitamente omitir seus grunhidos e espirros noturnos e penetrar em qualquer parte tão silenciosamente que só nos daremos conta de sua presença quando sentirmos as cócegas de seus bigodes.

Essa foi uma das experiências do jovem Denis Zaphiro, a semana passada, no acampamento além de Magadi. Enfiou para baixo da cama e, felizmente, encontrando sua arma, liquidou o Sr. Chui. A distância era curta e ele pôde praticamente encostar o cano da arma à pele do Sr. Chui. Este é o tipo de acidente que torna a vida de um caçador interessante e pensei em outros e variados incidentes em que não me deterei porque ninguém acreditaria em mim.

A manhã aproximava-se e levantei-me, tendo o maior cuidado em não despertar Miss Mary, e fui ao banheiro, onde pude acender uma luz e observar a extensão da sangria pelos cinco orifícios do corpo humano. Algumas autoridades dizem que são sete, mas incluem as narinas e os ouvidos em dobro cada. A sangria não era maior do que se esperava. Eu sentia-me muito bem, mas um tanto deprimido; de modo que, vestindo uma porção de suéteres, um casacão de mato e enrolando-me numa manta, fui sentar-me à janela do quarto do hotel para observar o tráfego matinal de Nairóbi.

A polícia local, bocejando e esticando os braços, descia de um caminhão que os distribuía pelos vários postos. O agente nativo de plantão em frente ao hotel subiu a rua num passo estugado, cruzando-se com indígenas que se dirigiam para o mercado e voltavam mais tarde, as mulheres com pesadas cargas, os homens caminhando ao lado delas e admirando a robustez e a beleza de suas esposas. Muitos indianos passavam em seus inúmeros afazeres financeiros. Um automóvel desceu a rua, o tejadilho sobrecarregado de cestas com belas flores. Ainda não se viam vadios pelas esquinas. Os magníficos e espaçosos automóveis estacionados à porta do hotel não davam sinais de atividade. Nenhum soldado à vista. Centenas de bicicletas de todos os tipos circulavam de um lado para o outro, montadas por africanos e asiáticos. Então, cedendo ao meu novo vício, comecei a ler os necrológios que ainda não tinha conseguido terminar.

Quando estava bem embrenhado na leitura, extraindo o maior prazer do meu mais recente vício, Miss Mary acordou e disse:

— Eles ainda não trouxeram o chá? E o que está você lendo?

DEPOIS DAS GUERRAS, 1949-1956 493

— Meu bem — respondi —, estou observando o tráfego matutino de Nairóbi e lendo alguns necrológios que chegaram a noite passada.

— Querido — disse Miss Mary —, realmente gostaria que você não lesse tantos desses necrológios. Talvez seja uma coisa mórbida, não sei. De qualquer modo, não estamos mortos e, portanto, é um interesse que me parece supérfluo. Nunca lemos o obituário das outras pessoas e não vejo, realmente, qualquer razão para ler o nosso. Além disso, pode fazer-lhe mal à cabeça.

— Estou inteiramente de acordo — respondi —, mas receio que esteja virando um vício.

— Querido, não acha que já tem bastante vícios?

— Muitos.

— Além disso, temos hoje almoço no Palácio do Governo e quero que você esteja na sua melhor forma.

Fiquei meditando por instantes como poderia conseguir a minha melhor forma e, à luz dos meus necrológios, qual seria a minha melhor forma. Contudo, um convite para o Palácio do Governo não pode ser levianamente encarado e, conservando minhas energias e pondo de lado o vício de ler necrológios, preparamo-nos para bater à porta do Palácio do Governo.

Foi muito agradável, o governador e a esposa foram encantadores, encontrei-me com um punhado de velhos amigos e voltamos para o hotel. Gostaria de informar que, neste ponto, deixei de ler obituários, devido à minha forte personalidade, à minha vontade de boa têmpera e aos salutares conselhos de minha amada esposa, Miss Mary. Mas lamento dizer que o triste fim desta história foi que continuei lendo necrológios, passando a fazê-lo clandestinamente, isto é, vou lê-los nos confins invioláveis da privada. Coloquei uma manta sobre a tampa da privada para poder sentar-me confortavelmente enquanto me absorvo na leitura, que se converteu assim num passatempo ilícito. Também gostaria de dizer, de acordo com o caráter que os necrológios me deram, que depois da leitura deixo-os cair dentro da privada e puxo a descarga. Contudo, como me esforcei por escrever um relato absolutamente verídico, devo confessar que estamos guardando todos os obituários a nosso respeito em dois álbuns de recortes. Um desses álbuns tem uma capa de pele de zebra, e o outro, de pele de leão. São dois álbuns muito bonitos e como não é fácil abdicar de um vício recém-adquirido, pretendo lê-los, pelo menos, uma vez por ano, para manter elevado o meu moral quando os críticos tiverem recuperado sua imperturbabilidade e voltarem ao ataque. Como Miss Mary e eu simpatizamos com todas as formas de vida animal, ainda as mais inferiores, esperamos morrer um dia de maneira inteiramente ignominiosa e dar a alguns desses cavalheiros um bom ensejo. Entrementes, esperamos divertir-nos a escrever o melhor que for possível.

UM RELATO DA SITUAÇÃO

Look, 4 de setembro de 1956

"Quanto mais livros lemos, mais cedo nos damos conta de que a verdadeira função de um escritor é produzir uma obra-prima e nenhuma outra tarefa pode ser de igual monta. Embora isto devesse ser o óbvio, poucos são os escritores que o reconhecem ou, tendo-o reconhecido, que são dispostos a pôr de lado a obra de iridescente mediocridade em que se empenharam! Os escritores sempre alimentam a esperança de que o seu próximo livro será o melhor, pois não reconhecem ser o seu atual modo de vida o que os impede de criar algo diferente ou melhor."

"Todas as incursões no jornalismo, rádio, propaganda e roteiros para filmes, por muito brilhantes que sejam, estão condenadas à decepção. Darmos o melhor de nós a essas formas é uma outra loucura, visto que assim condenamos as nossas ideias, tanto as boas como as ruins, ao esquecimento. Faz parte da natureza de tais obras não durarem, pelo que jamais deveríamos aceitar a sua realização..."

Isto foi escrito por Cyril Connolly num livro intitulado *The Unquiet Grave*. É um livro que, seja qual for o seu número de leitores, jamais os terá bastante.

Assim, ao relê-o e tendo interrompido na lauda oitocentos e cinquenta do manuscrito um livro de que estava gostando e em que acreditava, a fim de trabalhar durante quatro meses no roteiro e fotografia de um filme sobre um outro livro de que gostava e em que acreditava, fiquei convencido de que nunca mais interromperia o trabalho que nascera e fora treinado para fazer até a morte. Como quase todas as semanas podemos ler o necrológio de bons amigos falecidos, isso não constitui uma promessa. Mas é uma daquelas que se pode cumprir.

A companhia de bisbilhoteiros não é estimulante nem compensadora, pelo que, durante muito tempo, esforçamo-nos por evitá-la. Há muitos modos de o conseguir e acabamos por aprendê-los quase todos. Mas os bisbilhoteiros e os puxa-sacos, os choramingas e os quadrados, florescem por todo o lado e parecem, com os novos antibióticos, ter atingido uma espécie de imortalidade, ao passo que as pessoas a quem estimamos morrem todos os meses, pública ou anonimamente. Aqueles que fazem o *New York Times* encher suas colunas de necrológios foram desta para melhor tal qual — e, provavelmente, não mais contentes do que — os que apenas mereceram notícia no *Citizen* de Key West, ou no *Gazette* de Billings (Montana).

Assim, Mary e eu aqui vivemos e trabalhamos até que os visitantes interrompem nossa atividade de tal maneira que somos obrigados a dar o fora. A vida aqui foi gostosa por muito tempo e ainda é boa quando nos deixam sós, e sempre voltamos aqui depois de andarilhar pelo mundo. É o nosso lar. E nunca se é expulso do próprio lar: nossa obrigação é defendê-lo. A Espanha e a África são ótimos lugares, mas estão ficando infestados de gente. Ainda não estão completamente infestados, e existem alguns lugares que não foram estragados. Mas é preciso saber procurá-los.

Os lugares do Wyoming, Montana e Idaho que eu tanto amava, e para onde podíamos estar indo agora, no fim de junho, foram todos inundados e ninguém que os tenha conhecido nos velhos tempos suportaria viver neles hoje em dia. Aquelas coisas que são necessárias para desenvolver ou para violentar uma região, estragam-na para os que a conheceram antes de ser saqueada.

Temos de fazer uma pausa agora, no outono, e deixar que a pressão e as interrupções esmoreçam. De modo que iremos a alguma parte, para mudar, após dois anos nos trópicos. Pretendíamos ir à África, mas as chuvas não deram sinal de vida todo o ano passado e ninguém quer presenciar tão cedo outra seca. Estaremos sempre a tempo de voltar, depois que tenha chovido. Entrementes, há o trabalho no livro começado este verão na Finca Vigia. Acabaram-se as interrupções cinematográficas. Nunca mais haverá trabalho para filmes.

DEPOIS DAS GUERRAS, 1949-1956

Quanto ao jornalismo, escrever sobre alguma coisa que acontece dia a dia, no que eu fui treinado quando era jovem e que não considero uma prostituição quando se faz de coração, com escrupuloso rigor informativo, também não vai haver mais disso enquanto este livro não estiver concluído.

Isto é um relatório da situação corrente, enquanto não voltar amanhã a trabalhar no grande livro. Três outros livros estão concluídos e este artigo poderá dizer-lhes como correm as coisas hoje em dia; e, após uns tempos ligeiramente desfavoráveis, creio que ele é um tanto otimista e animador. Leia-se a parte final.

Ninguém pode trabalhar diariamente nos meses de calor sem ficar com os miolos moles. Para quebrar o ritmo de trabalho, pescamos na Corrente do Golfo, nos meses da primavera e verão, e durante o outono. As mudanças de cada estação mostram-se, no mar, tal qual se mostram em terra. Não há monotonia, enquanto a corrente estiver viva e em movimento, e nunca se sabe o que iremos encontrar cada novo dia.

Sai-se muito cedo ou mais tarde, segundo a maré que empurra as densas águas azuis ou que as traz para perto do litoral. Quando a corrente está rápida e os peixes-voadores saltam no ar, em redor do casco do *Pilar*, você tem uma boa chance de apanhar golfinhos e atuns pequenos, e de apanhar ou perder marlins-brancos.

Quando já percorreu um bom pedaço da corrente, pode aproar em alguma pequena praia para nadar e beber um trago, enquanto Gregório, o arrais, prepara o almoço. No fim da tarde, pesca-se de novo no rumo de casa, contra a corrente, até o pôr do sol. O marlin-pequeno anda por aí na primavera e no começo do verão, e o peixe graúdo aparece no verão e no outono.

Nos velhos tempos, era a pesca o que nos atraía para Cuba. Fazíamos uma pausa num livro, ou entre dois livros, durante três meses ou mais, e ficávamos pescando dias a fio, do nascer ao pôr do sol. Agora, vivendo numa serra do interior do país, só vamos pescar um dia ou outro.

Era diferente no Peru, onde fomos tentar fotografar grandes peixes para um filme. Lá, o vento sopra dia e noite. A areia entrava no nosso quarto, soprava do deserto que formava toda a faixa costeira, e as portas fechavam-se por si, estrondosamente, com a força do vento.

Pescamos durante 32 dias, desde a madrugada até o mar ficar bravo demais para fotografar direito, e os vagalhões sucediam-se como colinas encapeladas e coroadas de neve, que o vento dispersava em piparotes de espuma. Quando se olhava da crista de uma vaga para a costa, podíamos ver a bruma de areia levantada pelo vento que varria as dunas e polia, e esculpia, dia após dia, as colinas que tomavam o horizonte.

As aves marinhas ajuntavam-se confusamente a sotavento dos penhascos, voando em bandos para mergulhar quando uma das aves, em exploração, avistava um cardume de peixes movendo-se ao longo do litoral, e havia urubus comendo pelicanos mortos na praia. Os pelicanos morriam, usualmente, por rebentarem suas bolsas de alimento ao mergulharem, e um condor caminhava de costas pela praia segurando no bico um grande pelicano morto, como se ele nada pesasse.

Os marlins eram grandes, mas não combatiam como ao largo de Cuba. Entretanto, seu peso e volume no mar bravo tornavam a pesca árdua e um peixe que pudesse ser trazido para o arpão em dez ou doze minutos era largado outra vez para que corresse, mantendo-o sempre ao alcance da objetiva, sentindo o seu peso na sola dos nossos pés, e nos antebraços, e nas costas; finalmente, quando o peixe estava morto de cansaço, era puxado de novo para o costado do barco e Gregório arpoava-o, para obtermos a imagem de que precisávamos para o filme.

Era um trabalho estafante todos os dias, mas também era divertido, porque as pessoas eram simpáticas e estávamos conhecendo um novo e estranho mar. E também foi bom estar de volta a Cuba e ao *Pilar*.

No Peru, 420 milhas ao sul do equador, onde ela trabalhava como intérprete, no principal barco de filmagens, entre o capitão e tripulantes de fala espanhola e sangue índio, de um lado, e os operadores cinematográficos norte-americanos, o que lhe exigia um dia inteiro sob árduas condições, Miss Mary anunciou certa noite que a primeira coisa que o seu marido exigia de uma esposa é que ela fosse resistente.

Miss Mary é resistente, não há dúvida. Também é corajosa, encantadora, espirituosa, excitante ao olhar, um prazer de companhia e uma boa esposa. É ainda uma excelente pescadora, razoável caçadora, nadadora de respeito, uma cozinheira realmente classe A, boa apreciadora de vinhos, excelente jardineira, amadora de astronomia, estudiosa de Arte, Economia Política, swahili, francês e italiano, e é capaz de governar um barco ou o pessoal doméstico em espanhol. Também pode cantar bem com uma voz muito afinada, conhece mais generais, almirantes e marechais do ar, políticos e pessoas importantes do que eu conheço falecidos comandantes de companhia, ex-comandantes de batalhão, paus-d'água, coiotes, chacais, lebres, líderes do *café society*, donos de tavernas, pilotos de avião, apostadores de cavalos, bons e maus escritores, e cabras.

Miss Mary também é capaz de cantar em basco e é uma excelente atiradora de rifle. Tem fama de irascível e pode dizer em perfeito swahili, *"Tupa ile chupa tupu"*, que quer dizer: "Leve daí essa garrafa vazia."

Quando ela está ausente, a Finca fica tão vazia quanto a mais vazia das garrafas cuja remoção ela tenha ordenado e eu vivo num vazio tão solitário quanto uma lâmpada de rádio quando as baterias morrem e não há corrente elétrica.

Não suporta os imbecis com muito estoicismo. Isto é, não os suporta de jeito nenhum. Possui muita energia e pode suportar grandes caminhadas, mas também sabe como ser tão indolente quanto um gato.

Há a questão de sermos ex-patriotas. É muito difícil ser ex-patriota a 35 minutos de Key West, pelo ar, e a menos de um hora de Miami, num avião mais rápido. Nunca fiz propaganda do meu patriotismo, mas tenho frequentado regularmente as guerras em que meu país participa e pago meus impostos federais. Um expatriado (consultei o dicionário para a ortografia correta) é, por consequência, uma palavra com que nunca me preocupei. Nascido em Cook County, Illinois, cedo tive de ceder o território, como escritor, ao Sr. Carl Sandburg, que o teria conquistado, de qualquer modo, e ao Sr. James Farrell, e ao Sr. Nelson Algren, quando atingiram a maioridade. Têm governado muito bem o território e não tenho reclamações a fazer.

Seria possível apresentar algumas queixas em outros lugares e agrada-me registrar que nem todas elas foram menosprezadas. Uma dessas queixas está aqui.

Tudo o que se tem a fazer para ver os nossos compatriotas é metermo-nos no carro, depois do trabalho, e ir até o Floridita Bar, em Havana. Aí se encontra gente de todos os Estados e de muitos lugares onde vivemos.

Também há no porto navios de guerra da Marinha dos EUA, navios de cruzeiro, agentes da Alfândega e da Imigração que conhecemos há muitos anos, donos de cassinos que acabam de abrir ou acabam de ser fechados, ou que estão prosperando ou prestes a falir, sujeitos da embaixada, aspirantes a escritores, escritores de reputação sólida ou precária, senadores de veraneio, médicos e cirurgiões que vieram para congressos, membros dos Lions, Elks, Moose, Shriners, Legião Americana, Cavaleiros de Colombo, rainhas de concurso de beleza, tipos que se meteram em alguma fria e saíram de fininho, tipos que serão mortos no próximo ano, tiras do FBI, ex--tiras do FBI, ocasionalmente o gerente do nosso banco e dois outros caras, para não mencionar os amigos cubanos. Há também os usuais picaretas e impostores que nos obrigam a frear a língua.

Uma das mais agradáveis noites de que me recordo no Floridita, em anos recentes, foi quando chegaram várias unidades da Marinha em seu habitual cruzeiro de instrução de guardas-marinhas. Miss Mary não estava e eu, solitário feito um bode, senti vontade de ir até a cidade. Alguns guardas-marinhas eruditos tinham vindo visitar-me, no princípio da tarde, para indagar minha opinião sobre Ezra Pound. A minha opinião é sucinta, embora o assunto seja complicado. Ezra, disse-lhes eu, devia ser solto do St. Elizabeth's Hospital e autorizado a praticar poesia sem estorvo.

Neste ponto, um grupo de sargentos da Marinha, todos com numerosas divisas por largo tempo de serviço, graças a sucessivos realistamentos, apareceu para dar um abraço no velho Ernie. Toleravam os guardas-marinhas mas desconfiavam de que, com essas perguntas sobre Pound e outros assuntos que eles não entendiam, pudessem impedir o velho Ernie de escrever, uma coisa que eles próprios jamais fariam.

— Diga uma palavra — propôs um dos sargentos —, e eles estão fora daqui num piscar de olhos. Quem é que vai chateá-lo, Ernie, enquanto eu for vivo?

— Ernie — disse outro —, você precisava ter aqui alguém para enxotar os indesejáveis. Precisa de tempo para pensar. Eu serei o seu ajudante de campo. Seu assistente pessoal. Serei o homem para enfrentar todos esses bobocas e tratar de suas relações públicas.

DEPOIS DAS GUERRAS, 1949-1956

— Chefe — respondi eu —, você é meu chapa e agora é o meu ajudante de ordens. Trate das minhas relações públicas.

— *Sir* — disse ele —, não vamos deixar que haja familiaridade alguma entre nós, embora eu possa, algumas vezes, falar de homem para homem, num aperto. *Sir*, esta foi a oportunidade para que me preparei durante muitos anos.

— Floridita — disse eu.

— Vocês ouviram, seus vagabundos? — gritou o sargento. — Mexam essas pernas! É o Floridita!

A caminho, embora abríssemos as goelas ao novo Chrysler New York conversível um pouco mais do que o costume, na medida em que a estrada o permitia, e o sargento disse:

— Ernie... *Sir*... é um carrinho muito simpático, não há dúvida, e fora a cor de viatura de bombeiro que lhe botaram, até que é muito alinhado. Mas daqui em diante vai precisar de um carro maior.

— Este carro é maior. Mantenha essa marcha — adverti a Juan, o motorista.

— Sim, senhor — respondeu o sargento. — Tome nota disto, Healey.

O Floridita estava apinhado de gente, mas o meu oficial de relações públicas despejou uma porção de personagens das cadeiras da esquina onde costumávamos sentar.

Sentamos e encomendamos, e várias pessoas aproximaram-se, algumas pedindo autógrafos, outras desejando apertar a mão.

— Você conhece Ernie? — perguntou o meu oficial de relações públicas. — Não? Não é conterrâneo dele ou coisa assim? Então dê no pé. Ele está pensando.

Estávamos todos empenhados numa séria discussão literária e tínhamos aprofundado imenso uma variedade de pontos. Um outro sargento interveio e disse:

— Os dois livros de que mais gostei... não, três... foram *When the Rains Came, The Mooney Sixpense* e *The Towers of Babel*.

— Mac — disse eu. — Não escrevi nenhum desses.

— Ele provavelmente quer dizer *Torrents of Spring* — sugeriu um dos nossos sargentos. — Gostei daquela parte em que o índio sem armas...

— *The Mooney Sixpense...* — interrompeu o outro, na defensiva... — era um bom livro.

— Ernie escreveu-os todos — disse o meu ajudante. — Só que é muito modesto. Escreveu-os com um pseudônimo. Mas todos eles têm aquele velho estilo que não engana ninguém. E você foi esperto, chefe, em perceber a coisa.

Em breve estávamos cantando, muito sentimentalmente e, o que era de surpreender, muito afinados, aquela antiga e encantadora balada "Meet me by the slop chutes on the old Whangpoo".

Virando a cabeça, dei com o olhar do adido naval, sentado a uma mesa com o almirante e mais um par de indivíduos, todos em trajos civis.

Desviei o olhar uma vez, disfarçando, mas encontrei-o de novo e disse:

— Desculpem, mas tenho de ir ali falar a um homem que conheço muito bem e que me acharia um sujeito grosseiro se não fosse cumprimentá-lo.

— Tenha cuidado, *Sir* — avisou o meu ajudante de campo. — Vai precisar de mim, Ernie? Talvez seja um falso amigo.

— Não — respondi. — Guarde o meu lugar que volto já.

De modo que atravessei a sala e sentei-me com o meu bom amigo. Achei que o almirante visitante era uma pessoa muito cordial, inteligente, simpática e boa companhia.

Já conversávamos havia algum tempo quando ouvi uma voz à altura do meu ombro:

— Ernie, o que está você fazendo aqui, perdendo o seu tempo com uma cáfila de civis?

Era o meu ajudante de campo e oficial de relações públicas. O almirante levantou-se e disse:

— Lamento muito, rapaz, mas eu sou o seu almirante.

— Almirante, *Sir*, peço-lhe que me desculpe, *Sir*. Nunca o tinha visto antes, *Sir*, de modo que não o reconheci em roupas civis.

— Compreendo perfeitamente — disse o almirante.

— Almirante, *Sir*, posso respeitosamente solicitar-lhe, *Sir*, que seja permitido a Ernie voltar ao nosso grupo?

— Não é necessário solicitar — respondeu o almirante. — O Sr. Hemingway acabara de dizer que vocês o estavam esperando e ia despedir-se.

— Muito obrigado, *Sir*.

Foi uma noite muito bem passada. No final, o sargento-chefe disse:

— Ernie, não gosto da ideia de abandonar este cargo para que lutei tão arduamente, durante anos e anos...

— Eu também estou muito triste — disse eu. — Nunca mais terei outro ajudante de campo e oficial de relações públicas, se não for você.

— Vocês aí, para trás! — gritou o sargento. — Deixem Ernie entrar no automóvel. Ele tem de voltar para casa e dormir bem, para poder pensar direito e trabalhar amanhã como só ele sabe.

Havana

Este livro foi composto na tipografia Dante MT Std,
em corpo 11/15, e impresso em
papel off-white no Sistema Cameron da
Divisão Gráfica da Distribuidora Record.